LA RÉVOLUTION MILITAIRE NAPOLÉONIENNE

I. Les manœuvres

collection tempus

Stéphane BÉRAUD

LA RÉVOLUTION MILITAIRE NAPOLÉONIENNE

I. Les manœuvres

PERRIN

Secrétaire générale de la collection :
Marguerite de Marcillac

Textes et cartes : Stéphane Béraud

92, avenue de France
75013 Paris
Tél. : 01 44 16 08 00
Fax : 01 44 16 09 01

ISBN : 978-2-262-08173-7
Dépôt légal : février 2021

Mise en pages : Nord Compo

tempus est une collection des éditions Perrin.

Avant-propos

L'histoire de la stratégie militaire obéit à une loi de complexité croissante. Elle a connu une succession d'innovations politiques, technologiques et organisationnelles qui en ont fait un art de plus en plus sophistiqué. Cette évolution n'a pas été linéaire puisque des phases de régression ont suivi des périodes de développement. De plus, un courant d'histoire militaire, apparu dans les années cinquante, considère que cette évolution n'a pas été continue mais a pris la forme de « révolutions militaires » cristallisant les mutations sur de courtes périodes. Dans son ouvrage intitulé *La Révolution militaire, la guerre et l'essor de l'Occident 1500-1800*, traduit en langue française en 1993, l'historien britannique Geoffroy Parker a récemment relancé le débat sur l'existence et la nature de ces révolutions. Il explique l'expansion de l'Occident sur plus d'un tiers des terres du globe à la fin du XVIIIe siècle, par les effets d'une révolution militaire qui aurait précédé la révolution politique et sociale du XVIIIe siècle et la révolution industrielle du XIXe siècle. La « révolution militaire des temps modernes » envisagée par Geoffroy Parker touche l'Europe entre la fin du XVIe siècle et le début du XVIIe siècle, sous la forme de quatre traits essentiels : développement de l'artillerie et de l'infanterie au détriment respectivement des fortifications et de la cavalerie médiévales ; accroissement des effectifs sous les armes et des contraintes logistiques afférentes et enfin apparition des vaisseaux de ligne. Plusieurs historiens ont ensuite tenté de systématiser cette grille de lecture pour analyser les évolutions militaires à travers les siècles.

Les concepts utilisés par les tenants des révolutions militaires ont été souvent considérés comme imprécis et simplificateurs par leurs opposants. Ils demeurent néanmoins pertinents pour tenter d'isoler les clefs du succès d'un expansionnisme militaire. Le présent ouvrage s'inspire de cette approche pour démontrer qu'un certain nombre d'innovations apparues durant la seconde moitié du XVIIIe siècle ont favorisé l'émergence d'un nouvel art militaire qui atteint sa pleine maturité sous le Consulat et l'Empire (1799-1815) et perdure jusqu'aux guerres de l'ère industrielle (inaugurées par la guerre de Sécession de 1861-1865). Cette « révolution militaire napoléonienne », à l'origine de la guerre moderne, a été mise en valeur dès le début du XXe siècle par des auteurs comme le général Colin dans son ouvrage sur *Les Transformations de la guerre* ou le général Foch dans *Des principes de la guerre*. Il ne s'agit donc pas ici de prétendre initier une « percée conceptuelle » dans un domaine de l'histoire militaire largement exploré durant la préparation de « la revanche » par les spécialistes de l'École supérieure de guerre. L'objectif est de présenter une synthèse des ressorts de la révolution militaire napoléonienne, à travers une analyse thématique des différentes disciplines de l'art militaire et une présentation cartographique des opérations militaires napoléoniennes les plus représentatives.

Les thèmes abordés seront répartis dans quatre volumes qui privilégieront chacun un niveau déterminé d'analyse de l'art de la guerre. Rappelons que les stratégistes, ou théoriciens de la stratégie, hiérarchisent plusieurs niveaux dans l'art de la guerre et que cette classification a évolué avec l'accroissement des effectifs impliqués et la sophistication consécutive de la conduite des opérations. À l'issue des guerres napoléoniennes, Clausewitz (1780-1831) distingue ainsi la tactique, définie comme l'emploi des forces armées dans le combat en vue de la destruction des forces adverses, de la stratégie, considérée comme l'emploi des combats en vue de la décision finale. Cette typologie est cependant déjà trop réductrice pour refléter la complexité croissante de l'art de la guerre qui résulte du développement de la guerre de masses. C'est pourquoi, la guerre napoléonienne fondée sur la coordination de mouvements de corps d'armée va entraîner l'émergence d'un niveau d'étude intermédiaire. C'est la stratégie opérationnelle, aussi appelée grande tactique ou opératique, qui correspond aux mouvements des grandes unités militaires, combinés en vue d'un objectif militaire sur un théâtre d'opérations donné. Le niveau opérationnel couvre les combats ou affrontements tactiques qui visent un même objectif militaire sur un théâtre d'opérations et dont la combinaison constitue la manœuvre. Le stratégiste allemand Herbert Rosinski (1903-1969) a proposé une articulation entre les trois concepts stratégie, opératique, tactique qui est particulièrement adaptée à l'analyse de la guerre napoléonienne. Selon Rosinski, la stratégie correspond à « la coordination de tous les moyens militaires en vue d'atteindre l'objectif militaire ». Mais, pour atteindre cet objectif, la stratégie dispose de deux moyens : le combat qui relève de la tactique et le mouvement qui relève de l'opératique. La tactique vise la défaite de l'adversaire par l'annihilation physique de ses forces tandis que « l'opératique vise la défaite de l'ennemi en l'acculant à une position défavorable, à l'extrême sans issue, en affaiblissant et en désorganisant sa puissance de frappe au cours de son avance ». Il démontre que Clausewitz à exclusivement centré son analyse de la stratégie napoléonienne sur le premier moyen, la bataille, en ignorant l'autre, alors que

1805, LA PREMIÈRE GUERRE DE CORPS D'ARMÉE

La « Grande Armée » est ainsi officiellement baptisée par Napoléon dans une lettre à Berthier du 29 août 1805. Elle est articulée en sept corps d'armée dirigés respectivement par Bernadotte (1er corps), Marmont (2e), Davout (3e), Soult (4e), Lannes (5e), Ney (6e), Augereau (7e). Il faut y ajouter la réserve de cavalerie (deux divisions de cuirassiers, quatre divisions de dragons plus une division de dragons démontés) commandée par Murat et la Garde impériale sous le commandement de Bessières. Ces différentes unités sont appelées en principe à servir sur le même théâtre d'opérations et forment une masse de plus de 200 000 hommes et de près de 400 canons. Jamais une telle armée n'a été réunie sous le commandement d'un seul homme. Pour la première fois dans sa carrière militaire, Napoléon détient les pleins pouvoirs politiques et peut appliquer la stratégie à laquelle il pense depuis longtemps pour abattre la puissance autrichienne. Dès 1800, il avait compris qu'il fallait frapper l'empire des Habsbourg au cœur en concentrant l'essentiel des forces en Allemagne afin de marcher sur Vienne en descendant le Danube. Moreau n'avait malheureusement rien entendu au plan du Premier Consul et l'assise politique de ce dernier n'était pas encore assez solide pour destituer le commandant de l'armée du Rhin. Alors que la paix s'installe temporairement sur le continent entre 1802 (9 février 1802 : traité franco-autrichien de Lunéville) et 1805 (août 1805 : l'Autriche rejoint l'alliance anglo-russe), Napoléon en profite pour réorganiser l'armée française en corps d'armée permanents. Il donne une structure administrative à chaque corps d'armée et place chacun de ces corps sous l'autorité d'un commandant en chef qui dispose du privilège de correspondre directement avec lui ou Berthier. L'objectif de cette nouvelle organisation est la concentration de l'ensemble des forces sur un seul théâtre d'opérations et sous le commandement d'un seul homme. Le système du corps d'armée est particulièrement adapté à la « manière napoléonienne » car il concilie la centralisation du commandement et la nécessaire délégation de l'exécution des instructions impériales. Napoléon dispose ainsi de l'outil approprié pour réaliser une rapide concentration des forces sur le Danube et envelopper les Autrichiens avant l'arrivée de leurs alliés russes ■

Napoléon a été le premier à développer les opérations visant la défaite de l'ennemi par la simple manœuvre.

Aussi, lancerons-nous notre exploration de la révolution militaire napoléonienne en étudiant, dans le présent volume, la stratégie opérationnelle de Napoléon qui constitue le facteur clef de ses succès. Elle repose sur une capacité inédite de projection des forces (Ire partie : une guerre continentale), qui, alliée à un souci constant de coordination des opérations (IIe partie : une guerre combinée), provoque la dislocation des dispositifs militaires adverses (IIIe partie : une guerre de mouvement). Nous aborderons ultérieurement, dans le deuxième et le troisième volumes, l'échelon tactique avant de terminer, dans le quatrième volume, par l'analyse de la stratégie impériale, au sens clauswitzien du terme, c'est-à-dire en intégrant l'étude des objectifs politiques. Les trois premiers volumes de cette étude porteront respectivement sur « les manœuvres », « les batailles » et « les combats » conduits par Napoléon durant les années de gloire de l'épopée impériale (1805-1807). Le quatrième volume traitera de la période de « surexpansion » du projet napoléonien et de tous les dysfonctionnements consécutifs (1808-1815). L'illustration des composantes de la révolution militaire napoléonienne nous conduira cependant à prendre des exemples tirés indifférem-ment des deux périodes précitées puisqu'il s'agit avant tout de privilégier une optique thématique.

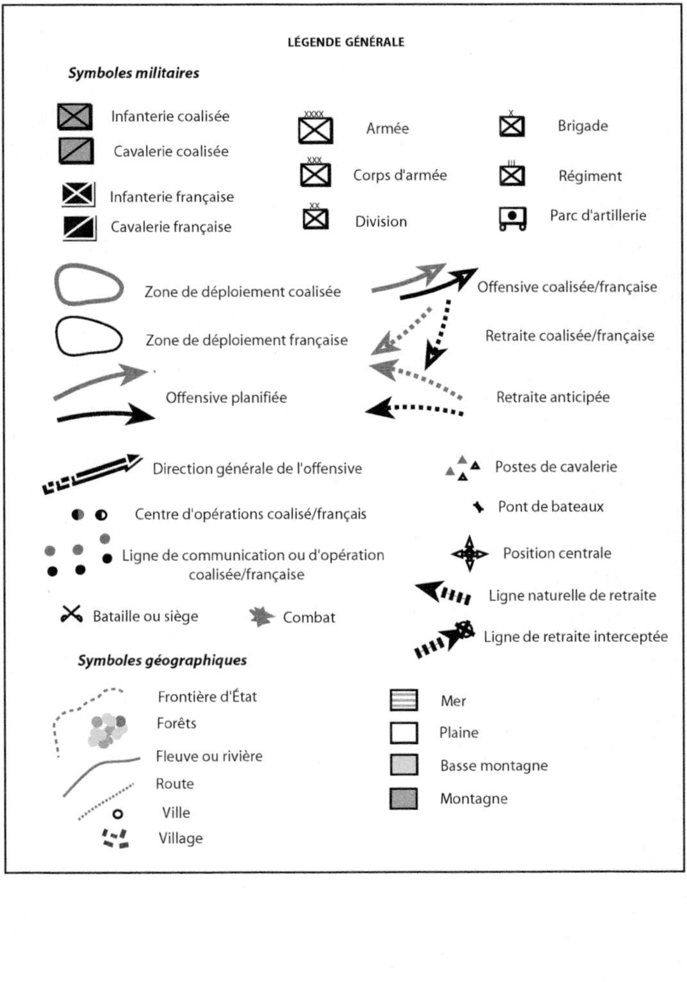
LÉGENDE GÉNÉRALE
Symboles militaires
Infanterie coalisée
Cavalerie coalisée
Infanterie française
Cavalerie française
Armée
Corps d'armée
Division
Brigade
Régiment
Parc d'artillerie
Zone de déploiement coalisée
Zone de déploiement française
Offensive planifiée
Offensive coalisée/française
Retraite coalisée/française
Retraite anticipée
Direction générale de l'offensive
Centre d'opérations coalisé/français
Ligne de communication ou d'opération coalisée/française
Bataille ou siège
Combat
Postes de cavalerie
Pont de bateaux
Position centrale
Ligne naturelle de retraite
Ligne de retraite interceptée
Symboles géographiques
Frontière d'État
Forêts
Fleuve ou rivière
Route
Ville
Village
Mer
Plaine
Basse montagne
Montagne

PREMIÈRE PARTIE
Une guerre continentale

Le 25 mars 1802, la signature du traité d'Amiens instaure pour la première fois depuis dix ans une paix générale entre les grandes puissances européennes. C'est une explosion de joie dans toute l'Europe. Un an plus tard, la persistance de la rivalité franco-britannique provoque la reprise des hostilités. Afin de détourner la menace d'une invasion française sur son sol, l'Angleterre parvient à susciter la formation d'une 3e coalition contre la France. Elle se compose de l'Angleterre, la Suède, la Russie, Naples et enfin de l'Autriche depuis le 9 août 1805. La France se retrouve en guerre pour les dix prochaines années. Fin août 1805, alors que les menaces d'agression autrichiennes ne font plus de doute, Napoléon adresse une série de lettres à son major général, le maréchal Berthier, pour organiser le gigantesque « demi-tour droite » de la Grande Armée qui doit la projeter des côtes de La Manche vers la Bavière. Le 29 août, il officialise l'organisation de son armée en sept corps. L'instauration du système du corps d'armée (*cf.* encadré : « 1805, la première guerre de corps d'armée ») correspond à un changement d'échelle des armées françaises et marque une rupture entre les campagnes de la Révolution et celles de l'Empire. Le général Bonaparte disposait de 47 000 hommes lors de la première campagne d'Italie et de 54 000 lors de la seconde campagne d'Italie. S'il est vrai que le « front italien » ne constituait pas un secteur

DE LA CONCENTRATION DES POUVOIRS À LA CONCENTRATION DES FORCES

	Ancien régime	Révolution	Empire
Organisation politique	Pouvoir stable, subordination des chefs militaires	Pouvoir divisé, autonomie relative des militaires	**Concentration des pouvoirs pol. et militaires**
Recrutement militaire	Armée professionnelle à effectifs limités	Armée de masse faiblement professionnalisée	**Armée de masse professionnalisée**
Organisation militaire	Armée régimentaire	Dizaine d'armées de plusieurs divisions	**« Grande Armée » de plusieurs corps**
Buts de guerre	Gains territoriaux limités et souci de l'équilibre européen	Renversement de l'équilibre européen	**Politique hégémonique**
Stratégie opérationnelle	Guerre de place subordonnée à la logistique	Guerre de conquête mais dispersion des forces	**Concentration** et **projection des forces**

L'avènement de l'Empire crée une situation inédite en assurant la fusion de l'autorité politique et de la direction des opérations entre les mains d'un seul homme.

L'Ancien Régime disposait certes d'une organisation politique comparable, mais ses moyens militaires et ses buts de guerre n'autorisaient pas la monarchie française à lancer des offensives profondes au cœur des puissances ennemies.

Les révolutionnaires ont ensuite réussi à mettre sur pied une armée de masse capable de bouleverser l'équilibre européen des forces, mais leur méfiance atavique à l'égard des chefs militaires leur interdisait de réunir les armées de la République sous un commandement unique pour emporter la décision.

Napoléon opère la synthèse entre la concentration des pouvoirs politico-militaires et la conscription de masse. Poursuivant la politique de conquêtes initiée par les régimes révolutionnaires tout en instaurant un nouveau système de corps d'armée, il se donne les moyens de concentrer ses efforts sur un seul théâtre d'opérations de façon à submerger les forces adverses. Ainsi, la concentration des pouvoirs politiques et militaires autorise la concentration des forces et l'organisation en corps d'armée facilite la projection des forces ■

prioritaire pour Carnot puis pour le Premier Consul, la taille de l'armée d'Italie était néanmoins représentative des effectifs moyens d'une armée de la République. Lors des campagnes révolutionnaires, Carnot devait ainsi gérer une douzaine d'armées dispersées sur huit théâtres d'opérations principaux (Belgique, Rhin, Alpes, Italie, Pyrénées orientales, Pyrénées occidentales, front de l'intérieur, colonies) dont les effectifs oscillaient au total entre 30 000 et 80 000 hommes. Malgré un souci constant de centraliser la réflexion stratégique pour établir un ordre de priorité entre les différents théâtres (*cf.* la création du Bureau topographique militaire en 1794 où Bonaparte fera un court mais remarqué passage en août 1795), Carnot ne parvint pas à obtenir une réelle concentration des efforts sur un seul front. Il dut prendre en compte la méfiance du pouvoir révolutionnaire à l'égard de toute concentration du pouvoir militaire (selon l'article 110 de la constitution de 1793, « il n'y a point de généralissime ») et se heurta à l'inertie des commandants d'armée qui avaient trop souvent leur propre opinion sur les priorités stratégiques à suivre et sur les méthodes à employer.

Concentration des efforts

Changement de perspective avec la concentration des pouvoirs politiques et militaires entre les mains de Napoléon : Premier Consul en février 1800, Consul pour dix ans en mai 1802, Consul à vie en août 1802, et enfin Empereur des Français en mai 1804. L'autorité politique sans partage qu'il exerce est le socle sur lequel il fonde sa stratégie de concentration des efforts. Napoléon est dispensé de gérer les dissensions politiques des élus du peuple et la mauvaise volonté des généraux. Il a définitivement confisqué le domaine de la réflexion stratégique aux ex-commandants d'armée de la République. L'Empereur détermine seul l'axe de son offensive et l'ampleur des moyens à mettre en œuvre. Il peut ainsi avec des effectifs globaux similaires à ceux mobilisés par la République, en concentrer une majorité écrasante sur un seul front. Durant ses trois premières campagnes impériales de 1805, 1806 et 1807, Napoléon parvient ainsi à réunir de 150 000 à 200 000 hommes sur le théâtre d'opérations principal. Disposant de l'autorité politique pour choisir le théâtre d'opérations prioritaire, Napoléon possède, grâce à l'organisation en corps d'armée, du système lui permettant d'y manœuvrer les masses nécessaires dans le cadre d'un commandement centralisé (*cf.* encadré « De la concentration des pouvoirs à la concentration des forces »). C'est l'aboutissement d'une évolution dominée au début des campagnes révolutionnaires par la rivalité entre les commandants d'armée pour obtenir le maximum de moyens et devenir le secteur de l'offensive principale. Les corps d'armée peuvent remplir des missions spécifiques et se déplacer de façon autonome mais dans le cadre d'une stratégie d'ensemble. Cette structure modulaire déconcentre l'exécution des mouvements mais centralise la conception générale de la stratégie. Elle donne plus de flexibilité opérationnelle tout en préservant l'unicité du commandement.

Projection des forces

Le système des corps d'armée facilite dans le même temps la projection des forces en assurant la vitesse et la profondeur des mouvements de l'armée. Napoléon imprime aux opérations militaires un rythme jusqu'alors jamais atteint afin d'imposer à ses adversaires l'heure et le lieu de la confrontation. Bien que ne disposant d'aucune innovation technologique par rapport à ses prédécesseurs des guerres en dentelles, Napoléon inaugure un nouveau style de guerre qui par son rythme produit un effet comparable à celui provoqué par la *Blitzkrieg* de la Seconde Guerre mondiale. En digne membre de l'Institut national de France (classe des sciences physiques et mathématiques, section mécanique), Napoléon considère en effet que l'art militaire suit les lois de la mécanique : l'augmentation de la vitesse d'une division ou d'un corps d'armée accroît sa force et lui confère une « énergie cinétique » qui augmente l'effet de son impact sur le dispositif adverse. Autrement dit, la vitesse remplace le nombre. Cette vitesse de déplacement se combine avec une capacité de projection continentale encore jamais vue dans l'histoire militaire européenne. « Avec le Tondu, on voit du pays » répétaient les grognards. Arrachés à leur atelier ou à leur ferme, ils ont découvert la plupart des grandes capitales européennes. La Révolution les a lancés sur Bruxelles et Amsterdam au nord puis sur Mayence à l'est, Milan, Rome et Venise au sud. L'Empereur mène les campagnes à une toute autre échelle. Les soldats de la Grande Armée entrent dans Vienne, Berlin, Varsovie, Madrid, Lisbonne et Moscou. Rompant avec les offensives lentes et timorées du XVIIIe siècle, Napoléon confisque l'initiative à ses adversaires en menant des campagnes rapides et profondes. Cette nouvelle forme de guerre continentale repose sur une projection des forces (chapitre I) qui résulte de facteurs idéologiques (chapitre II) et logistiques (chapitre III).

Chapitre I

La projection des forces

« L'empereur se sert de nos jambes plus que de nos baïonnettes »

En commentant par cette célèbre formule la nouvelle manière napoléonienne de faire la guerre, les troupiers démontraient qu'ils avaient parfaitement saisi, pour ne pas dire ressenti dans leur chair, l'innovation majeure de la stratégie impériale. Ils témoignaient également implicitement des épreuves imposées par le « tondu » durant toutes ces campagnes où ils surprendront leurs adversaires par leur endurance. Dans *Les Soldats de la Grande Armée*, Jean-Claude Damamme cite le cas du soldat Guichard du 17e léger engagé en 1803 et qui a parcouru près de 36 000 kilomètres en 10 ans. Le cas n'a rien d'exceptionnel pour ces soldats qui franchirent le Rhin en 1805 et dont les plus chanceux ne reverront la France qu'en 1813 poursuivis par les armées coalisées. Appelé par la conscription en 1805, le soldat Bertrand du 7e léger participera aux campagnes de 1806 en Saxe et en Prusse, de 1807 en Pologne. En 1808, son régiment (qui a été versé dans le corps de Davout depuis Eylau) a la chance de ne pas partir pour l'Espagne et reste cantonné en Allemagne. Bertrand ne reste cependant pas sédentaire puisqu'il cantonne successivement sur la Vistule puis à Berlin, en Silésie, en Saxe et enfin dans le Hanovre. Début mars 1809, il marche plein sud sur le Danube pour s'opposer à l'offensive de l'archiduc Charles en Bavière, puis, après avoir largement contribué au succès de la manœuvre de Landshut, le 7e léger se dirige sur Vienne pour combattre à Wagram. Durant les années 1810 et 1811, Bertrand cantonne en Hanovre, en Westphalie, puis en Hollande. Son régiment n'échappe pas à la grande épreuve russe. Bertrand s'illustre devant la grande redoute à la bataille de La Moskova. Il assiste à l'incendie de Moscou. Son esprit de corps le sauvera du désastre pendant la retraite de Russie. Il est de tous les combats d'arrière-garde et fait partie en décembre 1812 des 192 survivants sur les 3 300 qui ont initialement franchi le Niemen au mois de juin précédent. En 1813, il reçoit des mains de l'Empereur la Légion d'honneur sur le champ de bataille de Dresde mais son bataillon est entièrement détruit à Peterswald le 14 septembre. Il est fait prisonnier et transféré en Transylvanie. Après la première abdication, Bertrand retrouve la France pour combattre durant les Cent-Jours sur le Rhin.

« Les marches gagnent les batailles »

Si Napoléon parvient à déplacer ses troupes plus rapidement tout au long d'une campagne, c'est surtout durant les phases préliminaires qu'il « place ses accélérations ». Sachant que l'Empereur est généralement contraint, pour des raisons diplomatiques, de laisser ses adversaires tirer le sabre les premiers (invasion de la Bavière par les Autrichiens en 1805 et 1809, mouvement prussien à travers la Saxe en 1806), il doit choisir une position d'attente stratégique lui permettant de regrouper rapidement ses troupes pour reprendre l'initiative. Ainsi, le 9 août 1806, la Prusse mobilise son armée qui commence son mouvement vers l'ouest à partir du 26 août et cantonne en Saxe entre Naumbourg, Leipzig et Dresde le 26 septembre. De là, l'armée prussienne peut se porter en quelques jours sur le Rhin. Or, Napoléon n'ordonne les premières mesures de reconnaissance que le 5 septembre. Il faut attendre le 19 septembre pour que Napoléon envoie au major général Berthier une lettre ordonnant la phase de réunion de ses corps d'armée en Franconie autour de Bamberg (encore faut-il tenir compte des délais de route des messagers, puisqu'envoyée le 20 septembre au matin de Saint-Cloud, la lettre parviendra à Munich le matin du 24). Cette réaction relativement tardive de l'Empereur n'est pas étonnante. Tout d'abord, les zones de cantonnement de la Grande Armée en 1806 entre Rhin et Danube lui permettent d'agir rapidement contre l'Autriche ou la Prusse. Surtout, Napoléon considère que la vitesse est indissociable du secret. Afin de maintenir confidentiels les points de concentration, il déclenche donc le plus tardivement possible le rassemblement de son armée.

Ces dispositions sont conformes au tempérament du soldat français. L'Empereur sait que si le soldat français n'est traditionnellement pas tenace et peut se décourager rapidement, il fait preuve lors de l'entrée en campagne d'une fougue inégalée. Sentiment partagé par le maréchal Gouvion-Saint-Cyr : « C'est toujours au commencement d'une guerre, d'une campagne ou d'une action, que les troupes françaises sont susceptibles des plus grands efforts et qu'on est presque certain d'obtenir avec elles les plus grands succès. Il y a longtemps qu'on a remarqué que la persévérance n'était pas toujours la compagne inséparable de leur bouillant courage. ». Ajoutons à ces facteurs culturels, des considérations logistiques universelles : au début d'une campagne, le soldat est en meilleure forme physique, bénéficiant encore de l'alimentation régulière et du repos de la période de paix précédente. Les marches incessantes par tous les temps, les bivouacs improvisés et les réquisitions insuffisantes se conjuguent rapidement pour éprouver le soldat et tempérer l'enthousiasme des premiers jours de la guerre. C'est donc au début des hostilités qu'il faut exiger de lui le maximum pour obtenir rapidement un avantage décisif qui renforcera son moral.

Le capitaine Coignet a bien illustré la dureté de ces marches forcées, dans sa description du grand mouvement de la Grande Armée vers le Danube à l'automne de 1805 : « Jamais on n'a fait une marche aussi pénible. On ne nous a pas donné une heure de sommeil : jour et nuit en marche par pelotons, et se tenir par rangs les uns et les autres pour ne pas tomber. Ceux qui tombaient, rien ne pouvait les réveiller. Il en tombait dans des fossés d'eau, impossible de les réveiller ; les coups de plat de sabre n'y faisaient rien du tout. On faisait chanter, la musique jouait, les tambours battaient la charge, rien n'était maître du sommeil. Les nuits étaient terribles pour nous. Je me trouvais à la droite d'une section ; sur les minuits je dérivai à droite dans le penchant de la route ; me voilà renversé sur le côté ; je dégringole. Je ne m'arrête qu'après être arrivé dans une prairie et je n'abandonnais pas mon fusil, je roulais dans l'autre monde. Mon brave capitaine fit descendre pour venir me chercher et j'étais brisé. Ils prirent mon sac et mon fusil et je fus bien réveillé pour longtemps. Et jour et nuit, en marche ». Napoléon peut ainsi se permettre un déclenchement tardif car il sait qu'il pourra prendre de vitesse son adversaire dès le début des hostilités.

L'Empereur ne se prive bien sûr pas d'imposer des marches forcées en cours de campagne pour réunir les différentes composantes de son armée avant le choc décisif. Les soldats de la Grande Armée prouvent alors définitivement qu'ils sont en toutes circonstances d'infatigables marcheurs. On cite souvent l'exploit du corps de Davout cantonné près de Vienne qui franchit en 48 heures les 130 kilomètres les séparant d'Austerlitz pour rejoindre le gros des forces françaises dans la nuit du 1er décembre

1805. Épuisés, pétrifiés par le froid, les pieds ensanglantés (*cf.* encadré « Les souliers facilitent la marche et les marches gagnent les batailles »), les hommes de la division Friant qui formaient la tête de colonne du IIIe corps se sont effondrés de fatigue près des marais de Gross-Raygern pour former l'aile droite de l'armée française qui supportera le lendemain l'attaque principale de l'armée austro-russe. Le 2 décembre, ils devront se lever à 5 heures du matin pour gagner la ligne de front sur les hauteurs de Sokolnitz. Leurs prédécesseurs de la première campagne d'Italie ont accompli des exploits similaires. On citera la performance de la division Masséna qui du 13 au 16 janvier 1797 a parcouru, la plupart du temps de nuit, 90 kilomètres et successivement combattu les Autrichiens à Vérone le 13, à Rivoli le 14 puis le 16 à la Favorite au nord de Mantoue. Bonaparte peut à bon droit vanter au Directoire les mérites de ces hommes : « Les légions romaines faisaient, dit-on 24 miles par jour (35 kilomètres), les soldats français en font 30 (45 kilomètres) et se battent dans l'intervalle ».

Frapper vite, loin et fort

Contraction temporelle et extension spatiale des campagnes

Si les marches forcées sur courte distance (une centaine de kilomètres quand même !) constituent l'un des atouts majeurs de la Grande Armée, cette dernière surclasse également ses adversaires sur longue distance. C'est notamment le cas durant la campagne de 1806 où les soldats français parcourent en moyenne 30 à 35 km par jour contre 20 à 25 pour les soldats prussiens. C'est également le cas en 1809 face aux Autrichiens qui, lors de l'ouverture de la campagne, ne parviennent pas à dépasser une moyenne de 12 à 13 km par jour. Chaque jour, la Grande Armée gagne donc 10 km à 20 km sur ses adversaires. Napoléon est conscient des efforts qu'il exige de ses soldats. Il prévoit pour chacune de ses campagnes un pourcentage de pertes de près d'un quart des effectifs lors des marches de concentration et intègre dès le départ cette donnée dans la mise sur pied de son armée. Il surestime en conséquence les effectifs initiaux de façon à disposer du nombre d'hommes nécessaire lors de la confrontation décisive. Si l'on reprend l'exemple de l'exploit de la division Friant la veille d'Austerlitz, 3 500 combattants parviendront à rejoindre l'armée tandis que près de 2 700 épuisés resteront en arrière.

Le maintien d'un rythme soutenu sur plusieurs semaines confère alors à l'offensive son caractère décisif, en interdisant à l'adversaire de se réorganiser et en permettant de clôturer la campagne en une ou deux saisons. La campagne de 1805 débute le 28 août avec la décision de Napoléon d'abandonner le projet d'invasion de l'Angleterre et de se retourner contre les Autrichiens avant qu'ils ne soient renforcés par les Russes. Elle se termine militairement le 2 décembre avec la victoire d'Austerlitz. Cette première campagne impériale sera venue à bout de la troisième coalition en l'espace de trois mois alors qu'il a fallu respectivement cinq (1792-1797) et deux ans (1798-1800) pour neutraliser les deux premières coalitions. Cette « contraction temporelle » des opérations résulte de leur « extension spatiale ». En frappant loin, Napoléon cherche non seulement à neutraliser les forces de l'adversaire mais aussi à occuper ses centres nerveux de façon à l'empêcher de réorganiser de nouvelles armées et à étouffer tout espoir de contre-offensive. Il brise ainsi, sinon sa puissance matérielle, tout au moins sa volonté de combattre. En l'espace de trois mois, Napoléon lance la Grande Armée des côtes de La Manche sur le Rhin, puis de la Rhénanie sur

« LES SOULIERS FACILITENT LA MARCHE ET LES MARCHES GAGNENT LES BATAILLES »

C'est par cette réplique cinglante au capitaine Lejeune qui regimbait à l'idée de quitter la zone des combats dans le but de constituer en Bavière un dépôt de 300 000 paires de chaussures, que l'Empereur lui fit comprendre l'importance qu'il attachait à cette mission. Pour Napoléon, la fourniture de chaussures à ses soldats est un souci permanent car elle conditionne la rapidité de déplacement de la troupe. Il est donc particulièrement attentif à la dotation en chaussures de son armée. Napoléon veut éviter que ne se renouvellent les erreurs de la campagne de 1805. Lors de la marche forcée de La Manche au Rhin, les soldats avaient complètement usé leurs chaussures et s'étaient retrouvés pour ainsi dire pieds nus lors de leur marche vers le Danube. Les chaussures étaient neuves mais leur faible qualité les rendait inutilisables au bout de sept cents à mille kilomètres (ce qui fait environ une paire par mois de campagne). Pour rechausser son armée et permettre la reprise de l'offensive vers Vienne, Napoléon doit ordonner le 24 octobre 1805 à l'intendant général Petiet de réquisitionner plusieurs dizaines de milliers de paires de souliers dans les grandes villes de Bavière à Munich, Landshut, Donauwerth, Ulm et Nuremberg. Aussi, pour les campagnes de 1806 et 1809, l'Empereur a prévu que chaque fantassin dispose de trois paires de chaussures : une aux pieds et deux dans le sac, complétées par des semelles de rechange et des clous pour les réparations puisque selon Napoléon « nos soldats sont assez industrieux pour raccommoder leurs vieux souliers » (lettre à Daru du 3 décembre 1806). En outre, chaque bataillon est suivi par un caisson contenant des chaussures de secours. Il prévoit même les paires de rechange pendant la marche. Dans sa lettre au général Dejean du 8 décembre 1806, l'Empereur ordonne : « Tous les détachements qui viendront de Paris et de Boulogne doivent partir avec une paire de souliers et deux dans le sac. À Mayence, ils en recevront une paire en remplacement de celle qu'ils auront usée en route. À Magdebourg, ils en recevront une nouvelle paire pour celle qu'ils auront usée dans la route de Mayence à Magdebourg, de manière que les hommes arriveront toujours à leurs corps avec une paire de souliers aux pieds et deux dans le sac. » ■

le Danube avant de conquérir le cœur de l'empire autrichien, d'occuper Vienne et d'infliger une cuisante défaite à son allié russe. Moins d'un mois après Austerlitz, l'Autriche accepte les conditions sévères de paix françaises en signant le traité de Presbourg le 27 décembre 1805.

Des rives de la mer du Nord à la Moravie

Ce résultat est atteint au prix d'une spectaculaire projection de forces au cœur de l'Europe tant par l'effort logistique demandé que par sa vitesse d'exécution. À la fin du mois de novembre 1805, alors que Napoléon n'est pas parvenu à empêcher la réunion des forces russes de Koutouzov et de Buxhowden à Olmütz, sa situation semble particulièrement périlleuse. Il se retrouve face à 80 000 Austro-Russes concentrés autour de la place forte d'Olmütz qui garde la « porte de Moravie » (entre les Sudètes et les Beskides) à travers laquelle passe la ligne de communication coalisée vers la Silésie et la Pologne. Napoléon décide de laisser souffler ses troupes épuisées autour de Brünn situé à une soixantaine de kilomètres au sud-ouest d'Olmütz et à une centaine de kilomètres au nord de Vienne. Il sait qu'il est dangereusement aventuré au cœur de l'Europe centrale à près de 900 kilomètres de ses sources de ravitaillement situées sur le Rhin (*cf.* carte n° 1). Partant de Strasbourg, sa principale ligne de communication, ce qu'il appelle la « route de l'armée », passe par Augsbourg sur le Lech puis Braunau sur l'Inn avant de rejoindre Vienne puis de remonter sur Brünn. Napoléon est conscient qu'il ne peut pas demander à ses troupes de renouveler indéfiniment les exploits déjà réalisés depuis la fin du mois d'août. Les corps du camp de Boulogne ont tout d'abord parcouru plus de 500 kilomètres en quatre semaines pour venir border le Rhin qu'ils ont franchi le 25 septembre. Un nouveau « coup de sac » de 250 kilomètres les a conduits le 6 octobre sous une pluie incessante et par des chemins défoncés sur le Danube entre Ingolstadt et Gunzbourg. Par ce bond spectaculaire accompli en onze jours, les troupes françaises ont relégué loin derrière elles les soldats de Marlborough qui avait effectué un trajet comparable mais en vingt-cinq jours lors de la célèbre marche de la Moselle au Danube de 1704 qui devait conduire à la bataille de Blenheim (13 août 1704). Le 25 octobre 1805, cinq jours après la capitulation de Mack dans Ulm encerclé, la Grande Armée s'est déjà portée sur l'Isar de Munich à Landshut, cent cinquante kilomètres plus à l'est. Le 29 octobre elle franchit l'Inn à Braunau. Vienne est encore à 350 kilomètres. Le 13 novembre les avant-gardes françaises pénètrent dans la capitale autrichienne. Elles ont couvert près de 1 300 kilomètres depuis la fin du mois d'août, soit en onze semaines, tout en capturant une armée autrichienne de 30 000 hommes avec 60 canons. La Grande Armée devra encore franchir la centaine de kilomètres qui la séparent de Brünn, atteint le 20 novembre, avant de sceller le sort de l'alliance austro-russe à Austerlitz. Les soldats français ont donc parcouru 1 400 kilomètres en à peu près 80 jours (déduction faite des cinq jours d'investissement

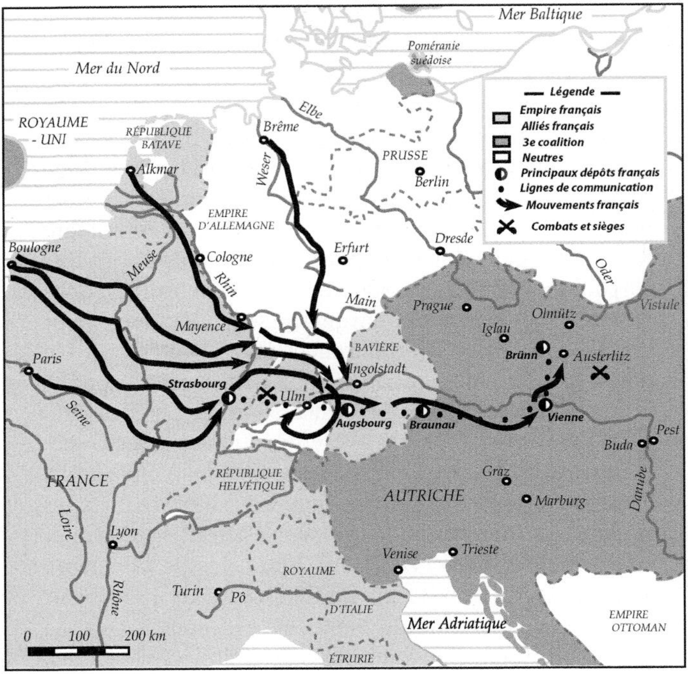

Carte n° 1 : Des rives de la mer du Nord à la Moravie, marches et lignes de communication.

d'Ulm), ce qui fait en moyenne des marches de près de 20 kilomètres par jour. Ce calcul ne tient évidemment pas compte des inévitables contre-marches, des manœuvres d'enveloppement et des multiples accrochages ou combats de moyenne envergure tel Elchingen, Dürrenstein ou Hollabrunn qui sont le lot quotidien de nombreux régiments. Si la performance physique est en elle-même remarquable, on peut en outre parler d'exploit logistique. Napoléon est en effet parvenu à concentrer au milieu de la Moravie à presque mille kilomètres de la France une masse de manœuvre de 70 000 hommes épuisés, affamés et en loques certes, mais approvisionnés en munitions et plus combatifs que jamais comme ils en feront la preuve le 2 décembre.

Or, sur ses arrières se précisent plusieurs menaces (*cf.* carte n° 2). Sur le flanc nord tout d'abord : conformément aux dispositions secrètes du traité de Potsdam passé le 3 novembre avec la Russie et l'Autriche, la Prusse met progressivement ses troupes sur le pied de guerre : la mobilisation doit porter sur 180 000 hommes. Déjà 25 000 hommes se regroupent en Silésie sous les ordres de Gravert, 40 000 autour de Berlin et 35 000 autour d'Erfurt sous les ordres du prince de Hohenlohe. L'état-major prussien estime que l'armée sera prête à marcher le 5 décembre. Plus au nord ouest, 25 000 Russes ont débarqué le 20 novembre sur les côtes du Hanovre pour rejoindre les 15 000 soldats du duc de Brunswick qui viennent d'y pénétrer. En Bohême, l'archiduc Ferdinand dispose autour de Prague de 10 000 hommes qui font peser une menace directe contre Brünn. Sur le flanc sud, l'archiduc regroupe en Carniole autour de Marbourg les 80 000 hommes venus du Tyrol et de Vénétie. Ils sont cependant fortement affaiblis par la traversée des Alpes à la mauvaise saison. Enfin, Bennigsen est en voie de traverser la Pologne pour renforcer le tsar de 30 000 hommes. Au total l'arc prusso-austro-russe encercle la pointe avancée française avec 340 000 hommes qui devraient dépasser le chiffre de 400 000 à la mi-décembre. En position centrale, l'Empereur dispose sous ses ordres directs d'une force de 50 000 hommes qu'il peut rapidement faire monter en trois jours à 70 000 hommes grâce à l'apport des 20 000 de Bernadotte (poussés vers Iglau à 75 kilomètres au nord ouest de Brünn pour surveiller l'archiduc Ferdinand) et en attendant un jour de plus à 85 000 avec l'apport des forces de Davout réunies autour de Vienne. Celles-ci tendent la main au corps de

Carte n° 2 : Les menaces contre la Grande Armée à la veille d'Austerlitz (fin novembre 1805).

Marmont (15 000 hommes) qui en Styrie fait face au sud à l'archiduc Charles. Enfin, les arrières de la ligne de communication sont sous la surveillance du corps de Ney (10 000 hommes) qui contrôle les passages de Salzbourg et du corps Augereau (13 000 hommes) concentré autour d'Ulm. Malgré la disproportion des forces entre les deux blocs européens, un coup d'œil sur la carte permet de voir que Napoléon a réussi l'exploit de concentrer face à ses adversaires un nombre équivalent de troupes au beau milieu de l'Europe. La manœuvre de 1805 restera à plus d'un égard un classique de la stratégie opérationnelle, étudié par toutes les écoles d'officiers. Cette campagne illustre les nouvelles capacités logistiques de la Grande Armée qui permettent à Napoléon de frapper vite, loin et fort.

De la Franconie aux rives de la Baltique

La campagne de 1806-1807 constitue un exemple de projection de forces napoléoniennes encore plus impressionnant car elle se déroule dans un environnement beaucoup plus hostile. En l'espace de deux mois, Napoléon va lancer ses troupes de la Bavière au cœur de la Pologne. Le 8 octobre 1806, Napoléon déclenche son offensive contre la Prusse qu'il écrase en quatre semaines mais qui va le conduire dans quatre mois jour pour jour à moins de cent kilomètres de la frontière russe où il connaîtra son premier échec à Eylau avant de retrouver la victoire quatre mois plus tard et 25 kilomètres plus à l'est à Friedland, « le pays de la paix ». Durant cette double campagne de Prusse et de Pologne où elle met à genoux successivement les armées prussienne et russe, la Grande Armée découvre la boue qui paralyse les mouvements, la faim qui contraint les hommes à la maraude et le froid d'autant plus dangereux qu'il tue le soldat avec douceur. Lors de la terrible journée d'Eylau, Napoléon frôle la catastrophe et doit songer à réorganiser son armée pour reprendre l'initiative face à ces diables de Russes qu'il a tendance à sous-estimer. Pourtant, il va accomplir un nouvel exploit à Friedland à plus de mille kilomètres du Rhin, étendant ainsi l'influence de la France jusqu'au Niemen (*cf.* carte n° 3).

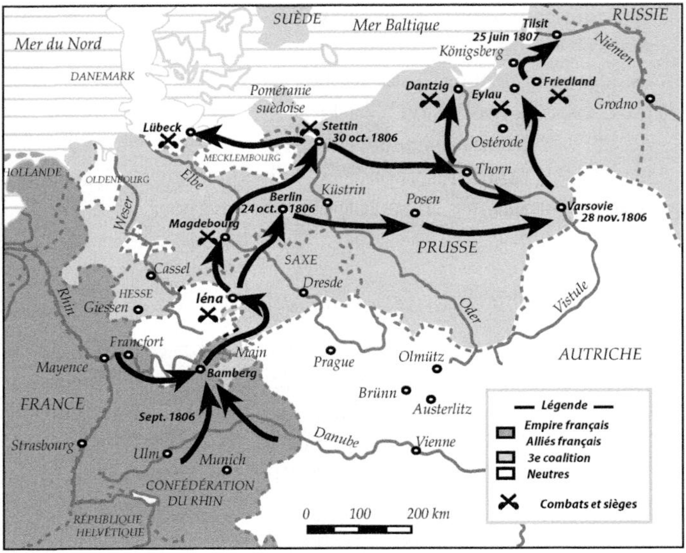

Carte n° 3 : De la Franconie aux rives de la Baltique, projection des forces françaises de septembre 1806 à juin 1807.

La campagne de 1806-1807 confirme le changement d'échelle des opérations militaires napoléoniennes par rapport à celles de ses prédécesseurs et notamment de Frédéric II. Il est vrai que le roi de Prusse combattait dans un contexte géopolitique totalement différent puisqu'à partir de la guerre de Sept Ans (1757-1763), il se retrouve encerclé par la coalition austro-franco-russe. Frédéric II préfère donc logiquement utiliser sa position centrale pour battre successivement les Coalisés. Cela le conduira souvent à se battre sur son propre territoire comme à Leuthen en 1757, Zorndorf en 1758 ou Kunersdorf en 1759. Les projections de forces frédériciennes les plus importantes interviennent lors de la guerre de succession d'Autriche (1740-1748). Frédéric II

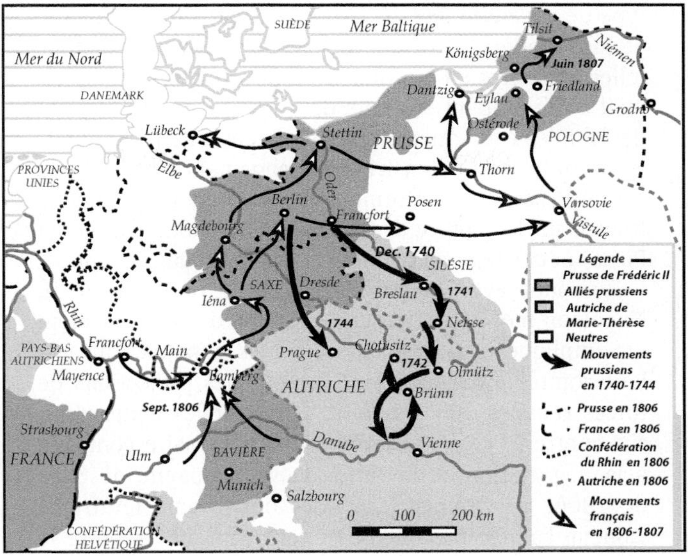

Carte n° 4 : Comparaison de la campagne napoléonienne de 1806-1807 avec les campagnes frédériciennes de 1740-1744.

est alors en position offensive face à une Autriche assaillie par une coalition franco-prusso-espagnole. Il profite donc de cet avantage diplomatique pour conquérir la Silésie. Cette campagne de conquête n'en durera pas moins d'un an (octobre 1740-octobre 1741) pour des opérations jamais situées à plus de trois cents kilomètres (*cf.* capture de Neisse) des sources de ravitaillement prussiennes (*cf.* carte n° 4). Elle sera suivie en 1744 par un projet ambitieux d'intervention en Bohême avec la capture de Prague mais se terminera par une retraite prussienne catatrophique (perte de tout le matériel de siège et désertions massives) suite au harcèlement de la ligne de communication prussienne par les hussards autrichiens qui donneront leur lettre de noblesse à ce type de cavalerie légère. Tirant les leçons de cette campagne, Frédéric II décide de ne plus jamais mener de telles offensives en profondeur. Indépendamment du fait qu'il a déjà atteint ses buts de guerre avec la conquête de la Silésie et du renversement des alliances qui le contraindra à la défensive, ce changement d'attitude du roi de Prusse est conforme à sa stratégie géographique fondée sur la capture des forteresses (comme Olmütz et Pirna) et des régions (comme la Saxe) bordant la Silésie.

Rompant avec la stratégie d'usure de Frédéric II, Napoléon met en œuvre une stratégie d'anéantissement qui implique la poursuite des forces ennemies jusqu'à leur complète dislocation. C'est par des projections de forces réussies qu'il parvient à frapper les coups décisifs contre le gros des armées de l'adversaire contraint à la négociation. À la veille de la campagne de Saxe de 1806, les troupes françaises ont évacué l'Autriche vaincue l'année précédente et sont cantonnées entre le Main et le Danube en Bavière et dans le Wurtemberg d'où elles surveillent à la fois les armées autrichiennes et prussiennes. Le 19 septembre 1806, Napoléon dicte ses fameuses « dispositions pour la réunion des corps de la Grande Armée ». Réveillée par l'influx napoléonien transmis par les estafettes qui galopent sur les routes de l'Empire entre Paris, Strasbourg et Munich où se situe le quartier général de Berthier puis vers les commandants de corps, la Grande Armée s'anime pour accomplir les volontés de l'Empereur. Pour les soldats composant cette machine de guerre au faîte de sa puissance, c'est le signal du départ : il faut quitter les cantonnements confortables de l'Allemagne méridionale et ses hôtesses bavaroises si accueillantes pour suivre « le Tondu ». Les commandants de corps réunissent leurs unités durant les deux dernières semaines de septembre puis se mettent en marche vers les zones de concentration de Franconie après une première série de marches qui varient entre 100 et 200 kilomètres.

Le 4 octobre 1806, les corps sont réunis dans un polygone centré autour de Bamberg et dont le tracé relie les villes de Wurzbourg à Nuremberg, Amberg, Bayreuth, Cobourg et Schweinfurt. Ils se concentrent ensuite entre le 5 et le 7 octobre pour rejoindre le versant occidental du massif de la Frankenwald d'où ils pourront bondir sur la Saxe pour devancer l'attaque prussienne. Enfin, le 8 octobre à l'aube, la Grande Armée passe à l'offensive et traverse la Frankenwald en trois colonnes avant de déboucher sur le flanc gauche de l'armée prussienne débordée, obligée de battre en retraite et finalement vaincue six jours plus tard à Iéna et Auerstaedt. L'armée du Grand Frédéric s'est volatilisée mais « le Tondu » exige que ses grognards en capturent chaque morceau. C'est la course à la Baltique qui vise à empêcher toute retraite de l'armée prussienne vers Königsberg et ses alliés russes. Les Français entrent à Berlin le 24 octobre et bordent la Baltique à Stettin le 30 octobre. Du déclenchement de la concentration de la Grande Armée fin septembre à la capitulation de Stettin le 30 octobre 1806, Napoléon a organisé une formidable projection de forces de plus de 700 kilomètres.

Le 5e corps de Lannes, qui a reçu avec Murat et la « brigade infernale » de Lasalle la mission d'intercepter Hohenlohe, a parcouru cette distance en 27 jours à une vitesse de marche moyenne de 26 kilomètres par jour. Certaines de ses unités (1re division) sont tout d'abord venues rejoindre leurs camarades de combat à Schweinfurt après une première marche de 150 kilomètres commencée le 27 septembre. Une fois réuni, l'ensemble du corps se porte en deux étapes de 40 kilomètres sur Bamberg qu'il atteint le 7 octobre. Il s'illustre aux combats de Saalfeld et de Iéna. Napoléon lui accorde le 15 octobre une journée de repos puis la poursuite s'engage. En neuf jours, le 5e corps franchit les 240 kilomètres le séparant de Berlin puis sans s'arrêter il avale en 6 jours les derniers 160 kilomètres le séparant de Stettin après avoir fait capituler la forteresse de Prentzlow le 28 octobre. Les hommes de Lannes pensent pouvoir bénéficier d'un repos bien mérité d'autant que l'irréductible Blücher a fini par capituler le 7 novembre à Schwartau. Mais, le roi de Prusse, espérant l'aide des Russes, s'est réfugié à Königsberg avec ce qui reste de son armée : les 20 000 soldats du général Lestocq.

Refusant de prendre ses quartiers d'hiver comme le voulait la pratique des guerres prénapoléoniennes, l'Empereur décide de continuer son offensive vers l'est et de marcher sur Varsovie pour en repousser les 50 000 Russes de Bennigsen. L'ordre de marche lancé le 16 novembre 1806 ne pouvait pas tomber plus mal : L'automne a transformé les pistes en fondrières qui paralysent tous les mouvements et dans lesquelles bien des soldats et des chevaux finiront enlisés vivants. L'Empereur sera même contraint d'abandonner sa berline immobilisée par les boues polonaises. Au-delà de l'Oder, le soldat français découvre une autre Europe marquée par le servage et des conditions de vie misérables. Si le froid ne s'est pas encore manifesté, la faim se fait rapidement sentir et le maraudage ravage les unités. La mauvaise qualité des routes interdit le passage des charrois et disloque rapidement la logistique napoléonienne dont les insuffisances ne sont plus compensées par les produits des campagnes traversées. Les villages ne sont que des amas de masures malpropres et les paysans dissimulent le peu de nourriture qu'ils détiennent. Entre les pluies incessantes à l'origine de la boue élevée au rang de « cinquième élément » et le Tondu qui veut leur « faire perdre l'habitude de manger », le mécontentement des soldats monte et les suicides se multiplient. C'est de cette époque que date le surnom de « grognards » donné par l'Empereur à ses soldats.

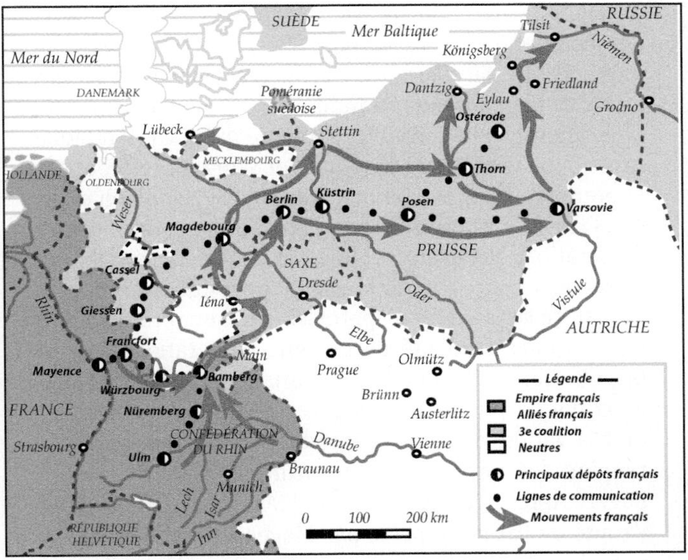

Carte n° 5 : Les lignes de communication
de la Grande Armée en 1806-1807.

Malgré tout, Murat entre dans Varsovie le 28 novembre 1806. L'offensive française va cependant s'enliser après avoir vainement tenté d'envelopper les Russes qui battent rapidement en retraite, suite au sanglant combat de Pultusk du 26 décembre 1806. Conscient de sa situation plus que précaire, Napoléon décide enfin de prendre des quartiers d'hiver autour de Varsovie. Ses troupes viennent d'ajouter à leur palmarès de marche les 560 kilomètres séparant Berlin de Varsovie. Sa nouvelle ligne de communication court sur plus de 1 100 kilomètres depuis Mayence. Avant le déclenchement de l'offensive contre la Prusse, Napoléon avait organisé deux lignes de communication (*cf.* carte n° 5) : une première ligne qui suit le Rhin et le Main par Mayence, Francfort, Aschaffenburg, Wurzbourg et Bamberg ; une deuxième ligne à partir du Danube par Ulm, Ellwanger, Anspach, Nuremberg, Forcheim et Bamberg. La première route correspond au scénario offensif d'attaque par le Frankenwald qui sera effectivement appliqué tandis que la deuxième route, plus défensive, ne devait être utilisée qu'en cas d'attaque prussienne vers le sud par Fulda et Wurzbourg (coupant la première ligne de communication). Si Napoléon exige que l'armée n'ait qu'une ligne d'opération reliant le centre d'opérations jusqu'aux troupes, il considère possible et même nécessaire d'avoir plusieurs lignes de communication entre ses sources d'approvisionnement et son centre d'opérations. L'unicité de la ligne d'opérations a pour but d'éviter un éclatement de l'armée en cas de retraite alors que la pluralité des lignes de communication traduit la variété des plans d'opérations élaborés lors de la réunion des corps avant l'ouverture effective de la campagne. Après la double victoire d'Iéna et d'Auerstaedt, la « route de l'armée » passe par Mayence, Francfort, Giessen, Cassel, Magdebourg et Berlin. Cette ligne de près de 600 kilomètres est couverte en une vingtaine de jours par les renforts et les approvisionnements en munitions.

À partir de la fin novembre 1806, la route d'étapes de l'armée est prolongée de 560 kilomètres vers Varsovie par Küstrin et Posen sur une distance totale dépassant les 1 100 kilomètres. Après Eylau (8 février 1807), la Grande Armée se regroupe derrière la Passarge et Napoléon réoriente vers le nord, sans pour autant la raccourcir, sa ligne de communication qui débouche sur Thorn et Ostérode. En l'espace d'un mois, l'Empereur a donc doublé la distance de projection de ses forces le long de pistes qui deviennent impraticables aux premières pluies. Pourtant Napoléon va réussir à rétablir une situation logistique bien compromise par l'échec d'Eylau. Durant l'hiver 1806-1807, il réussit le tour de force de reconstituer et de ravitailler sa Grande Armée épuisée par la poursuite de l'armée prussienne puis sévèrement étrillée par les Russes aux combats de Golymin, Pultusk et d'Eylau. À plus de 1 500 kilomètres de Paris, alors que les nouvelles de la capitale mettent 15 jours pour parvenir au quartier impérial d'Ostérode, Napoléon dispose en Pologne pour la campagne de l'été 1807 d'une armée de 184 000 hommes (dont 24 000 de Masséna couvrant Varsovie) alors qu'il ne pouvait en concentrer que 75 000 après Eylau. En outre, cette armée de première ligne sur la Vistule est soutenue sur l'Elbe par une armée de seconde ligne de 80 000 hommes sous les ordres de Brune. Sur ces 184 000 hommes, Napoléon en concentrera 80 000 à Friedland, alors que cent kilomètres à peine le séparent du Niémen et de la steppe russe.

Recrutement, renforts et remplacement des pertes

La profondeur et la rapidité des offensives napoléoniennes se conjuguent pour soumettre les unités de la Grande Armée à de forts taux d'attrition. Afin de conserver la supériorité numérique tout au long de ses campagnes, l'Empereur organise une procédure élaborée de remplacement des pertes et de renforcement des unités fondée sur des levées successives de contingents qui permettent une alimentation constante de son armée. Il bénéficie pour cela d'un instrument légal unique en Europe avec la loi Jourdan-Delbrel du 5 septembre 1798 qu'il a hérité du Directoire et qui lui permettra d'appeler sous les drapeaux plus de 2,4 millions d'hommes. La « loi de conscription » remplace le décret de la Convention du 14 février 1793 instituant la réquisition et proclame le service militaire obligatoire pour tous les célibataires de vingt à vingt-cinq ans. Ils sont inscrits ensemble ou « conscrits » par année de naissance sur les tableaux de recrutement militaire. Ils forment cinq « classes » parmi lesquelles le gouvernement peut mobiliser le nombre de soldats jugé nécessaire par la loi en commençant par les plus jeunes. Les conscrits sont mobilisés par voie de tirage au sort pour un à cinq ans en temps de paix ou pour la durée de la guerre. Ils peuvent se faire remplacer moyennant le paiement d'une prime déterminée par les intéressés. Ce dispositif juridique est un atout inestimable qui fournit à Napoléon un potentiel de soldats mobilisables estimé pour l'année 1810 par le directeur de la conscription à 1 880 000 hommes rien que pour les départements de l'Empire. Entre 1806 et 1810, c'est le général Lacuée (remplacé en 1810 par le général Mathieu-Dumas puis en 1812 par le général d'Hastrel de Rivedoux), directeur des revues et de la conscription (avant de devenir ministre de l'administration de la Guerre de 1810 à 1813), entièrement dévoué à l'Empereur qui répartit par décret impérial le contingent annuel de conscrits entre les différents départements, à charge pour les préfets et sous-préfets d'effectuer la répartition entre les arrondissements, cantons et communes. Les sous-préfets procèdent lors de conseils de recrutement ambulants au tirage au sort des conscrits parmi les noms figurant sur les listes cantonales, puis appliquent les exemptions. Après avoir pris en compte les remplacements, le ministère de la Guerre fixe, lors de l'incorporation, la liste définitive des conscrits répartis entre la liste de réserve et d'active. Les premiers demeurent dans leur foyer jusqu'à nouvel ordre tandis que les seconds sont orientés vers les dépôts. Dès qu'il a reçu son billet d'affectation, le jeune homme n'est plus tout à fait un civil sans être encore un soldat. Il est tout d'abord « accompagné » avec les autres conscrits de la commune par le garde champêtre vers des points de regroupement où le bureau de recrutement forme des détachements acheminés sous escorte vers les corps d'affectation. En fonction des impératifs militaires, il peut être immédiatement

TABLEAU RÉCAPITULATIF
DES PROJECTIONS DE FORCES EN 1805 ET 1806-1807

Vitesse et distance de projection (1)	Distance parcourue par les corps (2)	Masse initiale projetée (3)	Masse au point d'impact (4)
Campagne de 1805 28/08 au 2/12 900 km (entre Mayence et Austerlitz par Vienne)	1 400 km	200 000 h	70 000 h 35 %
Campagne de 1806-1807 27/09 au 08/02 1 400 km (entre Mayence et Eylau par Varsovie)	1 350 km	166 000 h	64 000 h 38 % (y compris Ney)

Ce tableau résume l'effort de projection de puissance accompli par Napoléon lors de ses deux plus glorieuses campagnes durant lesquelles il triompha des Autrichiens, des Prussiens et des Russes. La première colonne (1) indique la distance entre les sources d'approvisionnement (dont le principal point sur le Rhin est la forteresse de Mayence) et les champs de bataille d'Austerlitz pour 1805 et d'Eylau qui clôture la première phase de la campagne de 1806-1807. Surpassant l'audacieuse offensive franco-bavaroise (pendant la guerre de succession d'Autriche 1740-1748) qui suivit à partir de septembre 1741 le Danube jusqu'à Sank Polten avant de bifurquer vers le nord pour aboutir à la prise de Prague le 26 novembre, Napoléon n'hésite pas cette fois à capturer Vienne avant de sceller à Austerlitz le sort de l'Autriche. En 1807, il efface cet exploit en contrant les forces russes à plus de 1 400 km de ses sources d'approvisionnement. La seconde colonne (2) met l'accent sur les distances parcourues en moyenne par les corps de la Grande Armée : en 1805, cette distance est bien supérieure à la

« distance de projection » car les cantonnements des corps ne se situaient pas systématiquement au-delà du Rhin comme en 1806 mais sur les côtes de La Manche. Les deux dernières colonnes (3) et (4) comparent l'effectif global de l'armée au début de la campagne et les forces présentes lors de la bataille clôturant la campagne. Ici encore le changement d'échelle est frappant. Alors qu'en 1741 Belle-Isle commande 40 000 hommes au début de son offensive sur Prague qu'il emportera avec 15 000 hommes, Napoléon lance des masses de près de 200 000 hommes et parvient à concentrer en fin de parcours de 64 000 à 70 000 hommes. Malgré l'allongement de la distance de projection en 1807, Napoléon a su maintenir un taux élevé de concentration des forces de 38 % grâce à un système efficace de renforts. Mais, c'est surtout la vitesse de projection qui est typiquement napoléonienne : l'Empereur traverse l'Europe avec son armée en trois mois puisqu'en 1806, il sera en personne à Varsovie le 18 décembre pour une offensive commencée en Franconie le 8 octobre. C'est le temps qu'il a fallu à Belle-Isle pour descendre le Danube alors que la zone était vide de troupes autrichiennes. Les offensives profondes de Napoléon rompent définitivement avec les guerres frédériciennes tant par leur vitesse que par leur distance de projection et l'importance des masses projetées ■

envoyé vers le front, l'équipement et l'instruction étant fournis durant les étapes. Selon l'Empereur, il ne doit pas s'écouler plus d'un mois entre l'adoption par le Sénat du sénatus-consulte décidant la conscription et l'intervention des conseils de recrutement et une dizaine de jours entre ces conseils et l'arrivée des troupes dans les dépôts. Il faut ensuite ajouter un ou deux mois pour instruire et transférer les conscrits sur le théâtre d'opérations (lettre de Napoléon à Cambacérès du 7 mai 1807). L'Empereur doit donc anticiper de trois à quatre mois ses besoins en hommes.

C'est à partir de la campagne de 1805 que Napoléon, profitant de la docilité du Sénat, lui demande d'autoriser par sénatus-consulte des conscriptions régulières. Un premier contingent de 80 000 hommes est voté en septembre 1805. En prévision de la campagne de 1807 contre les Russes, Napoléon ordonne début novembre 1806 la levée d'un nouveau contingent de 80 000 hommes voté par le Sénat le 15 décembre. Tandis qu'il prend ces dispositions pour remplir les dépôts, il vide ces derniers des soldats de la précédente conscription pour renforcer la Grande Armée. Les bataillons des dépôts (ou 3es bataillons puisque les deux premiers bataillons dits de guerre composent les régiments d'active) sont complétés par des conscrits pour former des régiments provisoires qui sont transférés vers l'Allemagne et la Pologne puis dissous et répartis dans les régiments de ligne. Ces régiments provisoires peuvent également être formés à partir de bataillons réguliers transférés d'une région de l'Empire à une autre. Parallèlement à l'ordre de levée de troupes, Napoléon déclenche donc par une instruction au maréchal Kellermann dictée à Berlin le 10 novembre 1806, la constitution à Mayence des premières unités provisoires. Il lui demande de constituer huit bataillons provisoires formés à partir d'une compagnie détachée par chaque bataillon de dépôt des régiments de la Grande Armée. Chaque bataillon sera complété par des conscrits : « Il suffira qu'ils aient huit ou dix jours d'instruction, qu'ils soient armés, et qu'ils aient la veste, la culotte, les guêtres, le chapeau d'uniforme et une capote. Il ne faudra pas attendre qu'ils aient l'habit » estime l'Empereur. Pendant leur temps d'instruction, ces unités provisoires jouent le rôle de troupes de garnison lors de leur transfert entre les places fortes allemandes de la « route de l'armée » à Cassel, Magdebourg, Potsdam, Spandau, Küstrin et Stettin. Napoléon voit dans ce procédé plusieurs avantages : « Vous ferez remarquer au général Dejean [ministre de l'administration de la Guerre] l'avantage qu'il y aura, pour l'économie de mes finances et le bien de mon armée, dans l'envoi de ces hommes ; qu'ils tiendront garnison dans les grandes places [allemandes], garderont mes derrières, s'instruiront plus vite parce qu'ils en sentiront le besoin, et ne coûteront rien à mes finances ». Le transfert de la France vers la Pologne dure en moyenne 85 jours, délai considéré à l'époque comme largement suffisant puisqu'il suffit d'un mois d'instruction pour former un conscrit.

L'incorporation régulière de nouveaux conscrits par des levées de plus en plus rapprochées (trois levées en un an ponctuent la campagne de Pologne : sénatus-consulte des 4 décembre 1806, 7 avril 1807 et 21 janvier 1808) et le drainage concomitant des dépôts permettent à l'Empereur de compenser les pertes subies pendant la campagne tout en préservant la cohésion de ses unités. L'alimentation continuelle de la Grande Armée en renforts favorise en effet l'intégration des nouvelles recrues en évitant des afflux massifs et irréguliers. Alors qu'il combat les forces coalisées hors des frontières de l'Empire, Napoléon sait que sur ses arrières l'administration préfectorale tourne à plein pour lui fournir sa ration annuelle de chair à canon tandis que le ministère de la Guerre fait marcher sur toutes les voies de l'Europe les conscrits et les soldats en route vers les théâtres d'opérations. Il organise ainsi un flux humain continuel en puisant dans les réserves de soldats et de cadres laissés dans les dépôts de l'arrière, lesquels sont immédiatement remis à niveau par l'acheminement des conscrits de la dernière levée. Dès que ces derniers ont été instruits, ils sont transférés et une nouvelle conscription est lancée. En décembre 1806, la Grande Armée clôture la campagne contre les Prussiens avec des pertes légères (environ 15 000 hommes) et compte encore 147 000 hommes. Pourtant, les difficultés d'approvisionnement des cantonnements en Pologne et l'offensive d'hiver des Russes vont fortement affaiblir l'armée française qui a perdu près de 25 000 hommes rien qu'à Eylau. Dans le même temps, le maraudage, l'épuisement et les maladies transforment les régiments en unités fantômes avec un « absentéisme » qui varie entre 40 % et 50 %. Fin février, Napoléon dispose face aux Russes de moins de 75 000 hommes en état de combattre. Durant le printemps 1807, il déploie une activité frénétique pour accélérer la reconstitution de son armée, préparée dès l'hiver 1806. Dès le mois d'avril 1807, les conscrits appelés en décembre 1806 parviennent sur la Vistule. En juin 1807, la Grande Armée a reçu neuf régiments provisoires d'infanterie et quatre de cavalerie totalisant 22 000 hommes. À ces régiments provisoires, s'ajoutent dix régiments réguliers d'infanterie et deux de cavalerie en provenance de France et dix régiments de cavalerie en provenance d'Italie. Enfin, 28 000 hommes arrivent sur la Vistule par petits détachements durant les six premiers mois de 1807.

Au total, près de 80 000 hommes renforcent la Grande Armée en Pologne, tandis qu'une armée d'observation de 80 000 hommes est créée en Allemagne sous les ordres de Brune pour éviter tout soulèvement et surveiller les Autrichiens. Parallèlement à ces unités de remplacement sont intégrées de nouvelles unités de renforts composées notamment de Polonais et de Saxons qui rejoignent respectivement le 8e corps de Mortier et le corps de réserve de Lannes. À la veille de la campagne d'été, Napoléon peut fièrement inspecter la

Grande Armée dont les 160 000 hommes ont retrouvé leurs qualités militaires d'avant l'hiver 1806-1807. Cette remise à niveau tant quantitative que qualitative en l'espace de six mois démontre la supériorité du système des renforts français. Les Coalisés ne bénéficient pas d'une telle répartition régulière des nouvelles recrues et se contentent, à l'instar des Britanniques, de remplacer les bataillons épuisés par des bataillons de recrues, ce qui aboutit souvent à la constitution de régiments totalement inexpérimentés.

Pendant les campagnes de 1805, 1806 et 1807, Napoléon a su dégager les ressources nécessaires en hommes et en vivres (*cf. infra* chapitre III sur les facteurs matériels) pour donner une nouvelle échelle à ses manœuvres en quadruplant pratiquement sa projection de forces par rapport à ce qu'on a pu observer pendant les guerres de Frédéric II. Il a donné une dimension européenne à ses opérations militaires qui lui permettront de riposter au blocus maritime britannique par un blocus continental. La projection continentale de la Grande Armée devient une caractéristique déterminante de la stratégie napoléonienne d'anéantissement par opposition à la stratégie d'usure frédéricienne qui restait régionale et se limitait principalement aux régions de Silésie, Saxe, Bohême et Moravie. Cette stratégie de projection continentale vise à détruire les forces coalisées avant qu'elles ne soient réunies, tout en privant l'ennemi des ressources des territoires ainsi conquis. Elle correspond également à une contrainte politique propre au régime napoléonien : obsédé par le sentiment de son « défaut d'ancienneté » et par le souci de légitimer le 18 Brumaire, l'Empereur sait que chaque nouvelle campagne remet en jeu son trône. Il ne peut pas se permettre comme Frédéric II de faire durer les opérations sous peine de fragiliser son assise politique fondée sur des victoires rapides et indiscutables. Pour terminer rapidement la campagne, il doit donc s'exposer afin d'attirer le gros des forces ennemies. En 1805, il s'avance jusqu'au cœur de la Moravie pour attirer les Russes à Austerlitz et les détruire. Fin 1806, plutôt que d'attendre les Russes sur l'Oder, il décide d'aller les chercher sur la Vistule sur un terrain qui leur est favorable puisqu'à proximité de leurs sources d'approvisionnement. Cette décision est une erreur logistique qui entraîne une forte attrition non compensée par les recrutements polonais mais c'est le prix à payer pour inciter les Russes à prendre l'offensive. La sanglante bataille d'Eylau montre les limites de cette stratégie continentale mais la brillante victoire de Friedland et la paix de Tilsit effacent les doutes provoqués par ce premier avertissement.

TABLEAU DE CONCORDANCE
DES MARÉCHAUX ET DES CORPS D'ARMÉE
FIGURANT SUR LES CARTES DE L'OUVRAGE

	1805	*1806-1807*	*Été 1807*	*Avril 1809*
1er CA	*Bernadotte*	*Bernadotte*	*Bernadotte puis Victor*	
2e CA	*Marmont*			*Oudinot*
3e CA	*Davout*	*Davout*	*Davout*	*Davout*
4e CA	*Soult*	*Soult*	*Soult*	*Masséna*
5e CA	*Lannes*	*Lefebvre puis Lannes*	*Masséna*	
6e CA	*Ney*	*Ney*	*Ney*	
7e CA	*Augereau*	*Augereau*		
8e CA		*Mortier*	*Mortier*	
10e CA			*Lefebvre*	
Corps de réserve			*Lannes*	
7e CA bavarois				*Lefebvre*

Ce tableau de concordance doit permettre au lecteur de repérer les corps d'armée, souvent identifiés dans le texte par le nom de leur commandant, mais figurant sur les cartes sous leur numérotation administrative.

Chapitre II

Les motivations idéologiques

« La logique de l'honneur »

Égalant les exploits d'Alexandre le Grand, Napoléon est le premier chef de guerre occidental de l'époque moderne à avoir conduit ses troupes aussi loin aussi rapidement. Les qualités de marcheur des soldats de la Grande Armée ne reposent pas sur une quelconque supériorité physique mais sur de nouveaux ressorts idéologiques qui les poussent parfois jusqu'aux limites de la résistance humaine. Le comportement du « soldat impérial » est marqué par deux traits de caractère dont l'association est paradoxale mais non contradictoire. Il est connu à la fois pour son indiscipline récurrente et pour ce nouveau sentiment ouvrant l'ère nouvelle de la guerre des peuples : le patriotisme fortement imprégné d'un sens aigu de l'honneur. À l'inverse, les combattants des armées coalisées sont beaucoup plus disciplinés mais, tout au moins au début de l'épopée napoléonienne, peu sensibles à l'idéal patriotique qu'ils remplacent par l'esprit de corps et la fidélité dynastique. Ces différences idéologiques se traduisent non seulement par des styles de commandement distincts mais également, et c'est ce qui nous intéresse ici, par des possibilités manœuvrières incomparables. Alors que les armées coalisées sont tenues de privilégier l'ordre à la vitesse de déplacement, sous peine de risquer la dislocation, la Grande Armée pratique un « système de fuite en avant » parfaitement adapté au tempérament du soldat français.

La fuite en avant

En principe, la machine de guerre napoléonienne est bien huilée : l'armée progresse par division sur une distance d'écoulement d'une lieue de poste – soit 4 kilomètres – parcourue en une heure (en prenant l'hypothèse d'une division de 6 000 à 7 000 hommes), avec un intervalle de cent pas entre chaque bataillon, les régiments conservant entre eux une distance correspondant à la profondeur d'un bataillon. Au lever du jour, les compagnies sont rassemblées et partent pour une nouvelle étape avec la « pause des pipes » de cinq minutes toutes les heures. À l'intérieur des frontières de l'Empire, les unités marchent en deux colonnes de chaque côté de la route pour laisser passer au milieu la cavalerie et les différents convois. À l'approche de l'ennemi, les unités se resserrent sur les divisions de tête en occupant toute la route ou progressent en masses à travers champs de façon à laisser la route pour l'artillerie et les caissons de munitions, comme en 1813 lors de la marche de quatre jours sur Dresde. Ces formations ne sont pas étonnantes dans la mesure où la distinction entre la route et les terrains avoisinants n'est pas aussi marquée que de nos jours. La journée est coupée à midi par une halte d'une heure pour manger les rations ou, plus souvent, les fruits de la maraude de la soirée précédente. En milieu d'après-midi, la troupe s'arrête pour préparer le repas du soir et le bivouac de la nuit. Chaque division cantonne sur une profondeur de quinze à vingt kilomètres autour de plusieurs villages dans lesquels sont répartis les régiments. À l'intérieur des frontières de l'Empire, la troupe est cantonnée en ville. Un détachement est envoyé en avant-garde dès le matin pour définir les modalités du cantonnement avec les autorités locales. Des billets de logement indiquant l'adresse des lieux d'hébergement sont ensuite distribués aux différentes unités. Ces billets doivent être remis à l'habitant désigné pour héberger la troupe. Ils constituent la preuve du service rendu et conditionnent son indemnisation. Afin d'éviter les débordements, des certificats de bonne conduite doivent être délivrés le matin avant le départ par les maires des communes concernées à l'état-major de la division. Respect des biens et des personnes sont les maîtres-mots.

C'est une autre histoire dès que les frontières de l'Empire sont franchies. Ne disposant pas de tentes contrairement à leurs adversaires, les soldats de la Grande Armée s'improvisent des abris de fortune avec des planches appuyées les unes contre les autres pour former un pignon et surmontées de chaume pour en assurer l'étanchéité. Le sol de l'abri est recouvert de paille pour préserver ses occupants de l'humidité. Pour construire ces abris de campagne, les grognards n'hésitent pas à abattre des arbres, arracher les planches des palissades, le chaume des toitures des fermes ainsi que leurs portes et leurs volets tandis que les meubles sont emportés pour alimenter les feux de bivouac. Sur plusieurs lieues à la ronde, les villages sont ainsi démantelés quand ils ne sont pas tout simplement brûlés par les feux des bivouacs insuffisamment surveillés. Pendant la campagne de 1806, c'est toute la vallée de la Saale qui subit ces dévastations. Les villages d'Iéna et d'Auerstaedt, qui donneront leur nom aux deux victoires de cette campagne et bien que situés à la périphérie du champ de bataille, seront dévastés par les bivouacs. Au petit matin, les soldats abandonnent les abris improvisés de la nuit et reprennent leur course vers l'ennemi. Certains corps marchent en bon ordre notamment au début des premières campagnes de 1805 et 1806. Mais, la marche en bon ordre de La Manche au Rhin sans pratiquement aucun traînard est un phénomène exceptionnel qui est le fait de soldats équipés de neuf, parfaitement entraînés par les exercices du camp de Boulogne, fortement motivés et bénéficiant d'un temps superbe jusqu'au début octobre. Le plus souvent, les accélérations imposées aux unités de l'aile marchante par les manœuvres d'enveloppement à l'approche de l'ennemi vident de leur substance de nombreuses unités. Moins de la moitié du régiment arrive en fin de journée au terme de l'étape, l'autre moitié rejoint progressivement pendant la nuit. Le terme d'accélération est trompeur puisque la marche forcée consiste en fait à allonger la journée de marche pour « doubler les étapes » : la longueur de l'étape qui oscille généralement entre 25 et 35 kilomètres peut alors passer à plus de 55 kilomètres avalés quotidiennement. Dans de telles conditions, la marche prend l'aspect d'une déroute, non pas vers l'arrière mais en avant. De nombreux témoins ont d'ailleurs décrit la progression de la Grande Armée comme une « fuite en avant » désordonnée (*cf.* encadré « La fuite en avant vécue par des contemporains »). Les contemporains sont surpris lorsqu'ils aperçoivent pour la première fois la Grande Armée en marche. D'armée ordonnée il n'est point question, mais plutôt d'une cohue à l'aspect souvent pitoyable, en loques disparates, certains pieds nus, d'autres plus débrouillards juchés sur des ânes ou des chevaux capturés et chargés de victuailles pris sur le pays. Pendant la marche du camp de Boulogne au Rhin lors de la campagne de 1805, de nombreux soldats traversant leur département d'origine, quittent leur unité pour visiter leur famille puis doublent les étapes pour rattraper l'armée. Ces pratiques sont tolérées ou même explicitement autorisées. Généralement, cet éclatement des unités pendant les marches forcées obéit à des motivations plus concrètes : trouver un toit pour dormir et surtout de quoi se nourrir pour compenser les déficiences de l'approvisionnement. Finalement, c'est une minorité

« LA FUITE EN AVANT »
VÉCUE PAR DES CONTEMPORAINS

Dans son *Journal des campagnes*, le baron Percy, chirurgien en chef de la Grande Armée, décrit à plusieurs reprises le chaos qui règne dans les colonnes de marche des armées napoléoniennes. La première description concerne la marche d'approche des troupes la veille de la bataille de Friedland, le 13 juin 1807 : « Le chemin est affreux : point de chaussée ; presque toujours des bois et des bas-fonds, dans lesquels il y a des ravins, des mares impraticables. Les équipages souffrent beaucoup. À chaque instant, on rencontre de méchants petits ponts jetés sur des ruisseaux bourbeux. Il nous a fallu passer à travers les pièces de canon, les voitures, l'infanterie, la cavalerie, le tout mêlé et presque confondu ; c'était un brouhaha à ne point se reconnaître et à périr par les dangers dans lesquels il nous jetait à chaque pas ». Rappelons qu'il s'agit d'une armée en position offensive à la poursuite de l'armée de Bennigsen et non d'une armée en pleine retraite comme le laisse suggérer le récit de Percy. Ce dernier observe une scène comparable dans les jours qui suivent la bataille de Friedland. L'armée française victorieuse avance de façon toujours aussi chaotique afin de rattraper l'armée russe en fuite : « C'est une chose plaisante de voir défiler cent mille hommes à pied, à cheval, en voiture, ayant un ravin à passer, se pressant pour arriver les premiers, se disputant, s'injuriant, se menaçant du sabre, s'en donnant quelquefois. Du fond de mon petit abri je jouis de ce spectacle curieux. Je vois les cuirassiers arrêtant l'artillerie à coups de sabre sur le nez des chevaux et les officiers d'artillerie et du train criant aux soldats conduisant les chevaux d'écraser la cavalerie ; puis un général arrive, qui tape l'un, qui sabre l'autre ; on continue de passer, et je vois cela sans poussière, ni obstacle, ni fatigue, car je suis assis mon cahier à la main ». Le capitaine Desbœufs se trouve dans une situation moins confortable puisqu'il est au cœur de la mêlée quand il décrit à son tour les frictions entre les unités d'infanterie et de cavalerie qui se disputent le passage : « Dans les premiers jours de janvier 1814, le maréchal Soult (…) vint nous passer en revue. Le lendemain, le combat s'engagea (…). La division se porta en avant et se battit (…). La nuit venue, nous reprîmes la route (…). La cavalerie de la division Darricau passa dans nos rangs au galop et en désordre, nous éclaboussant de la tête aux pieds. Un cheval me heurta et me jeta dans la boue, plusieurs chevaux manquèrent de m'écraser ; je me relevai furieux, un autre cheval me renversa encore ; je tirai mon épée et, emporté par la colère, je frappai à droite et à gauche sur tous les cavaliers qui passèrent près de moi » ■

de soldats qui escorte le drapeau et reste au bivouac. Avec l'accélération des marches, les traînards et les éclopés s'ajoutent aux maraudeurs pour renforcer le nombre des soldats dispersés. Les gendarmes responsables de la sécurité des lignes de communication sont chargés de les pourchasser pour les réintégrer dans leur unité. Cette indiscipline pendant les marches est le corollaire inévitable de la rapidité des manœuvres napoléoniennes et des insuffisances logistiques (*cf.* chapitre suivant). Il n'est pas rare de voir les officiers laisser leurs soldats quitter la route principale pour marauder dans les villages adjacents et leur fixer un point de rendez-vous pour le lendemain. Pourtant, cette indiscipline généralisée ne touche plus qu'une minorité à l'approche de l'ennemi et comme le souligne un témoin : la Grande Armée qui suscite « l'étonnement et le dédain à cinq heures du soir, obtient toute admiration à sept heures du matin ».

Idéal révolutionnaire et culte de l'Empereur

Surpris par l'absence de discipline du grognard pendant les marches, les témoins de l'époque sont en effet plus étonnés encore par son patriotisme qui le fait « rentrer dans le rang » quand le devoir l'appelle. Le patriotisme associé au sens de l'honneur, le tout électrisé par le charisme impérial constitue le plus efficace des stimulants et compense le laisser-aller disciplinaire. Plus précisément, au fur et à mesure des campagnes, le soldat impérial s'éloigne de sa famille et de son village, de tous ces liens qui le rattachaient à la société civile. Le grognard se crée une « société nouvelle » centrée autour du régiment et fondée sur les valeurs militaires d'honneur et de fidélité au drapeau. Aux yeux des peuples d'Europe, la Grande Armée s'est transformée en instrument de répression au service de l'hégémonie impériale. Mais, pour les vieux troupiers et les nouveaux conscrits, la Grande Armée demeure l'instrument de la souveraineté du peuple incarnée par Napoléon et symbolisée par les emblèmes tricolores remis à chaque régiment. L'esprit de corps des unités napoléoniennes et leur cohésion au combat résultent de l'idéal révolutionnaire auquel restent attachés les cadres et les soldats de Napoléon. Ils partagent dans leur majorité un certain nombre de principes fondés sur le rejet des Bourbons, l'anticléricalisme et l'égalitarisme. L'ouverture de la Grande Armée aux « talents nouveaux » issus de la Révolution matérialise pour tous les échelons l'émergence d'une nouvelle société caractérisée par l'abolition des privilèges et la sélection au mérite. Il y a donc bien une « solidarité idéologique » au sein de l'armée napoléonienne. Or, ce patriotisme révolutionnaire s'incarne dans l'attachement à Napoléon et se mue progressivement en culte de l'Empereur. Il suffit que Napoléon se présente pour une inspection et le soldat ajuste tant bien que mal sa tenue, oublie la faim et la fatigue pour acclamer son Empereur.

À l'aube du 13 octobre, alors que l'étau français se referme sur la forteresse d'Ulm en y enfermant l'armée de Mack, Napoléon vient de quitter Augsbourg pour se rendre à Pfaffenhofen. Sur la route, la berline impériale longe les soldats du corps de Marmont qui s'ébrouent après une nouvelle nuit froide et humide, sous une pluie persistante qui transperce les uniformes. Ils ont quitté leurs cantonnements de Hollande le 1er septembre et n'ont pas cessé de marcher depuis, couvrant plus de 800 kilomètres en six semaines. À la fatigue s'ajoutent le froid et la pluie pour entamer le moral du troupier. Mais, la berline s'arrête, les ordres claquent, les tambours battent. Oui, c'est bien lui, « le tondu » est là. Les « Vive l'Empereur » fusent. La célèbre silhouette interpelle familièrement les hommes qui font cercle autour de lui. En quelques mots il leur explique que l'Autrichien est encerclé et que la victoire est proche, puis il disparaît dans sa berline pour recommencer l'opération de régénération morale quelques lieues plus loin. Les soldats n'ont pas tous pu l'entendre ou même l'apercevoir mais la nouvelle se répand de compagnies en compagnies comme une traînée de poudre. La fatigue a disparu, la faim et la pluie sont oubliées. Les rangs se forment et les hommes reprennent leur marche, bien décidés à ne pas laisser échapper la gloire qui s'annonce. Un tel phénomène ne peut se manifester que dans le cadre d'une armée « nationale » dont le patriotisme et le dévouement à l'Empereur sont un antidote contre le poison de la désertion.

C'est bien là toute la différence avec les armées coalisées encore largement inspirées des armées d'Ancien Régime et composées majoritairement de mercenaires étrangers et de nationaux professionnels, sans parler des recrues forcées. Durant les « guerres en dentelles », la désertion est une maladie endémique qui frappe toutes les armées.

À l'époque, les officiers eux-mêmes sont parfois à l'origine des désertions en incitant financièrement des soldats d'autres compagnies ou régiments à venir les rejoindre. Des soldats appelés « rouleurs » se spécialisent dans cette pratique de la « désertion interne » (à l'armée) qui leur permet de percevoir une prime à chaque changement d'unité. Dans ses *Principes Généraux de la Guerre* écrits en 1748, Frédéric II énonce en introduction 14 mesures visant à prévenir la désertion parmi lesquelles la prohibition des marches et des attaques de nuit, l'interdiction d'établir un campement près d'une forêt, la traversée des forêts entre des patrouilles de hussards. Frédéric II interdit *a fortiori* tout détachement de soldats pour opérer des réquisitions. Il évite également autant que possible les marches forcées qui disloquent les unités. À l'instar des armées de Frédéric II, les armées coalisées qui n'ont pas encore été « contaminées » pas les idées nationales en ce début des campagnes napoléoniennes, ne peuvent admettre un relâchement de la discipline et imposent des marches strictement encadrées par les officiers. Pour les mêmes raisons, elles ne peuvent pas non plus tolérer des bivouacs étendus sur plusieurs lieues. Les armées coalisées ont donc coutume de cantonner resserrées, ce qui retarde d'autant la mise en route des unités au début de chaque étape. Elles doivent en contrepartie assurer le ravitaillement de chacun des soldats, ce qui implique une organisation plus lourde en magasins et donc des déplacements plus lents.

L'exaltation du sens de l'honneur

À la différence des armées coalisées d'inspiration frédéricienne dans lesquelles le soldat n'est que le rouage d'une machine qui perd son utilité dès qu'il en est détaché, la Grande Armée fonde son efficacité sur les motivations individuelles des combattants. Napoléon est conscient que c'est le « feu sacré » qu'il inspire à ses soldats qui leur confère une telle endurance et une telle combativité. Les études modernes de motivation des soldats mettent l'accent sur ce que l'on appelle « la dynamique des petits groupes ». À la suite des enquêtes menées par le colonel Marshall sur le comportement des soldats américains pendant la Seconde Guerre mondiale et synthétisées dans son fameux ouvrage *Men against Fire*, la plupart des historiens militaires modernes considèrent à juste titre que la solidarité des petits groupes de combattants est la motivation majeure de leurs comportements. Dans ce contexte, la confiance dans le chef, les motivations idéologiques telles que la défense d'idéaux politiques ou le combat pour la patrie seraient secondaires. Autrement dit, le soldat se bat pour sa survie et pour protéger les camarades qui forment à ses côtés ce petit groupe de solidarités. Peut-on transposer cette analyse aux campagnes napoléoniennes ? Les ressorts du combat mis à jour depuis 1945 sont probablement intemporels et applicables rétroactivement à d'autres périodes. Pour autant, la transposition doit être adaptée au contexte napoléonien. Pour chaque période historique, la cohésion des unités dépend plus ou moins de valeurs partagées par les combattants. Au début de l'Empire, l'attachement aux principes d'égalité et de liberté a laissé place à l'exaltation des faits d'armes des campagnes de la Révolution et du Consulat. Chaque soldat est solidairement responsable de ce patrimoine commun qu'il n'est pas question de dilapider en acceptant la défaite et le déshonneur. Napoléon joue sur l'amour-propre de ses soldats en faisant appel à la défense de cet héritage glorieux. On retrouve ici les grilles de lecture du colonel Marshall, puisque l'amour-propre et le regard de l'autre déterminent le comportement de chacun et la cohésion des unités. Mais, durant la période qui nous intéresse, ces ressorts psychologiques sont fortement influencés par l'attachement à un système commun de valeurs. La défense de ces valeurs l'emporte sur la peur de la mort et incite chaque soldat à tenir sa place au combat.

L'Empereur ne néglige donc pas les motivations idéologiques et utilise aussi bien le registre du sens de l'honneur et de la recherche de la gloire que celui de l'amour de la patrie et de la fidélité à sa personne. Dans sa proclamation à l'armée du 13 octobre 1805 qui précède la capitulation d'Ulm, tous ces thèmes sont successivement abordés : « Soldats, il y a un mois que nous étions campés sur l'Océan, en face de l'Angleterre ; mais une ligue impie [la troisième coalition entre l'Angleterre, l'Autriche, la Russie et la Suède] nous a ordonné de voler sur le Rhin. (...) Sans cette armée que vous avez devant vous [l'armée autrichienne du général Mack enfermée dans Ulm], nous serions aujourd'hui à Londres ; nous eussions vengé six siècles d'outrage et rendu la liberté aux mers. Mais souvenez-vous demain que vous vous battez contre les alliés de l'Angleterre ; que vous avez à vous venger des affronts d'un prince parjure [François II empereur du Saint-Empire romain germanique qui deviendra François Ier d'Autriche après sa dissolution par Napoléon en 1806] dont les propres lettres respiraient la paix, quand il faisait marcher ses armées contre notre allié [le royaume de Bavière] ; qui nous a supposés assez lâches pour croire que nous verrions sans rien dire, son passage de l'Inn, son entrée à Munich et son agression contre l'électeur de Bavière. (...) Qu'il apprenne pour la troisième et dernière fois [après les deux premières campagnes d'Italie] que nous savons être partout où la patrie a des ennemis à combattre. Soldats, la journée de demain sera cent fois plus célèbre que celle de Marengo ; j'ai placé l'ennemi dans la même position [bataille à front renversé]. Souvenez-vous que la postérité la plus reculée tiendra note de ce que chacun de vous fera dans cette mémorable journée. Vos neveux mêmes, d'ici à cinq cents ans, viendront se ranger sous ces aigles qui vous rallient, sauront en détail tout ce que votre corps aura fait demain, et de quelle manière votre courage les aura à jamais illustrés. Ce sera l'objet perpétuel de leurs entretiens, et vous serez cités d'âge en âge à l'admiration des générations futures. Soldats, si je n'avais voulu que vaincre l'ennemi, je n'aurais pas cru devoir faire un appel à votre courage et à votre amour pour la patrie et pour moi ; mais le vaincre, ce n'est rien faire de digne de vous ni de votre Empereur. Il faut que pas un homme de l'armée ennemie échappe (...) ».

En fin connaisseur de la psychologie humaine et de la mentalité du troupier, Napoléon conseille à ses chefs de corps d'appliquer ses méthodes de motivation pour tirer le meilleur des combattants. Dans l'ordre du jour du 24 novembre 1805, alors que l'armée française face à l'armée austro-russe est isolée au milieu de l'Europe à près de 900 kilomètres de ses sources d'approvisionnement, il fait écrire par Berthier : « (...) L'intention de l'Empereur est de donner quelques moments de repos à l'armée ; les chefs de corps doivent en profiter pour faire réparer l'habillement et les chaussures, nettoyer les armes et rallier tout le monde. Ils auront soin de faire un état des traîneurs qui, sans cause légitime, seront restés sur les derrières ; ils recommanderont aux soldats de leur faire honte, car dans une armée française, la plus forte punition, pour celui qui n'a pas su prendre part aux dangers et à la gloire, est la honte qui lui est imprimée par ses camarades. Enfin, s'il en est qui se trouvent dans ce cas, l'Empereur ne doute pas qu'ils se soient empressés, aux premières actions, de se rallier et de serrer de près leurs drapeaux (...) ».

S'il s'attache dans un premier temps aux facteurs matériels, il met ensuite l'accent sur les « forces morales ». Il sait en effet que c'est là que réside la supériorité de son armée en insistant plus précisément sur le sens de l'honneur du soldat français auquel il fait constamment appel dans ses proclamations. Dans celle du 21 octobre 1805 qui suit la victoire d'Ulm, il invite son armée à ne pas se reposer sur ses lauriers récemment acquis, puisque doit bientôt se jouer la question de la supériorité de l'infanterie française sur l'infanterie russe : « (...) À ce combat est attaché plus spécialement l'honneur de l'infanterie ; c'est là que va se décider pour la seconde fois cette question qui l'a déjà été en Suisse et en Hollande : si l'infanterie française est la seconde ou la première de l'Europe (...). » Il utilise le même argument dans sa proclamation du 9 octobre 1806 qui ouvre la campagne de 1806 contre l'armée prussienne : « (...) C'est enfin vos lauriers qu'ils veulent arracher de votre front. Ils veulent que nous évacuions l'Allemagne à l'aspect de leur armée ! Les insensés ! Qu'ils sachent donc qu'il serait mille fois plus facile de détruire la grande capitale que de flétrir l'honneur des enfants du grand peuple et de ses alliés ! (...) Soldats, il n'est aucun de vous qui veuille retourner en France par un autre chemin que celui de l'honneur. Nous ne devons y rentrer que sous des arcs de triomphe ».

La terminologie employée apparaît de nos jours bien désuète. Elle correspond pourtant aux attentes des soldats qui considèrent que la Grande Armée, par sa mission et son code d'honneur, place la classe militaire au sommet du corps social et réserve son mépris aux « boutiquiers », aux bourgeois ou « pékins ». Cette « logique de l'honneur », opposée à la logique marchande de la société civile, façonne également toute l'organisation de l'armée divisée en castes différenciées selon une échelle croissante de bravoure et auxquelles sont attachés des privilèges et des devoirs spécifiques. Quand elle rejoint l'armée, la recrue peut espérer par ses faits d'armes rejoindre tout d'abord une compagnie d'élite dont les insignes montreront à tous en permanence son statut de combattant émérite. Si la recrue se transforme en vétéran distingué pour son héroïsme, elle peut rêver d'entrer dans le corps d'élite de la Garde impériale. Enfin, si tous les soldats ne peuvent, en raison de leur manque d'instruction, gravir les échelons hiérarchiques pour devenir officier et, qui sait, maréchal, ils savent que chacun peut appartenir à la nouvelle chevalerie napoléonienne en recevant la Légion d'honneur. Cet ordre synthétise les valeurs révolutionnaires par son caractère d'institution méritocratique ouverte à tous et les valeurs aristocratiques de l'Ancien Régime en cultivant le sens de l'honneur. Elle constitue le signe distinctif de la nouvelle élite militaire, gardienne de la « foi impériale ». S'il a reçu « la croix » des mains de l'Empereur, l'heureux récipiendaire s'en souviendra toute sa vie et son dévouement sera assuré. Il rejoint ces vétérans, souvent sous-officiers, qui forment la colonne vertébrale de la Grande Armée et dont la disparition progressive entraînera un déclin qualitatif inexorable de ses capacités tactiques.

En 1805, sur 200 000 hommes, 100 000 sont des « recrues » qui comptent en fait deux à trois ans de service. Ces hommes ont été parfaitement entraînés pendant deux années passées au camp de Boulogne à raison de quatre heures d'exercices par jour et d'une revue en grande tenue par le général de la division tous les dimanches. Ils ont été ainsi amalgamés aux 80 000 vétérans des campagnes révolutionnaires qui ont entre huit et douze années de service. Arrachés à leur village et à leur famille, ils se sont battus le ventre vide et les pieds nus pour la République. Mais, désorientés et déçus par la corruption et les manœuvres politiques, la nation et son drapeau, indépendamment de tout régime politique, sont devenus leur point de ralliement. Dans le même temps, ils se sont éloignés de la société civile en façonnant une société militaire qui est devenue leur cadre professionnel et qu'il considère comme le seul dépositaire des vertus patriotiques et révolutionnaires (*cf.* encadré « Itinéraire d'un soldat de l'Empire : l'exemple du capitaine Marc Desbœufs »). Ancien grenadier de la Garde, le maréchal Bugeaud affirme : « On n'est soldat que quand on n'a plus la maladie du pays, quand le drapeau du régiment est considéré comme le clocher du village ».

ITINÉRAIRE D'UN SOLDAT DE L'EMPIRE : L'EXEMPLE DU CAPITAINE MARC DESBŒUFS

La carrière militaire du capitaine Desbœufs est représentative de la destinée de nombreux Français qui rejoignirent les rangs des armées napoléoniennes. Originaire d'Elne dans le Roussillon, orphelin de père, influencé par le départ de plusieurs camarades, il souhaite également s'engager. Il part finalement pour l'armée en avril 1800 à l'âge de 18 ans en remplacement d'un compatriote tiré au sort. La famille de ce dernier s'engage devant notaire à payer une pension d'un franc par jour à la mère de Marc Desbœufs tant qu'il reste au service (à l'époque, le salaire d'un ouvrier varie entre 1 et 4 francs par jour), à lui verser une somme de 500 francs en paiement de ses dettes ainsi qu'une somme de 500 francs en cas de décès de son fils.

DÉSERTEUR EN ITALIE

Les premiers contacts avec l'armée sont rudes avec une première marche forcée de 600 kilomètres vers Paris suivie d'un passage en revue par le Premier Consul, un hivernage en Savoie durant l'hiver 1800 puis la descente vers Turin dans les chemins boueux. De faible constitution, Marc Desbœufs, est rapidement distancé par ses camarades et voyage seul pendant plusieurs jours « sans presque rien manger ». Il rejoint son bataillon au passage du Pô mais ne tarde pas, sous l'influence d'autres Roussillonnais, à déserter en raison de rumeurs d'un embarquement vers l'Égypte. Épuisé par son escapade, il échoue à l'hôpital de Plaisance où la malpropreté et l'insuffisance de la nourriture le font tomber malade. Il parvient à s'échapper de ce mouroir après avoir vu périr plus de la moitié des soldats placés dans les lits voisins. Il s'enrôle dans la 19e demi-brigade en route pour Naples mais déserte à nouveau de peur d'être sanctionné pour la perte de son fusil. Il trouve un emploi de domestique dans une grosse ferme près de Tarente qu'il doit bientôt quitter pour errer à travers l'Italie, souvent affamé et les pieds en sang. Arrivé à Ancône, après avoir traversé le Royaume de Naples et les États romains, il se résout à s'engager en janvier 1802 dans la 81e demi-brigade.

SOUS-OFFICIER DE GRENADIERS EN DALMATIE

Habillé de neuf, les pieds soignés et mangeant régulièrement, il finit par s'intégrer dans son unité. Il participe avec son régiment à la campagne d'Italie de 1805, puis séjourne en Croatie et Dalmatie entre 1806 à 1808 où il se distingue contre l'armée russe et obtient le grade de sergent de grenadiers en août 1807. Notre grognard a fini par assimiler les valeurs militaires de ses compagnons d'armes. Ainsi, ayant perdu à nouveau son fusil lors d'une opération contre les Dalmates, il s'oblige cette fois à le rechercher en pleine nuit malgré les menaces ennemies car « un sous-officier de grenadiers devait préférer la mort à la honte de se présenter à sa compagnie sans armes ». Il finit par retrouver son fusil et rejoint la colonne au petit matin.

OFFICIER EN AUTRICHE ET EN ESPAGNE

Son régiment est présent à Wagram mais demeure en réserve. Notre grognard est néanmoins particulièrement fier d'avoir participé à un tel événement et « d'appartenir à cette grande armée dont la valeur renversait les Empires ». Il a revu Napoléon devenu Empereur passé au grand galop avec Berthier devant sa division. Il a également visité le champ de bataille jonché de cadavres et de blessés agonisants mais avoue être plus affecté par les hennissements des chevaux blessés car ces derniers ne recevaient aucun secours. Il s'illustre lors de la bataille de Znaïm où il se forge une philosophie : « Si tu es tué, tu n'auras plus à supporter ni fatigues ni privations ; la mort, c'est le repos ; si tu perds quelque membre, une retraite honorable assurera ton existence ; si tu n'es que blessé légèrement, c'est une bagatelle ; tu n'as donc rien à redouter. D'un autre côté, en combattant avec courage, tu remplis ton devoir, tu sers dignement ta patrie et tu acquiers l'estime de tes camarades ». L'épaulette d'officier (grade de sous-lieutenant) lui est accordée le 15 août 1809 qui « fut le plus beau jour de ma vie ». Après un bref retour en France, il participe aux opérations contre la guérilla espagnole de 1811 à 1813 et devient lieutenant en 1812 puis capitaine en 1813. En 1814, il combat dans l'armée de Soult contre l'invasion anglo-espagnole et prend part à la bataille de Toulouse. L'abdication de Napoléon vient mettre un terme à une carrière prometteuse : « Je terminai ainsi ma carrière militaire à l'âge de trente-deux ans, lorsque je commençais à m'y distinguer, et dans un temps où les grades de chef de bataillon, de colonel et de général m'auraient moins coûté à obtenir, si la guerre eût duré, que jadis ceux de caporal, de fourrier et de sergent. Lorsque je me séparai de mes camarades (...), je me sentis le cœur serré, et des larmes me vinrent aux yeux ; je voyais pour la dernière fois des amis dont j'avais partagé les périls et qu'une longue habitude m'avait rendu chers » ■

Cette évolution a coïncidé avec l'ascension de Bonaparte qui, une fois Empereur, restera pour la plupart l'héritier de la Révolution. Le camp de Boulogne a contribué à forger un esprit de corps qui fait la force de l'armée impériale de 1805. En moins de deux ans, d'octobre 1805 à juin 1807, ces hommes vont balayer les trois grandes armées européennes : l'armée des Habsbourg, celle de Frédéric le Grand et enfin l'armée russe. « C'est la plus solide que j'ai eue » affirmera plus tard Napoléon, non sans une pointe de regret.

En cultivant cette logique de l'honneur, l'Empereur contribue lui-même à accroître l'indiscipline de ses troupes. Les deux valeurs sont en effet inextricablement liées. Le culte de l'héroïsme est à l'origine d'une « société égalitaire » dans laquelle les échelons hiérarchiques sont secondaires. Le courage n'est plus l'apanage des hommes bien nés comme on le croyait sous Louis XV où Turpin de Crissé affirmait que la bravoure des soldats est un comportement instinctif qui n'a rien à voir avec le courage mais qui est une vertu de l'âme noble réservée à la classe des officiers. Sous Napoléon un tel clivage entre les cadres et la troupe n'est plus de mise. Le soldat tutoie ses officiers tout au moins jusqu'au grade de capitaine. Il ne témoigne du respect à ses chefs que si ces derniers ont su prouver par leur vaillance au combat qu'ils en étaient dignes. Dans le cas contraire, la désobéissance est la règle, puisque l'obéissance sous la menace, telle que pratiquée dans les armées adverses, est impensable. Certains officiers sont mêmes poussés à la démission comme ce chef d'escadron cité par Morvan dans *Le Soldat impérial* et dont la lâcheté pendant la campagne de 1809 est jugée par ses subordonnés comme lui interdisant de porter à nouveau l'uniforme du corps, sous peine de dénonciation à l'Empereur. D'autant qu'une forte proportion d'officiers, sans équivalent dans les armées coalisées, est sortie du rang et que les soldats ne peuvent s'empêcher de continuer à les considérer comme étant des leurs. La Grande Armée ressemble ainsi à une grande fratrie dans laquelle tous les échelons se côtoient et partagent les mêmes valeurs.

Rien de tel dans les armées coalisées où il y a une séparation claire et nette entre le soldat et l'officier (*cf.* encadré « Style de commandement et origine sociale des officiers »). Dans l'armée prussienne de 1806, le soldat n'est encore bien souvent considéré que comme un mercenaire qu'il faut soumettre par une discipline de fer et qui et est bien entendu incapable de partager

STYLE DE COMMANDEMENT ET ORIGINE SOCIALE DES OFFICIERS

Depuis 1790, les châtiments corporels ont été supprimés dans l'armée française, alors qu'ils seront maintenus dans l'armée britannique jusqu'en 1881. L'obéissance sous la menace est de rigueur au sein des armées coalisées, tout au moins au début des guerres napoléoniennes alors que les sentiments nationalistes n'ont pas encore modifié les mentalités des adversaires de la France. Un arsenal de sanctions à la disposition des officiers doit leur permettre d'imposer à leurs soldats une crainte supérieure à celle du feu ennemi. Au sein de la Grande Armée, ces méthodes sont devenues inconcevables et ont fait place à un style de commandement fraternel, fondé sur l'émulation et la valeur de l'exemple.

Au-delà des différentes traditions culturelles, c'est la structure sociale des armées qui détermine ces différences dans les styles de commandement. Au sein des armées coalisées, la hiérarchie militaire est le reflet d'une hiérarchie sociale. Ainsi en Prusse, le *Kantonsysten*, mis sur pied depuis 1733, établit un recrutement régional centré sur les seigneuries. Ce sont les hobereaux du canton qui sont responsables du recrutement et introduisent la discipline militaire sur leurs terres. En Autriche, l'armée est fondée sur le *Regimentsinhaber* des colonels propriétaires d'origine aristocratique : le régiment porte le nom de son propriétaire qui possède le pouvoir de nomination des officiers.

Mais c'est surtout le mode de recrutement de la classe des officiers qui conditionne les rapports hiérarchiques. Or, durant les guerres napoléoniennes, l'armée française est la seule à avoir totalement supprimé l'exigence des titres de noblesse. Contrairement à leurs opposants largement issus de la noblesse, les officiers français sont principalement issus de la petite bourgeoisie et de la paysannerie. Au contraire dans l'armée prussienne, à la fin du règne de Frédéric II, les officiers issus de la bourgeoisie représentent à peine 10 % des effectifs et on compte 22 bourgeois sur les 689 officiers supérieurs (à partir de commandant de bataillon). À la même époque en France, les conditions d'accès au corps des officiers sont encore plus sévères (en Prusse, les titres de noblesse sont attribués de façon plus libérale) puisque les candidats à une sous-lieutenance doivent faire la preuve, depuis l'édit de Ségur de 1781, de quatre degrés de noblesse. Ce quasi-monopole de l'aristocratie va être balayé par la Révolution : le pourcentage d'officiers nobles passe de 85 % en 1789 à 5 % en 1793. À cette date, anciens artisans et paysans représentent 40 % des officiers. Cette tendance va être confortée sous l'Empire avec 77 % des officiers sortis du rang ■

les valeurs d'honneur réservées aux hommes bien nés. Ces préjugés ont été notamment forgés par Frédéric II qui tenait un discours alors largement partagé à l'époque : « Il est plus nécessaire qu'on ne croit de porter cette attention au choix des officiers, parce que d'ordinaire la noblesse a de l'honneur. Il ne faut pas disconvenir, cependant, qu'on rencontre quelquefois du mérite et du talent chez des personnes sans naissance ; mais cela est rare, et dans ce cas, on fait bien de les conserver. Mais en général, il ne reste de ressources à la noblesse que de se distinguer par les armes. Si elle perd son honneur, elle ne trouve pas même un refuge dans la maison paternelle ; au lieu qu'un roturier, après avoir commis des bassesses, reprend sans rougir le métier de son père et ne s'en croit pas plus déshonoré ».

Ces principes sont universellement partagés par les opposants de Napoléon. Wellington professe à l'égard de ses soldats un mépris non dissimulé. Il les considère comme des hommes « de sac et de corde » et estime que ces vauriens doivent certainement produire sur l'ennemi l'effet escompté puisqu'il est lui-même terrifié par leur aspect. N'insistons pas sur le cas de l'armée russe où la plupart des soldats sont d'anciens serfs « livrés » aux autorités militaires par le bon vouloir des gouverneurs de province.

Idéal révolutionnaire, passion de la liberté, égalité citoyenne, amour de la patrie, ces motivations idéologiques avaient déjà perdu de leurs couleurs sous l'effet de la corruption du Directoire. Après le camp de Boulogne, elles fusionnent pour laisser place à une motivation majeure qui va devenir le moteur exclusif de cette armée sur le point de balayer toute l'Europe : la fascination pour un homme qualifié de son vivant par Hegel « d'individualité qui dépasse l'univers et le domine ». Du maréchal au grognard, tous ont conscience du génie qui les dirige et qui leur fait vivre des moments historiques. Pour lui, pour la gloire immortelle qu'il leur a promis, ils sont prêts à accomplir l'impossible. Mais, au-delà de la passion irrationnelle d'un groupe pour un individu, le charisme impérial résulte d'un certain nombre de pratiques parfaitement maîtrisées par Napoléon.

Le charisme impérial

Inspections et revues

L'Empereur c'est d'abord une silhouette que chacun peut reconnaître de loin. Au milieu des maréchaux et des aides de camp « cousus d'or », coiffé de son éternel bicorne, l'Empereur porte l'habit sobre de colonel des chasseurs à cheval de la Garde recouvert la plupart du temps de la célèbre redingote grise. Napoléon veut ainsi être facilement reconnu car il sait que la seule nouvelle de sa présence sur un champ de bataille enflamme ses soldats et tétanise l'ennemi. Wellington considérait que la seule présence de l'Empereur sur le champ de bataille équivalait à un corps d'armée de 40 000 hommes. Au point que durant les campagnes de 1813 et 1814, Napoléon exigera pour tromper l'adversaire sur sa localisation que ses troupes crient « Vive l'Empereur » sur tous les champs de bataille même en son absence. Napoléon entretient une proximité psychologique avec le soldat par une présence constante au milieu de la troupe, système de commandement qui n'est pas sans conséquences physiques comme il le rappelle à Davout en 1812 : « Il me sera difficile de voir les corps en détail, autrement que sur les champs de bataille et dans les moments perdus (...) La manière dont je voyais les corps est trop fatigante et demande trop de temps ». Pourtant à Mayence en juillet 1813, alors qu'il a improvisé en moins de six mois une nouvelle armée pour remplacer celle disparue en Russie, il souhaite accueillir personnellement toutes les nouvelles unités venant de France. Napoléon est en effet conscient que depuis le désastre de Russie, son armée manque cruellement de cadres expérimentés et exige une plus grande attention de sa part. Tous les matins, il inspecte les conscrits de 1813 qui composent les trois quarts de son armée et l'accueillent avec de retentissantes acclamations.

Ces jeunes recrues de moins de vingt ans ont pour la plupart cherché à échapper à la conscription. Les conscrits tombent cependant rapidement sous le magnétisme de la « Grande Ombre ». Il est vrai qu'ils ont vu le jour alors que Bonaparte obtenait son premier succès au siège de Toulon et que leur enfance a été bercée par les bulletins de l'armée et les coups de canons célébrant les victoires du général, puis du Consul, enfin de l'Empereur. Sur le chemin qui les amène de leur département vers les dépôts, puis vers les zones de combat, ils écoutent les récits guerriers des sous-officiers chargés de les conduire et, passées les premières tentations de désertions, ils commencent peu à peu à oublier leurs précédentes attaches. Déjà, ils s'apprêtent à embrasser cette nouvelle religion laïque pratiquée par des athées qui célèbrent un Dieu vivant. Ils ne savent pas encore qu'ils vont participer à la campagne napoléonienne la plus longue et la plus épuisante après celle de Russie. Les nombreuses marches et contre-marches associées aux pluies torrentielles pendant plus de trois mois vont en éliminer des milliers. Malgré des défaillances inévitables et une indéniable fragilité morale, ils vont compenser leur inexpérience par un dévouement indéfectible. L'Empereur sait que pour renforcer son emprise psychologique sur le soldat et en tirer le maximum, il devra donner de sa personne et être en permanence à leurs côtés. Dès le premier choc de la campagne à Lützen le 2 mai 1813, plusieurs bataillons des divisions Souham, Girard et Brenier se débandent. Napoléon se précipite pour les rallier en s'exposant au feu ennemi puis les ramène lui-même au combat. En octobre 1813, quelques jours avant la bataille de Leipzig, Napoléon s'arrête dans le village de Talwitz. Alors que la pluie ne cesse de tomber, il force son état-major à demeurer dehors auprès de lui pour assister pendant huit heures au défilé de son armée. L'Empereur sait que sa présence suffit à galvaniser la troupe, surtout quand elle est majoritairement composée de conscrits. En 1813 comme en 1809, ses inspections déclenchent de la part de ces armées composées essentiellement de novices des acclamations frénétiques qui grondent comme un ouragan. La seule annonce de son arrivée provoque un frémissement sur tout le front de l'armée (*cf.* encadré « Une inspection de l'Empereur vue par le sous-lieutenant Desbœufs »)

Malgré l'ampleur de ses activités tant civiles que militaires, Napoléon a constamment conservé le souci de maintenir le contact avec ses soldats en multipliant les inspections et les revues. Une inspection par l'Empereur est considérée par la plupart des commandants d'unité comme une épreuve plus épuisante qu'une journée de combat. Ils savent, comme le rappelle Marbot dans ses Mémoires, qu'ils vont s'exposer à une rafale de questions auxquelles ils devront répondre sans hésiter : « Outre les questions d'usage sur la force numérique en hommes et en chevaux, l'armement, il en adressait, coup sur coup, une foule d'imprévues, auxquelles on n'était pas préparé à répondre. Par exemple : "Combien avez-vous d'hommes de tel département depuis deux ans ? Quelle est la moyenne d'âge de tous vos soldats ? de vos officiers ? de vos chevaux ?" Ces questions, toujours faites d'un ton bref des plus impératifs, accompagné d'un regard perçant, décontenançaient bien des colonels, et cependant, malheur à celui qui hésitait à répondre : il était mal noté dans l'esprit de Napoléon ». Les officiers avaient vite compris que la promptitude des réponses primait sur leur exactitude. Ils n'hésitaient donc pas à donner des réponses inventées de toutes pièces. Pour une inspection annoncée à midi, les soldats sont levés à cinq heures du matin pour subir une première inspection par les sergents et capitaines jusqu'à neuf heures. Puis, c'est le tour du chef de bataillon suivi par le colonel puis par le commandant de la brigade et enfin par le général de la division. Enfin l'Empereur est annoncé. Il passe lentement à pied le long de la ligne, reconnaît un visage grâce à son extraordinaire mémoire, questionne le soldat sur ses campagnes passées, lui demande son avis sur la soupe et sur le pain qu'il n'hésite pas à goûter lui-même, écoute ses doléances éventuelles. C'est l'occasion pour le vétéran méritant de présenter les armes pour exprimer le souhait d'adresser une requête : une promotion ou « la

UNE INSPECTION DE L'EMPEREUR VUE PAR LE SOUS-LIEUTENANT DESBŒUFS

Aux lendemains de la victoire de Wagram qui couronne la campagne de 1809 contre l'Autriche, Marc Desbœufs est cantonné dans un camp près de Krems sur les bords du Danube. Alors qu'il célèbre la fête de l'Empereur le 15 août 1809, il apprend sa nomination au grade de sous-lieutenant. Quelques jours plus tard, il fait la description suivante d'une inspection de Napoléon : « L'Empereur vint nous passer en revue dans les premiers jours de septembre. Il avait beaucoup grossi depuis que je l'avais vu à Paris (en 1800). Il portait ce jour-là, selon son habitude, le chapeau si connu, de vieilles épaulettes de colonel, un habit de drap bleu à collet et parements rouges (...), une veste et un pantalon de casimir blanc et des bottes à l'écuyère. Après quelques manœuvres, le corps d'armée défila devant lui ; il était à pied, les mains derrière le dos, le haut du corps un peu courbé, prenant de temps en temps des prises de tabac, et indiquant du doigt la place de bataille des régiments. À mesure que les soldats arrivaient sous ses yeux, ils criaient : "Vive l'Empereur !" Ces cris partaient du cœur et étaient poussés avec un enthousiasme qui tenait presque du délire. Tandis que je criais comme les autres, je regardais ce grand homme avec admiration, et je me disais : "La voilà, cette tête puissante, la première du monde d'où sont sortis tant de prodiges." Alors, redoublant de force, je m'écriais de nouveau : "Vive l'Empereur !" Quel guerrier n'eût pas été ému ? Nous avions devant nous le plus grand capitaine qui ait encore paru sur la terre (...) L'Empereur accorda vingt croix au régiment (...) La solde fut mise au courant, moitié en traites sur le trésor français, moitié en papier-monnaie autrichien ; je réalisai ainsi deux mille francs que j'envoyai à ma mère ». Dans ce récit, il faut faire la part de la « toilette du souvenir » effectuée par Marc Desbœufs qui termine ses Mémoires en 1847 alors que la légende napoléonienne entretenu par le régime orléaniste atteint son apogée. Il convient aussi de rappeler le contexte : les soldats qui acclament l'Empereur viennent de terminer une campagne victorieuse et d'échapper à la mort ou à l'infirmité. Enfin, Desbœufs vient d'être nommé officier. Il n'en demeure pas moins que cette description confirme de nombreux Mémoires et témoigne de l'impact des inspections impériales sur la troupe ■

croix ». Si la demande est fondée, elle sera généralement immédiatement acceptée.

Grâce à ces promotions lors de revues, l'Empereur peut récompenser directement ses soldats en évitant les interférences des protections diverses intervenant aux différents échelons hiérarchiques. Tous le savent et tous savent également que Napoléon ne récompense que les présents sous les armes afin d'inciter les blessés à rejoindre rapidement leur unité. Il peut également infliger des sanctions qu'il réserve aux colonels et aux grades supérieurs. Mais, continuant son inspection, Napoléon s'arrête à nouveau et demande à un soldat d'ouvrir son havresac en peau de veau à poils apparents et doublé de toile : il en vérifie le contenu pièce par pièce en examinant les effets et notamment les souliers de rechange, s'attarde sur la giberne pour contrôler l'état des cartouches (en principe 50 à 60 cartouches réparties par paquets de 10 ou 15 dont 3 ou 4 dans la giberne et le reste dans le sac). Il veille notamment à la présence des trois pierres à fusil, de l'épinglette pour déboucher la lumière encrassée et du tire-bourre qui permet de décharger l'arme sans faire feu. Ce sont là des renseignements indispensables que Napoléon recueille sur l'état de ses troupes pendant ces inspections et revues. Mais comme le remarque son ministre Molé, pourtant éloigné de toute tradition militaire, il n'est jamais aussi heureux que parmi ses soldats : « Les revues de quintidi qu'il passait sur le Carrousel et dans la cour des Tuileries étaient connues de toute l'Europe. La beauté des troupes, la précision des manœuvres n'étaient pas ce qui attirait le plus les regards. On y venait voir Bonaparte dans son élément, au milieu de ces uniformes si riches et si élégants, on le reconnaissait à son habit uni, à son petit chapeau sans galons et, s'il pleuvait, à sa redingote grise. Quand les troupes étaient rassemblées, il descendait de cheval et parcourait à pied tous les rangs ; il s'arrêtait devant chaque soldat, examinait sa tenue, appelait par leur nom ceux qu'il reconnaissait, et il y en avait toujours un grand nombre, leur rappelait les affaires où ils s'étaient signalés, recevait avec bonté leurs demandes, sans pourtant se prononcer sur aucune d'elles. Nulle part, à mon avis, il ne se montrait plus simple ni plus grand, et plus profond dans l'art de conduire les hommes ».

Valeur de l'exemple

Au-delà de ces visites ponctuelles, Napoléon partage pendant les campagnes la dure vie du troupier. Il doit souvent mettre pied à terre pour marcher au milieu de ses soldats comme lors du passage de la sierra de Guadarrama le 22 décembre 1808. Alors que l'armée britannique du général Moore retraite vers la Corogne pour se réembarquer en catastrophe, Napoléon décide de la prendre de vitesse mais il doit au préalable passer la sierra de Guadarrama. Il fait 9 degrés au-dessous de zéro, les chevaux dérapent sur le sol verglacé et des tourbillons de neige aveuglent les soldats en repoussant les bataillons d'avant-garde. L'Empereur ordonne aux soldats de se tenir par les bras pour affronter la tourmente. Lui-même forme l'état-major en pelotons et se place entre Lannes et Duroc. Les imprécations et les menaces fusent contre l'Empereur qui reste impassible pendant les quatre mortelles heures de l'ascension. Mais, une fois le passage franchi, les ovations succèdent aux murmures devant la détermination impériale. On le verra d'ailleurs à nouveau lutter contre les intempéries lors de la retraite de Russie où, emmitouflé dans une pelisse de zibeline, il doit bien souvent marcher à pied appuyé sur un bâton de bouleau. Pendant la campagne de Pologne de 1807, il confie, dans une lettre adressée à son frère Joseph, qu'il n'a pas quitté ses bottes depuis quinze jours et qu'il doit comme ses hommes se contenter pour tout repas de quelques pommes de terre. En campagne et plus particulièrement la veille des batailles, l'Empereur bivouaque souvent au milieu de la troupe dans une tente ou un abri improvisé par ses grenadiers. Il dort alors sur un simple lit de camp ou même, comme la veille d'Austerlitz, sur une litière de paille à l'instar de tous ses soldats. Il est alors protégé par son piquet de chasseurs à cheval de la Garde et par un à deux bataillons de grenadiers à pied de la Garde. Alors que la nuit tombe, ils peuvent, comme en cette veille de la bataille de Wagram, l'observer expédier ses ultimes instructions, puis accablé de fatigue, s'endormir à la lueur tremblante des feux de bivouac sur une chaise qu'il a fait placer comme à son habitude devant sa tente.

Cette proximité quotidienne autorise une étonnante familiarité entre la troupe et l'Empereur qui ne se formalisera jamais des interpellations dont il est l'objet. L'épopée napoléonienne fourmille de dialogues plus ou moins apocryphes mais qui sont tout à fait représentatifs des relations entre Napoléon et ses hommes. Il suffit que Napoléon change sa vielle redingote aux bords roussis par les feux de bivouac pour que les commentaires fusent : « Tiens ! le camarade s'est foutu une bonne capote sur le dos ! » et Napoléon nullement démonté de rétorquer : « C'est que le camarade en avait grand besoin ». Parfois, le soldat n'hésite pas à intervenir dans le monologue impérial. Le 29 novembre 1805, trois jours avant la bataille d'Austerlitz, à la suite d'une entrevue avec Dolgorouki, favori du tsar Alexandre qu'il cherche à duper par de fausses propositions de paix pour apparaître affaibli et l'inciter à reprendre l'offensive, Napoléon s'en retourne vers son quartier général, laissant exploser sa rage contre ce freluquet arrogant en fouettant l'air de sa cravache et en grommelant pour lui-même des paroles inintelligibles. Il prend alors conscience du regard d'un grognard qui semble acquiescer tout en bourrant sa pipe. Napoléon ne peut s'empêcher de sourire et de s'exclamer : « Ces bougres-là croient qu'il n'y a plus qu'à nous avaler ! ». Le grenadier lui répond : « Oh ! Oh ! ça n'ira pas comme ça ! Nous nous foutrons en travers ! » Et l'Empereur rassuré, de continuer sa route en riant. La familiarité des relations éclate dans ce dialogue cité par Jean-Claude Damamme dans *Les soldats de la Grande Armée :* au cours d'une inspection, Napoléon repère un sergent « à la tenue ferme et martiale ». Il commence à l'interroger et découvre que malgré son jeune âge, il a déjà reçu trente blessures. L'Empereur s'étonne qu'il n'ait pas encore obtenu « la Croix ». Le sergent écartant le baudrier de sa giberne qui dissimulait sa légion d'honneur lui rétorque : « J'en ai bien une mais j'en ai foutre bien mérité une douzaine ». Napoléon lui annonce alors qu'il le fait officier et le grognard de commenter : « C'est bien, mon Empereur, vous ne pouviez pas mieux faire ». Les dialogues sont parfois plus rudes comme cette anecdote tirée de la campagne de France : l'Empereur qui veut faire gravir un talus à son cheval se heurte à un voltigeur de la jeune garde qui est en train de s'improviser des guêtres autour des chevilles : « Tu ne me vois pas ? » lui demande Napoléon. « La route est à tout le monde » répond le grognard ; Napoléon s'étonne : « Que veux-tu mauvaise tête ? Tu as ta croix, ton fusil, ta pipe, ton bidon plein, du Kaiserlich et du Russe à gogo. Tu vois ton Empereur toute la journée ; et jamais content ». Mais l'intéressé persiste dans la mauvaise humeur : « Ce bidon sonne creux comme mes tripes. Avec les cinq sous par jour que tu donnes, quand il y en a, on ne peut pas faire bombance ». Napoléon cherche à relativiser : « Crois-tu que mes affaires vont mieux que les tiennes ? » et le voltigeur de conclure : « Pour ça non, on est dans la merde ». Les soldats ne sont pas tous aussi décomplexés face à Napoléon. Nombre de vieux combattants endurcis par le feu confessent dans leurs Mémoires qu'ils ont été incapables de répondre aux questions de l'Empereur la rare fois de leur vie où ils ont eu l'occasion de le rencontrer. Lors de l'illumination d'Austerlitz, Napoléon interroge un soldat : « Il me demanda où j'étais de faction le jour du Sacre. C'était la première fois qu'il m'adressait la parole et j'étais si sot que je ne sais pas ce que j'ai pu lui répondre. Heureusement il a passé outre sans attendre ». Mais, tous le considèrent comme un des leurs qui a, certes, un peu mieux réussi mais qu'ils peuvent interpeller sans réticence. Cette attitude se traduit par les nombreux sobriquets utilisés par les grognards pour désigner leur Empereur, du « petit caporal » en hommage à son « fait d'armes » durant la bataille de Lodi, au « Père la Violette » suite au vol de l'Aigle de clocher en clocher en mars 1814, mois où fleurissent ces petites fleurs en passant par le « tondu » depuis sa décision au retour d'Égypte de se couper les cheveux courts.

L'Empereur obtient le respect de ses soldats en partageant non seulement leurs servitudes quotidiennes mais surtout en s'exposant aux mêmes dangers. Tout au long de sa carrière militaire, Napoléon n'a pas cessé de risquer sa vie. Il a d'ailleurs été blessé deux fois, d'un coup de baïonnette à la cuisse gauche pendant le siège de Toulon en 1793 et par un projectile au talon droit pendant l'assaut de Ratisbonne en 1809. La seconde blessure est plus légère que la première mais sa portée morale est plus importante car entre-temps le capitaine Bonaparte est devenu Empereur des Français et, comme le relate Las Cases dans le *Mémorial de Sainte-Hélène* : « L'Empereur répétait qu'il avait été très souvent exposé dans ses batailles ; mais on le taisait toujours avec le plus grand soin. Il avait recommandé, une fois pour toutes, le silence le plus absolu sur toutes les circonstances de cette nature. Quelle confusion, quel désordre n'eussent pas résulté du plus léger bruit, du plus petit doute touchant mon existence ! disait-il. À ma vie se rattachait le sort d'un grand empire, toute la politique et les destinées de l'Europe ». Mais ces consignes sont inopérantes à Ratisbonne et la nouvelle de sa blessure est si vite connue dans les rangs qu'il refuse la voiture conseillée par son chirurgien et préfère remonter immédiatement à cheval pour parcourir le front de l'armée et rassurer la troupe. Confiant en son étoile, Napoléon affirme : « Le boulet qui me tuera n'est pas encore fondu ». Pourtant, bien souvent le boulet n'est pas passé loin. À Lützen un de ses gardes est tué à quelques mètres de lui. À Waterloo, c'est le général Desvaux qui est touché de plein fouet par un boulet alors qu'il reçoit les instructions de l'Empereur. Pendant la campagne de 1809, alors qu'il effectue une reconnaissance dans l'île Lobau, il s'approche à moins de 150 mètres d'une pièce autrichienne (alors que les canons ont une portée utile qui varie entre 700 et 900 mètres et sont utilisés efficacement contre des objectifs situés à une portée de 400 à 600 mètres) qui pointe cette silhouette caractéristique et la manque de peu puisqu'un boulet passe juste entre Napoléon et Oudinot. L'avertissement est suffisant pour qu'ils piquent des éperons afin de se mettre hors de portée.

Napoléon n'est pas non plus à l'abri des balles de l'infanterie adverse comme à la bataille d'Eylau. Alors que le centre ennemi vient d'être disloqué par une formidable charge de 80 escadrons commandés par Murat, une colonne de 4 000 grenadiers russes, qui a échappé à la tourmente, continue sa progression en direction du cimetière d'Eylau ou se tiennent Napoléon et son état-major. Déjà, Berthier fait approcher le cheval de l'Empereur pour qu'il évacue cette position maintenant exposée. Mais, Napoléon reste immobile et donne seulement l'ordre à Dorsenne de faire avancer un bataillon de sa Garde à cinquante pas devant lui, ce qui a pour effet immédiat de bloquer la progression des Russes pris entre les grenadiers et la cavalerie de Murat accourue en soutien. Une nouvelle fois, l'Empereur a fait montre d'un incontestable sang froid face au danger. Mais, c'est une balle française qui a bien failli abréger la carrière de Napoléon comme le rappelle Las Cases. Revenant d'une ultime reconnaissance des lignes prussiennes la veille d'Iéna, l'Empereur qui n'avait avec lui que quelques officiers, « en revenant reçut le feu de la première sentinelle de son camp ; ce fut un signal pour toute la ligne ; si bien que Napoléon n'eut d'autre ressource que de se jeter à plat ventre, jusqu'à ce que la méprise fût reconnue ; encore toute sa crainte était-elle que la ligne prussienne, dont il était fort près, n'en fit alors autant ». Depuis l'affaire du pont d'Arcole où Bonaparte s'est élancé à la tête de ses soldats brandissant le drapeau du 2e bataillon de la 51e demi-brigade de ligne, aucun soldat ne met en doute le courage physique du « petit caporal », ce qui l'autorise à promettre la veille d'Austerlitz dans sa proclamation à l'armée du 1er décembre 1805 : « (...) Soldats, je dirigerai moi-même tous vos bataillons ; je me tiendrai loin du feu, si, avec votre bravoure accoutumée, vous portez le désordre et la confusion dans les rangs ennemis ; mais, si la victoire était un moment incertaine, vous verriez votre Empereur s'exposer aux premiers coups (...) ». Alors que la plupart des généraux s'engagent à mourir en braves à la tête de leurs hommes, Napoléon inverse très habilement la traditionnelle promesse des veilles de bataille. Seul un chef de guerre dont le courage est reconnu par ses soldats peut se permettre une telle déclaration. Tous savent qu'il ne s'agit pas de vaines paroles et auront à cœur le lendemain de préserver la personne de l'Empereur dont la mort mettrait fin à cette prodigieuse destinée à laquelle ils s'identifient.

Supériorité du raisonnement

Profondément influencé par la culture classique, lecteur de Plutarque et de César, Napoléon tant par le style de ses proclamations que dans son comportement, se réfère implicitement aux héros antiques et plus précisément aux généraux de la Grèce des VIe et Ve siècles avant notre ère. Selon cette conception classique, le général ne doit pas essayer de se hisser par sa tenue et son comportement au-dessus de ses soldats. Le général se doit également de combattre aux premiers rangs de la phalange pour inspirer ses hoplites par le spectacle de son courage. On peut d'ailleurs reprocher à de nombreux maréchaux napoléoniens d'avoir trop bien suivi ces préceptes et de sacrifier trop souvent leur fonction de coordination tactique, qui implique de rester en retrait, à leur mission de motivation morale qui suppose de plonger dans la mêlée. Murat et Ney sont notamment célèbres pour être plus des meneurs d'hommes que des grands tacticiens comme Soult et Davout. Le fort taux de mortalité enregistré par les officiers généraux pendant les campagnes napoléoniennes témoigne de ce retour au style de commandement des généraux hoplitiques qui considèrent comme de leur devoir de risquer leur vie aux côtés de leurs hommes. Par son comportement quotidien durant les campagnes, par son sang-froid et son mépris du danger durant les batailles, Napoléon renoue avec le style de commandement héroïque d'un Alexandre le Grand. Ainsi, il obtient le respect de ses soldats inspirés par la valeur de son exemple. Mais la valeur de l'exemple ne suffit pas pour expliquer l'emprise de Napoléon sur ses soldats. C'est la conviction de la supériorité du raisonnement impérial qui scelle la confiance des soldats à l'égard de l'Empereur. S'ils ont reconnu la bravoure de nombreux généraux de la République, ils ont vite distingué le génie militaire du « petit caporal » et l'ont placé au-dessus de tous les autres. Citons à nouveau la proclamation d'Austerlitz dont le second paragraphe ne dévoile rien moins que les grandes lignes du plan qui sera appliqué le lendemain contre les Austro-Russes : « Les positions que nous occupons sont formidables et, pendant qu'ils marcheront pour tourner ma droite, ils me présenteront le flanc ». En quelques mots, Napoléon n'hésite pas à révéler à la face du monde le piège qu'il est en train de tendre aux Coalisés. Chaque soldat français en sait désormais plus que l'ensemble des têtes pensantes de l'état-major austro-russe. Plusieurs interprétations ont été données au risque pris par l'Empereur. Pour certains, Napoléon en a assez de violenter sa nature et de jouer les généraux timorés surpris dans une position exposée et souhaitant négocier à tout prix. Pour d'autres, Napoléon sombre dans l'excès de confiance et le péché d'orgueil ; il souhaite prendre date avec l'histoire en démontrant qu'il a percé à jour le plan coalisé. Ces analyses sont partiellement vraies mais elles négligent l'explication majeure : Napoléon souhaite tout simplement expliquer aux soldats la situation des opérations pour leur permettre de rendre intelligible leurs actions personnelles. C'est une preuve de confiance que ses grognards savent apprécier à sa juste valeur. Elle vise, en retour, à fortifier leur détermination en leur démontrant la supériorité du plan de bataille impérial.

En satisfaisant la légitime curiosité du grognard, Napoléon sait qu'il remporte la bataille du moral avant même que la première cartouche ne soit tirée. Napoléon tranche ainsi avec les méthodes de commandement qui seront en vigueur durant la première guerre mondiale où les poilus auront bien du mal à donner un sens à leurs sacrifices, faute d'information adaptée sur les opérations. Par son souci du moral du soldat, il rejoint les plus grands comme Hannibal. Les succès du commandant carthaginois, comme lors de la victoire emblématique de Cannes, sont en effet obtenus malgré des pertes très importantes. L'ampleur de ces pertes ne met pourtant pas en cause la victoire car ses soldats sont moralement plus forts que les Romains. Dans ses *Études sur le combat, combat antique et combat moderne,* Ardant du Picq suggère que cet ascendant moral tient à l'exposition aux troupes carthaginoises du plan de bataille par leur commandant : « Il devait le [le centre] prévenir qu'il serait percé, mais n'avait pas à s'en préoccuper autrement, parce que c'était chose prévue et parée ; et ses troupes, en effet, ne s'en préoccupent pas ». Aussi, quand le centre des alliés gaulois de Carthage est enfoncé par les Romains, la ligne ploie mais ne rompt pas car l'offensive ennemie a été prévue et expliquée par le chef. De fait, les légions romaines sont ensuite prises à revers par la cavalerie carthaginoise puis exterminées. Dénuée de son effet de surprise, l'attaque romaine n'a pas produit l'effet moral escompté et les pertes, certes importantes, infligées à la « chair à canon gauloise » n'ont pas été suffisantes pour disloquer la cohésion de l'armée carthaginoise. L'explication avancée par Ardant du Picq est purement intuitive mais est confirmée par le comportement des soldats de la Grande Armée en cette veille d'Austerlitz. Tous les rapports concordent pour confirmer que la proclamation de l'Empereur lue par les commandants de compagnie a eu un effet électrique sur la troupe convaincue maintenant de la victoire. Cette conviction se manifestera avec éclat dans la nuit du 1er au 2 décembre avec la prodigieuse illumination improvisée dans une ivresse collective par les soldats de la Grande Armée pour l'anniversaire du couronnement.

Un commandement charismatique

Valeur de l'exemple et supériorité du raisonnement sont les deux traits caractéristiques qui font les chefs de guerre prestigieux. Ils sont néanmoins insuffisants pour forger des chefs d'exception tel Napoléon, véritable « Dieu de la Guerre » au même titre qu'Alexandre le Grand, Hannibal et Jules César. À l'instar de ces trois héros antiques Napoléon se distingue par son charisme, pouvoir qui repose sur des fondements passionnels, quasi irrationnels qu'il est par définition difficile d'appréhender selon des critères objectifs. On peut cependant esquisser une explication qui tient à la foi de Napoléon en son étoile. C'est la conviction personnelle du chef dans sa destinée et l'intensité avec laquelle elle est communiquée aux officiers et à leurs soldats qui déterminent la force du magnétisme impérial. Comme il l'écrit à son frère Joseph : « L'avenir est à mépriser pour l'homme qui a du courage ». Il démontre ainsi sa détermination à maîtriser sa destinée. La force de la volonté et la confiance en soi de Napoléon frappent d'autant plus les observateurs qu'ils contrastent au début de sa carrière avec son apparente faiblesse physique. Mais, tous ont remarqué, à l'instar de Cambacérès, son « regard qui traverse la tête » signe de la force de son énergie. Le ministre des Finances Gaudin a bien résumé l'impression produite par Napoléon alors qu'il n'était encore que le général Bonaparte mais que déjà se forgeait la puissance de son charisme : « Un petit homme très maigre, très actif, jaune de visage, au regard extraordinaire ». Ce pouvoir de Napoléon sur ses hommes, qu'ils soient soldats ou officiers, constituera un atout inestimable durant toute sa carrière militaire et ne faiblira jamais, même durant les dernières campagnes. Lors de la campagne de France de 1814, la loi du nombre aurait dû avoir raison en quelques jours de la petite cohorte impériale. Pourtant, l'Empereur à peine arrivé à son quartier général de Vitry-le-François, balaie d'un revers de main les mauvaises nouvelles que ne cessent de lui présenter ses maréchaux désespérés. Il consulte les cartes, multiplie les questions et rédige dans la foulée les premiers ordres qui permettront à l'armée française de reprendre l'offensive. En quelques minutes, il a communiqué son enthousiasme à ses subordonnés. Le fluide impérial se transmet à nouveau tout le long de la chaîne de commandement de l'armée impériale qui va mener sa plus belle campagne avec des moyens encore plus dérisoires qu'en 1796 contre des ennemis beaucoup plus puissants. Les Marie-Louise totalement inexpérimentés vont surprendre les Coalisés et faire douter pendant deux mois leurs armées qui pensaient, après les désastres des campagnes de Russie et d'Allemagne, que la marche sur Paris ne serait qu'une simple promenade.

Plus le défi est hasardeux, plus il « magnétise » les peuples. Deux ans plutôt, lorsque Napoléon entraîne toute l'Europe à sa suite dans les steppes russes, la machine à recruter qu'est devenue l'administration napoléonienne est surprise par le faible nombre de réfractaires. C'est que cela fait maintenant près de 15 ans que Napoléon parcourt victorieusement l'Europe et tout le monde est persuadé que c'est la dernière occasion de participer à cette épopée. *A contrario*, dès que Napoléon est absent ou commence à douter de son étoile, le fluide s'affaiblit, le moral de toute la structure napoléonienne en pâtit et retentit sur la combativité des soldats : Flahaut le confirme à propos de l'offensive sur Bar-sur Aube en 1814 : « La manière molle dont les troupes attaquèrent

Bar-sur-Aube dévoila sur le champ aux généraux ennemis l'absence de l'Empereur. Les Alliés reprirent l'offensive, repoussèrent les troupes françaises et le prince Schwarzenberg étant rentré dans Troyes, mit fin à la négociation ».

On peut plus facilement expliquer l'effet de ce charisme qui transforme les campagnes impériales en épopées dignes de ses illustres prédécesseurs de l'Antiquité. C'est cette capacité de l'Empereur à métamorphoser les tâches quotidiennes apparemment sans gloire en aventure collective héroïque, à conférer une dimension historique et épique à ses campagnes militaires qui incite chaque grognard à se surpasser et qui constitue le facteur premier de l'invincibilité de la Grande Armée. Laissons encore une fois la parole à un conscrit qui résume cet état d'esprit dans une lettre adressée à ses parents en juillet 1813 alors que le désastre de Russie a pourtant fortement écorné l'image impériale : « Ne soyez pas inquiets sur mon sort ; je vivrai peut-être plus heureux et plus content que le plus riche de notre commune. Je m'ai trouvé dans de grands dangers et je m'y trouverai peut-être encore ; mais si je meurs au service, je mourrai pour ma gloire et pour ma patrie ».

Par son caractère national, l'armée française est la seule armée dans laquelle de telles valeurs communes sont partagées par tous les échelons hiérarchiques du soldat au maréchal et même à l'Empereur. Pour les grognards, ce dernier n'est qu'un grade de plus couronnant le sommet de l'institution militaire dans la tradition romaine du général victorieux acclamé « imperator » par ses troupes sur le champ de bataille. L'épisode de l'illumination nocturne du 1er décembre 1805 la veille de la victoire d'Austerlitz constitue en fait le véritable sacre de l'Empereur par ses troupes qui viennent de vaincre les Autrichiens à Ulm et qui sont persuadées qu'elles infligeront le même sort aux troupes russes cantonnées à quelques dizaines de mètres sur le Pratzen. Ils consacrent ainsi l'image « d'Empereur républicain » que Napoléon cherche à répandre. Républicain puisque Napoléon se veut l'héritier de la Révolution dont il garantit les principaux acquis (répartition des biens nationaux et égalité devant la loi par le Code civil). Empereur ou « imperator » puisque sa légitimité est fondée sur la victoire et sur le soutien de l'armée qui en résulte. L'association des deux termes n'est donc pas contradictoire et donne une résonance toute particulière au cri de ralliement « Vive l'Empereur » lancé par les soldats de la Grande Armée sur tous les champs de bataille d'Europe. À la différence des troupes autrichiennes et russes qui célèbrent également ainsi leur souverain, les soldats français savent que Napoléon tient en fait ce titre de leurs faits d'armes et non d'une quelconque origine divine ou dynastique. C'est le grade suprême accordé par des troupes victorieuses à leur chef et sur lesquelles rejaillit la gloire du titre ainsi conféré. Il y a donc un « cycle glorieux » interactif entre l'Imperator et « ceux qui l'ont hissé tel un nouveau Clovis sur le pavois » qui est l'aboutissement d'une communion historique entre un homme et un courant populaire. En attaquant aux cris de « Vive l'Empereur », les grognards participent d'un processus d'autocélébration indirecte qui rappelle leurs exploits passés et détermine leur invincibilité présente. Mais, laissons à nouveau la parole au capitaine Desbœufs qui a parfaitement décrit le culte voué à l'Empereur : « Le lendemain (de la bataille de Toulouse, 10 avril 1814) nous nous attendions à ce que le feu recommençât avec le jour, mais on ne tira pas un seul coup de feu (...) Dans un conseil de guerre tenu pendant la nuit, il avait été décidé que l'armée battrait en retraite ; elle partit vers dix heures du soir et se rendit en deux jours à Castelnaudary, où nous apprîmes l'abdication de l'Empereur et le retour des Bourbons. Cette nouvelle me consterna ainsi que tous mes camarades. Étrangers à la politique et aux factions, éloignés sans cesse de la France, nous ne connaissions l'Empereur que par sa gloire et ne combattions que pour l'honneur national. Les guerres qui nous avaient élevés au rang du premier peuple du monde nous avaient toujours été présentées comme justes et nécessaires ; aussi nous confondions dans nos cœurs le souverain et la patrie ; la chute de l'un, l'abaissement de l'autre, nous étaient également sensibles, et dans ce moment nous serions morts et pour elle et pour lui. Le colonel nous lut l'ordre du jour annonçant le changement de dynastie, il leva ensuite son chapeau et cria : "Vive le Roi !" Personne ne répondit. Il répéta son vivat, même silence. Les officiers, les regards baissés, laissaient voir de grosses larmes roulant sur leurs joues ».

Le patriotisme puis l'honneur et la gloire, et par-dessus tout le culte de l'Empereur constituent les principales motivations des grognards. Pendant les « années de gloire » de l'épopée napoléonienne, cette cohésion idéologique de la Grande Armée confère au soldat français une supériorité morale qui explique aussi bien sa rapidité dans les marches que son invincibilité au combat. Cette communauté de valeurs conforte et compense à la fois l'indiscipline qui caractérise le soldat français « exact au service mais hostile à toute contrainte militaire mesquine en ce qui concerne les exigences secondaires du métier de soldat » selon l'euphémisme d'un témoin autrichien de la campagne de 1805.

Chapitre III

La nouvelle donne logistique

La logistique au service de la guerre de mouvement

Dans son *Essai général de tactique,* Guibert dénonce « l'obsession des subsistances » qui domine les campagnes du XVIIIe siècle : « L'ennemi prend, je suppose, une position inattendue, et où je ne veux ni ne peux l'attaquer ; je suis sûr de le déposter ou de le prendre à revers en marchant sur son flanc. Suivant notre routine actuelle, il faut que, pour ce changement de direction, je me forme de nouveaux établissements et de nouveaux rayons de communication [correspondant respectivement dans la terminologie napoléonienne aux “dépôts” et aux “lignes d'opération”]. On me demande quinze jours pour la formation de ces nouveaux établissements : il faut, dit-on, rassembler des matières, bâtir des fours, etc. Voilà précisément où je ne veux pas, s'il se peut, que les vivres me commandent ; voilà où je veux que la régie [l'intendance] redouble d'industrie, que l'armée vive des ressources du pays ; qu'elle sache souffrir, changer de nourriture, jeûner s'il le faut sans murmurer ; il faut que l'ennemi me voit marcher, quand il me croira enchaîné par des calculs de subsistances ; il faut que ce genre de guerre nouveau l'étonne, ne lui laisse le temps de respirer nulle part, et fasse voir à ses dépens cette vérité constante, qu'il n'y a presque pas de position tenable devant une armée bien constituée, sobre, patiente et manœuvrière ». En quelques lignes, Guibert résume les limites imposées par les méthodes logistiques des armées du XVIIIe siècle et prophétise que la destruction des « chaînes logistiques » ouvrira la voie à une nouvelle guerre de mouvement. Il annonce le fameux changement de ligne d'opération qui servira de fondement à la manœuvre napoléonienne sur les arrières.

Le Britannique Humphrey Lloyd, célèbre pour son ouvrage monumental sur la Guerre de Sept Ans paru entre 1766 et 1801, est représentatif de cette pensée militaire du XVIIIe obsédée par les contraintes logistiques. Il met en effet l'accent sur le concept de « ligne d'opération » qui relie entre eux tous les dépôts de vivres et de munitions d'où les convois approvisionnent l'armée. Pour Llyod, une armée « (...) ne peut agir sur une ligne d'opération de plus de trente lieues [120 kilomètres], à moins qu'elle ne communique avec ses dépôts par des canaux navigables (...) ». Il incarne une approche géométrique de l'art militaire considéré comme une science exacte fondée sur l'étude précise des contraintes géographiques et logistiques qui peuvent être résumées en un certain nombre de théorèmes. L'un de ces théorèmes pose comme principe qu'une armée ne peut s'éloigner à plus de 5 jours de marche de son dépôt le plus proche sans dépasser la capacité de son service de convois. Il se fonde sur des calculs prenant en compte la vitesse des transports de vivres ainsi que les temps de chargement et de déchargement et considère qu'on ne peut pas transporter plus de cinq jours de vivres à la suite d'une unité sans alourdir les colonnes à un point où toute opération devient impossible. C'est la « règle des cinq jours » en vertu de laquelle une armée ne peut progresser que par bonds successifs au fur et à mesure de l'établissement des magasins assurant le ravitaillement des troupes.

Pour certains historiens comme Martin Van Creveld, la « règle des cinq jours » est un mythe créé de toutes pièces par des « stratèges en chambre » surestimant l'impact des contraintes logistiques sur la mobilité des armées prénapoléoniennes. Selon Van Creveld, ce sont avant tout les objectifs géographiques des campagnes menées tout au long du XVIIIe siècle qui expliquent la faible mobilité des armées de l'époque. La nécessité de neutraliser les forteresses ennemies pour contrôler un périmètre géographique donné impliquait la mise en œuvre d'une guerre de positions souvent incompatible avec les moyens logistiques de l'époque. Le passage de la stratégie d'attrition du XVIIIe siècle à la stratégie napoléonienne d'anéantissement qui privilégie la neutralisation de l'armée ennemie au siège de ses forteresses permet à l'Empereur de mettre en œuvre des marches rapides et prolongées. Précédemment, le principe de « la bataille par consentement mutuel » rendait illusoire toute pénétration profonde en territoire ennemie et incitait les commandants d'armée à privilégier les sièges aux batailles rangées. Or, si les batailles impliquaient une relative égalité des forces en présence, le siège d'une ville fortifiée puissante n'était engagé qu'après la réunion d'une forte supériorité de forces, avec un rapport de forces idéal de sept contre un comme lors du siège de Lille par les 120 000 hommes de Marlborough en 1708. La concentration sur un espace restreint de tels effectifs posait des problèmes logistiques quasi insurmontables. En renversant la hiérarchie des objectifs militaires, Napoléon modifie les données de la question logistique : il élimine les exigences logistiques liées à l'investissement des forteresses et peut se concentrer sur la poursuite de l'armée ennemie.

Si l'avènement de la stratégie d'anéantissement permet à Napoléon d'atténuer la contrainte logistique, elle ne lui permet pas de s'en affranchir. Contrairement aux idées reçues, Napoléon dépend plus que les armées frédériciennes de ses « bases d'opérations » d'où il tire ses ressources. Les armées napoléoniennes consomment en effet beaucoup plus de munitions et dépendent d'un système d'approvisionnement en munitions reliant l'armée aux dépôts et aux bases arrières. En outre, la Grande Armée est la première armée moderne à mettre en place un système continu de renforts et de remplacement de façon à maintenir à niveau ses effectifs tout au long de la guerre et non pas seulement pour la durée d'une campagne (*cf. supra*, chapitre II). Pourtant, malgré ces nouveaux impératifs qui impliquent la constitution d'un véritable cordon ombilical entre l'armée et ses dépôts, Napoléon parvient à inventer une nouvelle guerre de mouvement. Le succès de la méthode napoléonienne tient au perfectionnement de l'intendance mais aussi aux improvisations des grognards.

Organisation modulaire et allégement des bagages

La mobilité des armées napoléoniennes résulte tout d'abord de l'organisation modulaire qui facilite le ravitaillement des unités. Grâce à cette articulation, les composantes de l'armée se déplacent selon un itinéraire de progression déterminé qui constitue autant de zones de réquisition et de cantonnement. Chacun des corps d'armée progresse parallèlement sur une route différente et pour chaque étape, les divisions de chaque corps cantonnent le long de la route « à distance d'écoulement ». Cela permet aux têtes de colonne de se mettre en route et de s'arrêter en même temps.

Les Coalisés perdent quant à eux beaucoup de temps en mouvements latéraux pour établir leur campement en largeur, de chaque côté de l'axe de progression. Les unités constitutives de chaque corps d'armée (ou plutôt de chaque grande subdivision de l'armée puisque la notion de corps n'est pas encore institutionnalisée au sein des armées coalisées) se rassemblent le soir dans un seul camp. C'est seulement lors de la phase de concentration que l'écart entre les divisions est réduit, ce qui oblige les divisions à accroître leur distance de marche pour serrer sur la tête de colonne. Ces marches ordonnées et resserrées expliquent la lenteur des armées coalisées pour lesquelles des étapes de cinq lieues (20 kilomètres) sont considérées comme extraordinaires alors que les corps d'armée de l'Empereur sont habitués à des étapes de six à dix lieues.

La vitesse de la Grande Armée tient ensuite aux mesures d'allégement des bagages qui sont le fait de Carnot alors qu'il était membre du Comité de Salut public. Carnot décide de supprimer les tentes pour les soldats : le bivouac ou le cantonnement chez l'habitant doivent remplacer les campements de l'Ancien Régime. Il supprime également les chevaux pour les officiers subalternes qui doivent désormais marcher à pied. C'est tout le contraire chez les Coalisés. Ainsi, dans l'armée prussienne, chaque lieutenant d'infanterie dispose d'un cheval de selle et d'un cheval pour les bagages. Les capitaines ont de 3 à 5 chevaux de bât. À cela il faut ajouter pour chaque régiment d'infanterie prussienne, près de 60 chevaux pour le transport des tentes. Au total, l'armée est suivie par plus de 6 000 chevaux de bât et 3 000 domestiques pour les tentes de la troupe et les bagages des officiers.

Dans l'armée française, les principes idéologiques d'égalité rejoignent les impératifs d'efficacité logistique. Tout en facilitant les déplacements des unités, l'allégement des bagages de l'armée française permet de réserver l'utilisation des chevaux de bât pour les services d'approvisionnement. Sous l'Empire, ces principes ne sont cependant pas souvent respectés. L'impératif de réduction des bagages au profit du transport des munitions et des vivres doit faire l'objet de rappels à l'ordre constants de la part des chefs de corps. Dans un ordre du jour du 30 septembre 1806, le maréchal Soult détaille un certain nombre de mesures visant à supprimer les bagages inutiles « considérant les graves inconvénients qu'une aussi grande quantité de bagages occasionnerait dans la marche des troupes et la difficulté que les divisions éprouveraient pour fournir les voitures nécessaires à leur transport... ». Les mesures prises démontrent ainsi que la Grande Armée n'a plus grand-chose à voir avec les armées spartiates de la République et a tendance à s'encombrer d'impedimenta à l'instar des armées coalisées. Soult rappelle, en préambule, que les colonels commandant les régiments d'infanterie et de cavalerie ont reçu ordre de renvoyer en France leurs équipages. Une seule voiture par bataillon est acceptée pour le transport des effets des officiers avec une autre voiture accordée pour les souliers des soldats du régiment. Les régiments de cavalerie disposent d'une voiture pour les effets des officiers et d'une voiture pour les clous et fers des chevaux. Les généraux de division et de brigade, les sous-inspecteurs aux revues et commissaires de guerre ont droit à une voiture ainsi que l'état-major du corps et des divisions. Sauf autorisation expresse du maréchal, les officiers d'infanterie ne peuvent disposer d'un cheval. Pour éviter tout désordre, les équipages ne doivent pas marcher avec la troupe mais à gauche de la colonne de marche. Au total, l'objectif est de limiter respectivement à quatre et à deux le nombre de voitures suivant les régiments d'infanterie et de cavalerie, ce qui donne tout de même plus de 60 véhicules rien que pour les bagages d'un corps d'armée de la taille du corps de Soult en 1806 (auxquels il faut ajouter près de 90 véhicules pour les vivres et ambulance et 300 pour les munitions).

« La Route de la Grande Armée »

Les autres facteurs de mobilité tiennent aux nouvelles procédures logistiques introduites sous l'Empire. Durant les premières campagnes de la Révolution, la situation chaotique des services d'approvisionnement de l'armée interdit toute constitution de magasins dans un contexte d'explosion des effectifs. L'abandon des procédures traditionnelles d'approvisionnement par magasins semble annoncer un retour en arrière en matière de logistique. C'était en effet notamment pour éviter le retour du spectre des ravages de la guerre de Trente Ans, que les armées des XVIIe et XVIIIe siècles avaient adopté le système des magasins. Le magasin est une place fortifiée regroupant les fours de campagne et les rations de farine. Il sert à centraliser les réquisitions qui sont ensuite redistribuées aux différentes unités ; l'objectif étant d'éviter que la troupe ne se disperse pour subvenir à ses propres besoins, entraînant à sa suite un cortège de pillages et de désertions. Or, l'absence d'organisation logistique force les soldats de l'an II à « vivre sur le pays », euphémisme dissimulant mal la mise en « coupe réglée » des pays conquis. Ces « méthodes d'approvisionnement » sont systématisées sous le Directoire dont la situation financière désastreuse l'incite à faire porter le poids de la guerre aux provinces conquises : « La guerre doit nourrir la guerre ». Il en va différemment sous l'Empire. Dès la campagne de 1805, l'Empereur met en œuvre une série de mesures qui vont caractériser la logistique napoléonienne. Loin de rompre avec le système des magasins, Napoléon est à l'origine de la logistique moderne caractérisée par des échanges continus entre les troupes de première ligne et les sources d'approvisionnement, le long de lignes de communication qu'il faut préserver des atteintes de l'ennemi et qui forment dans la terminologie napoléonienne la « Route de la Grande Armée ». Cette ligne de communication qui relie le premier point d'appui de l'armée ou centre d'opération à ses sources d'approvisionnement concerne avant tout l'acheminement des renforts et des munitions. Pour les vivres, il faut distinguer selon que les troupes sont en mouvement ou immobilisées. Dans la première hypothèse, les unités sont censées vivre des réquisitions levées le long des routes de marche. Les magasins de vivres sont seulement utilisés dans la seconde hypothèse quand l'armée est immobilisée pour une durée plus ou moins longue, comme c'est le cas à la veille du déclenchement d'une campagne, lors de la phase de concentration de l'armée précédant la bataille ou pendant les quartiers d'hiver. Dans ce cas, le cantonnement pendant plusieurs jours sur une même zone de l'ensemble des corps risque en effet d'épuiser rapidement les ressources locales.

Le 19 octobre 1806, aux lendemains de la victoire d'Iéna, Daru qui vient d'être nommé intendant général de la Grande Armée réorganise la « Route de la Grande Armée » (*cf. supra* carte n° 5). Elle est divisée en arrondissements constitués de cinq ou six « étapes » qui jalonnent le parcours environ tous les 30 kilomètres et sont placés sous la responsabilité de commissaires de guerre en charge de l'approvisionnement et de l'équipement des troupes vers le théâtre d'opérations. Des unités de gendarmerie effectuent des patrouilles entre les gîtes d'étapes tandis que les villes principales sont protégées par des garnisons constituées souvent d'unités au repos ou de blessés. La « Route de la Grande Armée » aboutit sur le théâtre d'opérations à des dépôts abrités dans des places fortes que l'Empereur qualifie de « points d'appui » ou de « centre d'opération ». Napoléon a défini dans une lettre à Berthier du 30 septembre 1806 ce qu'il entendait par point d'appui : c'est une « place armée » c'est-à-dire défendue par suffisamment d'artillerie et organisée

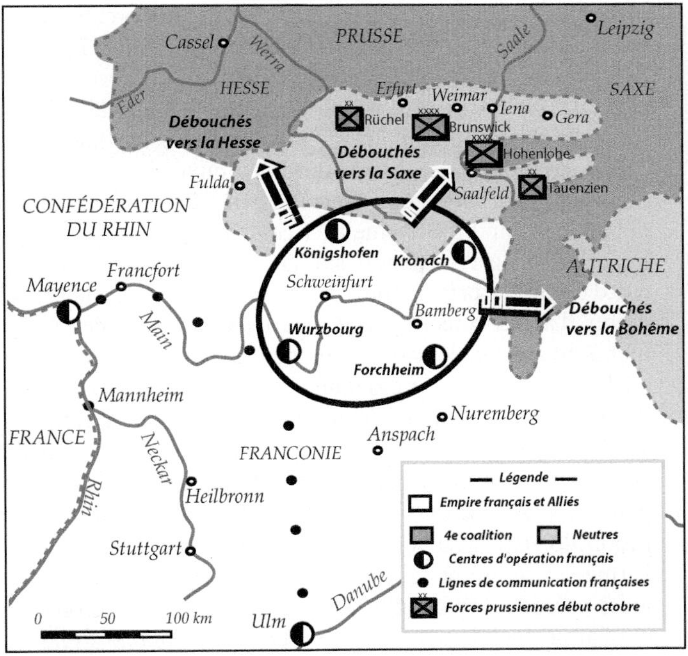

Carte n° 6 : Les centres d'opération de la Grande Armée prévus par Napoléon en Franconie début octobre 1806.

pour abriter des magasins de cartouches d'infanterie et d'artillerie, un hôpital et des magasins de vivres avec des fours. À Forchheim (*cf.* carte n° 6), Napoléon ordonne l'organisation d'un hôpital de 500 places, la construction de 10 fours à pains, la réunion de 35 000 rations de biscuits et de 15 000 quintaux de farine « de sorte qu'à tout événement mes corps pourraient se plier sur Forchheim ou Wurzburg, et trouver là des cartouches, des vivres et un point d'appui ». Lors de la préparation de la campagne de 1806, Napoléon ordonne les 20 et 30 septembre l'organisation de tels « points d'appui » dans les places de Königshofen, Kronach, Wurzburg et Forchheim par une lettre envoyée le 20 septembre à Berthier. Elles doivent être fortifiées de façon à les mettre « à l'abri d'un coup de main » et être approvisionnées « pour nourrir toute l'armée pendant un mois » (lettre de Berthier à Villemanzy du 4 octobre 1806). Ces quatre villes forment un quadrilatère en Franconie d'où l'Empereur peut déboucher sur La Bohême (en cas d'entrée en guerre improbable de l'Autriche), sur la Saxe ou la Hesse en cas d'offensive prussienne. L'établissement de plusieurs points d'appui constitue une sécurité si l'ennemi parvenait à prendre le contrôle d'une de ces places. Napoléon a notamment prévu le cas d'une offensive prussienne de la Hesse vers le sud en direction de Wurzbourg. Il refuserait alors sa gauche pour transférer sa ligne d'opération vers Forchheim et attaquer les Prussiens sur leur flanc gauche. Ces différents points d'appui ou centres d'opération doivent ainsi servir de « pivot de manœuvres » à l'armée en assurant ses approvisionnements pendant les jours précédant la bataille. Ils peuvent également protéger l'armée pendant sa phase de réunion préalable à une offensive ou renforcer une aile de l'armée exposée à une attaque ennemie.

L'exploit logistique de l'hiver 1806-1807

L'organisation de lignes de communication permet à Napoléon d'approvisionner son armée loin de ses bases et dans des contrées offrant peu de ressources. Malgré de multiples défaillances, les mesures logistiques prises durant l'hiver 1806-1807 constituent un exploit couronné par la victoire de Friedland au printemps suivant. En octobre 1806, Napoléon devance l'offensive des Prussiens, envahit la Saxe et défait ces derniers à Iéna. La poursuite s'engage ensuite jusqu'à la Baltique. Durant cette phase de la campagne de Prusse, chaque corps

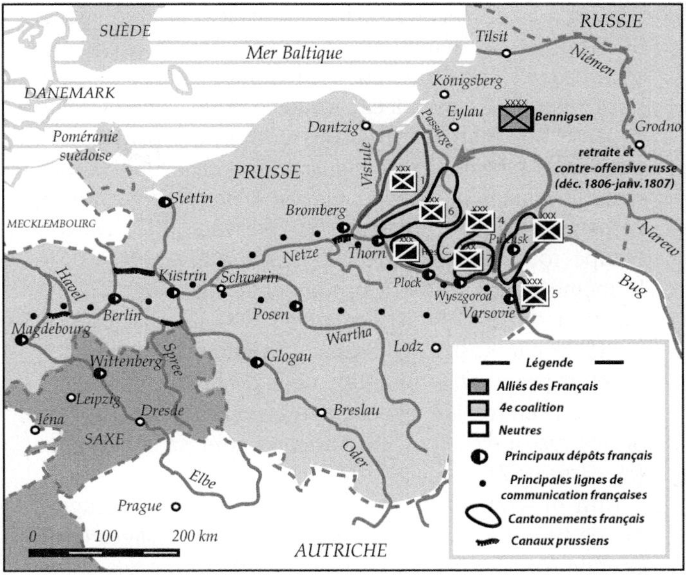

Carte n° 7 : Les quartiers d'hiver de la Grande Armée en Prusse début janvier 1807 (avant Eylau).

parvient sans peine à se ravitailler en vivant sur le pays : d'une part leur vitesse de déplacement leur évite d'épuiser les ressources des régions traversées ; d'autre part, la relative richesse du pays et la rapidité de l'offensive française permettent de saisir d'importants dépôts comme ce fut le cas en Autriche en 1805. Plusieurs centaines de tonnes de farine sont saisies à Erfurt (130), Buttelstadt (300), Weimar (100) et Leipzig (800). Daru ne doit pas pour autant négliger de prolonger la Route de la Grande Armée vers Berlin par Cassel et Magdebourg (*cf. supra* Carte n° 5) pour assurer l'acheminement des munitions, des renforts et des effets. L'approvisionnement en vêtements chauds constitue d'ailleurs pour Daru la première tâche à résoudre car une bonne partie de l'armée a laissé ses effets d'hiver dans les cantonnements de Bavière. Se démenant pour préparer la campagne d'hiver que l'Empereur veut livrer contre les Russes, Daru improvise de toutes pièces un service de l'habillement. Il passe des marchés avec des entreprises prussiennes pour faire fabriquer des chaussures et des capotes qu'il rassemble dans des dépôts établis à Hambourg, Stettin, Leipzig, Glogau et Breslau. En janvier 1807, Daru a équipé tous les corps de vêtements d'hiver. Il a dans le même temps réussi à prolonger la ligne de communication de la Grande Armée de 500 kilomètres vers Varsovie par Küstrin et Posen. L'intendant général doit en effet préparer le ravitaillement de la Grande Armée qui va prendre ses quartiers d'hiver dans une région où les ressources sont insuffisantes pour sa subsistance (*cf.* carte n° 7).

Afin de compenser les déficiences de la compagnie privée Breidt (*cf. infra* l'encadré sur les équipages de la Grande Armée), Daru passe des marchés avec des entreprises locales pour louer des équipages. Les trois gîtes d'étape entre Küstrin et Schwerin disposent ainsi chacun de 60 voitures tandis que les treize gîtes séparant Schwerin de Varsovie reçoivent chacun 80 voitures polonaises. Outre ces 1 220 véhicules, Daru ordonne la réquisition de 4 000 voitures pour le transport de vivres prélevés en Silésie. Pourtant, l'état des routes polonaises réduit très fortement le débit de cette voie de communication. C'est la première expérience de disette pour les soldats de la Grande Armée. Ce que confirme Percy, le chirurgien en chef de la Grande Armée, dans ses Mémoires : « Jamais l'armée française ne fut aussi malheureuse. Le soldat toujours marchant, bivouaquant toutes les nuits, passant les journées dans la boue jusqu'aux chevilles, n'a pas une once de pain, pas une goutte d'eau-de-vie, n'a pas le temps de sécher ses habits et il tombe de fatigue et d'inanition ». Les problèmes logistiques culminent avec la bataille d'Eylau (8 février 1807). Napoléon replie alors ses troupes derrière la Passarge et remonte sa ligne de communication, qui aboutissait initialement à Varsovie, vers Thorn et Ostérode pour profiter des fleuves et canaux prussiens.

Devant la faillite des transports terrestres, Daru décide en effet de recourir aux transports fluviaux. Il dispose d'un réseau dense de canaux qui ont été construits au siècle précédent pour relier les grands fleuves allemands à la Pologne. L'objectif de ce réseau était de permettre l'exportation du blé polonais vers la Prusse qui n'était pas en ce domaine autosuffisante. Frédéric II a ainsi fait construire en 1773 et 1774 le canal de Bromberg reliant l'Oder à la Vistule. Par ces canaux, Daru peut faire transiter des approvisionnements de Magdebourg sur l'Elbe vers Francfort-sur-l'Oder par la Havel et la Spree, puis vers Thorn sur la Vistule par la Wartha et la Netze. L'intendant général, qui établit ses quartiers à Thorn, réquisitionne des barges et organise des convois qui vont permettre de rétablir progressivement la situation logistique. Il met en place des relais fluviaux pour transporter des approvisionnements dans un sens et évacuer les blessés dans l'autre sens. À partir de mars, les troupes commencent à sentir les premiers effets de ces mesures et voient leurs rations augmenter pour atteindre un niveau satisfaisant en avril. Napoléon a remporté son pari : faire vivre et même renforcer la force de frappe de son armée tout en la maintenant à l'est de la Vistule.

La résurgence du rôle des magasins pour les munitions

Le retour au système des magasins, qui étaient autrefois utilisés pour la protection des réquisitions de vivres (ce qui est d'ailleurs toujours le cas au sein des armées coalisées), sert sous l'Empire avant tout à protéger les dépôts

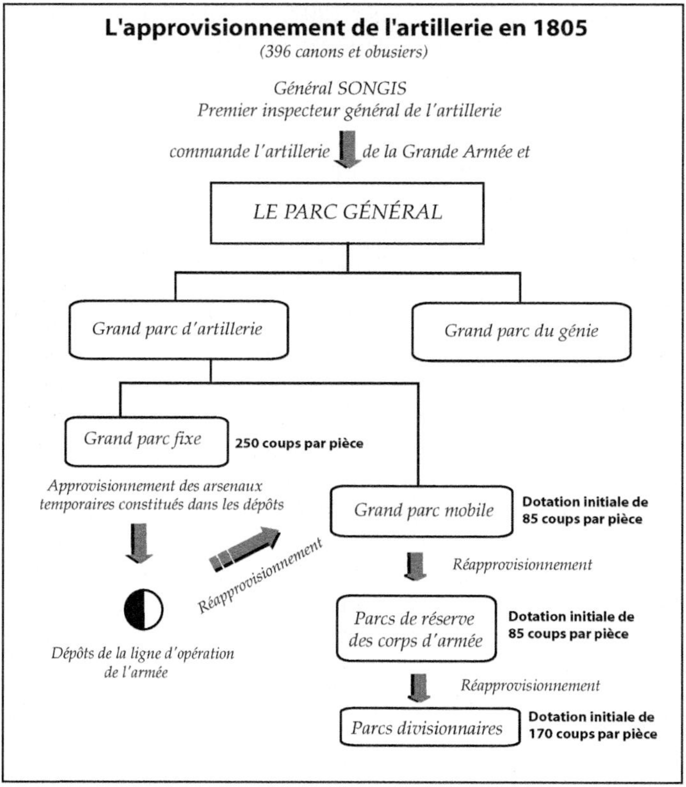

de munitions d'artillerie. Auparavant, les armées d'Ancien Régime pouvaient se subvenir à elles-mêmes en transportant l'ensemble des munitions nécessaires pour toute la durée de la campagne. Ainsi, Frédéric II prévoit en moyenne un stock de 180 coups par pièce pour une campagne. Or, sous l'Empire la dotation moyenne de coups par pièce est pratiquement doublée. L'augmentation de la consommation des munitions en raison des nouvelles doctrines d'emploi de l'artillerie implique la mise en place au sein de la Grande Armée d'un système d'approvisionnement plus élaboré fondé sur des flux de renouvellement des stocks. En 1805, le ravitaillement en munitions repose sur un système qui se décline sur quatre niveaux (*cf.* organigramme « L'approvisionnement de l'artillerie en 1805 »). Les parcs d'artillerie divisionnaires disposent de 170 coups par pièces tandis que les parcs des corps d'armée ont 85 coups. Ces deux premiers échelons sont renforcés par le « grand parc général » qui ajoute 85 coups par pièce. Outre ces 340 coups attelés, Napoléon organise un dépôt de munitions qui comprend 250 coups par pièces pour toute l'armée. Ce dépôt doit être situé dans la place de dépôt la plus proche du grand parc d'artillerie. En cas de rencontre avec l'ennemi sur le Danube, l'approvisionnement des parcs des divisions et corps doit permettre de satisfaire les besoins exigés par une bataille (qui ne dure généralement pas plus de huit heures, soit 160 coups à raison, en moyenne, d'un coup toutes les trois minutes). Les parcs doivent ensuite se réapprovisionner auprès du grand parc général lequel recomplétera ses dotations auprès du dépôt de munitions transféré entre-temps de Spire à Heilbronn.

Après la capitulation d'Ulm (19 octobre), Napoléon prépare l'offensive vers Vienne à l'approche de la mauvaise saison et dans un pays moins favorable à la maraude. Il ordonne dans une lettre adressée le 24 octobre à Petiet, intendant général de l'armée, la création d'une place de dépôt à Augsbourg : « La place d'Augsbourg est forte ; je la fais armer. Elle sera toujours munie de troupes pour se défendre en cas d'attaque. J'ai déterminé qu'elle serait le dernier terme d'évacuation pour les malades et les blessés. C'est ici qu'il faut centraliser tous les magasins ». Dans le même temps, il réorganise la ligne de communication qui conduit d'Augsbourg à Strasbourg. Cette ligne de plus de 300 kilomètres est divisée en 17 sections d'une vingtaine de kilomètres, chacune parcourue par une soixantaine de charrettes tirées par 4 chevaux effectuant des rotations quotidiennes, ce qui donne une capacité journalière de transport de 60 à 120 tonnes. Ce montant, dérisoire au regard des besoins des armées mécanisées du XXe siècle, relève de l'exploit logistique si l'on prend en compte la distance en cause et les infrastructures routières de l'époque napoléonienne. La combinaison de parcs mobiles et de dépôts de munitions reliés aux dépôts français par une ligne de communication constitue le premier exemple historique d'un approvisionnement continu en munitions.

Une telle logistique impose la mise en œuvre d'un nombre impressionnant de véhicules même si Napoléon veille, comme dans la lettre suivante envoyée le 30 septembre 1806 à Berthier, à limiter le nombre de caissons pour ne pas entraver ses opérations : « On ne saurait avoir trop de chevaux d'artillerie, et certainement j'ai aujourd'hui des charretiers à la Grande Armée pour servir 20 000 chevaux. Mais il est temps enfin de prendre un parti réel sur le parc [d'artillerie]. Je ne veux point non plus avoir 1 100 ou 1 200 voitures à ma suite. Dîtes à Songis [Premier inspecteur de l'artillerie] que c'est autant de pris par l'ennemi. Je ne veux pas plus de 400 voitures. (...) Alors, ce parc me sera de quelque utilité, ne me gênera jamais, et, s'il retarde un peu mes opérations, ce sera un retard raisonnable et selon la nature des choses. Écrivez donc au général Songis que, si j'avais 30 000 chevaux, je ne voudrais pas dans l'organisation de mon armée plus de 400 voitures à mon parc ». Le rapport de Songis sur la situation du parc général de la Grande Armée au 3 octobre 1806 indique que les consignes impériales ont été respectées : il comprend 419 véhicules dont 30 canons, 10 forges, 29 affûts de rechange, 200 caissons portant 18 700 cartouches à canon et 125 caissons portant 2 millions de cartouches d'infanterie (à raison de 16 000 cartouches par véhicules). Il faut néanmoins ajouter à ces 400 véhicules, les pièces et caissons rattachés aux différents corps d'armée. Ainsi, le 3e corps est accompagné de plus de 300 véhicules, dont 46 canons, 100 caissons pour les cartouches à canon, 75 caissons pour les cartouches d'infanterie et 80 chariots pour les vivres et ambulances. Selon le nombre et le type de pièces rattachées à chaque corps (il y a en principe cinq caissons par pièce de 12, trois caissons par pièce de 8 et par obusier et deux caissons par pièce de 6 et 4), le nombre de caissons d'artillerie évolue entre 75 et 145 caissons. Au total, la Grande Armée comprend en 1806 près de 1 000 caissons rien que pour l'approvisionnement de toute son artillerie contre moins de 500 pour les vivres, effets et ambulances.

Ces caissons sont, comme on l'a vu lors de la campagne de 1805, répartis entre les divisions, les parcs d'artillerie des corps et le parc général. Si l'on reprend l'ordre de marche établi par Soult pour le 4e corps (*cf.* notamment les ordres du 30 septembre et du 10 octobre 1806), on voit plus précisément que les pièces d'artillerie sont intercalées entre les différentes unités : l'avant-garde placée sous le général Margaron est composée de la cavalerie du corps et de 6 pièces d'artillerie légère. Elle est suivie de la 3e division avec 12 canons, des équipages de l'état-major, de la 2e division avec 12 canons, de la 1re division avec 12 canons, du parc d'artillerie du corps avec 10 canons qui est protégé par 4 compagnies d'infanterie et enfin un détachement de 12 gendarmes chargé de faire rejoindre leur unité aux retardataires. Au sein de chaque division, le matériel est positionné de la façon suivante : l'infanterie légère marche en tête suivie de l'artillerie légère, la 1re brigade de ligne suivie de la compagnie d'artillerie de la division avec un caisson par pièce puis la 2e brigade de ligne suivie du parc d'artillerie de la division, enfin les ambulances et les équipages de la division. L'objectif est que chaque division dispose avec son artillerie d'une dotation en munitions suffisante pour alimenter un tir de plusieurs heures. Ainsi, une pièce de 8 dispose, avec son caisson d'affût et le caisson supplémentaire, de 107 cartouches, ce qui lui permet, à raison d'un coup toutes les trois minutes de tenir plus de cinq heures et demie.

Le rôle limité des magasins pour les vivres

À la différence de l'approvisionnement en munitions, le ravitaillement repose sur un système mixte combinant la pratique des magasins et celle des réquisitions. Il s'agit d'une « logistique à géométrie variable » : des magasins sont constitués pour assurer le ravitaillement pendant la phase de concentration préliminaire des troupes et les premières marches. Ils sont ensuite remplacés par des réquisitions et des distributions immédiates de la part des commissaires des corps d'armée. Ces deux mécanismes d'approvisionnement sont complétés par la fameuse « maraude » indispensable pour compenser les déficiences récurrentes des commissaires de guerre. Ces derniers ne peuvent en effet pas suivre le rythme imposé par les marches impériales et encore moins précéder les mouvements des unités pour préparer les cantonnements.

L'approvisionnement des armées des XVIIe et XVIIIe siècles reposait principalement sur la réquisition des vivres opérée dans les pays conquis. Au début des campagnes et quand les armées s'immobilisaient pour investir une place fortifiée, les réquisitions étaient complétées par les magasins alimentés par des achats de vivres effectués par des fournisseurs aux armées. Les « marchés » passés avec le secrétariat d'État à la Guerre assignaient à ces munitionnaires la charge du transport et de la fabrication du pain en précisant la proportion exigée de farine de froment dans le pain de munition. C'est surtout au début des campagnes que les armées se ravitaillaient à partir des magasins préconstitués. Ainsi, sous Louis XIV, Louvois constituait en temps de paix des magasins près des frontières avec des stocks de munitions et de vivres pour six mois de façon à pouvoir surprendre l'adversaire dès le déclenchement des hostilités. Ensuite, les armées devaient souvent procéder à des réquisitions au sein des provinces traversées. Les voies de communication et les moyens de transport de l'époque interdisaient en effet de transporter les vivres des bases d'opération jusqu'à la zone des combats. Frédéric II dispose ainsi de caissons ne lui permettant de transporter que 10 % des besoins de son armée.

Napoléon va perfectionner la logistique héritée de l'Ancien Régime en créant un corps de commissaires spécialement chargés d'effectuer les réquisitions en avant de chaque corps d'armée de façon à organiser la distribution lorsqu'ils arrivent dans leur zone prévue de cantonnement à l'issue de la journée de marche. Il tentera également de recourir aux magasins préconstitués pour éviter de dépendre exclusivement des réquisitions par définition plus aléatoires. On a vu précédemment l'organisation de ces magasins dans les « points d'appui » de Franconie à la veille de la campagne de 1806. Lors de la préparation de la campagne de 1805, l'Empereur ordonne, dans une lettre du 23 août à l'intendant général Dejean et dans une lettre du 25 août à l'Électeur de Bavière, le « prépositionnement » de réserves de biscuits (aliment de base du soldat) près des zones de réunion des différents corps d'armée (100 000 à Göttingen, 500 000 à Strasbourg, 200 000 à Mayence, 500 000 à Wurzbourg et autant à Ulm). Il fait réquisitionner près de 3 000 voitures (soit 500 par corps d'armée) pour assurer le transport des vivres (farine, biscuits, vins et eau de vie), des chaussures et des ambulances. Napoléon souhaite compléter les réquisitions des voitures civiles par des caissons militaires, attelés par la compagnie privée

Breidt, et chargés du transport des vivres de réserve. Tous ces caissons suivront l'armée à plusieurs marches et seront rassemblés dans des dépôts de vivres. L'Empereur désigne successivement Strasbourg comme place de rassemblement des convois de la Grande Armée puis Spire et Heilbronn comme première et seconde place de dépôt (ou magasin fortifié). En outre, des gîtes d'étape sont formés tous les 30 kilomètres et placés sous la haute surveillance du maréchal Kellermann, responsable de la sécurité de la ligne de communication qui court le long de la rive gauche du Rhin.

En 1806, Napoléon anticipe de possibles difficultés de ravitaillement lors de la traversée de la zone montagneuse de la Frankenwald et décide de constituer des stocks de farine à Wurzbourg et Bamberg dans une lettre à Berthier du 17 septembre : « Je pense qu'il serait nécessaire de faire du biscuit à Bamberg et à Wurzburg (...) Employez, si cela est nécessaire, 250 000 francs pour les vivres, et réunissez beaucoup de farine du côté de Bamberg et de Wurzburg ». À la différence des dépôts établis en Prusse après la victoire d'Iéna et approvisionnés grâce à des réquisitions ou « contributions de guerre », les dépôts établis au début de la campagne en territoire allié impliquent l'octroi de fonds. Ils sont en effet principalement approvisionnés grâce à des marchés passés avec des entrepreneurs locaux. Les farines sont achetées dans les provinces environnantes puis centralisées dans les dépôts où elles sont transformées en rations de pain ou de biscuit. Le dépôt de Wurzbourg tire ainsi ses approvisionnements des villes situées en aval sur le Main (Mayence, Wertheim et Francfort). La cuisson des farines mobilise ensuite les fours des boulangers locaux et ceux construits le cas échéant par l'intendance. La constitution de ces dépôts vise à ravitailler ponctuellement les troupes lors du déclenchement des campagnes. Les services d'intendance puisent dans ces magasins pour fabriquer et allouer aux unités les rations nécessaires pendant les premières marches.

Grâce aux dépôts de Franconie, les bataillons d'infanterie qui partent de Bavière pour envahir la Saxe sont chacun suivis de deux caissons contenant des rations de pain pour quatre jours et des rations de pain biscuité pour les quatre jours suivants. En 1809, les divisions traînent à leur suite des fourgons de pain et un parc de bœuf pour une semaine. Ces approvisionnements de marche sont nécessairement restreints. À l'instar de ses prédécesseurs, Napoléon est en effet limité par les moyens de transport qu'il affecte prioritairement aux munitions. L'une des principales difficultés d'approvisionnement tient moins au rassemblement des rations dans les dépôts qu'à leur distribution à des unités qui avancent de plus en plus vite sur des chemins de plus en plus impraticables et avec des transports toujours insuffisants. Dès 1805, la compagnie privée de transport Breidt est incapable de fournir les caissons promis. C'est également le cas en 1807 où la compagnie fournit 700 caissons au lieu des 3 000 promis (alors qu'un seul corps d'armée de 30 000 hommes exige 500 caissons pour recevoir l'approvisionnement de ses magasins). Exaspéré, Napoléon décide de militariser ce secteur clef de sa logistique en créant le Train des équipages composé de huit bataillons attelant chacun 136 caissons. À l'origine, le Train transporte les vivres, le fourrage et l'habillement mais bientôt il participera également au transport des troupes (*cf.* encadré « Les équipages de la Grande Armée, de l'incurie à la consécration »).

Les dépôts de vivres ne sont pas constitués uniquement lors de la phase initiale des campagnes comme en 1805 et 1806. Ils sont également utilisés lors des phases d'immobilisation prolongée de l'armée comme ce fut le cas durant l'hiver 1806-1807. La campagne de Pologne qui commence avec la prise de Varsovie le 28 novembre 1806 et se termine avec la victoire de Friedland le 14 juin 1807 est la seule campagne napoléonienne durant laquelle la Grande Armée prend des quartiers d'hiver. Toutes les autres campagnes européennes se déroulent sous des latitudes clémentes (campagnes d'Italie en 1796-97 et 1800, de France en 1814), à la « belle saison » (campagnes de 1809, 1815) ou se terminent au début de l'hiver (campagnes de 1805, 1806, 1813). La seule exception est la campagne de Russie et se conclut par le désastre logistique que l'on connaît. Après l'échec de la manœuvre de Golymin-Pultusk en décembre 1806, Napoléon décide, pour des raisons politiques (« mobiliser » la nation polonaise avant de l'armer et de l'incorporer à ses côtés) de maintenir son armée en Pologne. La pauvreté des ressources du pays, comparé par Lannes au désert du Sinaï, incite rapidement Napoléon à organiser des quartiers d'hiver sur le modèle des armées frédériciennes. L'objectif est de créer des magasins pour chaque corps d'armée qui en tirera les approvisionnements indispensables pendant l'hiver : Varsovie, Pultusk pour le corps de Davout, Wyszgorod pour le corps d'Augereau, Plock pour le corps de Soult, Thorn pour le corps de Ney et Bromberg pour le corps de Bernadotte (lettre à Daru du 3 janvier 1807, *cf. supra* carte n° 7).

Chacun de ces magasins doit comprendre des fours pour cuire le pain et les biscuits nécessaires à partir des ressources locales mais surtout à partir des réquisitions effectuées en Allemagne puis transportées par voiture ou bateau. L'Empereur ordonne ainsi à Daru de « faire fabriquer 2000 rations de biscuits par jour » dans les dépôts d'Allemagne (Glogau, Stettin, Küstrin, Spandau) avant de les transférer en Pologne. Afin de préserver sa liberté de manœuvre, l'Empereur a demandé que les dépôts soient situés sur la rive gauche de la Vistule (à l'exception de Pultusk). Les chefs de corps peuvent

LES « ÉQUIPAGES » DE LA GRANDE ARMÉE : DE L'INCURIE À LA CONSÉCRATION

Au début des guerres de l'Empire, la Grande Armée est, pour les ambulances et le transport des vivres, dans une situation analogue à celle des armées de l'Ancien Régime. Dépourvue d'unités permanentes de transports, elle utilise les services d'entreprises privées pour assurer ses besoins logistiques. Durant les campagnes de 1805 et 1806, le ministère de l'Administration de la Guerre a ainsi confié le transport aux armées à une entreprise privée, la compagnie Breidt, qui s'engage à fournir un nombre convenu de véhicules avec leurs chevaux et conducteurs. En fait, la compagnie Breidt sera régulièrement incapable de remplir ses obligations. En 1805, la Grande Armée quitte le camp de Boulogne avec 150 caissons complétés par les 500 véhicules de la compagnie Breidt au lieu des 1 000 initialement prévus. En 1806, les faibles moyens de la Grande Armée obligent Napoléon à recourir à nouveau à la Compagnie Breidt. Pour la traversée de la Frankenwald, Napoléon a en effet prévu d'affecter à chaque bataillon quatre caissons de vivres de façon à leur garantir une autonomie complète de ravitaillement pendant cette phase critique. Il ne s'agit cependant pas de dotation permanente mais de charrettes de réquisition qui seront abandonnées dès le débouché en Saxe afin d'éviter d'alourdir les colonnes de marche. En pratique, le tableau de répartition des équipages envoyé par Berthier à Napoléon le 24 septembre fait état de 509 véhicules avec 447 voitures affectées aux différents corps d'armée (de 35 à 77 caissons selon les corps) dont 384 pour les vivres à raison de deux par bataillon d'infanterie et d'un par régiment de cavalerie et 63 pour les ambulances à raison d'un par régiment d'infanterie et d'un par division de cavalerie. On peut comparer les deux caissons de vivres par bataillon avec la dotation en vigueur dans l'armée de Frédéric II qui était d'un caisson par compagnie soit six voitures par bataillon, près du triple de la dotation de la Grande Armée ! Les 62 véhicules restants sont principalement affectés au grand quartier général. Sur ce total, près de 350 auraient dû être réformés en raison de leur état défectueux avant le début de la campagne. Une grande partie de ces caissons sera d'ailleurs perdue durant la campagne de Prusse.

Devant la mauvaise qualité des services rendus par la compagnie Breidt (« Ne me parlez plus de cette compagnie, c'est un tas de gueux »), Napoléon décide de dénoncer le contrat en mars 1807 pour militariser le train des équipages avec huit bataillons à quatre compagnies chacun, sur le modèle du train de l'artillerie. Ce nouveau corps doit comprendre 3 200 hommes, 5 200 chevaux et 1 150 véhicules. Devant l'augmentation des effectifs, il va s'accroître de cinq bataillons en 1809 et neuf bataillons en 1812 pour atteindre un effectif total de 17 000 hommes et 8 900 caissons. Il est supervisé dans chaque armée par un major inspecteur général assisté de deux chefs de bataillons inspecteurs. Il comprend enfin un parc de construction établi à Sampigny dans la Meuse et chargé de la construction et de la réparation des caissons et harnais. Dès sa création, le Train des équipages est confronté à des conditions d'intervention particulièrement difficiles ; des confins polonais aux montagnes ibériques. En Espagne, le Train participe au combat contre la guérilla aux côtés des autres armes. Il sera très durement éprouvé pendant la campagne de Russie : sur 18 bataillons totalisant plus de 10 000 hommes et 5 600 voitures, seuls 1 200 reviendront avec 100 chevaux et sans aucune voiture. Le train des équipages ne se contente pas de ses missions initiales de transport de vivres, de fourrage et d'habillement, il se consacre également avec efficacité au transport de troupes comme en témoigne le capitaine Coignet décrivant le transfert en 1809 de la Garde du théâtre espagnol vers le front autrichien : « Nous eûmes l'ordre de rentrer en France à marches forcées et l'Empereur (...) nous fit préparer une petite surprise qui nous attendait à notre arrivée dans la grande ville de Limoges [le 3 avril 1809]. Il voulait conserver nos jambes et nos souliers (...) Nos officiers nous disent : (...) "Nous montons toute la Garde en voiture jusqu'à Paris". Arrivés hors de la ville, nous trouvâmes des charrettes garnies de bottes de paille et les gendarmes qui les gardaient. Rangés sur un rang sur la droite de la route et distribués par compagnies, dans un ordre parfait, on montait suivant ce que devait contenir la charrette et les chevaux qui la menaient ». Coignet continue en décrivant le haut degré d'organisation du transfert. Avec ses compagnons il ne dispose que de trois quarts d'heures pour manger les repas préparés par les habitants à chaque relais. Il couvre ainsi 100 kilomètres par jour jusqu'à Versailles où il fait le reste du trajet à pied jusqu'aux Tuileries pour être passé en revue par l'Empereur. Puis la Garde repart en fiacres réquisitionnés jusqu'à la Ferté-sous-Jouarre avant d'embarquer par 12 dans de grandes charrettes jusqu'en Lorraine où elle est transportée par des voitures légères menées par des petits chevaux qui font monter la moyenne à 30 lieues par jour. La Garde sera ainsi « motorisée » jusqu'aux abords d'Augsbourg où ses éléments de tête arrivent le 23 avril. Elle a couvert les 1 100 kilomètres séparant Limoges d'Augsbourg en 21 jours, soit une moyenne de plus de 50 kilomètres par jour !

Le fiasco logistique de la campagne de Russie et les insuffisances récurrentes inhérentes à la guerre de mouvement napoléonienne ne dissimulent pas les nombreux exploits accomplis par ce nouveau corps. Pour témoigner de sa satisfaction, l'Empereur attribue une aigle commune au corps des équipages le

25 décembre 1811. La création du Train des équipages en 1807 après celle du Train de l'artillerie en 1800 et du Train du génie en 1806 confère une avance logistique indéniable à la Grande Armée sur ses rivales européennes ■

uniquement constituer « deux ou trois petits magasins journaliers à la tête des cantonnements ». La décision de prendre des quartiers d'hiver ne doit pas paralyser les mouvements de l'armée qui doit pouvoir être rapidement sur le pied de guerre. L'attaque brusquée de Bennigsen 20 jours après la lettre précitée à Daru justifiera les mesures de précaution de l'Empereur. Napoléon ordonne également la création d'un corps de constructeurs de fours rattaché au parc du génie et composé de 40 ouvriers capables de construire 5 fours en 24 heures. La production de ces fours sera complétée par celle des trois fours portatifs de la Garde.

Après la bataille d'Eylau, Napoléon regroupe ses corps entre la Vistule et la Passarge, à l'exception de Masséna qui couvre le sud et Varsovie (*cf.* carte n° 8). Ce regroupement vise à couvrir le siège de Dantzig tout en assurant le ravitaillement des troupes par le canal de Bromberg (lettre à Daru du 12 février 1807). Pour la Grande Armée, la problématique logistique est la suivante : approvisionner des corps d'armée localisés à l'est de la Vistule en rations d'eau-de-vie, de pain et de farine qui sont pour une large partie réquisitionnées en Prusse à l'ouest de ce fleuve. Chaque corps dispose de fours et de magasins lui permettant de subvenir à ses besoins à partir des ressources locales et des magasins principaux de l'armée. Ces derniers s'échelonnent en trois lignes. Les « magasins de répartition » situés en première ligne au plus près des zones de cantonnement afin de distribuer aux différents corps les approvisionnements : Elbing au nord, Osterode et Finkenstein au centre, Przasnysc au sud. Les « magasins de transit » de Marienwerder pour le nord et de Pultusk pour le sud. Enfin les « magasins de stockage » établis sur la Vistule pour centraliser les réquisitions envoyées de Prusse ou de Galicie par voie fluviale : Bromberg, Thorn et Varsovie. Bromberg et Thorn constituent les principaux dépôts sur la Vistule pour les approvisionnements tirés de la rive gauche.

Conscient de l'épuisement des aires d'approvisionnement de la rive droite de la Vistule, Napoléon inonde Daru d'instructions visant à lever régulièrement des réquisitions en Prusse pour approvisionner les dépôts allemands (Breslau, Glogau, Küstrin, Stettin, Magdeburg, Spandau, Wittemberg...) avant de les transférer vers les « magasins centraux » de la Vistule puis vers les magasins de première ligne. Il récapitule les circuits d'approvisionnement de l'armée dans une lettre à Daru du 26 mars 1807. À partir de Thorn, les rations sont transportées vers Osterode qui, par sa localisation au centre des zones de cantonnement, devient le principal magasin à l'est de la Vistule. L'Empereur veut en faire son centre d'opération avec une réserve permanente de 200 000 rations de pain biscuité pour subvenir aux besoins de l'armée en cas de rupture temporaire des lignes de communication. En outre, pour les approvisionnements quotidiens des 3e, 4e et 6e corps, Osterode devra produire 3 000 rations de pains par jour impliquant la consommation quotidienne de 300 quintaux de farine auxquels il faut ajouter 300 quintaux envoyés au corps. Ces 600 quintaux doivent être fournis chaque jour pour moitié par Varsovie et pour l'autre moitié par Blomberg et Thorn. Pour mettre en œuvre les instructions impériales, Daru doit prendre soin d'épargner les États allemands alliés et de concentrer les réquisitions dans les pays ennemis occupés. Autrement dit, il est chargé de nourrir l'armée grâce à l'exploitation de la Prusse « qui jusqu'à présent, a moins payé que si elle était en paix » selon les dires de Napoléon.

La situation militaire de l'hiver 1806-1807 explique la systématisation du recours aux dépôts pour assurer le ravitaillement de l'armée. Malgré les efforts déployés par Napoléon et son intendant général, ces dépôts n'améliorèrent que marginalement la condition de la troupe. Les mois de décembre 1806, janvier et février 1807 sont une période de quasi-famine dont les soldats de la Grande Armée garderont longtemps le souvenir. Le capitaine Bertrand le confirme dans ses Mémoires. Après la bataille d'Eylau, les débris de son régiment (7e léger de la division Heudelet du 7e corps) qui a été décimé, au même titre que les autres unités du corps d'Augereau, sont versés dans la division Gudin du 3e corps de Davout. Il est cantonné à partir du 23 février aux environs d'Hohenstein. Mais, pour assurer leurs subsistances, Bertrand et ses compagnons d'armes sont contraints d'organiser des détachements de recherches de nourriture qui se heurtent souvent à leurs « homologues » russes. Bertrand explique en effet que « Les rares distributions de pain venant de Thorn et Varsovie ne pouvaient, malgré toute la sollicitude de l'Empereur, nous suffire et nous nous vîmes bientôt réduits à déterrer les pommes de terre coupées en deux ou en quatre, mises en terre comme semence ». Ce témoignage est représentatif de la situation des unités cantonnées en Pologne après la bataille d'Eylau dans la mesure où il provient d'un soldat relevant du 3e corps traditionnellement considéré comme le plus discipliné et le mieux organisé après la Garde impériale. Il incite à tempérer la portée du flot des instructions impériales dont l'efficacité apparaît toute relative au regard de la situation logistique de l'armée. La corruption du personnel de l'intendance, la faiblesse des moyens de transport et l'ampleur des besoins de la Grande Armée rendent très difficiles la tâche de l'intendant général.

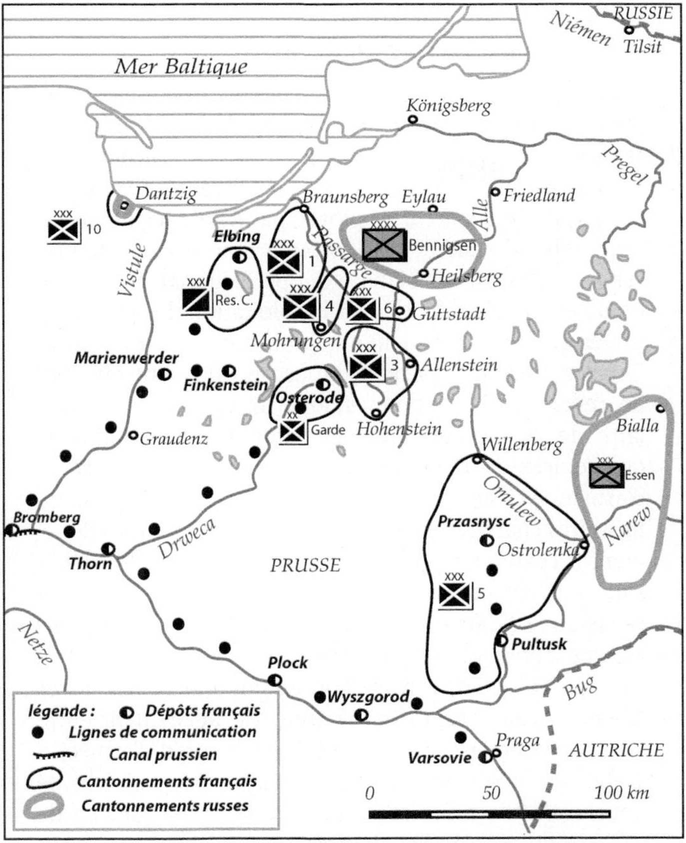

Carte n° 8 : Les quartiers d'hiver de la Grande Armée en Prusse de février à mai 1807 (après Eylau).

Simples expédients quand l'armée est en position d'attente stratégique, les dépôts sont vite abandonnés quand l'armée reprend l'offensive. Les réquisitions plus ou moins organisées et la maraude repassent alors au premier plan.

La décentralisation des réquisitions

Dès que les opérations s'accélèrent, il appartient en principe aux personnels de l'intendance de procéder aux réquisitions durant la progression des corps d'armée dont ils dépendent. Si Napoléon n'a pas inventé la pratique des réquisitions qui fut employée par d'illustres prédécesseurs tels Turenne et Marlborough, il a mis sur pied un service d'intendance élaboré qui perfectionne cette technique et cherche à optimiser l'exploitation des provinces traversées. Contrairement à la procédure en vigueur sous l'Ancien Régime, ces réquisitions ne transitent plus par un centre de distribution unique. L'organisation modulaire de l'armée implique en effet une multiplication des centres de ravitaillement attachés à chaque corps d'armée. Agissant sur une zone plus restreinte, les commissaires chargés des réquisitions parviennent théoriquement à l'exploiter plus efficacement. De plus, les délais sont réduits puisque les vivres sont immédiatement remis aux soldats sans passer par la phase des magasins comme c'était le cas précédemment. Dans un ordre du 21 septembre 1805, Napoléon délimite ainsi des zones de réquisitions. Afin d'éviter tout chevauchement entre les zones d'intervention des différents corps d'armée, il établit une règle simple et judicieuse : chaque corps ne pourra effectuer des réquisitions que sur la gauche de son axe de progression, tout ce qui est à droite relevant d'un autre corps. Le seul inconvénient de ce système est d'accroître les mouvements latéraux par rapport au système suivant lequel chaque corps opère de part et d'autre de son axe de progression. Il renouvelle cependant ce principe durant la marche sur Vienne : le corps de Davout reçoit ordre de ne fourrager que sur la gauche de son axe de progression pour laisser au corps de Soult qui le suit la possibilité d'exploiter la zone de droite.

Les réquisitions sont le fait des commissaires de guerre (*cf.* encadré « L'intendance de la Grande Armée ») qui accomplissent leur mission en avant du front de progression de l'armée dès lors que les zones exploitées ne sont pas à portée de l'ennemi. Dans une lettre du 28 septembre 1806 au maréchal Davout, son chef d'état-major, le général Daultanne lui indique que « l'ordonnateur est en avant depuis deux jours pour assurer les subsistances autant que possible ». Le général Daultanne a en effet précisé deux jours auparavant avec l'ordonnateur en chef du 3e corps les mesures logistiques à prendre : « J'ai l'honneur de vous prévenir que l'intention de M. le général commandant en chef est que vous devanciez l'armée et que vous envoyiez des employés sur toute la ligne que le corps d'armée a à parcourir, pour suivre et presser l'exécution des réquisitions que vous êtes autorisé à frapper pour assurer la subsistance du corps d'armée ». Les commissaires sont chargés d'informer les autorités locales des quantités de vivres demandées et des lieux de livraison. Ils leur remettent en échange des reçus précisant les quantités obtenues dans l'optique d'un remboursement ultérieur qui reste souvent lettre morte.

Chaque corps d'armée dispose en principe d'un commissaire ordonnateur en chef assisté de deux commissaires de guerre qui sont responsables de l'approvisionnement des troupes. Ils dirigent un personnel de près de 120 personnes (cas du 4e corps de Soult en 1806) dont plus de 50 sont spécialement affectés aux services de « vivres-pain », « vivres-viande » et « fourrages » (le solde est affecté aux Services de trésorerie, des postes et de santé avec notamment 32 chirurgiens, pharmaciens et infirmiers). Le personnel d'exécution du 4e corps comprend ainsi 25 boulangers, 4 bouchers et 3 botteleurs. Le service des « vivres-pain » gère l'approvisionnement en pain, riz et légumes secs. Cette mission recouvre la réquisition de farine ou sa production à partir du blé, la construction de fours de campagne et la fabrication du pain. Le service des « vivres-viande » est responsable des réquisitions de bétail et de la conduite des troupeaux à la suite de l'armée. Enfin, le service des « fourrages » s'occupe de l'approvisionnement en foin, paille et grains. En principe indépendants, les commissaires travaillent en fait sous la direction des chefs d'unité comme en témoigne l'ordre de Soult du 7 octobre 1806 leur demandant de préparer les aires de bivouac avec les officiers d'état-major chargés de les reconnaître : « À l'avenir, aussitôt que la position des divisions aura été déterminée, les commissaires de guerres qui y sont employés prendront les ordres des généraux qui les commandent, à l'effet de faire porter sur place par des voitures du pays, tout le bois et la paille nécessaires à la troupe pour se bivouaquer ». L'ordre de Soult est complété par une « circulaire à Messieurs les généraux de division » du 8 octobre de son chef d'état-major, le général Compans : « Monsieur le Maréchal commandant en chef a appris avec peine que les troupes consommaient journellement, dans leurs bivouacs, de la paille non battue ; il désire mettre promptement un terme à cet abus qui, outre qu'il est ruineux pour l'habitant, pourrait, si l'on ne s'empressait d'y remédier, compromettre la subsistance de l'armée (...) La manière qu'il croit le plus propre à remédier à cet abus (...) est celle d'obliger le commissaire de guerre de votre division à se trouver tous les jours à la position qu'elle devra occuper (...) et qu'aussitôt qu'elle sera déterminée, il se rende dans les villages voisins pour y requérir la paille nécessaire pour les bivouacs ; qu'il prenne, avec les habitants et les autorités locales, les mesures nécessaires pour disposer cette paille hors de leurs granges, de manière que le soldat puisse la prendre sans y entrer, moyen qui aura l'avantage de prévenir les incendies auxquels les villages sont exposés lorsque les soldats entrent avec de la lumière dans les granges ou dans les maisons ».

L'INTENDANCE DE LA GRANDE ARMÉE

Se défiant d'un ministère de la Guerre puissant, Napoléon décide dès 1802 de le diviser en deux entités : le ministère de la Guerre chargé des effectifs et de l'armement et le ministère de l'Administration de la Guerre chargé de tout ce qui concerne l'approvisionnement des troupes. Ce ministère fut successivement dirigé par Dejean de 1802 à 1810, Lacuée jusqu'en 1813 puis Daru jusqu'en 1814. Il est compétent pour la nourriture, l'habillement, les transports et les hôpitaux. Pour l'exécution de ses missions, le ministère est servi par le corps des « commissaires des guerres » responsable de tous les secteurs de l'administration militaire à l'exception de la solde relevant du corps des « payeurs » rattaché directement au ministère du Trésor et du contrôle des effectifs relevant du corps des « inspecteurs aux revues ». Ils sont ainsi chargés du ravitaillement, de l'habillement, des convois, de la police des étapes, des hôpitaux et des ambulances. Ils sont donc responsables de l'ordonnancement (ou ordre de payer) de la plupart des dépenses militaires. Le corps est divisé en commissaires ordonnateurs en chef, commissaires ordonnateurs (généralement à l'échelon des corps d'armée), et commissaires ordinaires (à l'échelon des divisions).

Le corps des commissaires est placé pour chaque armée sous l'autorité de l'intendant général (Petiet de 1804 à 1806 puis Daru jusqu'en 1813) qui dispose d'un bureau divisé en cinq services : subsistances ; habillement ; équipages militaires, fonds et comptabilité ; hôpitaux ; personnel et mouvements. En 1807, l'intendant général a directement sous ses ordres une cinquantaine de commissaires qui peuvent être affectés à des missions spéciales (organisation de magasins ou d'hôpitaux) auxquels il faut ajouter 75 commissaires pour la police des étapes. Ces effectifs sont loin d'être négligeables si on les compare aux 200 agents du ministère de l'Intérieur qui est l'un des ministères les plus importants de l'Empire. Malheureusement, l'importance des effectifs de l'administration militaire ne compense pas la malhonnêteté et l'incompétence de la plupart des commissaires de guerre. L'intendant général a également autorité sur les employés des quatre « régies intéressées » (consistant à déléguer le service concerné à une personne privée avec perception d'un pourcentage de la réduction des frais obtenue dans sa gestion) : vivres-pain, vivres-viande, hôpitaux et fourrages, enfin les entreprises de transport telle la compagnie Breidt. Ces régies complétaient les services de l'administration militaire directe et avaient mauvaise réputation. Mauvais payeur, l'État impérial est en partie responsable de la mauvaise volonté et des prix pratiqués par ces fournisseurs aux armées.

Le domaine de compétence de l'intendant général couvrait outre l'administration de la zone d'opérations de l'armée, celle des pays conquis (incluant la levée des contributions de guerre) et de la ligne de communication de la Grande Armée. Malgré l'efficacité d'administrateurs comme Daru et les instructions récurrentes de l'Empereur sur le ravitaillement de ses soldats, la guerre de mouvement, la médiocrité du corps des commissaires et l'insuffisance des moyens de transport se sont conjugués pour empêcher un approvisionnement correct de l'armée. En 1812, Napoléon est forcé d'avouer : « Depuis vingt ans, je n'ai jamais vu l'administration de la guerre plus nulle ». Les guerres de l'Empire ont pourtant sonné le glas des « munitionnaires privés » et annonce l'ère moderne de la militarisation de l'intendance en réalisant le vœu de Napoléon affirmant : « Nos armées ne seront organisées que lorsqu'il n'y aura plus un seul administrateur, que tout sera militaire » ■

La précision des instructions logistiques adressées aux divisionnaires par le chef d'état-major traduit le souci du commandant de corps d'éviter les débordements liés à la préparation des bivouacs. Ils entraînent en effet trop souvent le pillage systématique des villages traversés et provoquent une indiscipline dangereuse pour la cohésion de la troupe. On en trouve un exemple dans l'ordre du maréchal Ney du 18 octobre 1806 : « Le maréchal rappelle les soldats français à l'honneur et à leur devoir. Des dégâts inouis ont été commis sans aucun avantage pour ceux qui en sont les auteurs ; quelques misérables souillent un nom dont tous les militaires doivent soutenir l'éclat. Messieurs les officiers sont prévenus que ceux d'entre eux qui se distingueront dans le maintien de l'ordre et de la discipline seront cités à l'ordre et récompensés ; ceux qui souffriront le pillage et l'insubordination seront notés et rappelés à leur devoir (...) ».

La maraude, complément logistique indispensable

Les instructions visant à limiter le pillage sont aussi nombreuses qu'inutiles comme le rappelle dans ses Mémoires Elzéar Blaze : « De temps en temps des distributions de vivres étaient faites à l'armée, alors le pillage était sévèrement défendu, souvent on faisait de terribles exemples ; mais tout cela n'avait pas de suite, et ne s'exécutait que par boutade ». Le système de guerre napoléonien fondé sur des mouvements rapides et des changements brusques de lignes d'opération interdit aux modes d'approvisionnement de l'époque de remplir avec succès les missions qui leur sont imparties. Les mesures logistiques prises par les personnels de l'intendance se résument trop souvent à approvisionner la Garde et à laisser les autres corps se débrouiller. Selon Elzéar Blaze, « leur soin principal était de pourvoir la Garde impériale, et le reste s'arrangeait comme il pouvait. Lorsque la troupe d'élite avait reçu des vivres pour quatre jours, on disait dans le salon de l'Empereur que l'armée était bien fournie ». Comme pour les civils, le pain constitue l'aliment de base des soldats. En principe, il reçoit du pain de munition constitué au trois quart de farine de froment et pour un quart de farine de seigle, blutées à 80 %. En fait, les taux de son et de seigle sont très rarement respectés. De plus, les soldats de la Grande Armée ne comptent pas sur les rations qui doivent théoriquement leur être distribuées chaque jour dans des proportions que l'Empereur lui-même considère comme insuffisantes dans une lettre adressée le 23 septembre 1813 à Daru : « Monsieur le Comte Daru, l'armée n'est point nourrie. Ce serait une illusion que de voir autrement. Vingt-quatre onces (720 grammes) de pain, une once (30 grammes) de riz et huit onces (240 grammes) de viande sont insuffisantes pour le soldat. Les règlements de tous les temps accordaient au soldat en guerre vingt-huit onces de pain, et cela n'était même pas regardé comme suffisant qu'en y rajoutant des légumes et des pommes de terre qu'il pouvait se procurer dans le pays. Aujourd'hui vous ne donnez que huit onces de pain, trois onces de riz et huit onces de viande (...) ». À cela s'ajoute le fait que les soldats jugent immangeables les quatre jours de biscuits qu'ils portent dans le havresac et qui servent de rations de sécurité pour la phase de concentration précédant la bataille. Ces fameux « biscuits » dont Napoléon exige souvent dans sa correspondance le prépositionnement dans des dépôts sont élaborés à partir des mêmes ingrédients que le pain de munition mais soumis à une cuisson plus longue pour mieux résister à l'humidité et se conserver plus longtemps. Ces qualités de conservation sont obtenues au détriment des qualités gustatives. C'est pourquoi, les soldats saisissent la première occasion pour s'en débarrasser quitte à le regretter plus tard. Malgré l'attention qu'apporte l'Empereur aux questions logistiques, les différentes mesures d'approvisionnement prises en 1805 sont largement insuffisantes pour ravitailler sept corps d'armée plus un corps de cavalerie et la Garde impériale totalisant près de 195 000 hommes.

Les instructions impériales du mois d'août n'ont pas été suivies : au lieu des 700 000 rations que la Grande Armée doit trouver sur le Rhin dans les places de Strasbourg et de Mayence, c'est moins de 400 000 qui y ont été rassemblées. Quant aux Bavarois, ils furent incapables de réunir les rations demandées à Ulm et Wurzbourg. Pour la marche du Rhin au Danube, chaque corps d'armée doit prévoir quatre jours de pains plus quatre jours de biscuits. Dans la réalité, peu de maréchaux parviendront à obtenir ce minimum vital et la situation logistique va se dégrader début octobre à l'arrivée sur le Danube. Le Général Malher, commandant la 3e division du 6e corps, le confirme dans ses rapports du 6 octobre 1805 au maréchal Ney : « La division que je commande est partie de Göppingen à six heures du matin, le 13 vendémiaire [5 octobre], et est arrivée, aujourd'hui 14 [6 octobre], à 3 h 30 du matin [à Giengen, soit une distance de 60 kilomètres parcourus en vingt et une heures et demie] (...) Monsieur le maréchal, depuis vingt-quatre heures, officiers et soldats de ma division n'ont pas mis une bouchée de pain sous les dents ; j'en ai quelques rations aux équipages et j'attends quelques réquisitions qui ne sont pas rentrées, mais je vous supplie, Monsieur le Maréchal, de dire à l'ordonnateur qu'il fasse l'impossible pour m'en faire donner ou m'en faire prêter par ceux qui en ont, ne serait-ce qu'un quart de ration pour les faire déjeuner. Jamais ma division n'a autant souffert de la marche (...) ». C'est à ce moment que les différents corps opèrent leur concentration et que les commissaires de guerre ne parviennent plus à suivre les unités combattantes pour opérer en temps et en heure les réquisitions nécessaires. La proximité de l'ennemi aggravée par la réduction du front de marche qui passe de 200 kilomètres à 80 kilomètres empêche la constitution de magasins et oblige les officiers à organiser le ravitaillement de leur unité. En fait, depuis le franchissement du Rhin et les marches s'accélérant, la troupe a été priée de vivre sur le pays. L'Empereur l'avoue lui-même dans une lettre adressée à Petiet le 24 octobre 1805 : « Nous avons marché sans magasins ; nous y avons été contraints par les circonstances. Nous avons eu une saison extrêmement favorable pour cela ; mais quoique nous ayons été constamment victorieux et que nous ayons trouvé des légumes dans les champs, nous avons beaucoup souffert ».

Les limites de la logistique napoléonienne favorisent la maraude et son cortège de pillages qui sont devenus le complément indispensable pour la survie du soldat au quotidien. Dans le chapitre « Des fourrages et des vivres » de son ouvrage *Avant-postes de cavalerie légère*, le général de Brack affirme : « J'ai fait huit campagnes sous l'Empire et toujours aux avant-postes, je n'ai pas aperçu pendant tout ce temps un seul commissaire des guerres ; je n'ai pas touché une seule ration des magasins de l'armée ». En contrepartie, de Brack et ses collègues hussards, grâce aux missions de reconnaissance qui leur ont été confiées, exploraient généralement les premiers de nouvelles zones de maraude. Suivant le principe « premiers arrivés, premiers servis », ils pouvaient donc se servir avant les fantassins qui suivaient seulement à plusieurs jours de marche.

Au-delà du cas particulier des unités de cavalerie légère qui par définition forment la pointe avancée de l'armée la plus éloignée des services d'intendance, les unités d'infanterie doivent également la plupart du temps vivre sur le pays. Habitués durant les campagnes révolutionnaires à ne pas se fier à une intendance quasi inexistante, les soldats de la Grande Armée ont acquis une expérience de la maraude inégalée par les troupiers des autres armées. Ajoutons que la résistance à la faim du soldat de la fin du XVIIIe et du début du XIXe n'est pas comparable avec celle du soldat des guerres modernes. Le grognard français a dans la majorité des cas été, avant d'endosser l'uniforme, un paysan accoutumé à vivre trois années de disette pendant sa jeunesse (en moyenne une année sur six). Ceux qui n'ont pas résisté à ce traitement ne sont plus là pour s'en plaindre. Les autres ont développé une endurance qui leur permet de supporter les déficiences de la logistique napoléonienne jusqu'à un certain point qui sera dépassé pendant la retraite de Russie.

La pratique de la maraude est souvent organisée par les officiers qui désignent à chaque étape une corvée de soldats chargée d'explorer le voisinage et d'assurer la subsistance de leurs camarades. À chaque étape, la troupe y consacre d'ailleurs une large partie de son temps de « repos ». Le capitaine Bertrand du 7e léger décrit dans ses Mémoires les efforts de son unité pour compenser les faibles distributions quotidiennes de l'armée lors de la campagne de Pologne de l'hiver 1806-1807. Placé aux avant-postes, dans les environs de Hohenstein sur la rivière Passarge au sud-ouest d'Allenstein, le 7e léger ne reçoit que très irrégulièrement des vivres de Thorn ou de Varsovie respectivement situés à 150 et 200 kilomètres. Les officiers organisent donc des détachements qui partent « fourrager » et doivent faire le coup de fusil contre les Russes lesquels essayent également d'améliorer l'ordinaire. Il faut aussi faire preuve de perspicacité pour découvrir les caches où les paysans ont dissimulé leurs biens. Ces derniers rivalisent d'astuces pour échapper à l'avidité des fourrageurs ou maraudeurs : ils n'hésitent pas à dissimuler des caisses de nourriture et de vins accrochées au sommet des arbres, enterrées au milieu des champs ou même plongées au fond des étangs. Le troupier s'organise en conséquence comme le rappelle le capitaine Bertrand qui n'était alors que caporal : « Aussi nos détachements comprenaient-ils toujours des hommes en armes sac au dos, et d'autres sans armes munis de sacs de toile, de pioches, de pelles et de baguettes de fusil. Nous appelions ces derniers les sondeurs. Ils avaient en effet pour mission de sonder le terrain, en plaine, en forêt, pour découvrir les caisses ou barils cachés en terre (...) en courant la forêt, nous atteignons les bords d'un des nombreux étangs dont la Pologne est parsemée. En le sondant avec de longues perches nous fîmes remonter à la surface une barrique (...) nous la ramenons au rivage bien que sans bateau d'aucune sorte. Nos sabres brisent les cercles, les douves tombent et nous donnent la joie céleste de trouver du jambon, du lard et des saucisses fumées (...) convaincus que cet étang nous cachait d'autres richesses, trois d'entre nous, malgré les rigueurs du mois de mars, se jettent à l'eau et finissent par découvrir des cordages amarrés à de fortes racines. Aussitôt trois autres nageurs se jettent dans l'étang et bientôt nous avons la suprême satisfaction d'amener à terre de grands pots hermétiquement fermés, des caisses solidement établies, le tout contenant du beurre, de la graisse, des cruchons d'eau-de-vie et de rhum, des bouteilles de Sauterne et de vins du Rhin, de la farine, des légumes secs, du petit salé. Il y eut, le soir, à la compagnie, un festin comme nous n'en connaissions plus depuis longtemps, et le capitaine ayant mis toutes ces provisions en lieu sûr, en fit les jours suivants, la distribution avec tout le soin et toute l'économie désirables ». Parfois, le caporal Bertrand fait des découvertes moins appétissantes : « Ce fut ainsi qu'un jour, faisant fonction de sondeur, ma baguette de fusil porta en terre sur une planche, vite les travailleurs se mettent à l'ouvrage, le temps pouvant nous faire défaut, parce que nos avant-postes étaient aux prises avec les patrouilles russes. Le couvercle de la caisse enlevé, nous laissa voir le corps d'une vielle femme mise en terre depuis peu. Saisis de frayeur nous rejetâmes immédiatement toute cette terre sur la pauvre morte afin qu'elle pût reposer en paix dans l'éternité ».

La maraude est tellement institutionnalisée au sein des unités qu'elle est bien souvent encadrée par des instructions des états-majors. Le 4 octobre 1806, le général Dutaillis, chef d'état-major de Ney transmet au général Marchand, commandant la 1re division, les mesures à prendre pour vivre sur le pays tout en évitant les « débordements » : « Le Maréchal commandant en chef voulant prévenir les désordres qui se sont trop souvent commis et ménager à l'armée les ressources que le pays qu'elle parcourt pourra lui offrir, me charge de vous informer que son intention est que, lorsque les troupes seront bivouaquées et qu'il ne leur aura pas été fait de distributions de vivres, vous devrez indiquer à chaque régiment les villes ou les villages dans lesquels il devra s'en procurer. Vous prescrirez à chaque commandant de corps le nombre de détachements qu'il devra employer et la composition de ces détachements qui seront commandés par des officiers fermes et actifs. Les commandants de ces détachements ne perdront jamais de vue que le désordre détruit toutes les ressources, que les habitants cachent leurs denrées et fuient, emmenant avec eux leurs bestiaux et leurs moyens de transports ; ils devront donc maintenir la plus exacte discipline (…) ». La recherche de vivres n'est pas toujours aussi précisément organisée par la hiérarchie. Elle fait alors l'objet d'initiatives spontanées de la troupe. Dans chaque régiment des soldats reconnus pour leur aptitude à la maraude sont détachés durant les marches pour dénicher les aliments qui serviront au repas du soir. Elzéar Blaze fait un tableau pittoresque de ces pillages qui ont accompagné les mouvements de la Grande Armée : « Dans chaque régiment, dans chaque compagnie, il existait des maraudeurs déterminés qui voyageaient sur les côtés de la route, à deux ou trois lieues de la colonne. Quelquefois ils étaient attaqués par l'ennemi (...) Ces messieurs choisissaient entre eux un chef qui commandait en dictateur, et souvent ces généraux improvisés ont livré des combats sérieux et remporté des victoires (...) Nous voilà dans une belle plaine, labourée par l'artillerie, piétinée par la cavalerie ; il a plu tout le jour. C'est ici que nous allons coucher (...) Bientôt un spectacle curieux s'offre à nos regards (...) En effet, de tous côtés, nous voyons accourir nos intrépides flibustiers chargés de sacs remplis de volailles, de paniers d'œufs, de brochettes de pains enfilés par les baguettes de fusil. Les uns poussent devant eux les moutons et les vaches, les bœufs, les cochons ; d'autres font charrier par des paysans mis en réquisition la paille et le bois. Aux figures renfrognées de ces derniers, aux interjections qui leur échappent, on voit bien qu'ils ne sont pas contents ; mais leurs paroles sont étouffées par les cris des animaux et les rires des soldats ».

La pratique de la maraude est devenue une seconde nature pour le soldat français au point que ce dernier est malheureux quand les distributions régulières lui enlèvent tout prétexte de « vivre sur le pays ». Blaze le souligne dans le chapitre de ses Mémoires sur « Le bivouac et les maraudeurs » : « Le suprême bonheur pour les soldats français est de godailler ; je ne sais si ce mot est français, n'importe, il rend ma pensée, et je le laisse. Ils préfèrent en général, cuisiner, friturer eux-mêmes, que d'avoir deux bons repas bien servis à des heures réglées. Dans les environs de Lintz, j'étais chez un fermier fort riche avec toute ma compagnie ; notre hôte m'avait prié de maintenir la discipline dans sa basse-cour, promettant de fournir à mes soldats tout ce que leur serait nécessaire. Ils étaient couchés dans une vaste grange, et trois fois par jour on leur servait un repas copieux et fort bien préparé ». Blaze décide de vérifier si ses soldats sont satisfaits et découvrent qu'ils ne le sont pas pour la raison suivante : « Ils auraient préféré, sans aucun doute, en avoir moins, et préparer eux-mêmes leurs repas. Ils enrageaient de voir des bœufs, des moutons, des pigeons et poules tranquilles dans la basse-cour, et se reposant sur la foi des traités. Ils auraient voulu les poursuivre à coups de fusil, à coup de sabre, tout tuer, tout fricasser en un seul jour, et recommencer ensuite dans les villages voisins ».

Enfin, dans bien des cas c'est l'adversaire qui apporte la solution au problème logistique. Depuis la première campagne d'Italie, Napoléon a en effet pris l'habitude de prendre à l'ennemi ce qu'il ne peut obtenir de ses services d'approvisionnement. Ainsi, en 1805 alors que la Grande Armée se concentre pour encercler Ulm, la question logistique est résolue par la capture de nombreux magasins autrichiens à Memmingen, Friedberg, Augsburg, Donauwörth et Saldmünchen. La deuxième partie de la campagne qui débute après la capitulation d'Ulm constitue un défi logistique qui paraît insurmontable puisque la Grande Armée devra se ravitailler sur une étroite bande de territoire coincée entre les Alpes au sud et le Danube au nord. De Munich à l'Inn, l'armée doit utiliser les provisions constituées en Bavière. Entre l'Inn et l'Enns, le nombre de routes utilisables passe de 5 à 3, rendant plus difficile encore le ravitaillement des troupes. Heureusement, ce secteur correspond à la zone de concentration initiale des Autrichiens qui y ont constitué plusieurs dépôts à Braunau, Althein et Linz capturés par les Français. Malgré tout, la situation se dégrade à nouveau avec le passage de l'Enns puisque le nombre de routes utilisables passe de 3 à 1 et que les zones exploitables se rétrécissent fortement. Mais une fois encore, la capture de Vienne et de son immense potentiel en ravitaillement va résoudre pour les semaines à venir les problèmes logistiques de la Grande Armée :

la ville va fournir trois semaines de ravitaillement à 80 000 hommes. Ce scénario se répétera en 1806 avec la capture de nombreux dépôts prussiens qui, complétés par les contributions imposées aux villes saxonnes et prussiennes, assureront le ravitaillement de la Grande Armée d'octobre à décembre 1806. À ces prises de guerre s'ajoute le fait que les premières campagnes impériales se déroulent dans une Europe centrale (Bavière-Autriche-Saxe) épargnée par les ravages de la guerre pendant près de trente ans (si l'on fait exception de la courte guerre de succession bavaroise) entre 1763 et 1792. La Grande Armée peut donc profiter des surplus agricoles accumulés pendant cette période de relative prospérité. Il en ira autrement lors de la campagne de 1813 qui achèvera d'épuiser une Allemagne devenue depuis 1805 la principale zone de cantonnement des armées françaises (*cf.* encadré « La révolution agricole et la révolution des transports au service de la logistique napoléonienne »).

Le succès des premières campagnes impériales tient largement au rythme et à l'ampleur que Napoléon imprime à ses offensives. Pour le troupier, ces brillantes manœuvres se traduisent par des marches forcées qu'il effectue les pieds en sang et la fringale au ventre. Si l'Empereur admet qu'une « armée marche sur son estomac », il a souvent tendance à volontairement sous-estimer les difficultés logistiques et considère que le soldat doit pouvoir vivre sur le pays comme ce fut le cas lors de ses deux premières campagnes en Italie. Surtout, contrairement à ses adversaires qui subordonnent leur stratégie aux contraintes de l'intendance (car une armée ravitaillée est une armée disciplinée où les risques de désertion sont faibles), Napoléon fait preuve d'un « volontarisme logistique ». Il refuse de se laisser imposer des directions et vitesses de marche par ses commissaires

LA RÉVOLUTION AGRICOLE ET LA RÉVOLUTION DES TRANSPORTS AU SERVICE DE LA LOGISTIQUE NAPOLÉONIENNE

La rapidité des armées napoléoniennes ne tient pas seulement à des facteurs intrinsèques mais également à des facteurs extrinsèques et notamment aux progrès enregistrés durant la seconde moitié du XVIIIe siècle dans le domaine de l'agriculture et des transports. L'augmentation de la production agricole associée au développement des transports a favorisé la guerre de mouvement mise en œuvre par la Grande Armée en lui permettant de se nourrir plus facilement sur le pays et de se déplacer plus rapidement que ses prédécesseurs de la guerre de Sept Ans. La plupart des campagnes militaires se sont en effet déroulées dans les régions relativement riches de l'Italie du nord et de l'Allemagne occidentale. Mais, dès que l'Empereur s'aventure plus à l'est comme en 1807 ou en 1812, la faiblesse des voies de communication et la pauvreté agricole se conjuguent pour contrarierses plans de campagne. On peut donc ans hésiter affirmer que les facteurs géographiques ont joué un rôle déterminant dans les victoires napoléoniennes

1. LA RÉVOLUTION AGRICOLE

Dès le milieu du XVIIIe siècle, les campagnes anglaises sont touchées par une révolution agricole qui associe étroitement élevages et cultures. L'introduction des plantes fourragères et la découverte du rôle de l'azote augmentent les rendements tout en diminuant les jachères. Les fourrages plus abondants permettent de nourrir pendant l'hiver un bétail plus nombreux et de produire plus d'engrais naturel. On sort enfin du cercle vicieux interdisant de développer l'élevage sans étendre les jachères au détriment des terres cultivées. Ces nouvelles pratiques agricoles n'atteindront le continent européen qu'au début du XIXe siècle. Cependant, plusieurs innovations agricoles ont déjà marqué l'Europe du XVIIIe siècle, telles que l'introduction de la culture du maïs, la constitution de zones spécialisées légumières ou cultures maraîchères et le développement de la culture de la pomme de terre. Or, ce dernier phénomène aura un impact important sur la logistique napoléonienne. L'Empereur considérait à juste titre que la pomme de terre constituait avec le pain l'un des deux aliments vitaux pour ses soldats. Il le rappelle dans sa fameuse lettre du 24 octobre 1805 à l'intendant général Petiet : « Dans une saison où il n'y aurait point de pommes de terre dans les champs (…) le défaut de magasins nous conduirait aux plus grands malheurs ». Si l'implantation en France de la pomme de terre est un échec, il n'en va pas de même outre-Rhin et notamment dans les régions à sol pauvre comme le Brandebourg : la production qui est encore quasi inexistante dans la région de Berlin en 1760 passe à 20 000 tonnes en 1780 et à 100 000 tonnes en 1800. Plus généralement la famine en Allemagne des années 1771 et 1772 a entraîné un vaste essor de la culture de la pomme de terre qui deviendra quarante ans plus tard le principal aliment du grognard. Le succès est tel que la guerre de succession de Bavière (1778-1779) opposant la Prusse et l'Autriche a été popularisée sous le nom de « Kartoffelkrieg » ou « guerre de la patate » en raison de la forte consommation qui en a été faite par les combattants. La pomme de terre qui a été initialement cultivée par les paysans allemands pour ses qualités de culture indestructible en temps de guerre (si on la compare notamment aux cultures céréalières souvent incendiées pendant la guerre de Sept Ans), va faciliter pendant les campagnes napoléoniennes le déplacement des armées françaises en leur permettant de réduire leurs contraintes d'approvisionnement. Dans ses instructions sur l'approvisionnement, Napoléon ne manque jamais de citer la pomme de terre comme palliatif aux déficiences de ses services. Ainsi dans la lettre du 23 septembre 1813 adressée à Daru où il estime que : « les pommes de terre et légumes trouvés par le soldat dans le pays équivaudraient aux deux onces de légumes qu'on doit lui donner ». La pomme de terre figure avec le pain en toute première place des préférences alimentaires du grognard et sa présence contribue fortement à consolider le moral de la troupe. Le vélite de la Garde Elzéar Blaze le confirme dans ses Mémoires en n'hésitant pas à affirmer que « dans plusieurs circonstances (...) la pomme de terre a sauvé l'armée française. Nous avons vu souvent les soldats porter les armes avec respect en passant devant un champ ensemencé de ce précieux tubercule ».

2. LA RÉVOLUTION DES TRANSPORTS

Un second facteur environnemental responsable de la rapidité des armées napoléoniennes est la transformation du transport terrestre et fluvial. Entre la fin du XVIIe et celle du XVIIIe siècles, la modernisation des infrastructures routières a permis de doubler les vitesses individuelles de déplacement. Cela vaut bien sûr pour la France dont le réseau routier fait l'admiration de toute l'Europe mais concerne également toute l'Europe occidentale avec notamment l'Allemagne de l'Ouest et du Sud. La révolution des transports se traduit également par le développement des canaux qui touche en premier lieu l'Angleterre mais s'étend aussi à la Prusse. Or, les routes et les canaux constituent les deux modes de communication utilisés par la Grande Armée. Lors des campagnes de 1805, 1806 et 1809, l'Empereur bénéficie du réseau routier relativement dense de l'Allemagne occidentale (autour des pôles de Hambourg, Francfort, Leipzig et Nuremberg) raccordé au système en étoile français. Inspiré par l'empire romain, Napoléon attache une grande importance au réseau routier qui doit assurer la cohésion de ses possessions et faciliter le déplacement de ses troupes. À l'apogée de l'Empire en 1811, il procède au classement de quatorze voies dites de « première classe » (les routes impériales sont divisées en trois classes selon leur largeur) reliant Paris aux principales places fortes situées sur les frontières et commandant les théâtres d'opérations potentiels : on citera notamment la route n° 4 sans contexte la plus « stratégique » reliant Paris à Mayence, principal dépôt des armées d'Allemagne, qui fait l'objet d'un entretien constant ; la route n° 2 de Paris à Amsterdam par Bruxelles et Anvers ; la route n° 6 de Paris à Rome grâce à la percée alpine du Simplon achevée en 1807 et comprenant de nombreux ponts enjambant les précipices et pas moins de six galeries taillées dans le roc ; la route n° 11 assurant la liaison de Paris vers l'Espagne par Bayonne. Cependant, durant la campagne de 1807, les insuffisances du réseau polonais aggravées par la boue omniprésente paralysent l'armée française contrainte de prendre ses quartiers d'hiver. La grande voie de Posen à Varsovie est en fait une simple piste qui se transforme en fondrières aux premières pluies. Ses ouvrages d'art pour traverser les rivières et marais sont de simples alignements de troncs qui disloquent les voitures. Daru ne trouvera la solution logistique qu'en utilisant la voie fluviale constituée par la Warta, la Netze et le canal de Bromberg reliant d'ouest en est l'Oder (où sont situées les sources d'approvisionnement de l'armée) et la Vistule (au-delà de laquelle est disposée la force de manœuvre de l'Empereur) afin d'acheminer les vivres rendus disponibles par la chute de Dantzig et de permettre ainsi aux opérations de reprendre au printemps ■

de guerre et renverse les termes de la problématique stratégique qui se posait au siècle précédent. L'obsession des subsistances imposait des campagnes limitées à objectifs purement géographiques et logistiques. L'Empereur allège son armée, la divise en corps et lui ordonne de marcher pour vaincre quel qu'en soit le « coût logistique » puisque l'intendance suivra ! Mais, l'intendance ne suit pas toujours. La faim fait dans ces conditions partie du quotidien du grognard, quotidien rompu parfois par de « formidables ribotes » quand il a la chance de traverser de riches contrées pas encore ravagées par les unités des autres corps d'armée.

Le tryptique « magasins, réquisitions, maraudes » satisfait tant bien que mal les besoins des soldats quand les opérations se déroulent au milieu de campagnes riches comme l'Italie du Nord ou l'Allemagne du Sud ; il devient inefficace dès lors que la Grande Armée aborde des contrées plus inhospitalières au réseau de communication défaillant comme la Pologne ou l'Espagne. Les difficultés de transport se conjuguent avec l'insuffisance des ressources locales pour donner des cauchemars à l'intendant général. En l'absence de distributions de vivres, on assiste alors à un pillage généralisé des territoires traversés. L'Empereur et les officiers généraux tolèrent l'indiscipline qui en résulte, car ils savent que c'est la condition préalable pour maintenir le rythme des opérations. La supériorité logistique de la Grande armée sur les armées coalisées tient en définitive à l'acceptation d'un ravitaillement insuffisant des troupes et de ses deux corollaires : la maraude et le relâchement de la discipline. Napoléon sait que le patriotisme de ses soldats et son charisme leur font tous rejoindre les rangs dès que le canon tonne.

Il ne faut certes pas négliger les facteurs matériels à l'origine de la formidable capacité de projection des forces napoléoniennes : l'organisation en corps d'armée, la suppression des bagages et l'organisation décentralisée des réquisitions *via* les commissaires de guerre confèrent durant les premières campagnes un avantage logistique indéniable aux armées françaises. Ce sont néanmoins les facteurs psychologiques qui font la différence entre les deux types de guerre menés par l'armée française et ses adversaires : le « volontarisme logistique » de l'Empereur et son charisme sur la troupe autorisent des projections de forces continentales tout en évitant une dislocation complète des unités.

DEUXIÈME PARTIE
Une guerre combinée

À plusieurs reprises, Napoléon utilise la notion de « guerre combinée » pour décrire les manœuvres qu'il cherche à mettre en œuvre. L'Empereur fait ici référence à l'utilisation coordonnée des corps d'armée qui forment les modules d'un ensemble militaire articulé. À la différence des guerres prénapoléoniennes qui opposaient des « armées unitaires », les guerres napoléoniennes voient en effet le triomphe d'un nouveau concept : « l'armée modulaire ». Apparue durant la guerre de Sept Ans sous l'impulsion du maréchal de Broglie puis systématisée par Carnot durant les guerres révolutionnaires, l'articulation de l'armée en divisions autonomes impose l'élaboration d'un nouveau compartiment de l'art militaire.

Guibert le qualifie de « grande tactique » et l'étudie dans la seconde partie de son *Essai général de tactique*. Il divise la tactique ou art de la guerre en « tactique élémentaire » et en « grande tactique ». La tactique élémentaire traite des « principes sur lesquels doivent être constitués et instruits les différents corps destinés à composer une armée ». Il s'agit principalement de l'analyse des différentes formations de combat. La grande tactique a pour objet de « rassembler ces corps, de les amalgamer, de les faire concourir à l'exécution des grandes manœuvres de la guerre ». Cette dernière subdivision correspond à la notion moderne de stratégie, terme qui remplacera l'expression de « grande tactique » à partir du XIXe siècle et qui sera lui-même en partie remplacé par le terme d'opératique au XXe siècle. Il s'agit de l'étude de la combinaison des mouvements des grandes formations militaires dans les manœuvres.

Ce compartiment de l'art militaire ne pouvait exister antérieurement, puisque les armées de la première moitié du XVIIIe siècle se déplaçaient et combattaient d'un seul bloc. On distinguait alors clairement l'organisation des marches qui se résumait à jalonner les itinéraires des colonnes de l'exécution des combats laquelle dépendait d'ordres de bataille bien codifiés. Or, Guibert insiste sur la continuité entre la grande tactique et la tactique, entre la manœuvre et le combat. Durant les guerres prénapoléoniennes, le passage des formations de marche en colonnes aux formations de combat en lignes est si lent et complexe qu'il interdit tout effet de surprise et subordonne la bataille à l'accord des belligérants. Guibert veut en finir avec la dichotomie marche/combat et lui substituer la notion de manœuvre qui déclenche et englobe le combat. Il annonce la stratégie opérationnelle napoléonienne dans laquelle la bataille n'est que la résultante de la manœuvre. L'émergence de la stratégie opérationnelle napoléonienne sonne en effet le glas de la « bataille par consentement mutuel » qui paralysait les projets offensifs des généraux des « guerres en dentelles ».

La nouvelle structure modulaire de l'armée composée de divisions puis de corps constitue un instrument plus perfectionné mais en même temps plus délicat à manier. Les premières expériences menées par les généraux de la Républiques seront d'ailleurs peu concluantes. Il faudra attendre le coup de tonnerre de la première campagne d'Italie en 1796, puis le magistral coup de faux de la manœuvre d'Ulm en 1805 pour voir Napoléon utiliser pleinement toutes les potentialités d'une telle organisation. C'est la combinaison des mouvements des divisions ou corps d'armée qui assure le triomphe des nouvelles méthodes de guerre napoléoniennes. Afin de mettre en œuvre cette « guerre combinée », Napoléon organise un nouveau système de commandement lui permettant de transmettre son impulsion à chaque corps d'armée. Si Napoléon conserve la compétence exclusive de la sphère opératique, c'est-à-dire de la planification et de la coordination des opérations des corps d'armée, il délègue aux chefs de ces corps la responsabilité des questions logistiques, c'est-à-dire de l'exécution des mouvements et des questions tactiques c'est-à-dire de la conduite des combats contre les unités ennemies qu'ils sont amenés à rencontrer. Les succès napoléoniens dans le déploiement des armées modulaires tiennent pour une large part à ce nouveau système de commandement qui superpose à la nouvelle organisation modulaire de l'armée un réseau déconcentré d'états-majors.

Coordination des opérations (chapitre IV), organisation modulaire (chapitre V) et déconcentration du commandement (chapitre VI), tels sont les ressorts de la guerre combinée napoléonienne.

Chapitre IV

La coordination des opérations

« La guerre au compas »

Expliquant sa méthode de travail à Roederer, Napoléon disait : « Si je parais toujours prêt à répondre à tout, à faire face à tout, c'est qu'avant de rien entreprendre j'ai longtemps médité, j'ai prévu ce qui pouvait arriver. Ce n'est pas un génie qui me révèle tout à coup en secret ce que j'ai à dire ou à faire dans une circonstance inattendue pour les autres ; c'est ma réflexion, c'est la méditation, je travaille toujours ». Maître incontesté dans l'exécution des manœuvres militaires, Napoléon est avant tout un chef de guerre qui ne laisse rien au hasard et prépare minutieusement ses campagnes. La force des manœuvres napoléoniennes repose d'abord sur la flexibilité des plans imaginés par l'Empereur. Si les plans de campagne de Napoléon sont souvent fondés sur des idées préconçues quant aux intentions de l'adversaire, le dispositif qui en découle doit néanmoins être suffisamment souple pour s'adapter aux imprévus. Ainsi que le remarque Colin dans les *Transformations de la guerre*, « (…) ce qui étonne le plus, c'est la propriété que possèdent ses dispositions de se plier aux circonstances. Elles ne sont jamais arrêtées en vue d'un seul cas, ni même de quelques cas particuliers, mais sont conçues de manière à répondre à toute situation nouvelle, comme si elle eût été la seule prévue. Jamais une disposition prise n'engage l'avenir, ne diminue la liberté d'action ».

En outre, la conduite des armées modulaires, qui autorise un vaste déploiement des unités sur tout le théâtre d'opérations, implique de la part du commandant en chef des ordres de marche rigoureux pour assurer la liaison entre les corps d'armée et veiller, selon l'expression de Berthier, à ce que l'armée demeure « sans interruption ». Cette extension des fronts de marche impose en effet une analyse approfondie des voies de communication, des obstacles géographiques et de la capacité de résistance respective des corps engagés. C'est la « science des mouvements combinés » qualifiée par Bourcet de « guerre au compas » que Napoléon va appliquer dès la première campagne d'Italie et perfectionner lors de ses campagnes ultérieures. Cette nouvelle approche « scientifique » de la préparation des plans d'opérations est fondée sur la collecte et le traitement de données géographiques et militaires. À partir des reconnaissances du terrain et des renseignements sur les effectifs et les mouvements initiaux des unités ennemies, Napoléon élabore les différentes hypothèses de travail de son plan d'opérations. Il en déduit ensuite un dispositif de marche optimal pour ses corps d'armée de façon à couvrir toutes les éventualités. Nous analyserons donc successivement la prise en compte de la coordination des forces par Napoléon dans la planification puis dans l'exécution de la manœuvre.

I. COORDINATION DANS LA PLANIFICATION

Percer les intentions de l'ennemi

La guerre de mouvement napoléonienne suppose des renseignements précis sur les intentions de l'ennemi. La supériorité de Napoléon réside notamment dans l'efficacité de son système de collecte des renseignements. Au contraire, les hésitations et la lenteur des armées coalisées résultent souvent d'un manque crucial de données sur la localisation des forces françaises : c'est clairement le cas pour l'armée autrichienne en 1805 et 1809. Pour percer le « brouillard de la guerre », l'Empereur utilise ses propres agents de renseignement. Il dispose ainsi du réseau de son aide de camp Savary, chargé en 1805 de la direction de l'espionnage et de la police, dont le plus célèbre espion est Schulmeister. La vie et les activités de ce dernier sont enveloppées d'un halo de légendes dont il est difficile de vérifier l'authenticité. On sait cependant qu'il joua un rôle non négligeable dans la passivité de Mack durant l'encerclement d'Ulm. Après cette brillante opération d'intoxication, il est envoyé par Savary vers l'armée russe pour y entreprendre des missions d'espionnage « plus classique ». Il parvient à se mêler aux officiers russes de la place de Braunau où se trouve Koutouzov et cherche à percer ses intentions. On trouve dans les lignes suivantes un exemple de rapport adressé à Savary le 26 octobre 1805 par ce « maître espion » : « (...) Je me suis trouvé en société avec plusieurs officiers russes de l'état-major, et tous prétendaient que leur général évitait un combat jusqu'à ce qu'il eût fait sa jonction avec le général Michelsohn qui était à 4 marches, et qu'à cet effet pour être plus sûr le général ferait faire un mouvement rétroactif d'une marche. (...) À midi les régiments commençaient à marcher vers Braunau ; je fus spectateur du mouvement de la plus grande partie. L'infanterie tant que la cavalerie est belle, bien tenue, peu de malades, robuste et fort bien habillée. La cavalerie, très bien montée, les chevaux sont vifs mais très maigres. L'artillerie est du gros calibre, mais les caissons très courts et petits. Ils ont peu de bagages. (...) L'armée russe commandée par Michelsohn doit être plus forte que celle de Koutouzov ; elle avait encore quatre journées de marche pour faire sa jonction avec celle-ci. La troisième armée commandée par Buxhoffen doit être la plus considérable ; toute la Garde impériale russe est en marche ; on la dit de 15 000 à 16 000 hommes. Toutes les armées russes ensemble destinées pour l'Allemagne doivent se monter à 160 000 combattants ». Ces lignes sont particulièrement importantes quand on sait que Napoléon n'a encore jamais combattu l'armée russe. Elles auraient pu être rédigées par un officier d'état-major et non par un ancien contrebandier. Elles comportent à la fois des informations quantitatives et qualitatives. En outre, Schulmeister prend soin de distinguer les informations résultant de ses observations directes de celles communiquées par des tiers et donc non vérifiables.

Un autre moyen de renseignement souvent utilisé par l'Empereur consiste à capturer la correspondance des postes du théâtre d'opérations afin d'y découvrir des indiscrétions sur les mouvements de troupes ennemies. En 1813, le prince Eugène envoie le capitaine Grabowski effectuer un raid sur Leipzig pour s'emparer des plis postaux : « (...) Le vice-roi m'ordonna d'entrer à Leipzig avec l'avant-garde, d'aller immédiatement au bureau de poste et d'y saisir tous les journaux et les lettres. Nous chargeâmes les cosaques en retraite qui tiraient sur nous. Je plaçai des soldats aux coins de rue, et entrai au bureau de poste, situé dans une rue très étroite. On refusa d'ouvrir la porte, mais quand mes soldats commencèrent à l'enfoncer à coups de crosse elle s'ouvrit toute grande. Je me fis remettre toutes les lettres et les journaux, ainsi que des sacs pour les emporter : j'en remplis un grand sac. Je rendis les lettres chargées d'argent, ainsi que les colis postaux, convaincu de n'y trouver aucun renseignement militaire. Plaçant ce sac sur le cheval de mon ordonnance, je retournai en grande hâte à l'état-major, car les tirailleurs russes commençaient à attaquer notre avant-garde (...) ». Grabowski explique qu'à la mission dangereuse du cavalier léger succédait celle plus fastidieuse de l'espion : « (...) C'était moi qui traduisais en français les journaux et les lettres pour y prendre les informations qui pouvaient nous être utiles. Très souvent, je passais la nuit à cette besogne fatigante et ennuyeuse, dans les bureaux du vice-roi d'Italie. Pendant ce travail, je fus convaincu du mal que peuvent faire les journaux, sans le frein de la censure, surtout en temps de guerre, en publiant les marches, les mouvements de l'armée, les détails de réorganisation militaire. Par ces journaux, nous étions bien renseignés sur tous les points. Le travail le plus fastidieux était de lire les lettres. J'étais obligé souvent d'en déchiffrer dix ou plus pour trouver quelque renseignement de valeur. Et combien y avait-il de lettres d'amants, de fiancés, pleines de tendres sentiments, de phrases exaltées, qui me rendaient furieux, car j'étais assis à ma table toute la nuit, à lire les lettres, et bien souvent après une journée de marche ou de combat ! (...) ».

Napoléon compte également sur le travail de reconnaissance des états-majors qui, outre les rapports réguliers sur la situation de l'armée, font remonter des comptes rendus des reconnaissances effectuées pour évaluer la puissance et la direction des forces ennemies. Chaque corps d'armée est censé reconnaître son front de marche en organisant si possible un réseau d'espionnage en avant de ce front. Pour éclairer ses mouvements, Murat utilise notamment des étudiants : « Je fais partir à l'instant deux jeunes étudiants qui ont ordre de se rendre de Wurzburg à Schweinfurt, Rowild, Meinungen, Gotha, Erfurt, Naumburg, Leipzig, Dresde, d'où ils doivent revenir me trouver en dirigeant sur Hof, Coburg et Bamberg. L'un d'eux a ordre de revenir d'Erfurt si effectivement toute l'armée se trouvait réunie sur ce point ». La collecte de ces informations est supervisée au sein de chaque corps par un bureau du renseignement. Il dispose pour ce faire de dotations financières dédiées à cette activité, fonds qui semblent insuffisants si l'on en croit les chefs de corps qui réclament en permanence de quoi financer leurs espions. Ainsi, Bernadotte écrit à Berthier le 24 septembre 1806, alors que la guerre avec la Prusse est imminente : « (...) Tous les avis que je reçois de mes agents, m'annoncent qu'on trace beaucoup de camps et que partout on fait de grandes démonstrations et de grands préparatifs ; nous sommes en mesure pour prévenir toute surprise. (...) L'agent que j'ai envoyé en Pologne, vient de me mander qu'un corps russe se dirigeait sur Francfort-sur-l'Oder. Les fonds que vous m'avez fait passer sont épuisés ; cet agent seul en a reçu près des deux tiers ; s'il vous est possible de m'en envoyer de nouveaux, vous me ferez plaisir ; dans le cas contraire, je ferai les avances ». Cette insuffisance est confirmée par le général de Brack (qui fut notamment aide de camp, avec le célèbre Curély, du général Colbert) dans son chapitre « Des espions, des envoyés secrets » tiré de son manuel sur les *Avant-postes de cavalerie légère*. À la question ouvrant le chapitre : « Un officier d'avant-garde emploie-t-il des espions ? », la réponse est claire : « Oui ; mais malheureusement trop rarement, parce qu'il n'a pas assez d'argent pour les bien payer (...) ». D'autant que selon de Brack « Il vaut donc mieux, sous tous les rapports, employer plusieurs espions que vous faites partir à des heures différentes, que vous dirigez sur des points différents, et de manière qu'ils n'aient aucune intelligence entre eux » car « il est dangereux de mettre votre secret tout entier dans une même main ». Si Murat utilise des étudiants, de Brack préfère employer des personnes dont la qualité peut expliquer les déplacements « (...) ainsi, les maîtres de poste, les postillons, les conducteurs de voitures publiques, les marchands qui sont connus dans le pays, peuvent être fort utiles, parce qu'ils seront naturellement moins suspects que des hommes qui, dans le cas où ils seraient pris, ne pourraient justifier de leur course, et se recommander de personne ».

Reconnaissances en Bavière en 1805

Lors de la préparation de la campagne de 1805, Napoléon dicte une rafale d'instructions visant à rassembler dans les plus brefs délais le maximum d'informations sur les déplacements et cantonnements de l'armée autrichienne, ainsi que sur la géographie de l'Allemagne méridionale. Les gazettes allemandes qui ne sont pas soumises à une censure aussi sévère que celles de l'Empire constituent à cet égard une source d'informations déterminante, comme le rappelle Napoléon dans une lettre du 28 août 1805 dans laquelle il demande à Berthier de faire fabriquer une astucieuse boîte de situation des unités autrichiennes : « (...) Je désire que vous fassiez faire deux boîtes portatives à compartiment : une pour moi et l'autre pour vous. Elles seront distribuées de telle sorte que, d'un coup d'œil, on puisse connaître, à l'aide de cartes écrites, les mouvements de toutes les troupes autrichiennes, régiment par régiment, bataillon par bataillon (...). Vous les partagerez en autant d'armées qu'il y a d'armées autrichiennes, et vous réserverez des cases pour les troupes que l'empereur d'Allemagne a en Hongrie, en Bohême, ou dans l'intérieur de ses États. Tous les quinze jours vous m'enverrez l'état des changements qui auront eu lieu pendant la quinzaine précédente, en vous aidant de tous les moyens que vous donneront, pour cet effet, non seulement les gazettes allemandes et italiennes, mais encore les divers renseignements qui vous parviennent ainsi qu'à mon ministre des Relations extérieures (...) ». Il relance le major général dans une lettre du 7 septembre : « (...) Le nom ou le numéro de chaque régiment doit être inscrit sur une carte de jeu, et on les change de case selon qu'ils changent de position (...). Faites écrire à mes différents ministres à Vienne, à Munich, à Salzbourg, à Dresde, à Ratisbonne, à Berne, et faites abonner aux gazettes allemandes (...) Tous les journaux allemands ne retentissent que du nom et de la marche des régiments autrichiens (...) ».

Dans le même temps, Napoléon organise plusieurs missions secrètes vers l'Allemagne méridionale pour reconnaître ce théâtre d'opérations (*cf.* carte n° 9). C'est tout d'abord rien moins que Murat lui-même, « Lieutenant de l'Empereur » qui sous le nom du colonel Beaumont doit effectuer un périple circulaire qui doit le conduire de Mayence à Wurzbourg, Bamberg, Nuremberg puis Ratisbonne, Passau, enfin Munich, Ulm, et Stockach avant le retour vers Strasbourg. Durant cette reconnaissance, Murat doit concentrer son attention sur la forteresse de Wurzbourg, ses liaisons avec Mayence et ses débouchés vers les points de passage sur le Danube (Ulm, Ingolstadt, Ratisbonne). Dans l'esprit de Napoléon, cette ville peut servir de point d'appui tant défensif (il demandera aux Bavarois d'y retraiter après la traversée de l'Innn par Mack) qu'offensif (le corps de Bernadotte doit y retrouver les Bavarois). Il doit également s'intéresser aux liaisons entre Bamberg et Prague, ce qui prouve que l'Empereur n'exclut pas à ce stade une offensive vers la Bohême. Enfin, Murat doit étudier la rive gauche du Danube le long duquel Napoléon pensait initialement progresser pour contourner l'armée autrichienne établie sur l'Inn. Le même jour (25 août 1805), le général Bertrand reçoit une mission similaire, Napoléon mettant l'accent sur les passages de l'Inn, les liaisons vers la Bohême à partir de la rive gauche du Danube et la forteresse d'Ulm. Durant son voyage, le général Bertrand doit périodiquement transmettre à Paris les informations recueillies sur les mouvements autrichiens. Le 28 août, c'est le général Savary, homme de confiance de l'Empereur, aussi habile dans les missions de basse police que sur un champ de bataille, qui est envoyé en Allemagne. Entre temps, Napoléon a précisé sa pensée : il s'agit cette fois

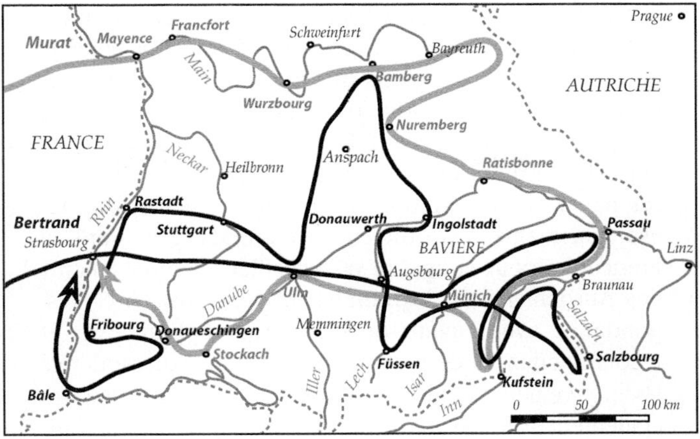

Carte n° 9 : Missions de reconnaissance de Murat et de Bertrand en août-septembre 1805.

de reconnaître attentivement les différentes routes partant de Mannheim, Spire, Pforz sur le Rhin et conduisant à Ulm sur le Danube pour permettre à la Grande Armée de se concentrer aux environs de cette ville en prévision d'une confrontation sur l'Inn. L'empereur a donc décidé de contourner la Forêt-Noire mais n'a pas encore anticipé un encerclement autrichien au niveau de l'Isar et encore moins du Lech.

Napoléon utilise également les rapports d'ambassades pour percer les intentions ennemies. Le 8 septembre, il demande à Talleyrand de lui transmettre tous les rapports des représentants français susceptibles de lui fournir des informations sur les mouvements de troupes russes : « Monsieur Talleyrand, je désirerais que vous chargiez MM. Laforest, Durand, le général Victor et Ruffin, qui est à Constantinople, de se procurer le nom de tous les régiments qui se trouvent soit en Pologne, soit sur les bords de la Mer Noire, soit dans l'intérieur de la Russie, afin qu'il soit possible de suivre leurs mouvements à mesure qu'ils en feraient ». Napoléon possède enfin un réseau d'espions qui informent les différents chefs de corps de la situation militaire en avant de leur axe de progression. Dans l'instruction qu'il envoie au général Marmont commandant le 2e corps qui doit passer par Mayence, Berthier lui ordonne : « Envoyez des espions, même des officiers, à Nuremberg et dans la Franconie, pour connaître et surveiller les mouvements des Autrichiens sur le Danube. Mettez-vous en correspondance avec l'agent de l'Empereur à Francfort, et recommandez-lui de vous faire connaître, par estafettes les mouvements qu'il apprendrait, et de les transmettre également à M. le maréchal Bernadotte [commandant du 1er corps] à Wurzbourg ».

Reconnaissances en Saxe en 1806

Afin de préparer la campagne de 1806, l'Empereur envoie en mission quatre officiers de l'état-major général dont le chef de bataillon Guilleminot. Le rapport transmis par ce dernier est un bon exemple du type de rapport topographique qu'affectionne Napoléon : « Une armée qui suivrait la route de Nuremberg à Dresde aurait des difficultés à vaincre quant aux chemins. Entre Plauen et Zwickau, la communication est absolument impraticable en temps de pluie, et ailleurs en beaucoup d'endroits elle n'a pas la voie de l'artillerie française. Cependant on pourrait ouvrir des chemins à droite et à gauche. Le sol est généralement montueux et boisé depuis 6 lieues au-delà de Nuremberg jusqu'à Zwickau. Il l'est moins jusqu'à Oderan et ensuite jusqu'à Dresde ce sont presque toujours de grandes plaines. La Saale, qui passe à Hof, est la plus profonde des rivières que l'on ait à traverser ; elle est guéable au-dessus de Hof. Il paraît que l'ennemi en défendra le passage. Un camp, dit-on a été tracé pour

15 000 à 20 000 hommes près de cette ville. Les autres rivières sont de 8, 10 et 12 toises de large et coulent dans des vallées assez profondes, mais comme elles sont plus ou moins guéables, elles n'arrêteront pas longtemps. Elles débordent toutes en temps de pluie. Leurs ponts sont pour la plupart en pierre. En général les vivres et les fourrages ne manqueront pas sur la route de Nuremberg à Dresde ; seulement en avant d'Hippolostein le pays pendant plusieurs lieues est très aride [suivent des renseignements très complets sur Dresde] ».

En 1806 comme en 1805, Napoléon initie lui-même les reconnaissances de ses officiers d'état-major pour explorer le théâtre probable des opérations futures. Il oriente leurs recherches sur certaines zones géographiques en fonction de ses intuitions stratégiques de façon à confirmer ou au contraire à exclure certaines hypothèses. Il utilise aussi bien, comme on vient de le voir, des officiers de l'état-major général que des officiers d'état-major des corps d'armée. Ces officiers d'état-major sont attachés aux avant-gardes de cavalerie dont la taille ne doit pas être trop importante (les ordres impériaux mentionnent souvent un piquet d'une cinquantaine de cavaliers avec deux officiers d'état-major) car l'objectif est d'observer et non de combattre. Ils sont assistés d'officiers d'ordonnance qui doivent rapporter dans les plus brefs délais à l'état-major les renseignements obtenus. Dans une lettre envoyée le 7 octobre 1806 à 10 heures du matin, alors que l'armée française se met en marche pour franchir la Frankenwald et envahir la Saxe, Berthier ordonne à Murat d'adopter un tel dispositif pour ses reconnaissances (*cf.* carte n° 10). Berthier lui demande tout d'abord d'échelonner des officiers d'état-major pour assurer une transmission rapide des résultats des reconnaissances : « Pour que l'Empereur soit certain d'avoir des nouvelles demain à Kronach, il faut que le Grand-Duc tienne des officiers d'état-major à mi-chemin ».

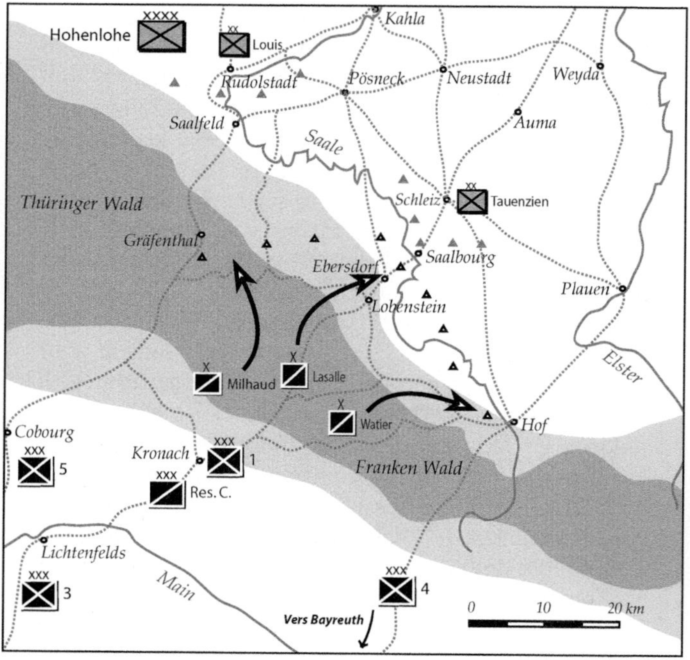

Carte n° 10 : Missions de reconnaissance de la cavalerie ordonnées pour le 8 octobre 1806.

Il lui ordonne ensuite d'utiliser ses trois brigades de cavalerie avec des officiers du génie pour explorer le front de l'armée : « Il y a à l'avant-garde trois brigades de cavalerie légère (...). L'intention de l'Empereur est que le Grand-Duc se tienne en position, ayant en avant de lui la brigade du général Lasalle qu'il tiendra le plus réunie possible pour en former une réserve ; mais il enverra reconnaître la droite sur Hof, et (...) sera couvert (...) par le général Watier avec un régiment, à sa gauche par le général Milhaud (...). Ces trois généraux passeront le Mayn dès demain à une ou deux lieues chacun sur sa direction, ayant battu et éclairé le pays. Il sera attaché un officier du génie à chacun de ces généraux de brigade pour faire la reconnaissance du pays, de sorte que demain, vers minuit, l'Empereur reçoive à Kronach, où il se trouvera, la reconnaissance de ces officiers et des trois généraux de brigade ». Suit une liste de questions topographiques précises auxquelles ces reconnaissances doivent répondre « (...) Peut-on de Saalburg communiquer sur Saalfeld ? Peut-on communiquer de Saalburg à Hof ? Peut-on communiquer de Lobenstein à Gräfenthal, Peut-on communiquer de Lobenstein à Hof, Quelle espèce de communication y a-t-il ? Est-elle propre à l'infanterie, à la cavalerie et à l'artillerie ? (...) ». En l'espèce, soucieux d'assurer le soutien mutuel des trois colonnes qu'il lance à travers la Frankenwald, l'Empereur donne aux officiers chargés des reconnaissances des directives précises qui doivent orienter leurs recherches. En fonction des éléments de réponse apportés, Napoléon adaptera ou non sa manœuvre. Enfin, Berthier demande bien sûr également des renseignements sur les mouvements ennemis : « Quelle est la situation de l'ennemi du côté de Hof, du côté de Saalburg, et surtout celle de la grande chaussée de Leipzig ? Quelle est sa position sur Gräfenthal et Saalfeld, c'est-à-dire sur la communication de Coburg à Naumburg ? ».

La compréhension des opérations militaires doit permettre aux officiers d'état-major investis des missions de reconnaissance de produire des rapports exploitables par l'Empereur. C'est également cette intelligence des opérations qui leur permet d'interroger les prisonniers ou les habitants des zones traversées pour en tirer les informations intéressantes sur les mouvements ennemis, comme le souhaite Berthier dans une autre lettre à Murat datée du 25 octobre 1806 : « (...) Le général Lasalle, arrivé avec son corps à Oranienburg, où il sera rendu à midi, couvrira tout le pays de partis ; il enverra à Kremmen,

Lindow, Gransee, Neu-Rüppin ; tous ces partis seront commandés par des officiers intelligents, qui non seulement prendront des renseignements sur une colonne ennemie qu'ils doivent trouver coupée, mais encore prendront dans chaque endroit un homme principal du lieu qu'ils mèneront au général Lasalle, qui les fera interroger sur tout ce qui peut être à leur connaissance ; il gardera ces hommes jusqu'à ce qu'on ait la certitude qu'ils aient dit vrai ».

Dans ses fameux *Avant-postes de cavalerie légère*, le général de Brack insiste sur les capacités d'observation du commandant d'une reconnaissance : « Là, il ne s'agit pas seulement de voir, mais de bien voir, pour ne pas fournir de faux renseignements au corps d'armée qui réglera ses déterminations sur le rapport que vous lui ferez ». Quand il arrive dans une ville ou un village ennemi, le commandant du détachement de reconnaissance doit immédiatement faire saisir le courrier et interroger les habitants. Selon de Brack, les personnes à interroger en priorité sont « le maire, ou celui qui remplit les fonctions municipales, le maître de poste, le curé ou pasteur, le maître d'école, le seigneur, les hommes désignés pour avoir servi de guides à l'ennemi ». Il consacre d'ailleurs tout un chapitre intitulé « Des questions à faire » à ce sujet en détaillant notamment les différentes questions à poser. Il les répartit logiquement en questions relatives à l'ennemi (sa position, ses effectifs, sa composition, son moral, l'état de la troupe et des chevaux, ses dispositions pour le bivouac et les reconnaissances) et en questions relatives à la topographie des lieux (comment parvenir à l'ennemi, localisation des villages avoisinants, population et ressources, distances entre ces différents points, qualité des routes).

De Brack cite enfin les déserteurs et prisonniers comme autre source importante d'informations. Il est vrai qu'à l'époque des guerres napoléoniennes, il n'existait pas de convention internationale définissant précisément les informations que l'on peut soutirer d'un prisonnier (nom, matricule, unité). Lors des premières campagnes impériales comme à l'époque des guerres prénapoléoniennes, les soldats prisonniers ne sont pas encore animés par l'élan patriotique des conflits ultérieurs. Ils se prêtent en général bien volontiers aux interrogatoires de leurs geôliers en considérant que leur devoir de combattant est terminé. Ils constituent de ce fait un moyen d'information non négligeable. C'est pourquoi de Brack considère que les prisonniers doivent être soumis à l'instar des déserteurs à un interrogatoire serré portant aussi bien sur l'unité et les chefs du soldat interrogé que sur l'état général de l'armée, les dispositions tactiques de son corps de rattachement et les éventuels préparatifs d'attaque ou de mouvement.

Un plan à plusieurs branches

Inspiré par les écrits de Guibert et de Bourcet, Napoléon est le premier chef de guerre qui prépare ses campagnes aussi minutieusement, en intégrant dans ses calculs les différentes hypothèses. Dans ses *Principes de la guerre de montagne*, Bourcet a mis l'accent sur la « science des calculs et des combinaisons » qui doit précéder toute opération de guerre. Il a démontré la nécessité d'élaborer un plan d'opérations prenant en compte les différentes menaces ennemies. Selon Bourcet, « il faut nécessairement prévoir toutes les opérations que les ennemis pourraient faire et, sur cet objet, faire toutes les suppositions possibles (...) ; et ce sera l'examen des opérations relatives à chaque branche qui déterminera les lieux pour l'assemblée des troupes de l'armée (...) ». Dans la préparation des plans de campagne aussi bien que dans leur exécution, Napoléon cherche en priorité à assurer la concentration de ses forces pour garantir

LES RECONNAISSANCES TOPOGRAPHIQUES DES INGÉNIEURS GÉOGRAPHES

Bien que la topographie soit une des compétences exigées des officiers de cavalerie légère, il existe dans la Grande Armée un corps spécialisé d'ingénieurs géographes dont l'origine remonte à Vauban. Leur rôle recouvre les reconnaissances de terrain, la confection des cartes et l'élaboration des croquis des positions. L'état-major général rassemble six ingénieurs géographes au sein du bureau topographique placé sous les ordres du général du génie Sanson. Ils sont assistés par les ingénieurs géographes détachés auprès des commandants de corps d'armée mais dépendant directement de l'état-major général. Si le général Sanson centralise toutes les reconnaissances topographiques de ces ingénieurs, c'est Bacler d'Albe, au cabinet topographique de l'Empereur, qui reçoit tous les originaux des travaux cartographiques. L'objectif est de raccourcir au maximum les délais entre la confection des cartes par les ingénieurs et la réception de ces cartes par le cabinet topographique de Napoléon. L'Empereur doit recevoir les cartes avant que le gros de ses forces ne parvienne sur les zones cartographiées. Dans le cas contraire, le travail fourni perd toute sa valeur, comme le rappelle Napoléon dans une lettre du 13 mai 1809 au ministre de la Guerre : « (...) Mes reconnaissances sur l'Inn, vous ne me les avez envoyées que lorsque je n'en avais plus besoin. Par un principe ridicule, on ne veut m'envoyer que des copies et comme on copie très lentement, rien n'arrive à temps (...) À quoi sert le dépôt de la Guerre, s'il ne fournit pas aux généraux des reconnaissances qui puissent leur servir dans leurs opérations (...) Donnez ordre que, dans les vingt-quatre heures, on m'envoie les originaux (je ne veux point de copies) des cartes, plans, reconnaissances et mémoires (...) ». Napoléon insiste à plusieurs reprises sur la nécessaire rapidité des travaux topographiques. Dans ce but il fait ordonner par Berthier que les ingénieurs géographes marchent avec les avant-gardes des corps d'armée : « L'essentiel est d'avoir de bons croquis aussitôt que les premiers tirailleurs paraissent sur le pays ennemi et que, d'après ces croquis, l'Empereur puisse faire ses dispositions soit pour une bataille ou pour tout autre dessein » (lettre de Berthier à Sanson du 2 décembre 1806). Les ingénieurs géographes doivent transmettre chaque jour leurs travaux au général Sanson. Dans une note du 9 août 1809, Napoléon rappelle ce qu'il souhaite de ses ingénieurs géographes : « Leurs mémoires de reconnaissance seront toujours du style le plus simple et purement descriptifs. (...) On annoncera la longueur des chemins et leur largeur, leurs qualités ; on dessinera exactement les détours des chemins qui souvent ne peuvent s'expliquer que par la bizarrerie du terrain. Les rivières doivent être aussi tracées et mesurées avec soin, les ponts et les gués marqués. Le nombre des maisons et des habitants d'une ville et des villages sera indiqué. Autant que possible, on cotera les hauteurs des collines et montagnes, afin que l'on puisse juger facilement les points dominants ; ces cotes ne doivent être que relatives entre elles. (...) Il y aura une échelle constante pour tous les dessins ». Chaque carte ou croquis est accompagné d'un mémoire descriptif signé de son auteur afin que l'Empereur puisse le cas échéant lui demander des détails complémentaires. Ensuite le général Sanson procède à l'assemblage des travaux issus des différentes reconnaissances et effectue des copies des cartes et mémoires pour les commandants de corps d'armée ■

la sûreté de son armée afin de lui assurer la liberté d'action nécessaire à l'exécution de la manœuvre. Cela ne signifie pas que ses unités sont physiquement concentrées en un seul point mais qu'elles sont « réunies », autrement dit qu'elles sont à tout moment en mesure de se soutenir mutuellement.

Les plans de réunion de l'armée en 1806

En 1806, Napoléon élabore différents plans d'opérations pour faire face aux mouvements menaçants des armées prussiennes en marche vers l'ouest depuis le 25 août 1806. Il retarde la mobilisation de ses troupes pour ne pas porter la responsabilité de l'agression. Il cherche cependant à organiser la réunion de ses forces de façon à pouvoir confisquer l'initiative à l'adversaire le plus rapidement possible. Dès l'origine, l'idée directrice du plan napoléonien est de concentrer les unités en Franconie autour de Bamberg pour marcher sur Berlin en surgissant à travers le massif de la Frankenwald ; c'est la « branche principale » du plan. Mais, fidèle à sa méthode de raisonnement par arborescence, l'Empereur prévoit aussi les hypothèses plus défensives dans lesquelles les Prussiens maintiennent un rythme soutenu de marche et parviennent à imposer leur ligne d'attaque ; ce sont les « branches accessoires ». C'est pourquoi le 10 septembre, Napoléon écrit à Berthier qu'il sera peut-être appelé à réunir l'armée autour de Wurzbourg ou de Bamberg : Bamberg dans l'hypothèse d'une marche lente de l'armée prussienne permettant à la Grande Armée de riposter par une attaque préventive en Saxe ; Wurzbourg, situé 60 kilomètres plus à l'ouest, dans le cas où l'avance prussienne est plus rapide que prévu et impose donc une réunion des forces françaises plus à l'ouest. Napoléon ne fait ici qu'appliquer une de ses maximes selon laquelle « la réunion des armées ne doit jamais se faire près de l'ennemi, et qu'il vaut mieux faire trois ou quatre marches de plus et réunir ses colonnes en arrière et loin

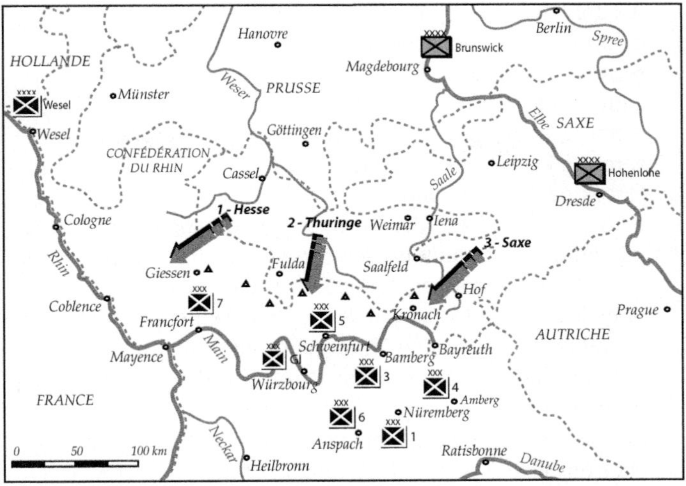

Carte n° 11 : Plan de réunion des forces en Franconie du 19 septembre 1806.

de l'ennemi que d'opérer leur réunion en sa présence ». En fonction des renseignements collectés sur les mouvements prussiens, Napoléon va pencher vers l'une ou l'autre des zones de rassemblement.

Le 13 septembre, Napoléon semble opter pour Wurzbourg « où sera la réunion de l'armée ». Mais, deux jours plus tard il ordonne à Berthier de faire marcher les corps des maréchaux Ney, Davout et Augereau sur Bamberg. Enfin, le 19 septembre, Napoléon dicte pendant deux heures au général Clarke sa fameuse lettre sur les « Mouvements et dispositions générales de la Grande Armée » dans laquelle il ordonne une réunion de ses corps d'armée de façon à préserver toutes les hypothèses. Au nord de la zone de réunion prévue pour sa masse de manœuvre, il place deux corps de couverture, à Schweinfurt (5e corps) et Francfort (7e corps), soutenus par un rideau de cavalerie tiré entre Kronach et Giessen.

À l'abri de cette ligne d'avant-postes de 300 kilomètres de long, Napoléon réunit sa masse de manœuvre qui sera constituée des 1er, 3e, 4e et 6e corps, respectivement cantonnés autour des villes de Nuremberg, Bamberg, Amberg et Anspach. Dupont, la Garde et le grand parc seront à Wurzbourg (*cf.* carte n° 11). Si la disposition des forces permet de contrer une offensive prussienne aussi bien depuis la Saxe par Kronach que depuis la Thuringe par Fulda ou depuis la Hesse par Francfort, la réunion du gros des forces en Franconie (quatre corps sur six), dans le losange formé par les villes d'Amberg, Bamberg, Wurzbourg et Anspach-Nuremberg, indique que l'Empereur privilégie l'option offensive vers la Saxe. Les corps de manœuvre sont à proximité des trois grandes routes qui permettent de franchir la Frankenwald pour déboucher en Saxe à Saalfeld, Schleiz et Hof.

Mais, le choix de Wurzbourg comme centre d'opération et son positionnement au centre du dispositif de réunion des corps d'armée montrent que Napoléon cherche également à se garder contre toute attaque prussienne en direction du sud visant ses communications vers le Rhin. Il conserve ainsi dans sa main une option défensive de regroupement des forces autour de Wurzbourg pour opérer sur le Rhin ou le Main, de façon à bloquer directement l'armée prussienne ou manœuvrer sur ses arrières. Si les Prussiens se dirigent sur le Rhin et Mayence, le 7e corps se repliera progressivement pour laisser le temps à la Grande Armée de monter une contre-attaque dans le bassin du Main inférieur. L'attaque suivra un axe sud-est/nord-ouest à partir de Wurzbourg pour tomber sur les arrières des Prussiens en marche vers Mayence et les jeter dans le Rhin (*cf.* carte n° 12).

Napoléon prévoit également le cas où les Prussiens ne se laissent pas abuser par l'intoxication de l'armée de Wesel (*cf.* chapitre VII sur la déception) et orientent leur offensive non pas vers l'ouest mais vers le sud

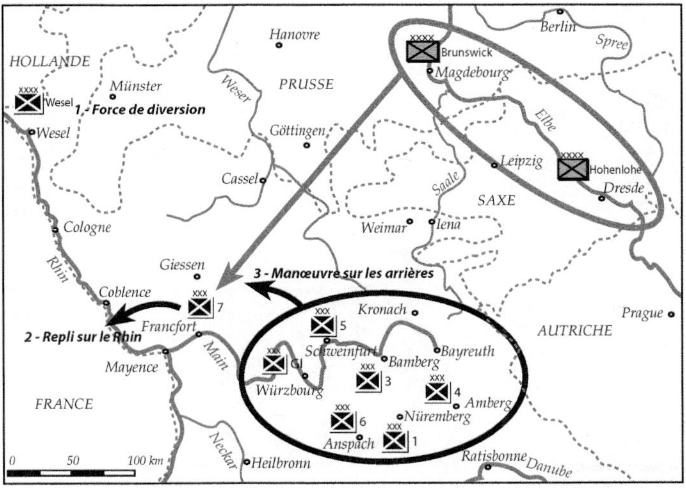

Carte n° 12 : Manœuvre prévue en cas d'offensive prussienne contre le Rhin et le Main.

pour surprendre les corps français dispersés dans leurs zones de cantonnement (*cf.* carte n° 13). Cette hypothèse, qui est la plus dangereuse, l'oblige à prévoir en couverture le déploiement du 5e corps à Schweinfurt pour enrayer une éventuelle offensive prussienne par Erfurt et Fulda sur Wurzbourg et gagner le temps nécessaire à la réunion de la Grande Armée. Les 3e et 6e corps soutenus par les 1er et 4e corps en deuxième ligne pourront alors s'opposer à la progression de l'ennemi tandis que le 7e corps pourra manœuvrer sur ses arrières. Ainsi, la disposition articulée des corps d'armée placés à deux jours de marche les uns par rapport aux autres, permet à l'Empereur de couvrir tous les débouchés possibles à partir des frontières prussiennes tout en se ménageant plusieurs plans d'opérations. Dans chacun de ses plans, l'articulation des corps autorise une réunion rapide des forces et une manœuvre d'enveloppement sur une aile, dès l'ouverture des hostilités.

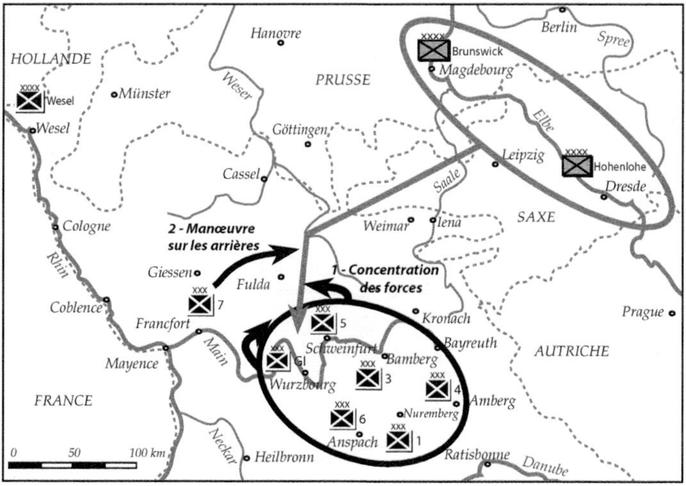

Carte n° 13 : Manœuvre prévue en cas d'offensive prussienne contre Wurzbourg.

Cette disposition des troupes correspond aux dernières informations reçues par Napoléon. Il a en effet appris, le 18 septembre, que les Prussiens ont envahi la Saxe et que leurs deux principales armées sont localisées à Dresde et Magdebourg. Dès lors, l'hypothèse d'une offensive ennemie contre les cantonnements français ne peut plus être écartée et l'accent doit être mis sur la sûreté de la Grande Armée durant sa phase de réunion. Il s'agit d'un dispositif intermédiaire qui laisse ouvertes toutes les possibilités de manœuvre offensive ou défensive.

Les informations reçues durant la dernière semaine de septembre vont permettre à Napoléon de trancher entre ces différentes options. L'Empereur reçoit tout d'abord le 24 septembre une lettre alarmante de Berthier affirmant que des Prussiens se rassemblent à Hof près des zones de concentration françaises qu'ils pourraient ainsi menacer. Napoléon demande en conséquence au major général d'accélérer de deux à trois jours les mouvements qu'il a prescrits dans ses dispositions générales pour la réunion de la Grande Armée du 19 septembre.

Le 25 septembre, l'Empereur quitte Paris pour rejoindre l'armée. Il arrive dans la matinée du 28 à Mayence où il ne trouve aucune information nouvelle en mesure de corriger la perception forgée le 24 septembre. C'est seulement dans la soirée du 28 septembre qu'il reçoit deux rapports des commandants Huart et Guilleminot respectivement envoyés en Thuringe et en Saxe. À la lecture de ces deux rapports, Napoléon réalise qu'il peut mettre en œuvre son plan d'attaque de la Saxe. Il découvre en effet que les armées prussiennes marchent plus lentement que ne semblait le suggérer la lettre de Berthier du 24 septembre. Selon le commandant Guilleminot, l'aile gauche composée de 62 000 hommes et commandée par le prince Hohenlohe était encore à Dresde le 23 septembre. L'aile droite composée de 50 000 hommes et commandée par Rüchel est dans le Hanovre septentrional en marche sur Eisenach. Enfin, le centre composé de 75 000 hommes et commandé par le duc de Brunswick est à Leipzig (*cf.* carte n° 14). Un rapide calcul permet à Napoléon de se convaincre de la possibilité d'une attaque brusquée en Saxe avant que les Prussiens ne menacent Wurzbourg. S'il n'écarte pas définitivement toute idée d'opérations dans la région du Main inférieur, celles-ci deviennent à partir du 29 septembre de plus en plus improbables. La nouvelle orientation des réflexions napoléoniennes apparaît clairement dans la quatrième lettre à Berthier écrite le 29 septembre et dans la lettre écrite dans la foulée au maréchal Soult.

La quatrième lettre, écrite après réception des rapports précités au major général dans la soirée du 29 septembre, montre que Napoléon songe à modifier le rôle assigné au 5ᵉ corps. Au lieu, de couvrir la réunion des corps d'armée se rassemblant pour contrer une offensive prussienne sur Wurzbourg, le 5ᵉ corps couvrira la marche de flanc

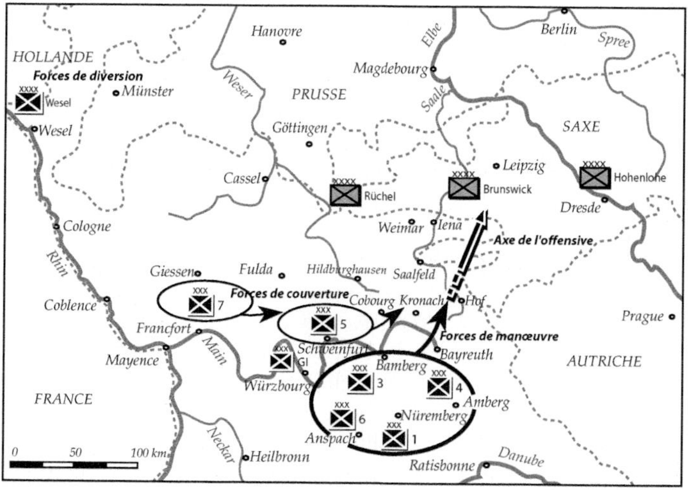

Carte n° 14 : Projet d'offensive en Saxe.

de la Grande Armée vers la Saxe à travers la Frankenwald. Il n'est, dans cette hypothèse, plus question de combattre en Thuringe, mais de masquer les avant-postes prussiens dans cette zone avant de marcher rapidement sur Cobourg par Schweinfurt. Ce mouvement sera effectivement exécuté à partir du 6 octobre (ordre de Berthier à Lefebvre du 4 octobre). Après avoir redéfini les missions du 5e corps, Napoléon dévoile son plan d'attaque en Saxe à Soult, commandant du corps qui ouvrira la marche de l'aile droite. Il lui ordonne de se porter sur Bayreuth le 5 octobre de façon à pouvoir marcher sur Hof le 7 et en déloger l'ennemi.

On peut considérer que l'Empereur, même s'il se garde toujours les moyens de modifier ses plans à la dernière minute, grâce à l'articulation de ses unités, est maintenant passé de la phase d'évaluation des différents plans d'opérations (initiée par la lettre du 19 septembre) à la phase d'exécution du plan d'opérations sélectionné suite aux rapports Huart et Guilleminot. Napoléon l'indique clairement dans les notes qu'il envoie le 30 septembre à son frère Louis, chargé d'organiser l'armée de Wesel : « Mon intention est de concentrer toutes mes forces sur l'extrémité de ma droite, en laissant tout l'espace entre le Rhin et Bamberg entièrement dégarni, de manière à avoir près de 200 000 hommes réunis sur un même champ de bataille. (...) Mes premières marches menacent le cœur de la monarchie prussienne, et le déploiement de mes forces sera si imposant et si rapide, qu'il est probable que toute l'armée prussienne de Westphalie se ploiera sur Magdeburg, et que tout se mettra en marche à grandes journées pour défendre la capitale. (...) je ne compte sur votre corps que comme un moyen de diversion et pour amuser l'ennemi jusqu'au 12 octobre, qui est l'époque où mes opérations seront démasquées ». Le 30 septembre, Napoléon a donc décidé du lieu (la Saxe) et du moment (le 12 octobre) de son offensive. Il va utiliser les dix jours suivants à parachever la réunion de ses corps conformément à ce plan d'opérations, avant de les lancer à travers la Frankenwald.

Crise sur le Danube en 1809

En 1809 comme en 1806, le contexte diplomatique oblige Napoléon à attendre l'attaque autrichienne. Napoléon souhaite pouvoir mobiliser les États de la Confédération du Rhin et obtenir le soutien du tsar Alexandre contre l'agression des Habsbourg. En outre, il ne veut pas déclencher prématurément une guerre, alors que l'essentiel de son armée est en Espagne. Dans ce contexte, il élabore un plan qui doit, selon les principes de Bourcet, permettre de parer à toute éventualité. Contraint de demeurer à Paris le plus longtemps possible pour recréer de toutes pièces une nouvelle armée et éviter de déclencher la guerre par l'annonce de son arrivée outre-Rhin,

Napoléon explique dans une longue lettre son plan d'opérations à Berthier qui prend provisoirementle commandement de l'armée d'Allemagne. Dans cette lettre au major général du 30 mars 1809, Napoléon envisage non seulement les différents axes d'attaque autrichiens mais considère également les différentes dates possibles d'ouverture des hostilités. Napoléon pense que les Autrichiens n'attaqueront pas avant le 15 avril. Il prévoit cependant plusieurs zones de concentration en fonction du degré de préparation de l'armée d'Allemagne : « (...) du 1er au 15 avril, j'aurai trois corps d'armée qu'il faudra réunir sur le Danube, soit sur Ratisbonne, soit sur Ingolstadt, soit sur Donauwoerth (...) ». Il précise plus loin ses priorités : « Mon but est de porter mon quartier général à Ratisbonne et d'y centraliser toute mon armée » avant de dévoiler les deux options majeures de son plan d'opérations : « Le quartier général de Donauwoerth et la ligne du Lech est une position à occuper dans le cas où l'ennemi me préviendrait ; mais si les Autrichiens ne bougent pas, je désire que le général Oudinot et le général Saint-Hilaire se réunissent à Ratisbonne ».

L'Empereur veut déployer ses troupes à cheval sur le Danube pour pouvoir agir sur ses deux rives tout en bénéficiant du fleuve pour ses approvisionnements. Il privilégie une concentration à Ratisbonne qui constitue selon lui le meilleur centre d'opération dans les différents scénarios qu'il envisage (*cf.* carte n° 15) : « Une fois l'armée ainsi cantonnée autour de Ratisbonne, que fera l'ennemi ? Se portera-t-il sur Cham ? [scénario d'une attaque directe de la Bavière à partir de la Bohême]. On sera à même de réunir toutes ses forces contre lui, pour l'arrêter sur les positions qu'on aura reconnues sur la Regen. Se portera-t-il sur Nuremberg ? [scénario d'une attaque plus septentrionale contre la Franconie]. Il se trouvera coupé de la Bohême (...). Enfin prendra-t-il le parti de marcher sur Dresde ? [scénario d'une attaque contre la Saxe].

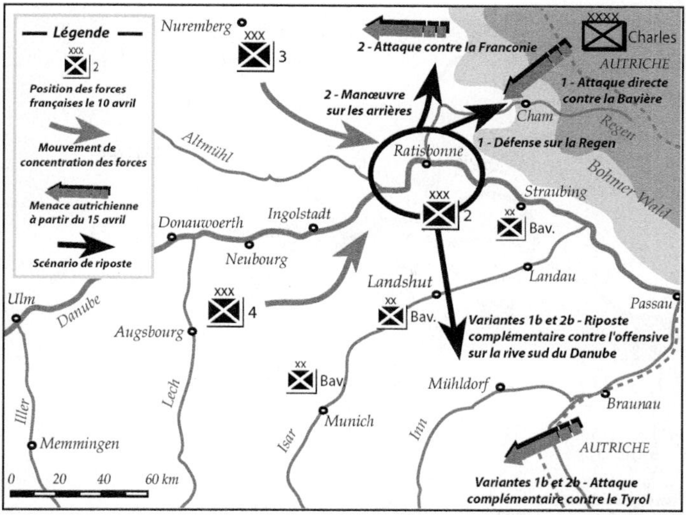

Carte n° 15 : Scénario de concentration des forces autour de Ratisbonne en cas d'attaque autrichienne à partir du 15 avril 1809.

Alors on entrera en Bohême et on le poursuivra en Allemagne ». Napoléon envisage également le scénario d'une attaque autrichienne sur les deux rives du Danube (sur la rive nord en direction de la Bavière ou de la Franconie d'une part, sur la rive sud en direction du Tyrol d'autre part). La position centrale de Ratisbonne permettrait alors la destruction de chacune des ailes de l'armée ennemie.

La deuxième branche du plan est fondée sur une concentration autour de Donauwoerth (*cf.* carte n° 16), dans l'hypothèse où Charles prendrait Napoléon de vitesse et attaquerait contre toute attente avant le 15 avril. Ce dernier a en effet demandé à Berthier de déclencher la concentration des troupes autour de Ratisbonne, sachant que cette dernière ne sera achevée qu'au milieu

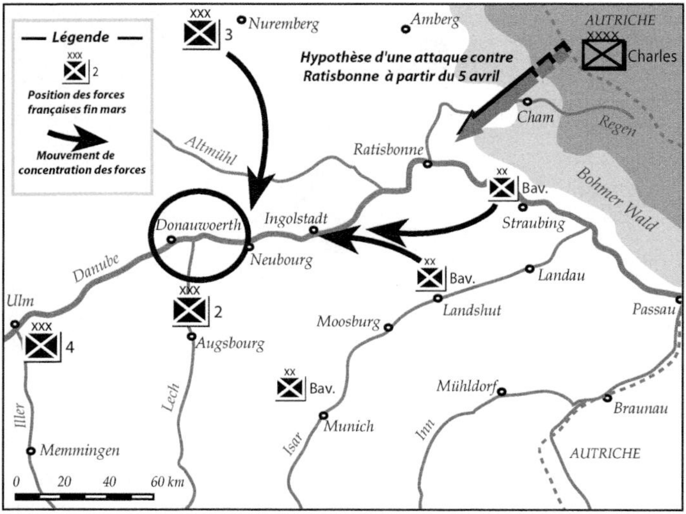

Carte n° 16 : Scénario de concentration des forces autour de Donauwoerth en cas d'attaque autrichienne à partir du 5 avril.

du mois d'avril. Il est donc nécessaire de prévoir une solution de rechange dans le cas d'une attaque précipitée des Autrichiens : « Qu'est-ce que l'ennemi, qui est prêt, pourrait entreprendre aujourd'hui contre l'armée ? Ce serait de se porter de Pilsen sur Ratisbonne par Waldmunchen et Cham. De Pilsen à Ratisbonne, il y a cinq marches. Ce cas arrivant, la division bavaroise qui est à Straubing se reploierait sur Ingolstadt, la division bavaroise qui est à Landshut ferait le même mouvement ; le corps du duc d'Auerstaedt [3e corps] se porterait sur Ingolstadt et Donauwoerth ; et alors ce serait le cas de mettre le quartier général [Napoléon veut dire le centre d'opération] à Donauwoerth ». Napoléon envisage ici le scénario le plus dangereux pour ses armées. Il ne pense cependant pas l'armée autrichienne capable d'entrer en campagne si rapidement et sans avoir préalablement rompu les relations diplomatiques. Dans l'esprit de Napoléon, « l'option Donauwoerth » est donc peu vraisemblable. C'est la faiblesse du plan impérial qui est trop optimiste s'agissant des délais de concentration accordés à l'armée d'Allemagne. Selon Napoléon, le cantonnement à la fin du mois de mars des 2e (Oudinot), 3e (Davout) et 4e corps (Masséna) respectivement à Augsbourg, aux environs de Nuremberg et Bamberg et autour d'Ulm doit leur permettre de se concentrer à Ratisbonne dès le 15 avril. Les distances de marche autorisent une telle concentration des forces, à la condition que les maréchaux soient rapidement prévenus de l'offensive autrichienne. En outre, manifestement influencé par les informations recueillies sur les mouvements de troupes en Bohême, Napoléon se focalise trop exclusivement sur la menace la plus dangereuse qui prendrait la forme d'une attaque en force à partir de Pilsen en direction de Ratisbonne. Il semble exclure *a priori* une attaque à partir de la rive droite du Danube qui risque pourtant de prendre de flanc les Français en flagrant délit de redéploiement vers Ratisbonne.

Il est vrai que l'archiduc Charles prévoyait initialement d'attaquer les troupes françaises de Franconie en marchant sur Bamberg à partir de la Bohême avec le gros de ses troupes, soutenu par deux corps progressant au sud du Danube. À la fin février, Charles a d'ailleurs concentré six corps d'armée en Bohême tandis que deux corps se rassemblent sur l'Inn. Cependant, la concentration des forces françaises autour d'Augsbourg, fait peser une menace directe sur Vienne qui oblige Charles a changer son fusil d'épaule en modifiant l'axe de son offensive : le gros des forces placé sous ses ordres attaquera au sud du Danube tandis que Bellegarde se portera sur Ratisbonne à partir de la Bohême avec deux corps. À partir du 13 mars, Charles redéploie son armée, certains corps parcourant entre 200 et 300 kilomètres pour rejoindre leurs nouvelles bases de départ. Cette modification du plan autrichien va, certes, prendre à contre-pied le dispositif napoléonien, mais en même temps accorder un répit inespéré aux forces françaises en retardant l'attaque de trois à quatre semaines.

La lettre du 30 mars est caractéristique des méthodes de planification de Napoléon. À partir des renseignements collectés sur les mouvements de troupes ennemies qui font état de rassemblements en Bohême, Napoléon élabore un plan d'opérations comprenant deux options ou branches principales. Une « option Ratisbonne » qui correspond à la zone de concentration optimale des troupes françaises pour faire face aux différentes attaques (Bavière, Franconie, Saxe, Tyrol) qui peuvent être lancées par l'archiduc Charles depuis la Bohême. Cette première branche principale examine plusieurs scénarios d'offensives autrichiennes et envisage les ripostes possibles : défense sur la Regen en cas d'attaque contre Ratisbonne, manœuvre sur les arrières en cas d'attaque contre la Franconie ou la Saxe, manœuvre en position centrale en cas d'attaque combinée contre la Bavière et le Tyrol. La seconde branche principale vise l'hypothèse d'un déclenchement précoce de la campagne par l'archiduc Charles. C'est une solution de rechange qui doit permettre de concentrer l'armée d'Allemagne cent kilomètres plus à l'ouest, de façon à assurer par ce repli la sûreté des mouvements de concentration des troupes françaises.

Le plan élaboré par Napoléon dans sa lettre du 30 mars allie puissance de la conception et rigueur dans les détails d'exécution (une grande partie de la lettre est consacrée à la constitution de dépôts de vivres, à la fortification des têtes de pont sur l'Inn, le Lech et le Danube et plus généralement à l'organisation de chaque corps d'armée). Les scénarios élaborés couvrent toutes les menaces possibles et la zone de concentration de

Ratisbonne assure une protection directe (Bavière) ou indirecte (Franconie, Saxe et Tyrol) des différents objectifs potentiels de l'ennemi. Cette concentration des corps d'armée français à cheval sur le Danube aura en outre le mérite d'inciter l'archiduc Charles à abandonner son plan initial d'attaque par la Bohême en le forçant à retarder son offensive.

Si la conception du plan d'opérations est brillante, son exécution par Berthier va être désastreuse. L'Empereur en est le premier responsable pour avoir surestimé les capacités de son major général. Il est vrai que Napoléon n'avait pas envisagé de lui confier le commandement de l'armée d'Allemagne en présence de l'ennemi et pensait le relever de ses responsabilités avant l'entrée en campagne des Autrichiens. Contrairement à ses prévisions, les Autrichiens attaquent sans déclaration de guerre préalable et franchissent l'Inn entre Passau et Braunau dès le 9 avril. Dès qu'il apprend le 10 avril la nouvelle de l'offensive autrichienne, Napoléon comprend que « l'option Ratisbonne » est caduque et qu'il faut concentrer les forces à Donauwoerth. Les problèmes de communications avec le major général vont cependant contrarier la mise en œuvre de « l'option Donauwoerth ». La catastrophe ne sera évitée que grâce à l'inertie de l'archiduc Charles et à l'énergie de Davout. Berthier est encore à Strasbourg, occupé par le ravitaillement de l'armée d'Allemagne, lorsqu'il est informé le 11 avril de l'attaque autrichienne. Il se rend alors à Donauwoerth pour mieux apprécier la situation. Il arrive dans la ville le 13 avril et considère, contrairement aux consignes impériales (il n'a pas encore reçu la lettre du 10 avril et se fonde sur celle du 30 mars), que « l'option Ratisbonne » est encore réalisable. Il ordonne en conséquence à Davout (3e corps), qui avait déjà commencé à se replier sur Ingolstadt, de se porter sur Ratisbonne. Oudinot (2e corps) reçoit un ordre identique, tandis que Masséna

(4e corps) est chargé de défendre seul la ligne du Lech à partir d'Augsbourg. Cette interprétation erronée de l'instruction impériale du 30 mars (« l'option Ratisbonne » ne devait être choisie qu'en cas d'attaque autrichienne dans la seconde quinzaine d'avril) aboutit à tenter de réunir les composantes de l'armée d'Allemagne par des marches de flanc effectuées sous la menace directe des coups de l'archiduc Charles (à l'instar de ce que tentera Blücher en 1815 à Ligny). Or, le 10 avril, Napoléon a envoyé des instructions à Berthier (par lettre et par télégraphe optique) lui indiquant l'imminence de l'attaque autrichienne et lui enjoignant d'appliquer « l'option Donauwoerth » qui permet de concentrer les troupes sur une zone moins exposée aux mouvements adverses.

Ces ordres parviennent à Berthier dans la soirée du 13 avril (le télégramme optique ne sera remis au major général que le 16 avril suite à une interruption des communications télégraphiques causée par le brouillard et les fortes pluies) et le major général n'annule l'ordre envoyé à Davout de se porter sur Ratisbonne que dans la matinée du 14. Mais, apprenant que des unités autrichiennes approchent du Danube, Berthier cède à la panique et multiplie les contrordres : Davout reçoit instruction de retourner à Ratisbonne. Résultat, l'armée d'Allemagne se retrouve dispersée en deux groupements (Davout autour de Ratisbonne, Masséna avec Oudinot à Augsbourg) distants l'un de l'autre de près de 120 kilomètres (*cf.* carte n° 17). Ce trou béant dans le dispositif français est seulement protégé par les trois divisions bavaroises de Lefebvre qui protègent l'Isar. Or, il y a seulement 70 kilomètres entre Braunau sur l'Inn et Landshut sur l'Isar et une distance équivalente entre Landshut et Ingolstadt sur le Danube. En moins de six jours, soit le 15 avril, Charles peut se retrouver au milieu des forces françaises et les battre « en détail » selon la manière napoléonienne. En fait, à cette date, les Autrichiens

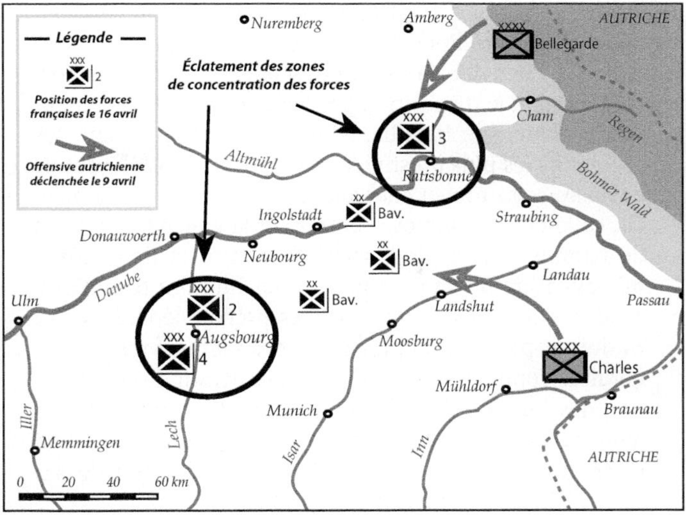

Carte n° 17 : Situation des forces françaises
et autrichiennes le 16 avril 1809.

se trouvent seulement sur l'Isar face aux premières lignes de défense françaises et deux jours après, l'Empereur arrive en personne à Donauwoerth pour reprendre les choses en main.

II. COORDINATION DANS LA MANŒUVRE

Vers le « bataillon carré »

Lors des guerres frédériciennes, l'organisation des marches était relativement simple : quand elle évoluait hors de portée des coups adverses, l'armée suivait plusieurs routes en dépassant rarement plus de huit colonnes de marche. Dès qu'elle parvenait à proximité de l'ennemi, elle se regroupait sur un seul itinéraire de marche. L'ordre de marche de l'armée était en effet déterminé par l'ordre de bataille. C'est pourquoi, l'armée marchait « en ligne » : les bataillons des régiments de l'armée se succédaient les uns derrière les autres selon un ordre qui correspondait à la disposition prévue pour leur déploiement sur le champ de bataille. Ainsi, traditionnellement, les régiments les plus prestigieux ouvraient la marche car ils devaient se retrouver sur l'aile droite du front de l'armée. Or, celle-ci était supposée entrer sur la gauche du champ de bataille puis évoluer parallèlement à la ligne ennemie avant de pivoter à gauche pour lui faire face. Cette rigidité des armées régimentaires prénapoléoniennes se traduisait par une simplification des manœuvres et exonérait le commandant en chef de l'impératif de coordination des forces puisqu'à l'approche de l'ennemi, il tenait dans sa main toutes les composantes de son armée. Elle se traduisait en contrepartie par une limitation de ses effectifs et de ses capacités d'action.

L'organisation des marches devient plus complexe avec l'avènement des armées modulaires napoléoniennes. C'est en effet l'emploi alternatif des mouvements larges et concentriques mis en valeur par Jomini qui caractérise la guerre de corps d'armée. Schématiquement, une campagne napoléonienne comporte trois phases durant lesquelles Napoléon réalise alternativement un resserrement ou une extension de l'armée : une première phase de réunion des forces avant la localisation du gros des forces ennemies, une deuxième phase durant laquelle Napoléon déploie ses forces pour déséquilibrer l'armée ennemie en menaçant ses lignes de communication, enfin une troisième phase où Napoléon procède à une concentration de ses forces sur un même champ de bataille en vue du choc décisif (ou de la capitulation sans combat, comme à Ulm). Les deux premières phases sont les plus délicates : dans la première phase, l'adversaire n'est pas encore localisé et dans la deuxième phase, s'il a été localisé, il n'a pas encore été déséquilibré. Dans les deux cas, il dispose encore de sa liberté d'action et peut surprendre un des corps détachés. Les erreurs d'appréciation de Napoléon ne sont alors compensées que par la combativité de ses maréchaux et le sacrifice de ses soldats (Dupont en 1805 à Haslach, Davout en 1806 à Auerstaedt, Lannes en 1807 à Pultusk).

Durant la première phase de réunion des forces, Napoléon cherche à optimiser son dispositif de marche de façon à garantir à tout moment la sûreté de son armée. Il vise à maintenir en permanence la réunion de ses forces pour éviter notamment qu'un corps d'armée ne se retrouve isolé face à des effectifs ennemis supérieurs. Les corps d'armée se déplacent sur des itinéraires différents tout en restant à distance de soutien mutuel. Au sein de ce dispositif de marche, chaque partie contribue à tout moment à la sûreté de l'ensemble. Napoléon déploie en effet ses différents corps sur un front de marche équivalent à la profondeur de l'ensemble de l'armée. L'objectif est de former un espace carré afin de permettre à chaque corps de se porter, avec la même rapidité, de chaque point de ce carré vers n'importe quel point attaqué. C'est le « bataillon carré » que Napoléon met magistralement en œuvre en 1806 face aux Prussiens. En 1805, le dispositif de marche adopté par Napoléon reste imprégné par les principes de déploiement des armées de la République. Il prévoit plusieurs colonnes de marche évoluant parallèlement vers l'ennemi et ses lignes de retraite présumées. Un tel dispositif entraîne une extension de la ligne de front et accroît la vulnérabilité de l'ensemble de l'armée face aux attaques latérales. Pour compenser cette faiblesse, Napoléon assigne une mission de flanc-garde à son aile droite. Alors qu'en 1806, c'est la position respective des corps qui assure la sûreté générale de l'armée, la sûreté de l'armée est confiée en 1805 à un détachement de forces temporairement spécialisé dans cette tâche. Il s'agit d'un mécanisme de sûreté moins parfait que le précédent dans la mesure où les troupes ainsi détachées peuvent affaiblir la force de l'armée. L'inertie autrichienne va néanmoins profiter à Napoléon qui va conclure triomphalement à Ulm sa première manœuvre de corps d'armée.

La « marche manœuvre » de 1805

Une marche oblique vers le Danube...

En 1805, durant la marche de la Grande Armée des rives de la Manche au Danube, Napoléon conçoit ce que Bonnal a appelé une « marche manœuvre ». Il néglige la phase initiale de réunion des forces pour passer directement à la phase de déploiement des forces afin d'envelopper l'adversaire et de menacer ses communications, alors même qu'il n'a pas encore localisé précisément sa position, ni percé ses intentions. Ce sont les fameux « torrents » correspondant aux sept corps d'armée qui se déversent à travers l'Allemagne pour déborder l'armée de Mack. L'ordre impérial du 17 septembre 1805 prévoit un front de marche à l'approche du Danube de près de 130 kilomètres, soit plus de trois jours de marche entre les deux extrémités du dispositif (*cf.* carte n° 18). Ce dispositif de « marche manœuvre » avec un centre (3e et 4e corps de Davout et Soult) et deux ailes (1er et 2e corps de Bernadotte et Marmont à gauche ; 5e et 6e corps de Lannes et Ney à droite) progressant sur des lignes parallèles sans possible soutien rapide en cas d'attaque contre un des flancs, porte encore la marque des pratiques linéaires des guerres prénapoléoniennes. En multipliant ainsi les colonnes de marche, Napoléon accroît excessivement et prématurément son front de marche. Il s'expose à des attaques latérales qui peuvent paralyser sa manœuvre.

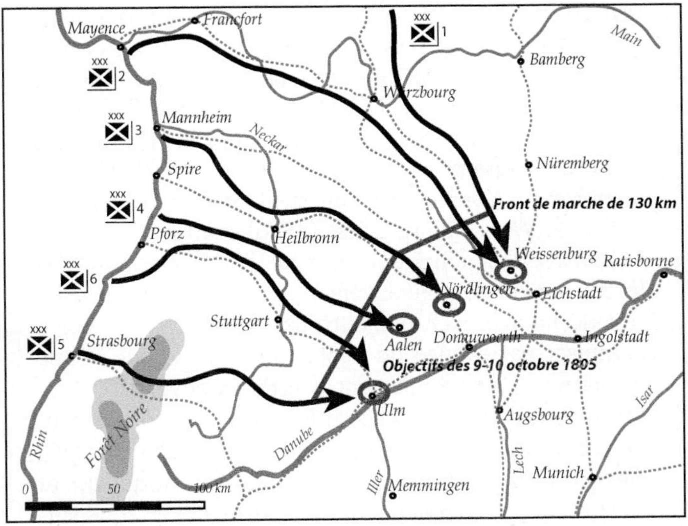

Carte n° 18 : La « marche manœuvre » de 1805,
plan de marche initial d'après les ordres du 17 septembre 1805.

Dans un tel schéma, une attaque autrichienne déterminée contre une des ailes pourrait mettre la Grande Armée en difficulté. Le regroupement des forces prendrait en effet au moins deux jours en supposant qu'une des ailes se replie en combattant pendant deux jours sur une distance de 40 kilomètres tandis que l'autre aile rejoint à marches forcées et couvre sur la même période 80 kilomètres. Un tel dispositif s'explique par la conviction initiale de Napoléon que les Autrichiens vont se retrancher derrière l'Inn dans l'attente de l'armée russe de Koutouzov. L'Empereur pense qu'il a donc le temps de concentrer ses forces, une fois qu'elles seront parvenues sur le Danube, et peut pendant les marches préliminaires, les maintenir sur des routes parallèles, pour leur permettre de se ravitailler plus facilement et d'avancer plus vite. Cependant, dès le 20 septembre, Napoléon revoit son dispositif à la lumière des nouveaux renseignements en sa possession. Ceux-ci font état de la présence d'Autrichiens à Ulm et le long du Danube jusqu'à Donauwoerth. Dès lors, l'Empereur qui avait initialement l'intention d'envoyer sa droite sur Ulm, la reporte plus au nord et resserre son dispositif sur un front de 85 kilomètres entre Göppingen à l'ouest (40 kilomètres au nord d'Ulm) et Weissenburg à l'est (25 kilomètres au nord de Donauwoerth) pour tenir compte de la proximité des forces ennemies. L'inconvénient majeur d'un tel dispositif de marche n'en demeure pas moins : il consiste à organiser par avance un déploiement des corps et une manœuvre d'enveloppement contre un adversaire dont les forces ne sont pas encore localisées. Napoléon peut dans ces conditions être pris à contre-pied, d'autant qu'il n'est pas un adepte de l'exploration en profondeur et n'est donc pas complètement à l'abri d'une attaque surprise (*cf.* encadré « La réserve de cavalerie en 1805 et en 1806 : reconnaissances ou exploration ? »).

… *marche protégée par une force de couverture*

En contrepartie des faiblesses de ce dispositif de marche oblique vers le Danube avec la gauche en avant, Napoléon assigne une mission de sûreté à son aile droite composée des 5e et 6e corps. Pivot de la marche de conversion sur les arrières autrichiennes, le corps du maréchal Ney (6e) sert de flanc-garde à la Grande Armée. Il a reçu le 29 septembre des instructions précises de Napoléon sur son rôle : « Éclairez les mouvements de l'ennemi ; tâchez d'enlever ses patrouilles de cavalerie. Du reste, mon intention n'est pas que vous passiez à Stuttgart, ni que vous engagiez là aucune affaire sérieuse ». Napoléon déploie ainsi une force de couverture pour garantir la liberté d'action des autres corps composant la manœuvre enveloppante. La mission de l'aile droite qui est soutenue

LA RÉSERVE DE CAVALERIE EN 1805 ET 1806, RECONNAISSANCE OU EXPLORATION ?

Napoléon ne distingue pas vraiment la cavalerie de sûreté en charge de la protection rapprochée des colonnes des corps d'armée et la cavalerie d'exploration lancée loin en avant de l'armée pour localiser les forces ennemies. Il préfère en général garder sa cavalerie à faible distance (une dizaine de kilomètres) des éléments d'infanterie constituant l'avant-garde des corps d'armée, de façon à assurer à celle-ci un soutien en cas de forte résistance ennemie.

Lors des manœuvres de 1805 et 1806, Napoléon dispose d'une importante réserve de cavalerie (respectivement 16 000 et 21 000 sabres représentant 66 et 72 % de la cavalerie totale de la Grande Armée). Un tel instrument comprend une part prépondérante de cavalerie légère ou de ligne (quatre divisions de dragons en 1805 et 1806 plus une division de cavalerie légère dont la future et fameuse « brigade infernale » en 1806) particulièrement adaptée aux « raids d'exploration » pour éclairer l'armée par des opérations à longue distance. Pourtant, Napoléon est hostile à une telle utilisation de sa réserve de cavalerie. Il préfère obtenir des renseignements sur les mouvements ennemis par ses espions, des prisonniers ou les autorités locales et garder sa réserve de cavalerie à proximité immédiate des corps d'armée, pour pouvoir l'engager dans la bataille dès qu'elle se présente. Il ne conçoit pas l'intervention de sa cavalerie en dehors de tout soutien d'infanterie (surtout face aux cavaleries autrichienne et prussienne initialement réputées supérieures à la cavalerie française). Dans ce domaine, c'est encore le principe de combinaison des armes qui prévaut.

Ainsi en 1805, les unités de la réserve de cavalerie qui sont détachées pour des missions de sûreté ne sont jamais envoyées à plus d'une vingtaine de kilomètres des corps qu'elles éclairent. C'est le cas durant la première phase de la campagne (27 septembre-6 octobre) alors que la réserve de cavalerie couvre le flanc droit de la Grande Armée en coopération avec les corps de Ney et Lannes. Les reconnaissances effectuées par les unités de cavalerie ne dépassent pas vingt-cinq kilomètres au-delà de l'avant-garde des corps d'armée. Il s'agit donc bien d'un service de protection rapprochée et non d'exploration. Du 8 au 12 octobre, Napoléon va rester dans l'incertitude des mouvements de Mack (c'est seulement dans la soirée du 12 qu'il reçoit un rapport de Murat lui révélant que « l'ennemi est à Ulm avec 40 000 hommes »), avec le risque de frapper dans le vide et de le laisser s'échapper par le nord vers la Bohême. Il refuse en effet d'aventurer sa cavalerie au sud du Danube sans soutien d'infanterie et préfère attendre ses différents corps d'armée, qui viennent de franchir le Danube, pour les lancer sur les différentes voies de retraite potentielles : accompagné de la division de dragons Walther tirée de la réserve de cavalerie, Soult est envoyé sur Landsberg et Memmingen, tandis que Lannes marche avec Murat et le reste de la réserve de cavalerie directement sur Ulm.

En 1806, Napoléon utilise des procédés identiques : il ne lance pas ses unités de cavalerie à des distances où l'infanterie n'est pas en mesure de les appuyer ; il ne constitue pas de forts détachements de dragons pour percer les rideaux de cavalerie ennemie comme il en a les moyens. L'exploration ou reconnaissance lointaine des mouvements ennemis relève en fait plus du domaine de l'espionnage. C'est seulement quand il réalise, le matin du 12 octobre, que le gros des forces prussiennes est encore sur la rive gauche de la Saale dans les environs d'Erfurt (grâce à des informations indirectes obtenues par Lasalle en interrogeant des prisonniers prussiens), qu'il décide « d'inonder la plaine de Leipzig » pour intercepter les lignes de retraite ennemies et obtenir des précisions sur les intentions prussiennes. Le lancement de la brigade Lasalle dans la plaine de Leipzig ne vise donc pas à localiser l'armée ennemie (même si les renseignements obtenus durant ce mouvement permettent de confirmer la localisation annoncée) mais à déterminer si elle va livrer bataille sur la Saale ou se replier sur Magdebourg. Mais, cette mission est ponctuelle et les unités envoyées reçoivent rapidement l'ordre de rejoindre le gros des forces qui se concentre pour la bataille. Ainsi, l'utilisation de la cavalerie par grandes masses qui est à l'origine de la création de la réserve de cavalerie concerne avant tout le champ de bataille. Pendant la manœuvre, Napoléon exige une combinaison d'unités de cavalerie et d'infanterie à moins d'une journée de marche du gros des forces de chaque corps d'armée. Le lancement de raids d'exploration, autrement dit de reconnaissances à longue distance, demeure exceptionnel, que ce soit par la réserve de cavale rie ou par la cavalerie de corps d'armée ■

par les divisions de dragons de la réserve de cavalerie est clairement indiquée à Murat dans la lettre de Napoléon du 2 octobre : « Vous allez flanquer toute ma marche qui est délicate en ce que c'est une marche oblique sur le Danube [autrement dit une marche de flanc]. Il faut donc si l'ennemi voulait prendre l'offensive, que je sois averti à temps pour prendre un parti et ne pas être obligé de prendre celui qui conviendrait à l'ennemi ». En clair, Murat avec la réserve de cavalerie et le corps de Ney (renforcé si nécessaire par le corps de Lannes) doivent assurer la sûreté du flanc droit de la Grande Armée pour lui garantir sa liberté d'action.

L'objectif est de créer une zone défensive face aux secteurs potentiellement dangereux pour, si possible, éviter

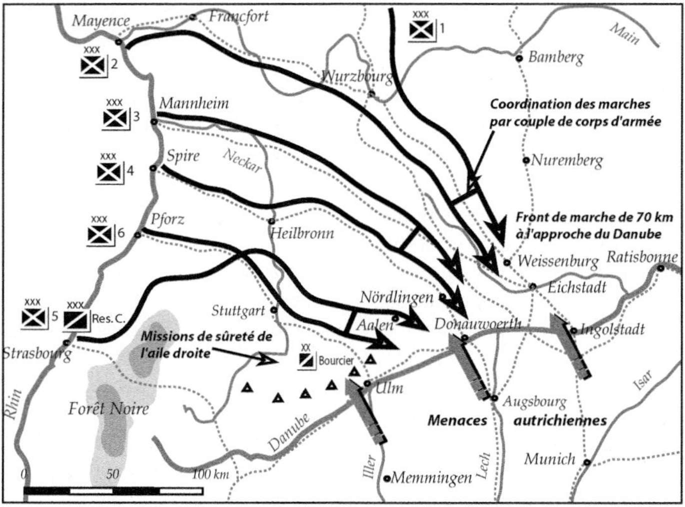

Carte n° 19 : Marches des corps d'armée du 27 septembre au 6 octobre 1805.

tout accrochage prématuré avec les forces ennemies qui compromettrait la manœuvre de débordement, ou tout au moins, donner le temps nécessaire aux autres corps pour se concentrer en cas d'attaque autrichienne. S'agissant de cette attaque, Napoléon précise les différents scénarios qu'il envisage dans une lettre à Davout du 3 octobre. Il estime que les Autrichiens peuvent attaquer en débouchant sur la rive gauche du Danube par Ulm, Donauwoerth ou Ingolstadt ou simultanément par ces trois villes. Dans le premier cas, l'aile droite renforcée du corps de Soult peut intervenir. Dans le deuxième cas, Napoléon utilise Davout et Soult. Dans le dernier cas, Davout doit obliquer vers l'est pour renforcer Bernadotte et Marmont. Napoléon ne se repose donc pas seulement sur la zone défensive assurée par l'aile droite. Il cherche également à coordonner la marche de ses corps pour permettre une concentration rapide de ses forces. De fait, le 6 septembre, alors que la Grande Armée a franchi sans encombre le Jura Souabe et n'est plus qu'à quelques dizaines de kilomètres du Danube, son front de marche est de 70 kilomètres. Chaque corps coordonne sa marche avec un autre corps le long de routes parallèles séparées d'au maximum une vingtaine de kilomètres et ces trois groupes de corps marchent à moins de 30 kilomètres les uns des autres (*cf.* carte n° 19). Autrement dit, un corps attaqué le matin peut compter sur le soutien d'un autre corps au plus tard en début d'après-midi et sur le renfort de deux autres corps la journée suivante. Napoléon a cependant négligé l'hypothèse d'une attaque de l'ensemble de l'armée par un seul des ponts sur le Danube. Or, dans une telle situation, les corps français peuvent se retrouver en infériorité numérique. Rappelons que l'armée placée sous le commandement nominal de l'archiduc Ferdinand et dirigée en fait par le général Mack, peut réunir plus de 70 000 hommes sur le théâtre d'opérations bavarois. L'ordre de marche par couple de corps d'armée ne permet d'opposer le premier jour de l'attaque éventuelle que 40 000 à 50 000 hommes.

Les limites de la « marche manœuvre »

En outre, le dispositif de marche adopté par Napoléon va provoquer des retards lors de l'enveloppement des forces autrichiennes : les forces de l'aile gauche, qui sont à l'extérieur de la marche concentrique vers le Danube puis vers le Lech, vont en effet avoir à parcourir des distances plus grandes que celles des corps de la droite et du centre pour achever leur mouvement de débordement. Ce décalage apparaît lors du franchissement du Danube : l'avant-garde du corps de Soult franchit le Danube à Münster le 7 octobre, Davout surprend le pont de Neuburg dans la journée du 8 octobre tandis que l'aile gauche (Marmont et Bernadotte) n'atteint le fleuve que le 9 octobre.

Pour accélérer l'arrivée des corps de Davout, Bernadotte et Marmont, Napoléon décide d'ailleurs d'envoyer un de ses aides de camp, le général Dumas avec le message suivant : « L'ennemi est coupé ; dans peu de jours il n'aura pas d'autre parti à prendre que d'essayer de nous passer sur le corps et, comme il pourra réunir jusqu'à 80 000 hommes, il n'y a pas un moment à perdre pour rassembler nos forces ». L'Empereur pense en effet que les Autrichiens, après avoir découvert qu'ils sont contournés, ne vont pas tarder à réagir pour se replier sur leur ligne naturelle de retraite vers Vienne par Augsbourg, Munich et Braunau. Il faut donc éviter que les corps de l'aile droite (6ᵉ de Ney, 5ᵉ de Lannes et réserve de cavalerie de Murat), qui sont à proximité immédiate de l'ennemi, ne soient surpris en situation d'infériorité numérique.

C'est la preuve de la limite de la marche manœuvre. Ce dispositif doit occuper un large front de marche pour être certain de prendre l'ennemi au piège mais impose, lors des marches de concentration sur un des secteurs de ce front de marche, des marches forcées et des retards inévitables aux corps qui sont les plus éloignés de cette zone de concentration. Aussi, Napoléon est-il soucieux de rassembler au plus vite ses troupes sur la « barrière stratégique » du Lech pour en contrôler les points de passage et empêcher Mack de rejoindre les renforts austro-russes qui viennent de l'est. Il a calculé que les Autrichiens, alertés de l'arrivée des Français dans leur dos depuis le 7 octobre, pouvaient se porter sur Augsbourg le 9 octobre (*cf.* carte n° 20). Or, à cette date, Napoléon ne peut concentrer que quatre corps d'armée aux environs d'Augsbourg : le 5ᵉ corps de Lannes et la réserve de cavalerie de Murat qui marchent sur Zusmarhausen, le 4ᵉ corps de Soult qui occupe Augsbourg et le 3ᵉ corps de Davout qui arrive à Aichach. Il n'est donc pas en mesure de faire jouer en ce point la supériorité numérique qu'il possède sur l'ensemble du théâtre d'opérations bavarois.

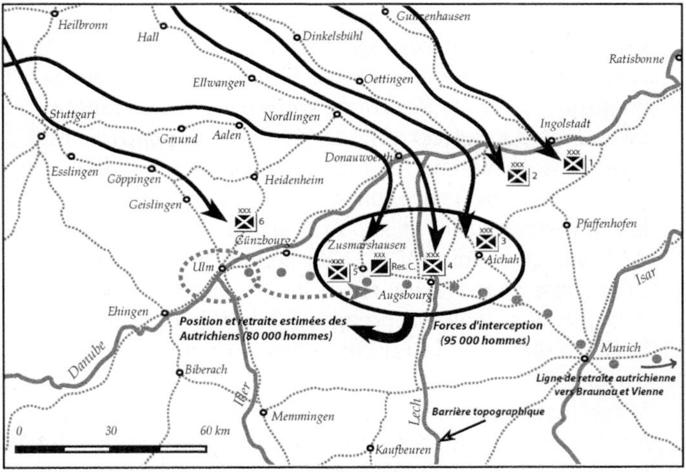

Carte n° 20 : Plan de concentration des forces prévu pour le 9 octobre 1805.

Un dispositif en « bataillon carré », (à l'instar de celui que Napoléon mettra en œuvre lors de la campagne suivante, *cf. infra*), qui regrouperait les corps d'armée sur deux lignes entre Heidenheim et Nordlingen, pouvait, au contraire, permettre de concentrer rapidement l'ensemble des corps de la Grande Armée sur le Danube à la hauteur du Lech avant de déclencher une manœuvre d'enveloppement dans la direction voulue, soit en se rabattant vers l'ouest pour se porter sur l'Iller soit en continuant vers l'est pour marcher sur l'Inn. L'échelonnement des corps sur deux lignes et sur deux ou trois routes (au lieu des sept effectivement utilisées) faciliterait alors une réorientation beaucoup plus rapide des corps en fonction des objectifs assignés. Il offrirait par là même une sûreté et une flexibilité bien supérieure. Les seules contraintes sont logistiques mais Napoléon saura les surmonter quand il concevra son « bataillon carré » en 1806.

Les faiblesses de la marche manœuvre de 1805 sont toutes relatives. Elles n'apparaissent qu'à la lumière de la campagne suivante de 1806 qui témoigne d'une maîtrise confirmée de la manœuvre de corps d'armée. La rapidité des marches et les corrections successives apportées aux directions de marche (en fonction de la localisation progressive de l'adversaire) ont en effet assuré la réussite de la manœuvre d'Ulm et abouti à la reddition de l'armée de Mack (*cf.* chapitre VIII). L'Empereur a ainsi démontré sa maîtrise de ce nouvel art de la combinaison des corps d'armée. Il a, pour la première, fois fait la preuve de la flexibilité et de la rapidité d'une formation de corps d'armée. Il a su coordonner leurs mouvements de façon à surclasser l'armée monolithique de son adversaire autrichien. Napoléon a adopté un dispositif de marche audacieux, mais il connaissait l'armée autrichienne qu'il avait déjà battue à plusieurs reprises. Il a parié sur une attitude défensive des Autrichiens et a deviné la localisation du gros des forces ennemies. Toutes ses hypothèses se sont vérifiées. La passivité des Autrichiens a achevé de contribuer au succès d'une des plus belles manœuvres d'encerclement de l'histoire militaire, considérée encore de nos jours comme un classique des cours de stratégie opérationnelle.

La progression en « bataillon carré » de 1806

La campagne de 1806 correspond à l'idéal théorique des campagnes napoléoniennes : une première phase de réunion des forces en Franconie suivie d'une offensive à travers la Frankenwald, puis une deuxième phase de déploiement des forces pour intercepter les différentes voies de retraite prussiennes (notamment les routes Iéna-Gera et Naumbourg-Leipzig) avant la troisième phase de concentration des forces à Iéna et Auerstaedt. Pendant la première phase, Napoléon utilise successivement

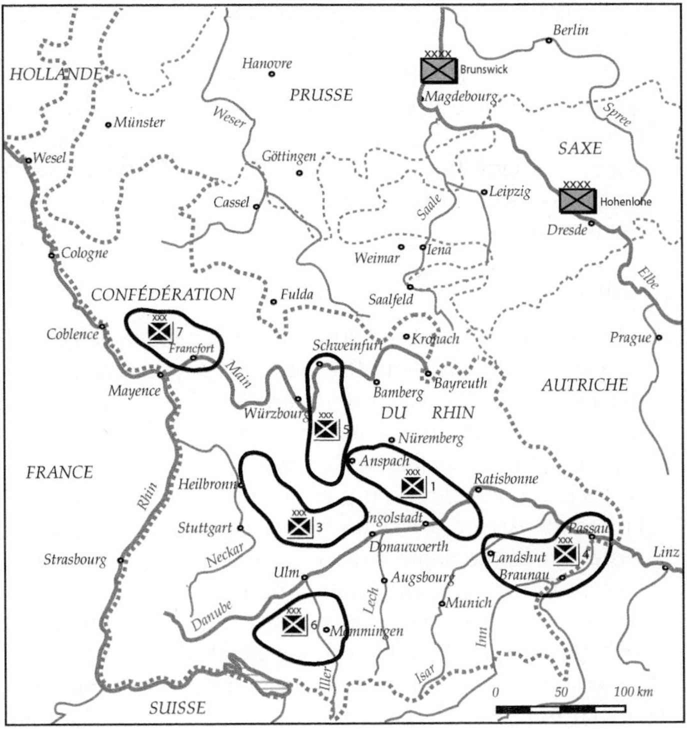

Carte n° 21 : Cantonnements des corps de la Grande Armée en Bavière et Franconie à la fin septembre 1806.

les deux procédés de sûreté précédemment mentionnés. Il procède tout d'abord à la réunion des différents corps d'armée cantonnés en Franconie sous la protection de corps spécialement affectés à la couverture de la Grande Armée. Après avoir réalisé la réunion de ses forces, l'Empereur déclenche son offensive contre les Prussiens en disposant ses corps selon un ordre de marche qui doit permettre en permanence à chaque partie de l'armée d'assurer la sûreté de l'ensemble. Ces deux procédés répondent à la même exigence de coordination des unités et illustrent la nouvelle guerre napoléonienne de corps d'armée. L'utilisation de corps détachés ne doit pas remettre en cause le principe de réunion des forces. Ces corps sont détachés mais non isolés et doivent conserver leur liberté d'action pour être en mesure de manœuvrer en coopération avec les corps dont ils assurent la sûreté.

Réunion des forces et mesures de sûreté

C'est le 19 septembre 1806, suite à l'annonce de l'entrée des Prussiens dans Dresde le 13 septembre que, par une lettre envoyée à Berthier, Napoléon déclenche la réunion de ses forces qui vise à rassembler les différents corps pour les mettre à distance de soutien mutuel. Après le traité de Presbourg signé le 25 décembre 1805, la Grande Armée a évacué l'Autriche pour occuper de vastes cantonnements dans les territoires qui allaient bientôt former la Confédération du Rhin, créée officiellement en juillet 1806 (*cf.* carte n° 21). La lettre du 19 septembre relative aux « mouvements et dispositions générales de la Grande Armée » prévoit une réunion des corps entre Wurzbourg et Bamberg, entre le 2 et le 4 octobre 1806. Plus précisément, les 1er, 3e, 4e et 6e corps doivent faire mouvement vers la zone précitée sous la protection de deux autres corps qui surveillent les secteurs dangereux : les 5e et 7e corps, qui surveillent respectivement la Thuringe et la Hesse à partir de Schweinfurt et de Francfort, auxquels il faut ajouter le corps bavarois posté sur l'Inn face à l'Autriche dont la neutralité est incertaine (*cf.* carte n° 22). Napoléon a ainsi réparti son armée en une force de manœuvre de quatre corps, deux autres corps jouant le rôle de forces de couverture. La mission de ces « corps de couverture » est de ralentir la progression des armées ennemies en

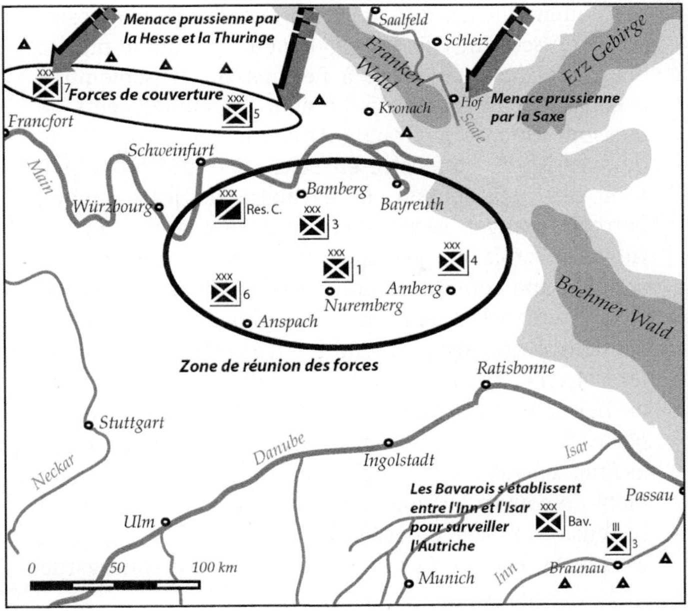

Carte n° 22 : Plan du 19 septembre 1806 pour la réunion des corps de la Grande Armée en Franconie.

se repliant lentement vers « les corps de manœuvre » pour leur donner le temps de se rassembler. Les corps de manœuvre pourront alors se positionner en arrière ou sur le flanc du corps de couverture ou encore engager l'offensive sur les arrières du dispositif de l'ennemi pour forcer ce dernier à se replier. Il s'agit de fournir une « zone de manœuvre stratégique » aux corps de manœuvre en voie de réunion autour de Bamberg et Nuremberg.

Le 5ᵉ corps de Lefebvre (on le retrouvera dans un rôle similaire en 1809, à la tête du corps bavarois) est positionné à Schweinfurt où il doit couvrir directement cette place et indirectement celle de Wurzbourg. La mission des hommes de Lefebvre ne consiste pas seulement à surveiller le secteur, elle vise également, comme le précise Napoléon dans une lettre à Berthier du 30 septembre, à constituer un écran dissimulant les mouvements de concentration de la Grande Armée et préservant l'effet de surprise de l'offensive en Saxe : « Il faut aussi qu'il y ait des détachements de cavalerie sur les hauteurs, entre Meinungen et Neustadt, jusqu'aux limites du territoire bavarois, afin d'empêcher, quand le moment sera arrivé, toute communication, et de pouvoir masquer le mouvement à l'ennemi, mon intention étant d'arriver à Saalfeld avant que l'ennemi s'y trouve en très grande force (...) ». Lefebvre est épaulé à l'est par le 1er corps de Bernadotte qui reçoit l'ordre le 29 septembre de se porter sur Kronach et de surveiller tous les débouchés de la Frankenwald. Il ne s'agit alors cependant plus seulement de couvrir la réunion des forces, mais de préparer l'offensive en Saxe en éclairant les routes vers Leipzig et Dresde. Le 1er corps va en effet jouer le rôle d'avant-garde de la Grande Armée.

D'une façon générale, dans la mesure où Napoléon a déjà son idée sur l'axe de son offensive, les corps de couverture, que leur mission soit défensive (comme pour le 5e corps) ou plus offensive (comme le 1er corps), doivent considérer leur activité de reconnaissance des mouvements ennemis comme essentielle. En l'espèce, Napoléon va enjoindre Lefebvre de surveiller Fulda afin de lui permettre de voir s'il peut prendre les Prussiens de vitesse en pénétrant en Saxe avant qu'ils n'envahissent la Hesse. Dans le cas contraire, il devra se résoudre à combattre sur le Main en perdant l'avantage moral de la surprise stratégique. Mais, encore une fois, tout dépend de la vitesse et de la qualité des renseignements collectés par les corps de couverture. À cet effet, chaque corps de couverture doit positionner sa brigade de cavalerie légère en avant de sa zone principale de cantonnement et en détacher

LES AVANT-POSTES DU CORPS DE COUVERTURE DE LEFEBVRE EN 1806

Pendant la réunion des forces françaises en octobre 1806, le 5ᵉ corps du général Lefebvre est situé à une vingtaine de kilomètres de la frontière saxonne qu'il surveille avec des détachements de cavalerie, tandis que le 3ᵉ corps, qui est le plus au nord de la zone de réunion des corps de manœuvre, est cantonné à plus de 50 kilomètres en arrière. Le 5ᵉ corps couvre donc les corps de manœuvre à plus de 70 kilomètres de distance, soit plus de deux journées de marche. Les divisions du corps de couverture sont elles-mêmes protégées à une dizaine de kilomètres de distance par des avant-postes d'un demi-bataillon situés à Königshofen, Münerstadt et les passages de la Saale à Hammelburg. Ces postes sont eux-mêmes éclairés par des piquets de 25 cavaliers en direction de Meinungen, Hildburghausen et Fulda, piquets qui envoient des vedettes au contact des vedettes ennemies. En résumé, Lefebvre a disposé des avant-postes sur toutes les routes d'accès dangereuses en provenance de la Thuringe. Ces avant-postes sont situés à environ une quinzaine de kilomètres de la zone de cantonnement qui occupe un rectangle de 14 kilomètres sur 28 autour de Schweinfurt. Enfin, les piquets de cavalerie occupent des « positions d'alarme » à une quinzaine de kilomètres des avant-postes d'infanterie. Ainsi, la disposition des avant-postes à une distance comparable à la largeur de la zone de cantonnement et leur protection par des éléments de cavalerie à une distance elle-même égale à celle les séparant de la zone de cantonnement doit donner le temps nécessaire à l'ensemble des unités du général Lefebvre pour se réunir quelques kilomètres au nord de Schweinfurt afin de couvrir la ville ■

des patrouilles qui se relaient de façon à ne pas « fatiguer inutilement la cavalerie ». Ainsi, la cavalerie de Bernadotte devra se placer en avant de Kronach, celle de Lefebvre en avant de Königshofen (30 km au nord de Schweinfurt) et celle de Soult au sud de Bayreuth (lettre de Napoléon à Berthier du 29 septembre 1806). Les unités de cavalerie sont reliées à la zone principale de cantonnement par une avant-garde d'infanterie dont la taille varie et qui peut se monter à une brigade d'infanterie. Il s'agit d'un dispositif d'avant-postes traditionnellement utilisé au sein de la Grande Armée et qui combine cavalerie et infanterie légères, la seconde étant chargée de recueillir la première en cas d'attaque ennemie (*cf.* encadré « Les avant-postes du corps de couverture de Lefebvre »).

Un peu plus de cent kilomètres à l'ouest, on trouve le 7e corps du maréchal Augereau chargé de couvrir Mayence et Francfort (qui constituent les deux premières étapes de la « route de l'armée » sur et au-delà du Rhin, laquelle se poursuit ensuite par Wurzbourg et Bamberg) et plus généralement de retarder toute offensive des Prussiens sur le Rhin pour permettre aux corps de manœuvre de Franconie de les prendre de flanc et sur les arrières. Dans la lettre du 19 septembre, Augereau reçoit l'ordre de se porter le 2 octobre à Francfort avec une avant-garde éclairée par des postes de cavalerie à Giessen (50 km au nord de Francfort). C'est seulement dans la soirée du 29 septembre, quand Napoléon a obtenu confirmation de la lenteur de la progression des troupes prussiennes, qu'il ordonne à Augereau de quitter son poste de protection du Rhin pour rejoindre à Wurzbourg la masse de manœuvre. Cette mission de couverture et de diversion est reprise par le 8e corps du maréchal Mortier en voie de constitution à Mayence. Il faut en effet continuer à attirer les Prussiens vers l'ouest pour préserver le succès de la surprise stratégique en Saxe. Les mouvements des 1er et

5e corps ordonnés le 29 septembre mettent fin à la phase purement défensive de réunion des forces et amorcent la marche à travers la Frankenwald.

Adoption de la posture offensive

Après avoir achevé la phase délicate de réunion des forces, Napoléon ordonne pour le 4 octobre le placement de ses corps d'armée sur leurs positions d'attaque vers l'est (*cf.* carte n° 23). La force de manœuvre est maintenant constituée des 3e corps de Davout à Bamberg, 7e corps d'Augereau qui rejoint la Garde et la division Dupont à Wurzbourg et du 6e corps de Ney qui se porte à Nuremberg. Cet ensemble de plus de 80 000 hommes (sans compter la réserve de cavalerie qui compte 19 000 sabres) est protégé par le 1er corps de Bernadotte (21 000 hommes) qui joue à Kronach le rôle d'avant-garde de la Grande Armée, par le 5e corps de Lefebvre maintenu en couverture du flanc gauche à Schweinfurt et du 4e corps de Soult en flanc-garde à droite. Tout en étant disposés de façon à assurer la sûreté générale de l'armée, les corps d'armée sont déjà positionnés sur les trois principales routes qui conduisent en Saxe. Ce dispositif prépare la phase de marche en bataillon carré à travers la Frankenwald qui débute le 4 octobre.

La qualité du dispositif de réunion des forces du 4 octobre va permettre une transition souple d'une configuration défensive vers une configuration offensive qui prévoit de faire marcher les six corps d'armée (de Bernadotte, Davout, Soult, Lefebvre bientôt remplacé par Lannes, Ney et Augereau) deux par deux sur trois routes. Bernadotte est déjà placé à la tête de la future colonne du centre avec en retrait sur sa droite Soult qui éclairera la colonne de droite tandis que Lefebvre doit se préparer à se porter sur Cobourg pour prendre la tête de la colonne de gauche.

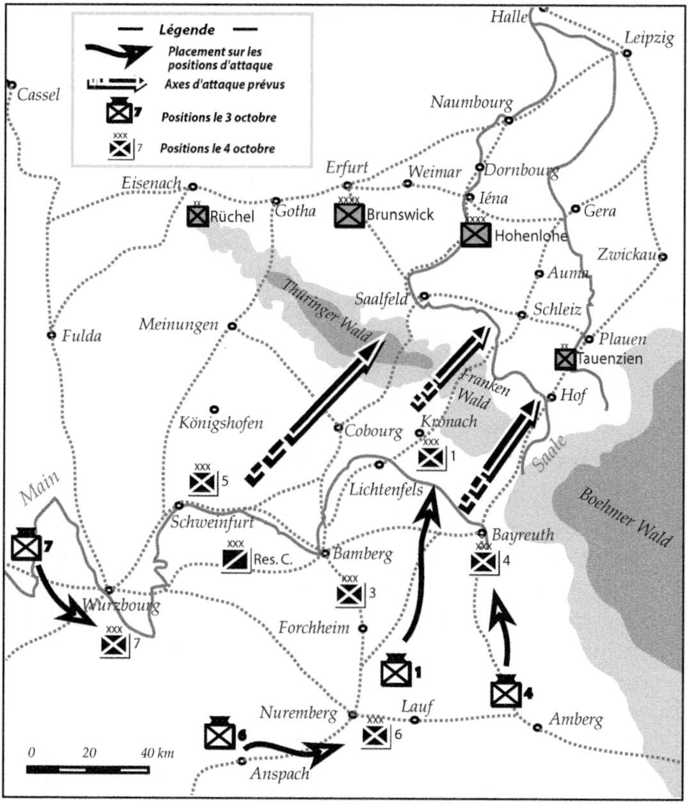

Carte n° 23 : Les corps de la Grande Armée rejoignent leurs positions d'attaque le 4 octobre 1806.

Cependant, à cette date, Napoléon peut toujours contrer une éventuelle offensive prussienne dans la vallée du Main grâce à l'action des 5e (Lefebvre) et 7e corps (Augereau) autour desquels devront alors manœuvrer les autres corps. Mais, l'Empereur considère maintenant cette éventualité comme hypothétique et sait qu'il peut sans crainte lancer ses corps d'armée à travers la Frankenwald. Le soir du 4 octobre, il ordonne d'ailleurs au 5e et 7e corps, qui sont les plus éloignés de la Frankenwald, de se mettre en marche sur Cobourg pour être en mesure d'emprunter la route Cobourg-Saalfeld à la gauche du dispositif d'attaque. Les autres corps ont déjà échelonné leurs cantonnements sur les deux autres routes qu'ils devront emprunter pour envahir la Saxe : le 1er corps de Bernadotte, sur la route Kronach-Schleiz, est positionné entre Lichtenfels et une dizaine de kilomètres au nord de Kronach ; le 3e corps de Davout est cantonné sur la même route entre Forchheim et une dizaine de kilomètres au nord de Bamberg ; le 4e corps de Soult s'échelonne sur la route Amberg-Bayreuth-Hof entre Hambach et Thumbach ; il sera rejoint sur cette route au sud de Bayreuth par le 6e corps de Ney qui est cantonné entre Nuremberg et Lauf. Il ne reste donc plus qu'à envoyer les ordres de marche pour mettre en mouvement ces six corps sur les trois routes d'invasion prévues.

Le « bataillon carré »

Pour exécuter son offensive contre la Saxe, Napoléon a décidé d'adopter un dispositif de marche resserré. En arrivant sur la haute Saale entre Saalfeld et Hof, la Grande Armée progressera sur un front de 50 kilomètres (à comparer avec les 130 kilomètres lors de la manœuvre d'Ulm) et sur une profondeur d'environ 50 kilomètres (sachant que la distance d'écoulement d'un corps est évaluée à 16 km) : c'est le « bataillon carré » (*cf.* carte n° 24). Napoléon est en effet beaucoup moins certain qu'en 1805 des intentions de son adversaire. Il a du mal à distinguer l'axe de l'offensive prussienne et a également moins de présupposés sur la localisation géographique des corps prussiens. Il sait enfin qu'il va devoir

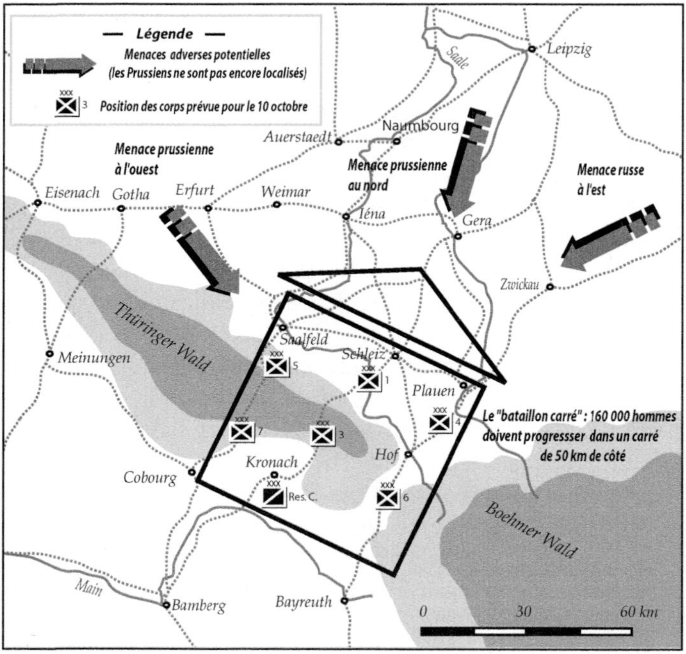

Carte n° 24 : Le franchissement de la Frankenwald en « bataillon carré » (ordres du 5 octobre 1806).

se heurter à toute l'armée prussienne (alors qu'en 1805, les Autrichiens avaient concentré le gros de leurs forces en Italie) soit près de 200 000 hommes. Autrement dit, le « brouillard de la guerre » paraît à Napoléon bien plus opaque et plus menaçant en 1806 qu'en 1805.

Napoléon a clairement décrit ce dispositif « en bataillon carré » dans sa lettre du 5 octobre 1806 au maréchal Soult : « Je débouche avec toute mon armée sur la Saxe par trois débouchés. Vous êtes à la tête de ma droite, ayant à une demi-journée derrière vous le corps du maréchal Ney (...). Ce qui fait au-delà de 50 000 hommes.

Le maréchal Bernadotte est à la tête de mon centre. Il a derrière lui le corps du maréchal Davout, la plus grande partie de la réserve de cavalerie et ma Garde ; ce qui forme plus de 70 000 hommes (...) Le 5e corps est à la tête de ma gauche. Il a derrière lui le corps du maréchal Augereau (...) Cela forme plus de 40 000 hommes. Le même jour que vous arriverez à Hof, tout cela sera arrivé dans des positions à la même hauteur (...) Avec cette immense supériorité de forces réunies sur un espace si étroit, vous sentez que je suis dans la volonté de ne rien hasarder et d'attaquer l'ennemi, partout où il voudra tenir, avec des forces doubles (...) Vous pensez bien que ce serait une belle affaire que de se porter autour de cette place [Dresde] en un bataillon carré de 200 000 hommes. Cependant tout cela demande un peu d'art et quelques événements (...) ». Napoléon utilise l'image du bataillon pour illustrer son souci d'une manœuvre d'armée dans laquelle les corps se déplacent en permanence à distance de soutien mutuel de façon à pouvoir être concentrés en moins de 24 heures pour faire face à toute attaque ennemie quelle que soit son origine. À la différence de la manœuvre de 1805 au cours de laquelle, chaque corps suivait une route parallèle, Napoléon opte cette fois pour un déploiement resserré dans lequel les corps se succèdent sur un nombre restreint d'axes d'attaque. Une telle organisation de marche doit permettre à l'Empereur de porter le fer dans n'importe quelle direction en modifiant rapidement le front de marche de son armée. Il peut agir à l'est contre une éventuelle offensive russe, au nord ou à l'ouest selon la localisation des Prussiens. Chaque corps est précédé de sa cavalerie légère qui doit localiser les forces ennemies (*cf.* encadré « L'avant-garde dans les marches de corps d'armée »).

Les liaisons latérales au sein du bataillon carré

À ces considérations militaires, il fait ajouter des facteurs géographiques. Ce n'est pas un hasard si c'est à l'occasion de la traversée du massif montagneux de la Frankenwald (massif de 40 kilomètres d'épaisseur dont les crêtes culminent à 350 mètres) que Napoléon va expérimenter pour la première fois le dispositif « en bataillon carré ». Les contraintes géographiques imposées par la Frankenwald ne sont pas sans rappeler celles décrites par Bourcet dans ses *Principes de la guerre en montagne :* « La précaution d'avoir des chemins d'espace en espace,pour que les colonnes puissent se communiquer, est d'autant plus indispensable que, sans cette ressource, une colonne pourrait être attaquée par un corps supérieur et se trouverait compromise (...) si on ne pouvait la renforcer et la secourir ». Quelques lignes plus loin, Bourcet précise son propos en écrivant que la marche d'une armée « exige nécessairement des communications multipliées d'une colonne à une autre, et cette précaution étant plus difficile dans un pays de montagnes que dans les pays plats, demande, de la part des officiers de l'état-major, un examen scrupuleux des positions les plus respectables à prendre, dans le cas où on se trouverait obligé de rassembler les troupes et de se mettre en bataille, avec l'intention d'établir, le plus à portée qu'il sera possible de ces positions, les communications au moyen desquelles les colonnes pourraient se réunir ». Le cloisonnement des différents axes de progression à travers la Frankenwald oblige en effet Napoléon à porter une attention particulière aux impératifs de réunion des forces pour éviter tout risque d'affrontement en position d'infériorité numérique. Il doit donc veiller à assurer à intervalles réguliers des communications latérales entre les différentes colonnes pour permettre leur soutien

L'AVANT-GARDE DANS LES MARCHES DE CORPS D'ARMÉE

Durant les marches précédant la concentration des forces en vue du choc décisif, chaque corps d'armée est précédé d'une avant-garde chargée de l'éclairer. Selon les circonstances et l'habitude des commandants de corps, il s'agit simplement de la division qui marche à la tête de la colonne ou d'un groupement interarmes. Dans ce dernier cas, les effectifs et la répartition des forces évoluent en fonction de la mission assignée à ce groupement *ad hoc*. En situation classique de couverture rapprochée du corps d'armée, l'avant-garde est de taille réduite. Elle comprend alors généralement un régiment de cavalerie légère (entre 250 et 500 sabres selon les régiments en 1805 ; plus de 500 sabres en 1806), un bataillon d'infanterie légère (environ mille hommes), et une section d'artillerie à cheval (comprenant deux pièces d'artillerie), soit un effectif total représentant moins de 10 % de l'effectif du corps d'armée. L'infanterie doit permettre, notamment en terrain accidenté, de surmonter les obstacles incontournables par la cavalerie. Mais, ses effectifs sont volontairement faibles pour éviter que le commandant de l'avant-garde ne soit tenté d'engager le combat sans l'aval du commandant de corps d'armée. Dans cette configuration, le commandant de l'avant-garde est un cavalier qui a autorité sur l'infanterie chargée de le soutenir. Sa mission est de signaler la présence de l'ennemi et de protéger le corps notamment de la cavalerie adverse. Elle se déplace à 4 ou 8 km de la première division du corps d'armée qui peut donc la soutenir en une heure de marche. La cavalerie ne précède pas systématiquement l'infanterie affectée à l'avant-garde. Quand le terrain est particulièrement accidenté, l'ordre de marche est inversé et l'infanterie prend la tête de l'avant-garde. En situation normale, quand il est en tête, le régiment de cavalerie est souvent lui-même éclairé en avant par un de ses escadrons et sur les côtés par des détachements d'une vingtaine de cavaliers. La cavalerie d'avant-garde doit faire preuve d'agressivité pour repousser toute opposition de force au plus équivalente, sans pour autant se laisser entraîner dans un combat en situation d'infériorité numérique. Soult rappelle cette règle à son commandant de la cavalerie, le général Margaron, dans une lettre du 9 octobre 1806 : « Si dans sa marche cet escadron rencontrait l'ennemi, il m'enverrait de suite une ordonnance pour m'en rendre compte, et en attendant des ordres il ferait face à l'ennemi ; mais le commandant éviterait d'engager une affaire désavantageuse ». La mission principale est donc bien de reconnaître et de rendre compte. Il appartient ensuite au commandant de corps de déterminer les conditions d'engagement du combat.

L'avant-garde peut cependant se voir assigner une mission tactique spécifique comme la prise d'une place forte, d'un carrefour routier, généralement pour intercepter la retraite de l'ennemi, comme ce fut le cas lors de la marche de la Grande Armée vers le Danube en octobre 1805. Dans ce contexte, l'avant-garde dispose d'effectifs plus étoffés (un régiment d'infanterie et trois régiments de cavalerie). Elle marche à une vingtaine de kilomètres en avant du gros des forces et est éclairée par des détachements de cavalerie lancés également à une vingtaine de kilomètres. Elle doit cependant toujours éviter de se retrouver aux prises avec des forces ennemies supérieures. Quand elle tombe sur des unités adverses protégeant la retraite de colonnes, comme ce fut le cas après Ulm en 1805 ou après Iéna en 1806, l'avant-garde doit tenter d'éliminer l'obstacle pour permettre aux gros des forces de maintenir le rythme de poursuite. La cavalerie d'avant-garde repousse tout d'abord la cavalerie ennemie, laissant le passage à l'infanterie légère qui se déploie pour harceler par sa fusillade les positions d'infanterie ennemies et préparer l'attaque des troupes de ligne du corps d'armée. Celles-ci manœuvrent ensuite en fonction de la nature du terrain pour accrocher et déborder la ligne ennemie avec le soutien de la cavalerie et de l'artillerie ■

mutuel et chercher à synchroniser leur progression pour éviter que l'ennemi n'utilise ces chemins de traverse et ne prenne une colonne à revers.

La traversée de la Frankenwald doit s'effectuer le long de trois axes qui, de la gauche à la droite, passent par les routes Cobourg-Saalfeld, Kronach-Schleiz, et Bayreuth-Hof (*cf.* carte n° 25). L'Empereur a prévu d'espacer suffisamment ses corps d'armée (sur trois routes différentes et à une demi-journée de marche d'intervalle), afin de faciliter la marche des troupes, tout en veillant aux liaisons transversales pour pouvoir à tout moment se concentrer sur un des côtés du « bataillon carré ». Dans la lettre citée plus haut du 5 octobre, Napoléon enjoint à Soult de veiller à se lier dès la sortie de la Frankenwald aux corps de la colonne du centre : « Arrivé à Hof, votre premier soin doit être de lier des communications entre Lobenstein, Ebersdorf et Schleiz [villages jalonnant la route suivie par les corps de Bernadotte et Davout] ». Il donne des instructions similaires au maréchal Bernadotte dans une lettre du même jour : « Vous devez trouver à Lichtenfelds et à Kronach des paysans qui connaissent suffisamment le pays pour vous donner des renseignements sur la nature des communications de Gräfenthal à Loebenstein [c'est-à-dire entre la colonne de gauche et celle du centre] et de Loebenstein à Hof et Plauen [c'est-à-dire entre la colonne du centre et celle de droite] ».

Ces instructions révèlent que le souci de l'Empereur est de pouvoir grâce aux liaisons latérales déborder

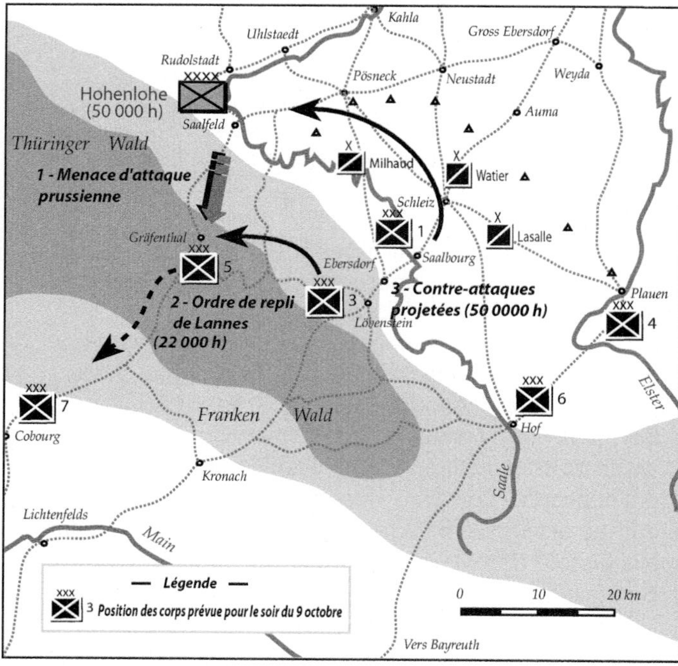

Carte n° 25 : Plan de manœuvre en cas d'attaque prussienne aux débouchés de la Frankenwald.

une éventuelle opposition ennemie qui empêcherait la réunion de ses corps pendant la phase critique de marche entre la sortie de la Frankenwald et l'arrivée sur la Saale. Si les Prussiens étaient présents en masse sur la Haute Saale, ils pourraient écraser une colonne tout en contenant avec des effectifs plus faibles les deux autres. Il est donc impératif de briser toute résistance aux débouchés de la Frankenwald par des attaques frontales combinées avec des attaques de revers. Napoléon pense en effet que les Prussiens ne pourront pas défendre les trois axes de pénétration et qu'au moins une colonne sera en mesure de déborder les points de résistance bloquant les deux autres colonnes. Ce cas de figure est évoqué par une lettre de Berthier à Lannes datée du 9 octobre. Le major général demande au commandant du 5e corps de battre en retraite en cas d'attaque massive de l'armée d'Hohenlohe sur Gräfenthal, afin de se lier au corps d'Augereau qui le suit à une demi-journée de marche (*cf.* carte n° 25). Il pourra alors opposer 40 000 hommes à l'attaque ennemie. Dans le même temps, l'Empereur lancera par la route de Loebenstein à Gräfenthal le corps de Davout (3e) sur le flanc de l'attaque prussienne tandis que le corps de Bernadotte (1er) le débordera sur l'arrière en empruntant la route de Schleiz à Saalfeld. L'armée d'Hohenlohe de 50 000 hommes se retrouvera en quelques heures prise en tête, en queue et sur son flanc gauche par 90 000 hommes. Grâce au « bataillon carré », Napoléon peut donc envisager avec sérénité une attaque des Prussiens pendant la phase critique d'entrée en Saxe.

La conversion vers l'ouest du bataillon carré

Les 9 et 10 octobre, les têtes de colonnes de gauche et du centre se heurtent aux avant-gardes de l'armée de Hohenlohe, les divisions de Tauenzien et de Louis de Prusse, qui sont respectivement repoussées avec des pertes importantes de Schleiz et de Saalfeld. Ces deux victoires permettent à l'armée française de passer sur la rive droite de la Saale et clôturent par là même la phase de traversée de la Frankenwald. Napoléon pense alors que les Prussiens sont au nord. Mais, le 11 octobre, « le voile se déchire » : Napoléon reçoit confirmation de la présence de l'armée du duc de Brunswick à l'ouest près d'Erfurt. Les corps de Lannes (5e) et d'Augereau (7e) qui jouaient initialement le rôle de flanc-garde sur la gauche de la Grande Armée vont dès lors se transformer en avant-garde.

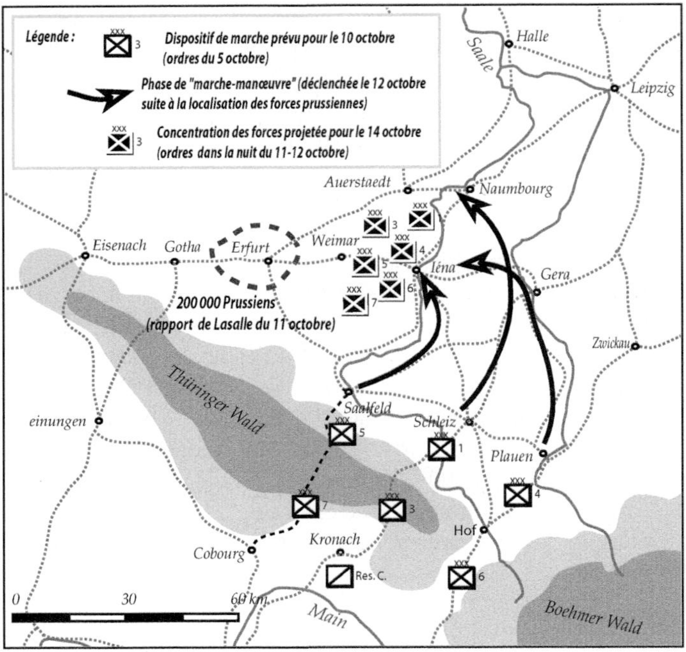

Carte n° 26 : La conversion du « bataillon carré » vers l'ouest.

Dans le même temps, la mission d'avant-garde assignée au corps de Bernadotte (1er) va se transformer en mission de flanc-garde. Cette redistribution des rôles qui intervient lors de la conversion vers l'ouest de toute la Grande Armée s'opère sans heurts grâce au déploiement en « bataillon carré ». Elle doit permettre la concentration en moins de trente heures de 150 000 hommes sur le point d'attaque désiré (*cf.* carte n° 26). Le 12 octobre à 1 heure du matin, Napoléon apprend de Murat que les Prussiens se concentrent à Erfurt. Il en déduit qu'ils ne vont pas tarder à battre en retraite à l'abri de la Saale vers Magdebourg pour se retrancher derrière l'Elbe. Il faut donc couper toutes les routes vers l'Elbe. Napoléon passe alors à la deuxième phase de la campagne en déployant ses forces pour intercepter les différentes voies de retraite ennemies. Il abandonne la structure du « bataillon carré » au profit d'une structure de « marche manœuvre » plus adaptée pour intercepter les lignes de communication prussiennes.

En 1805, alors que les armées coalisées continuent de se déplacer en une colonne unique sur un seul itinéraire de marche comme aux temps de Frédéric II, Napoléon déploie pour la première fois dans l'histoire militaire une armée divisée en corps agissant de façon indépendante mais convergente. En 1806, il améliore cette toute nouvelle science du déplacement des corps en imaginant le « bataillon carré ». Cette structure facilite la concentration des efforts et préserve sa liberté d'action en laissant ouvertes toutes les hypothèses de déploiement. Le « bataillon carré » s'affirme ainsi comme l'instrument idéal de la manœuvre, qui exige une concentration soudaine des forces sur le point faible ennemi de façon à le déséquilibrer définitivement sans lui laisser la possibilité de se rétablir. Rapidité, puissance et flexibilité, tels sont les trois atouts du « bataillon carré ».

Chapitre V

Une organisation modulaire

La genèse de l'armée modulaire

Les armées unitaires du XVIIIe siècle

Les armées prénapoléoniennes formaient un bloc unique qui résultait de l'absence de segmentation en grandes unités. Les subdivisions prévues par les organigrammes militaires du XVIIIe siècle ne visent que la bataille et non pas la manœuvre précédant la bataille. C'est pourquoi, les armées sont seulement divisées en groupements tactiques dont la taille est liée aux moyens de transmission des ordres dans le feu des combats, que sont les ordres verbaux des officiers ou les signaux sonores des tambours et trompettes. Ainsi, dans l'armée prussienne de Frédéric II, dont les victoires ont assuré l'influence sur les autres armées européennes, le régiment d'infanterie qui comprend 1 700 hommes est divisé en deux bataillons de force égale. Ces derniers constituent l'unité tactique de base, c'est-à-dire la formation usuelle utilisée au combat et durant les marches. Au combat, les bataillons s'articulent en quatre « divisions » de deux pelotons, soit huit pelotons comprenant chacun 75 hommes. Ils sont disposés sur trois rangs de 25 hommes, sur un front de 16 mètres. Durant les marches, l'armée se déplace par bataillons successifs, en colonne de pelotons (c'est-à-dire sur un front de 25 hommes), en profitant de la largeur des chaussées du XVIIIe siècle et de leurs talus peu ou pas marqués.

Il n'existe pas de groupement autonome permanent d'un effectif supérieur au régiment. En temps de paix, les armées sont une simple addition de régiments sans organe supérieur de coordination, à l'exception du corps des inspecteurs chargé de vérifier les effectifs et le matériel. En temps de guerre, aucune procédure de communication n'est prévue pour assurer le contrôle des forces détachées et la coordination de leurs mouvements avec la force principale. En conséquence, seuls quelques détachements secondaires étaient tolérés puisqu'ils ne pouvaient plus agir de façon coordonnée avec la force principale. Ces détachements se voyaient généralement assigner des missions à caractère permanent, dans la mesure où il était difficile d'en modifier rapidement la teneur. Ils étaient donc « perdus » s'agissant de la poursuite de l'objectif premier de neutralisation de la force principale ennemie. Cette « organisation monobloc » entraîne une congestion des routes de marches et une réduction des capacités de commandement, ce qui impose une limitation des effectifs des armées prénapoléoniennes et réduit leur capacité de manœuvre (*cf.* encadré « Armées régimentaires contre corps d'armée »).

De Broglie, Guibert et Bourcet

Il faut attendre la Révolution française pour voir apparaître des groupements capables d'une autonomie opératique. Le concept d'armée modulaire émerge durant les guerres frédériciennes et notamment durant la guerre de Sept Ans avec l'utilisation par le maréchal de Broglie de colonnes indépendantes. Citant en exemple la campagne d'Allemagne du maréchal de Broglie, Guibert met en évidence son emploi de colonnes indépendantes débordant les positions de l'ennemi pour le forcer à battre en retraite

« ARMÉES RÉGIMENTAIRES » CONTRE CORPS D'ARMÉE

Les armées du XVIIIe siècle se caractérisent par une organisation régimentaire : il n'existe pas de structure de commandement intermédiaire entre le commandant en chef de l'armée et les colonels des régiments qui composent cette armée. Il existe certes des officiers généraux chargés de commander des brigades de plusieurs régiments (les majors généraux), une colonne ou l'aile d'une armée regroupant plusieurs brigades (les lieutenants généraux), mais ces derniers doivent improviser une organisation de commandement pour la durée de leur mission. Les détachements de forces affectés à une mission ou un théâtre d'opérations sont en effet de simples regroupements temporaires de régiments. Cette organisation régimentaire est adaptée à la tactique linéaire employée durant les guerres en dentelles. Chaque armée cherche en effet à maximiser sa puissance de feu en alignant les bataillons de ses régiments face à la ligne ennemie. Elle impose cependant aux armées prénapoléoniennes un caractère « unitaire » ou « monobloc ». L'absence de structure de commandement permanente au-dessus du régiment interdit en effet le développement de la coordination des grandes unités et empêche l'apprentissage du combat interarmes.

Si l'armée française élabore une organisation divisionnaire dès 1760 sous l'impulsion du maréchal de Broglie, les autres armées européennes vont rester attachées au modèle régimentaire jusqu'au début du XIXe siècle. Ainsi, l'armée prussienne attend la veille du désastre d'Iéna pour se décider à modifier l'organisation héritée de Frédéric II. C'est en effet seulement en 1806, que la Prusse organise son armée en divisions comprenant deux brigades d'infanterie (de deux régiments chacune) et une brigade de cavalerie. L'armée autrichienne est également longtemps réticente à la création de grandes unités permanentes. Elle ne dispose en 1805 que de divisions (deux brigades de deux régiments soutenus par de l'artillerie) formées à titre temporaire et ne crée des corps d'armée qu'à la veille de la campagne d 1809. L'armée russe suit le même schéma et ne met en place des corps d'armée qu'après en avoir éprouvé l'efficacité à plusieurs reprises entre 1805 et 1807. C'est à la veille de l'invasion de 1812 que Barclay de Tolly introduit les corps d'armée composés de trois divisions d'infanterie.

Les victoires successives de Napoléon contre les armées régimentaires des Coalisés, ont finalement amené ces derniers à adopter le système des corps d'armée afin d'égaler la flexibilité et la puissance des formations françaises ■

comme le 1er juillet 1760 à Corbach contre le prince Ferdinand. Guibert théorise cette utilisation des « divisions » dans son *Essai général de tactique* où il pose les principes de la « grande tactique » napoléonienne. Il démontre que « les divisions ont pour objet principal de simplifier les ordres de marche et de faciliter ainsi que d'accélérer les mouvements par lesquels l'armée peut prendre un ordre de bataille ». Il poursuit en soulignant que « la disposition de marche peut être telle qu'on veuille porter une partie de l'armée sur le flanc de l'ennemi tandis qu'on en portera le restant sur son front ; et alors, quoique la direction de toutes les colonnes ne soit pas précisément la même, toutes cependant concourent au même objet, qui est de prendre un ordre de bataille et d'attaquer l'ennemi ». Carnot reprend à son compte les principes de Guibert et ordonne aux chefs d'armée, en application de ces principes, de « diriger sur un point unique des fractions indépendantes ». L'objectif est de favoriser des marches rapides en assignant aux divisions des itinéraires différents, tout en veillant à ce qu'elles suivent des directions de marche convergentes pour assurer leur réunion dans la bataille. Pourtant, si les principes de l'organisation modulaire semblent bien assimilés par les cadres des armées révolutionnaires, leur application demeure approximative.

Dumouriez (1739-1823), qui a combattu avec de Broglie, divise son armée en huit colonnes lors de la bataille de Neerwinden le 18 mars 1793. Disposées sur un front de plus de quinze kilomètres, ces colonnes ne peuvent se soutenir et l'écrasement de l'aile gauche entraîne la défaite de l'armée. Dumouriez a commis une faute largement répandue parmi les commandants d'armées de la République et qui consiste à disperser les divisions sur un front trop étendu. Les divisions ainsi disposées « en cordon » ne peuvent au mieux obtenir que des succès partiels si l'adversaire tombe dans les mêmes errements, mais risquent plutôt d'être écrasées si l'une d'elles se heurte au gros des forces ennemies. L'articulation divisionnaire impose en effet une coordination complexe de ses composantes. Les soldats de la République feront trop souvent les frais de la violation de ce principe par leurs généraux. Pourtant, Bourcet (1700-1780) a donné la solution que seul Napoléon parviendra à mettre en œuvre. Sachant que la rencontre avec l'ennemi peut intervenir à tout moment, la concentration des divisions pour la bataille suppose que les composantes de l'armée soient en permanence « réunies ». Autrement dit, les différentes divisions doivent suivre des chemins différents tout en étant constamment en mesure de venir se porter mutuellement secours. Dans ses *Principes de la guerre de montagne*, Bourcet insiste sur les calculs de temps de marche : c'est en fonction de l'état des routes, de la résistance potentielles des positions, de la répartition des forces ennemies que le commandant de l'armée doit prévoir les temps de marche de ses différentes colonnes et anticiper les possibles mouvements de concentration, grâce notamment à l'analyse des routes latérales reliant les différents axes de progression.

Fin de la « guerre par consentement mutuel »

Outre une plus grande rapidité des mouvements, le développement des armées modulaires permet une extension de la ligne de front bien au-delà de celle de l'armée en ordre de bataille et capable de couvrir l'ensemble du théâtre d'opérations considéré. Les armées prénapoléoniennes progressaient sur un axe unique auquel l'adversaire pouvait facilement se soustraire par des mouvements latéraux. Les guerres se transformaient alors en escrime privilégiant l'art de l'esquive. L'armée modulaire peut, au contraire, se déplacer sur plusieurs axes formant un arc de cercle couvrant d'un vaste filet toute une zone géographique. Par cette expansion du front de marche, la division de l'armée en plusieurs corps permet à la fois de protéger les flancs de l'armée tout en menaçant ceux de l'adversaire. Il n'y a plus de distinction entre force de manœuvre investie de la mission principale et détachements chargés des tâches secondaires de protection des flancs et des communications. Au sein de l'armée modulaire, chaque composante devient une unité de première ligne à part entière chargée tout aussi bien d'acculer l'adversaire à la bataille décisive que de protéger les lignes de communication. Napoléon peut ainsi affecter à la manœuvre d'enveloppement la totalité de ses troupes en évitant le gaspillage des détachements qui affaibliraient la puissance de son armée. C'est l'application du principe énoncé par Guibert affirmant « qu'aucun détachement ne doit être permanent ». Le commandant en chef ne doit pas mentalement et organiquement se priver d'une partie de ses troupes en leur assignant pour toute la durée des opérations des objectifs périphériques par rapport à l'objectif unique de destruction de la force principale ennemie.

Napoléon a tout de suite saisi l'intérêt de l'organisation modulaire qui met fin à la « guerre par consentement mutuel ». L'utilisation de divisions autonomes, puis de corps d'armée, autorise des marches convergentes visant le contrôle des débouchés et points d'accès d'un théâtre d'opérations afin d'y enfermer l'ennemi et de le forcer à accepter le combat. Selon Guibert : « Si l'on est sur l'offensive, il faut tenir les débouchés par où on veut marcher à lui [l'ennemi] ; il faut menacer les points qui l'intéressent ; il faut, enfin, s'étendre pour l'embrasser ». En quelques lignes, Guibert annonce la manœuvre sur les arrières qui suppose des mouvements de débordement afin de prendre possession des points géographiques commandant les lignes de retraite ennemies. La combinaison de la vitesse et de l'extension de la ligne de front permet des mouvements d'enveloppements visant le contrôle de toutes les voies d'accès d'un théâtre d'opérations pour acculer l'ennemi au combat ou à la capitulation. Si Guibert insiste sur l'extension du front de marche, il met également l'accent sur le souci que doit avoir en permanence le commandant en chef d'éviter la dispersion de ses forces. La difficulté de tels mouvements est qu'ils doivent également respecter le principe de concentration des forces sous peine d'être pris en défaut par un adversaire jouant sur les lignes intérieures. Les Coalisés, qui avaient parfaitement assimilé l'intérêt de la capture des lignes de communication, ignoraient systématiquement le principe de concentration des forces en lançant leurs armées sur des axes par trop divergents. Ils prêtaient alors le flanc à une manœuvre en position centrale que l'Empereur ne manquait pas de leur opposer (*cf. infra* 3e partie).

Création du corps d'armée

Il faut donc savoir « s'étendre sans se désunir ». Pour résoudre ce dilemme, Napoléon a imaginé une structure modulaire fondée sur le corps d'armée. La répartition de l'armée en corps autonomes suivant des ordres de marches indépendants permet une extension du front de marche pour embrasser tout un théâtre d'opérations. Par ailleurs, l'organisation en corps d'armée préserve la concentration des forces en assurant une coordination efficace des efforts. L'apparition du corps d'armée remonte à la seconde campagne d'Italie. Dans une lettre adressée le 25 janvier 1800 à Berthier, alors ministre de la Guerre, Bonaparte prévoit l'organisation de l'armée de réserve : « Mon intention, Citoyen Ministre, est d'organiser une armée de réserve dont le commandement sera réservé au Premier Consul. Elle sera divisée en droite, centre et gauche. Chacun de ces trois grands corps sera commandé par un lieutenant du général en chef. Il y aura, en outre, une division de cavalerie, commandée également par un lieutenant du général en chef. Chacun de ces grands corps sera partagé en deux divisions, commandées chacune par un général de division et par deux généraux de brigade, et chacun des grands corps aura en outre un officier supérieur d'artillerie. Chaque lieutenant aura un général de brigade pour chef de son état-major ; chaque général de division, un adjudant général. Chacun de ces corps sera composé de 18 000 à 20 000 hommes, dont deux régiments de hussards ou chasseurs, et seize pièces d'artillerie, dont douze servies par des compagnies à pied, et quatre par des compagnies à cheval (…) ».

En quelques lignes, Napoléon pose les fondements d'une nouvelle organisation en corps d'armée dont la composition restera quasiment inchangée pendant tout le XIXe siècle. En mettant fin à l'autonomie des divisions consacrée par Carnot au profit de leur regroupement en corps, Napoléon achève le processus de substitution de l'armée modulaire à l'armée unitaire des guerres frédériciennes. Ce regroupement en corps doit permettre de concilier souplesse d'emploi et puissance afin de préserver le principe de concentration des forces. Bonaparte détermine dès 1800 les deux traits fondamentaux qui font la force du corps d'armée : son caractère interarmes et sa taille critique. Le Premier Consul ne se contente pas de prévoir précisément la composition des corps, il détermine également l'articulation de ces corps au sein de l'armée en précisant les structures de commandement de ces corps, et en demandant la constitution d'une division de cavalerie préfigurant le corps de réserve de cavalerie de 1805. Tout le schéma organisationnel de la future Grande Armée de 1805 est ainsi annoncé par l'armée de réserve de 1800.

Le corps d'armée en marche et au combat, une « armée en miniature »

Une organisation interarmes

Alors qu'en 1800, les corps sont des regroupements provisoires de divisions sans personnel et services techniques propres, les corps de la Grande Armée de 1805 sont des subdivisions interarmes permanentes disposant d'une structure administrative pour la logistique et le commandement. La « Grande Armée » créée par Napoléon en 1805 est conçue dès l'origine comme un ensemble d'éléments constitutifs ou modules capables d'agir séparément, tout en étant destinés à être rassemblés pour agir de façon convergente en direction du but visé. Ces modules, ce sont les corps d'armée qui sont en fait de petites armées interarmes et autonomes. Chaque corps dispose d'un effectif de 20 000 à 40 000 hommes répartis en deux ou trois divisions d'infanterie. Chaque division comporte environ 10 000 soldats répartis en deux brigades de deux régiments à trois bataillons chacun (dont un bataillon de dépôt qui reste en France pour former les nouveaux conscrits) de 1 260 hommes.

Le corps d'armée devient la plus petite unité interarmes puisque les divisions ne comprennent plus de cavalerie. Celle-ci est réunie dans une division de cavalerie légère de 2 000 sabres, à trois ou quatre régiments, rattachée à chaque corps. Les régiments de cavalerie sont composés de trois ou quatre escadrons divisés en deux compagnies de 100 cavaliers chacune. Les corps bénéficient également d'une compagnie du génie et d'une dotation d'artillerie affectée à chaque division : en principe, deux batteries de six pièces par division d'infanterie et trois à quatre pièces par division de cavalerie. Cette artillerie divisionnaire sera complétée à partir de 1806 par une artillerie de corps de dix à vingt pièces de 12. Enfin, les corps d'armée disposent de leur propre structure de commandement avec un état-major composé d'une quarantaine d'officiers. Il est complété par un personnel administratif d'une centaine de personnes qui gèrent les hôpitaux, la trésorerie, la poste et l'approvisionnement. L'état-major est chargé à la fois d'assister le commandant de corps d'armée dans la rédaction des ordres aux divisions et de servir de courroie de transmission pour les ordres de l'Empereur envoyés par le major général. À l'instar de Berthier vis-à-vis de Napoléon, le chef d'état-major du corps est dans une position clairement subordonnée par rapport au commandant de corps. C'est ce dernier qui élabore les ordres tandis que le chef d'état-major est responsable des rapports périodiques envoyés à l'Empereur sur les effectifs et l'emplacement des unités. Enfin, chaque corps est suivi par un parc d'artillerie pour le ravitaillement en munitions de l'artillerie de corps et des parcs divisionnaires.

Le 3e corps du maréchal Davout peut être pris à titre d'illustration du type de ces corps d'armée qui formèrent l'ossature de la Grande Armée durant les années glorieuses de 1805 à 1809 (*cf.* organigramme du 3e corps en 1806). En 1806, à la veille de l'invasion de la Saxe, le corps d'armée de Davout comprend 29 000 hommes, 46 canons et 260 voitures répartis en trois divisions d'infanterie (divisions Morand : 9 800 hommes, Friant : 7 300 hommes, Gudin : 8 500 hommes) et une brigade de cavalerie légère de 1 600 sabres sous les ordres du général Viallanes qui tient à sa disposition trois régiments de chasseur à cheval à trois escadrons chacun. Chaque division d'infanterie est subdivisée en brigades : le général de division Morand a ainsi sous ses ordres quatre régiments d'infanterie de ligne et un régiment d'infanterie légère regroupés en trois brigades sous le commandement des généraux Debilly, Brouard et Bonnet d'Honières. La division Morand est renforcée d'une compagnie d'artillerie totalisant 13 canons (sept pièces de 4, cinq pièces de 8 et un obusier de 6). Cette structure se répète de façon similaire pour les deux autres divisions d'infanterie. Enfin, le corps comporte une artillerie de réserve sous les ordres du général de brigade Hannicque rassemblant 17 canons (huit pièces de 8, six pièces de 12 et 3 obusiers de 6), une compagnie du génie et un détachement de gendarmerie. Outre les trois divisions, Davout dispose donc sous son commandement direct d'une artillerie de corps comprenant les pièces les plus lourdes et d'une masse de cavalerie. Cette structure reproduit, à l'échelle du corps, l'organisation de la Grande Armée divisée en corps interarmes, mais avec une réserve générale d'artillerie et de cavalerie directement sous les ordres de Napoléon. Le corps constitue bien avec ses divisions d'infanterie, sa cavalerie, son artillerie, ses services logistiques et son état-major, une armée en miniature.

Une structure de commandement autonome

Les états-majors des corps d'armée et des divisions jouent à leur niveau un rôle similaire à l'état-major général pour la Grande Armée. Ils remplissent principalement trois missions que l'on retrouve dans toute structure moderne de commandement : reconnaissances, transmission et contrôle des ordres de mouvements, organisation et contrôle des approvisionnements. Pour accomplir sa tâche, un état-major de corps d'armée comprend une trentaine d'officiers. En 1806, l'état-major du 3e corps de Davout est dirigé par un général de brigade (général Daultane) assisté de quatre adjudants commandants (dont un faisant office de sous-chef de l'état-major et un autre responsable de toutes les reconnaissances), six aides de camp, cinq capitaines adjoints et deux capitaines polonais (*cf.* organigramme de l'état-major du 3e corps en 1806). Les adjudants commandants, assistés des capitaines adjoints, effectuent les travaux d'état-major proprement dit. Les aides de camp et les autres officiers de l'état-major (ce qui couvre aussi les officiers toujours inscrits sur les effectifs de leur corps mais temporairement rattachés à l'état-major) sont affectés à la transmission des ordres. Au total, chaque chef de corps dispose de plus d'une vingtaine d'officiers de transmission. Un ou deux officiers sont toujours auprès de l'état-major général, un nombre équivalent auprès des états-majors des corps d'armée voisins, trois ou quatre officiers sont en mission, de telle sorte qu'il en reste peu auprès des commandants de corps, lesquels se plaignent régulièrement de la pénurie d'officiers d'état-major. Ce souci est partagé par l'Empereur qui, au début de la campagne de 1806, exige que les commandants d'unité s'entourent d'un nombre suffisant d'aides de camp. Cette exigence a été répercutée par Berthier dans une « Circulaire aux maréchaux »

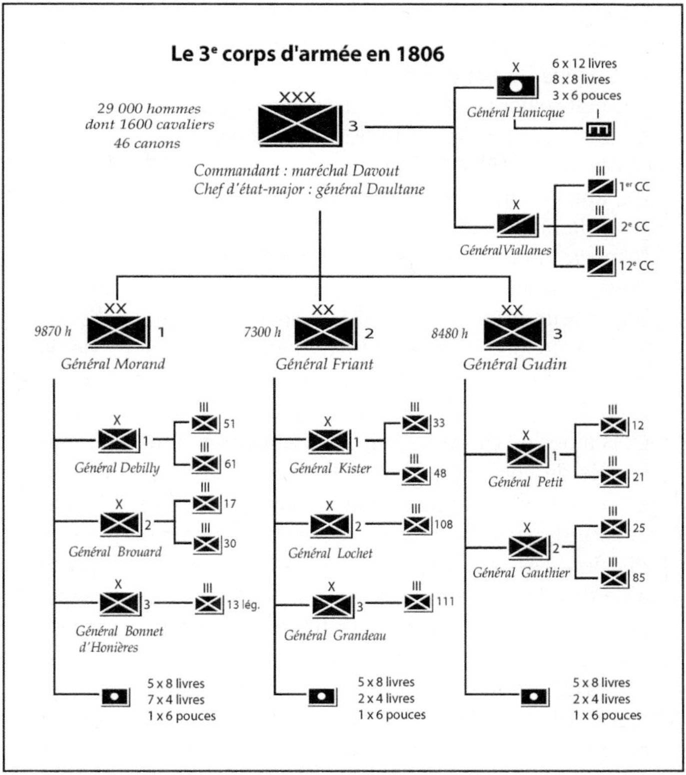

du 23 septembre 1806 : « L'Empereur, Monsieur le Maréchal, a vu sur les états de situation que Messieurs les généraux n'ont point le nombre d'aides de camp que leur prescrit la loi. Sa Majesté vous ordonne et me charge de vous recommander particulièrement que vous ayez à prescrire à Messieurs les généraux de compléter sur le champ le nombre d'aides de camp qu'ils doivent avoir ». Malgré ces prescriptions, les chefs de corps et de division continueront d'utiliser, en violation des instructions impériales, des officiers dits « de correspondance » c'est-à-dire des officiers titulaires de commandement dans des escadrons ou bataillons de guerre du corps en question.

L'état-major de chaque corps d'armée inclut également le général commandant l'artillerie du corps, le chef de l'état-major de l'artillerie, l'officier directeur du parc d'artillerie, ainsi qu'un colonel commandant le génie. Il englobe pour la partie logistique plusieurs administratifs : un inspecteur aux revues, un commissaire ordonnateur, deux commissaires ordinaires, un médecin principal, un payeur principal et enfin quatre directeurs (chacun assisté de plusieurs employés civils) en charge de la poste et de l'approvisionnement en viande, pain et fourrage. Chaque général de division dispose quant à lui de trois aides de camp et d'un adjudant commandant jouant le rôle de chef d'état-major. Ce dernier est secondé par deux ou trois adjoints en fonction du nombre de brigades ainsi que par un officier responsable de l'artillerie de la division. Les généraux de brigades disposent chacun d'un aide de camp et d'un officier d'ordonnance. En principe, chaque division détache un officier de liaison auprès de l'état-major du corps et auprès des divisions adjacentes.

Ces différentes structures déconcentrées de commandement disposent d'une organisation bureaucratique qui suit des procédures identiques définies par Berthier durant la première campagne d'Italie : chaque type de message et les multiples états de situation obéissent à des formats standardisés. Chaque état-major doit tenir un registre des ordres reçus et envoyés (registre de commandement) avec en annexe les copies des textes concernés. Chaque lettre doit être datée avec l'heure d'envoi. Les rapports doivent distinguer les observations directes et les témoignages de tierces personnes. Les noms propres des lieux géographiques et des commandants ennemis doivent être soulignés et correctement orthographiés. Le rôle du chef d'état-major de corps d'armée est de collecter puis

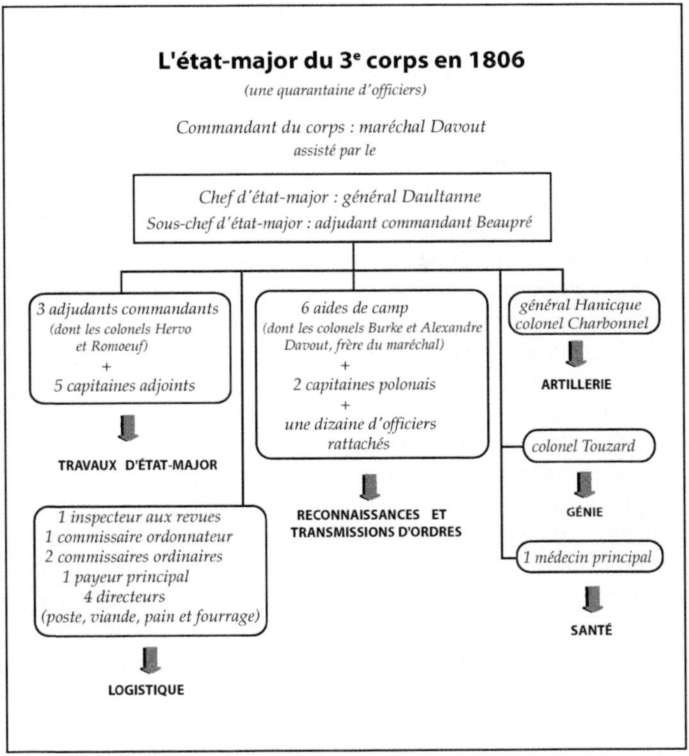

de fournir au commandant de corps toutes les informations nécessaires pour prendre les décisions en connaissance de cause. Outre cette fonction d'aide à la décision du commandant de corps, le chef d'état-major fait office de principal relais de transmission entre le major général et les états-majors de divisions : il est en effet en relation directe avec le major général pour l'envoi des « états de situation » quotidiens qui précisent les mouvements et les effectifs de chaque unité. Il est également chargé de transmettre tous les cinq jours les « situations sommaires » qui sont plus détaillées que les précédents états. Il doit enfin fournir les 1er et 15 de chaque mois des « grands états de situation » qui dressent un panorama complet des unités. Une copie de ces « grands états » est envoyée au ministre de la Guerre pour établir les livrets de l'armée que l'Empereur, grand consommateur de chiffres et statistiques, consulte très régulièrement pour évaluer la situation de son armée (*cf.* encadré « Des états de situation aux livrets de la guerre »). Les états de situation comportent en annexes les états de cantonnements de chaque corps en précisant sous forme de tableaux pour chaque division du corps, l'emplacement du quartier général, la position des régiments et des indications sur les ressources et la topographie du pays.

On retrouve au niveau déconcentré la répartition des compétences du grand quartier général impérial (*cf. infra* chapitre VI). Chaque commandant de corps traite au sein de son cabinet des questions les plus importantes relatives aux mouvements et laisse à son état-major le soin de régler les questions de détails, en correspondant en son nom propre directement avec les généraux de division, le major général et avec les autres états-majors de corps d'armée. Les commandants de corps ont l'habitude de correspondre directement avec l'Empereur mais sont tenus d'envoyer des duplicata au major général. Ils doivent même lui transmettre des rapports plus détaillés pour lui permettre de régler les questions logistiques. Les commandants de corps correspondent également directement avec les généraux des divisions placés sous leurs ordres de façon à répercuter les ordres de l'Empereur et avec les commandants des autres corps d'armée de façon à coordonner leurs mouvements. À l'échelon de la division, on retrouve la même répartition des tâches avec la possibilité pour le chef d'état-major de correspondre en son nom propre avec les généraux de brigade.

DES ÉTATS DE SITUATION AUX LIVRETS DE LA GUERRE

Dans une lettre adressée à son frère Joseph le 6 août 1806, Napoléon affirme : « La bonne situation de mes armées vient de ce que je m'en occupe une heure ou deux tous les jours et lorsqu'on m'envoie chaque mois les états de situation de mes troupes et de mes flottes, ce qui forme une vingtaine de gros livrets, je quitte toute autre occupation pour les lire en détail, pour voir la différence qu'il y a entre un mois et l'autre. Je prends plus de plaisir à cette lecture qu'une jeune fille n'en prend à lire un roman ». Dans ses Mémoires, le baron Fain, secrétaire particulier de Napoléon, confirme l'importance des livrets comme outil d'information et de contrôle. Il décrit précisément les livrets que Napoléon utilisait pour préparer et exécuter ses campagnes. Les livrets sont élaborés par les différents ministères compétents (de la Guerre, des Relations extérieures et de la Marine pour les questions militaires) et visent à recenser les effectifs des armées et des flottes de l'Empire et des autres États alliés ou ennemis. Napoléon reçoit du ministère de la Guerre, au moins chaque mois, un livret compilant les états de situation des différentes unités. Ces statistiques font l'objet de plusieurs présentations : une présentation organique décrivant les effectifs de chaque régiment par ordre numérique avec les noms des officiers, les principaux faits d'armes de l'unité, l'emplacement du dépôt, l'affectation divisionnaire des bataillons de guerre, les blessés et malades, les recrues de la conscription de l'année ; une présentation géographique indiquant la répartition des unités par division militaire (au sens territorial du terme) et distinguant notamment les troupes mobiles des garnisons de place forte ; une présentation fonctionnelle recensant les unités de chaque corps d'armée.

Napoléon reçoit également du ministère de la Guerre un livret du personnel qui détaille la carrière de tous les généraux, deux livrets spécifiques pour l'artillerie et le génie, enfin un livret sur l'état de la levée des troupes dans chaque département. Il complète ces données sur l'armée impériale par le livret sur les armées étrangères, élaboré par le ministère des Relations extérieures à partir des données collectées par les ambassades. Ce livret indique tous les mouvements de troupes, les forces estimées avec le nom des officiers généraux ■

Malgré cette division du travail, les chefs d'état-major des corps d'armée sont, à la différence de Berthier vis-à-vis de Napoléon, les véritables numéros deux au sein de chaque corps. S'ils doivent connaître parfaitement la composition des différentes unités du corps et leurs officiers, ce sont des commandants de troupes avant d'être des hommes de bureau. Ils doivent à ce titre être capables de commander sur le terrain et de mener personnellement des colonnes au combat en remplaçant au pied levé un général de division. Ils peuvent également être amenés à remplacer le commandant de corps. Ainsi en 1807, le général Victor, chef d'état-major du maréchal Lannes, prend le commandement du 1er corps d'armée suite à la blessure du maréchal Bernadotte. Ils ne sont donc pas cantonnés dans des fonctions d'état-major comme c'est le cas de Berthier. Ils disposent à cet égard d'un pouvoir d'influence important sur le commandant et la marche du corps. Ce sont les hommes de confiance des chefs de corps. Il suffit de citer le général Belliard qui, en tant que chef d'état-major de Murat, a pris une part importante dans les succès de la réserve de cavalerie.

Des ordres de marche indépendants

Quand l'armée se déplace à distance de l'ennemi, ses composantes évoluent selon des itinéraires propres qui doivent faciliter la marche rapide des troupes tout en assurant la réunion des forces. Or, la marche par colonne d'une division chacune, utilisée pendant les guerres révolutionnaires, n'est plus adaptée aux effectifs de la Grande Armée. Elle imposerait, pour une armée de près de 200 000 hommes (ne comprenant pas moins de 17 divisions d'infanterie et de cavalerie), une extension excessive du front de marche de l'armée. En outre, la densité du réseau routier des théâtres d'opérations est insuffisante pour un tel déploiement. L'avènement du système des corps d'armée autorise de nouveaux dispositifs de marche qui combinent vitesse et sûreté en fonction de la proximité de l'adversaire. Ainsi, en 1805, Napoléon assigne une direction de marche propre à chaque corps d'armée, à charge pour ces derniers d'organiser la marche de leurs différentes divisions. La progression de la Grande Armée s'effectue sur un front de six routes convergeant vers le Danube, les divisions de chaque corps se suivant à une journée de distance. Napoléon peut aussi adopter des formations plus resserrées quand les conditions l'exigent. Pour la traversée du massif de la Frankenwald en 1806, l'Empereur décide de rétrécir le front de marche à trois routes parallèles en faisant se succéder deux corps d'armée sur chaque route (soit un effectif évoluant, selon les routes, entre 40 000 et 70 000 hommes).

De plus, afin d'éviter une distance d'écoulement trop longue, préjudiciable à la sûreté de l'ensemble du dispositif (puisque les têtes de colonne risque d'être attaquées avant la concentration de l'ensemble de la colonne), Napoléon peut exiger de ses chefs de corps qu'ils progressent « en masse ». Hors du théâtre d'opérations, les divisions évoluent de façon espacée afin de faciliter le ravitaillement des troupes. Les cantonnements des divisions sont alors disposés sur une profondeur de 15 à 20 kilomètres et l'écart entre les divisions peut représenter une journée de marche, soit 25 à 30 kilomètres. Dans ces conditions, un corps d'armée composée de deux divisions s'étire sur 55 à 70 kilomètres. C'est le dispositif adopté lors de la marche préliminaire de la Grande Armée de la Manche au Rhin en 1805. Lorsqu'il s'approche de l'ennemi, un corps d'armée aux effectifs comparables à celui du 3e corps en 1806 (29 000 hommes), se déroule sur une longueur de 16 à 20 kilomètres (selon qu'on exclut ou non la cavalerie du corps). Cette diminution de la distance d'écoulement correspond à une réduction de l'intervalle entre les divisions à 3 ou 4 kilomètres et à un resserrement des cantonnements sur une profondeur comparable. L'Empereur peut exceptionnellement exiger que les corps se forment « en masse », comme lors de l'ouverture de la campagne de 1806. La distance d'écoulement du corps d'armée peut alors tomber à moins de dix kilomètres (en excluant la cavalerie). L'objectif est de disposer, dans un périmètre restreint, d'une masse importante de troupes pour obtenir rapidement la supériorité numérique au point d'attaque.

Chaque corps est précédé d'une avant-garde comprenant l'essentiel de la cavalerie du corps, une brigade d'infanterie, quelques pièces d'artillerie, un détachement du génie et du matériel de franchissement de cours d'eau (barques, matériel de pontage). Cette avant-garde est elle-même éclairée par un régiment de cavalerie. Contrairement à la pratique des armées modernes soumises aux contraintes des armes à longue portée, les avant-gardes napoléoniennes sont détachées à une faible distance du gros des forces qu'elles protègent. L'accent est plutôt mis sur la compacité des formations afin de faciliter le soutien mutuel des divisions du corps en cas d'accrochage inopiné avec l'ennemi. Cela ne signifie pas que les corps doivent systématiquement adopter des cantonnements concentrés. Bien au contraire, les chefs de corps ont l'habitude de cantonner leurs divisions en profondeur le long de la route. Grâce à cette pratique des « cantonnements échelonnés », les troupes partent à la même heure au petit matin et peuvent bivouaquer au même moment. Chaque division peut immédiatement se mettre en marche sans avoir à attendre que la division précédente ait libéré les zones d'accès à la route de marche comme c'est le cas lors de « cantonnement en pelote ». Dans une telle hypothèse, le déroulement d'un corps d'armée peut prendre près de quatre heures, ce qui entraîne obligatoirement d'importants décalages dans les départs et les arrivées des différentes composantes du corps. Ainsi, les unités de queue d'un corps dont les unités de tête se sont mises en marche à six heures du matin pour une étape de 40 kilomètres, ne peuvent partir qu'à dix heures du matin pour arriver au bivouac à huit heures du soir.

Lors de la marche de rassemblement de la Grande Armée précédant l'invasion de la Saxe en octobre 1806, le 3e corps reçoit l'ordre de se porter entre le 27 septembre et le 2 octobre de la région d'Oettingen au nord-ouest de Donauwoerth vers la région de Bamberg. Durant ces journées de marches, le corps effectue d'inévitables mouvements d'accordéon dans la mesure où les unités de tête et de queue ne parcourent pas toujours les mêmes distances. Au soir du 30 septembre l'avant-garde du 3e corps se trouve à Fürth alors que les dernières unités bivouaquent à Schwabach, soit une distance de 16 kilomètres. Le lendemain soir, l'écart s'est creusé de 11 kilomètres entre l'avant-garde à Hirschaid et la queue de colonne 27 kilomètres plus au sud à Erlangen. L'écart entre la tête et la queue du 3e corps évolue

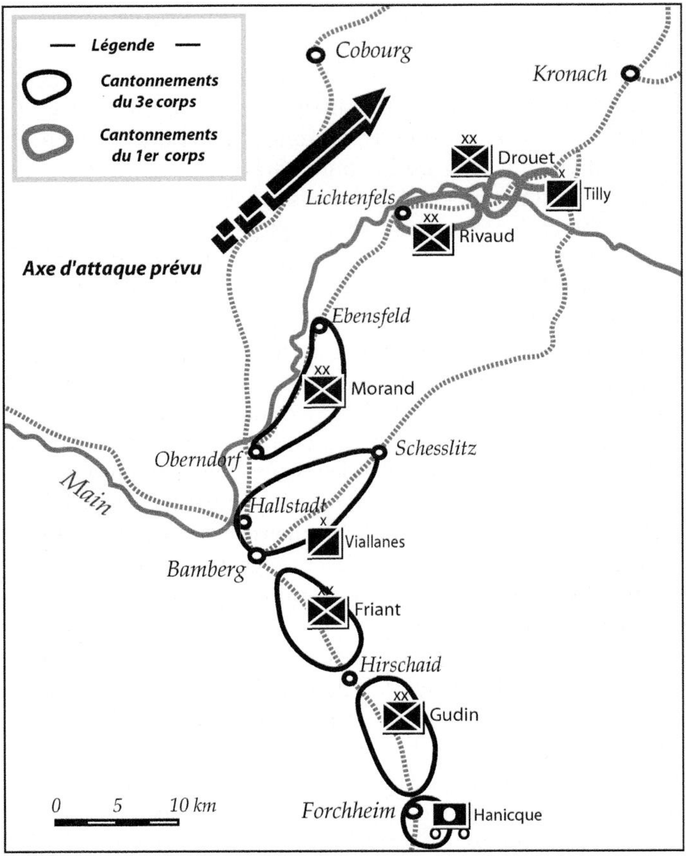

Carte n° 27 : Cantonnements du 3e corps du 2 au 6 octobre 1806.

durant ces deux jours entre 8 et 15 kilomètres, tandis que l'avant-garde composée de la division Morand et du 1er régiment de chasseurs à cheval précède le gros de 8 à 12 kilomètres. Durant ces deux journées, la tête de colonne se situe donc à équidistance de l'avant-garde et de la queue de colonne. Ce dispositif doit permettre, en cas de retraite forcée de l'avant-garde sur la tête de colonne, de laisser le temps aux différentes divisions du corps de se concentrer pour le combat. Il ne faut cependant pas systématiser ce schéma. Beaucoup de maréchaux se contentent d'envoyer immédiatement en avant de leur corps un détachement de cavalerie, les différentes divisions du corps se succédant ensuite à égale distance les unes des autres. En cas d'accrochage avec l'ennemi, chaque division se resserre rapidement sur ses éléments de pointe de façon à être espacée des autres divisions d'un écart égal à sa distance d'écoulement soit environ 4 kilomètres. Ces simples dispositions suffisent généralement, grâce à la flexibilité de l'armée française, pour donner le temps aux divisions de se disposer en formation de combat.

Une fois parvenue dans la zone de rassemblement prévue par l'Empereur, Davout adopte un cantonnement échelonné conformément à la doctrine en vigueur au sein de la Grande Armée (*cf.* carte n° 27). L'avant-garde constituée par la division Morand est établie sur 13 kilomètres entre Ebensfeld et Oberndorf. Elle est soutenue cinq kilomètres plus au sud par la cavalerie du corps positionnée dans un triangle Hallstadt, Schesslitz et Bamberg dont l'hypoténuse n'excède pas 15 kilomètres. Les divisions Friant et Gudin sont successivement cantonnées entre Bamberg et Hirschaid puis entre Hirschaid et Forcheim, chacune sur une dizaine de kilomètres de profondeur. Enfin, le parc d'artillerie du corps est placé en queue de colonne aux environs de Forchheim. Au total, le 3e corps est échelonné du 2 au 6 octobre inclus sur une distance de 45 kilomètres (20 kilomètres entre la tête de l'avant-garde et la tête du gros des forces à Bamberg ; 24 kilomètres entre la tête de la division Friant et la queue de la division Gudin), ce qui est, comme on vient de le voir, largement supérieur à la « distance d'écoulement » du corps et permet donc une mise en route instantanée des différentes composantes du corps. Ce que confirme le maréchal Davout dans une lettre adressée à l'Empereur le 5 octobre 1806 : « J'ai l'honneur d'assurer Votre Majesté que le 3e corps est cantonné de manière à pouvoir être réuni à Bamberg en cinq heures et en mesure de se mettre en marche au premier ordre que Votre Majesté pourrait me faire passer ».

Une masse critique pour combattre une journée entière

L'avantage de l'armée modulaire est de faire marcher chaque corps d'armée selon des directions indépendantes de marche. C'est cependant prendre le risque que l'un de ces corps ne se heurte de façon isolée et inopinée au gros des forces adverses. Ce corps doit alors être en mesure de résister le temps nécessaire pour rameuter les autres corps. Napoléon a conçu le corps d'armée comme une unité interarmes dont la masse critique de 20 000 à 30 000 hommes lui confère une puissance de feu qui doit lui permettre d'engager des forces bien supérieures et de résister à toute attaque ennemie pendant une journée entière, soit le temps imparti aux renforts pour venir à son aide. L'Empereur explique cette organisation dans une lettre adressée le 7 juin 1809 au prince Eugène, commandant de l'armée d'Italie à la poursuite de l'archiduc Jean : « (...) Je voulais vous faire connaître ce matin que, dans votre poursuite du prince Jean depuis le Tagliamento, vous n'aviez pas marché assez réuni, et il pouvait vous arriver des malheurs. (...) Il faut donc marcher tous bien réunis, et point de petits paquets. Voici le principe général de la guerre : un corps de 25 000 à 30 000 hommes peut être isolé ; bien conduit, il peut se battre ou éviter la bataille et manœuvrer selon les circonstances sans qu'il lui arrive malheur, parce qu'on ne peut le forcer à un engagement, et qu'enfin il doit se battre longtemps ».

Dans ce schéma, chaque commandant de corps doit être capable de faire face à l'imprévu pendant une dizaine d'heures jusqu'à la tombée de la nuit ; l'Empereur s'engage, quant à lui, à manœuvrer l'ensemble de ses corps de façon à être en permanence en mesure de concentrer le gros de ses forces en 24 heures. Il y a ainsi une répartition implicite des compétences entre les chefs de corps et le commandant de l'armée. Les premiers sont responsables de la sûreté de leur corps d'armée tandis que le second se réserve la coordination des mouvements des différents corps. De fait, Napoléon cherche dans ses manœuvres à maintenir chaque corps à une distance maximale d'une journée de marche des autres corps. L'aboutissement de ce souci se traduit en 1806 par la mise en œuvre du « bataillon carré » dans lequel chaque corps est à distance de soutien de tous les autres corps. D'autant qu'un corps peut immobiliser l'adversaire en faisant simplement mine de se former en ordre de bataille, ce qui force l'ennemi à se déployer à son tour. Le corps peut alors, après confirmation du déséquilibre des forces en présence, se replier en menant un combat en retraite.

L'allongement de la portée des armes à feu au cours du XVIIe et du XVIIIe siècle facilite ce type de combat en retraite comme le fait remarquer de Mauvillon cité par Colin dans *L'Éducation militaire de Napoléon :* « La longue portée de nos armes de jet fait qu'une troupe assure la marche d'une autre tout en balayant le terrain que l'ennemi doit parcourir pour joindre celle-ci. De cette façon un bois, une maison, un ravin, une hauteur, un fossé, un enclos, une haie, tous ces objets que l'on trouve partout dans des pays cultivés, peuvent servir à y jeter un détachement qui couvre la retraite dans tout l'espace qu'il flanque par ses armes. En jetant ainsi des postes dans tout ce qui peut servir de protection à mesure que l'on se retire, et repliant sur soi en même temps tout ce qu'on y avait jeté lorsqu'on n'en attend plus de protection,

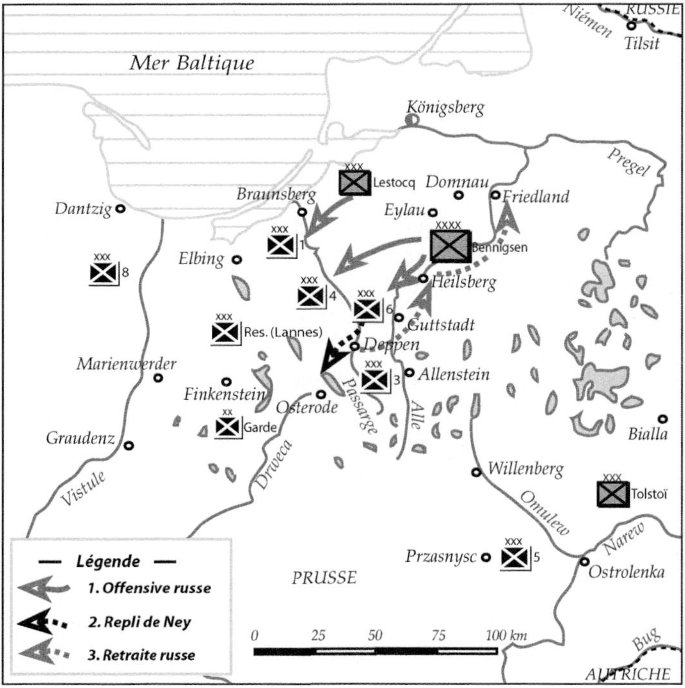

Carte n° 28 : Offensive, puis retraite de Bennigsen
du 4 au 13 juin 1807.

on fait sa retraite aussi sûrement que commodément ». Dans cette vivante description, de Mauvillon met en évidence les facilités d'un combat défensif par échelons usant successivement des différents accidents de terrain pour couvrir par le feu la retraite du gros des forces impliquées initialement dans l'accrochage. Le dernier échelon défensif, après avoir assuré la retraite des autres forces, quitte sa position défensive pour se replier sous la protection d'un échelon détaché derrière un accident de terrain situé plus en retrait, l'opération se répétant jusqu'à ce que l'armée soit à l'abri des poursuites adverses. En terrain découvert, les unités se forment en échiquier et opèrent des retraites en tiroir afin de se couvrir mutuellement tout en battant en retraite. Les développements de l'artillerie légère durant le XVIIIe siècle contribuent également à favoriser le combat de retraite en augmentant la puissance de feu capable de tenir l'ennemi à distance. C'est grâce à son artillerie légère (canons dits « à la suédoise ») que l'armée française parviendra, en plein hiver 1742-1743, à évacuer Prague assiégée pour rejoindre les lignes bavaroises au cours d'une retraite épique. La création de l'artillerie à cheval ne fera que renforcer cette force de résistance des détachements en couvrant presque sans discontinuer la retraite de l'infanterie. En effet, l'artillerie à cheval n'interrompt son feu que le temps nécessaire pour se replier par un bon rapide en arrière.

Ce renforcement de la puissance de feu confère aux corps d'armée une forte capacité de résistance. Chaque corps peut donc fixer des forces ennemies bien supérieures en permettant aux autres corps de manœuvrer afin d'assurer la concentration de l'armée et l'enveloppement de l'adversaire. L'accroissement de la capacité de combat des unités ouvre ainsi de nouvelles perspectives pour leur détachement, fondement de l'armée modulaire impériale et de la manœuvre napoléonienne. La Grande Armée protège de cette façon ses flancs et ses lignes de communication sans avoir à opérer de détachements spécialement investis de cette mission. Chaque corps d'armée peut à tout moment se transformer en pointe avancée de l'armée chargée de fixer l'armée ennemie pendant la concentration des autres corps de la Grande Armée. À plusieurs reprises, Napoléon va mettre en œuvre ce schéma de façon éclatante et plus particulièrement lors de la manœuvre de Friedland.

Le corps de Lannes à Friedland

La manœuvre de Friedland

Après le demi-succès d'Eylau, Napoléon a retiré ses troupes derrière la Passarge pour assurer leur ravitaillement avant la reprise des opérations au printemps suivant. Le 5 juin 1807, 85 000 Russes soutenus par les 24 000 Prussiens de Lestocq rompent la trêve en assaillant les avant-postes des corps de Bernadotte, Soult et Ney. La bonne tenue des deux premiers incite Bennigsen à infléchir son offensive vers le sud contre Guttstadt en forçant Ney à se replier sur Deppen (*cf.* carte n° 28). Ayant localisé l'axe majeur de l'offensive russe, Napoléon ne tarde pas à concentrer ses troupes pour se porter directement contre Guttstadt. Les opérations de l'hiver dernier lui ont en effet appris qu'il ne servait à rien de tenter d'envelopper Bennigsen vu sa fâcheuse tendance à battre en retraite à la moindre alerte. De fait, après leur succès initial, les Russes ont vite senti la menace et se retirent dans le camp retranché de Heilsberg à cheval sur les deux rives de l'Alle. Dans la soirée du 11 juin, de peur d'être débordé, Bennigsen évacue également Heilsberg en battant en retraite sur la rive droite de l'Alle. La poursuite s'engage alors vers Königsberg qui constitue le centre d'opération russe. Pour être sûr de couper les lignes de communication russes et forcer Bennigsen à livrer bataille, l'Empereur organise ses corps selon un schéma napoléonien classique comparable à celui appliqué pendant la manœuvre d'Iéna (*cf. chapitre VIII*). Il anticipe une réunion de l'armée russe à Domnau contre laquelle il dirige le gros de ses forces constitué de la Garde, du 1er corps de Victor (qui remplace Bernadotte blessé le 5 juin à Spanden), du 6e corps de Ney, du 8e corps de Mortier et du corps de Lannes en avant-garde. Dans le même temps,

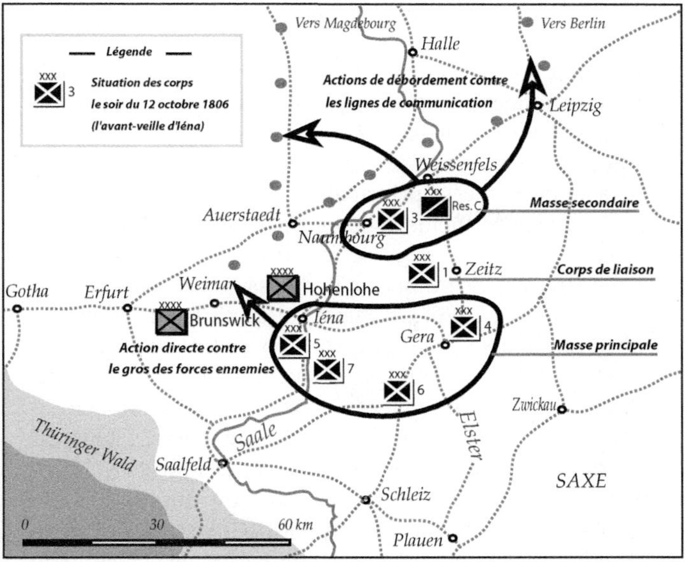

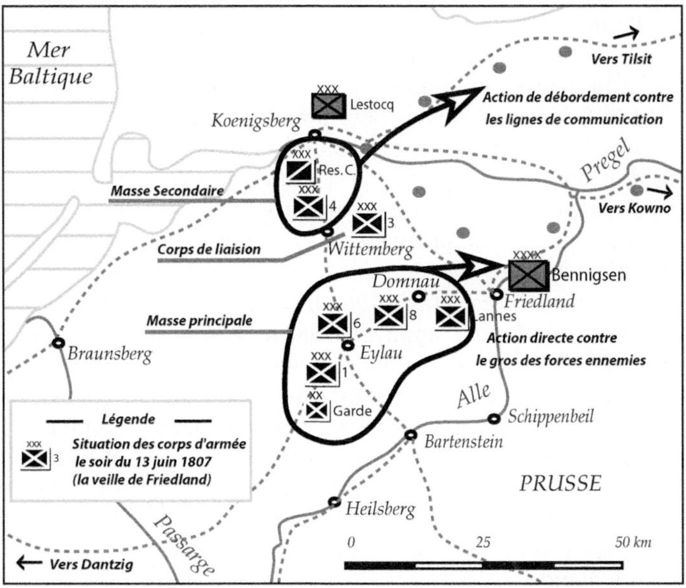

Cartes n° 29 et n° 30 : Comparaison des manœuvres d'Iéna (en haut) et de Friedland (en bas).

Murat et Soult sont envoyés sur Königsberg pour couper les communications russes tandis que Davout est établi en position intermédiaire pour pouvoir appuyer la pointe française vers la cité prussienne tout en prolongeant la gauche de la masse principale.

C'est bien le même schéma que celui appliqué avant Iéna, sachant qu'il s'agit cette fois d'un débordement de l'aile droite russe alors qu'il s'agissait de l'aile gauche prussienne en 1806. On retrouve (*cf.* cartes n° 29 et 30) ainsi une masse principale sous les ordres de Napoléon avec le corps de Lannes en avant-garde qui se porte directement sur la zone de concentration présumée de l'ennemi (Domnau en 1807, Iéna en 1806) ; plus au nord, une masse secondaire (Davout et Murat en 1806, Soult et Murat en 1807) chargée de déborder l'aile de l'adversaire la plus proche de sa ligne naturelle de retraite (vers Leipzig par Naumbourg en 1806, vers Königsberg en 1807) ; enfin, un corps (Bernadotte en 1806, Davout en 1807) en position intermédiaire qui lie (à la hauteur de Dornburg en 1806, de Wittemberg en 1807) les deux masses pour appuyer l'une ou l'autre en cas de besoin. Cette disposition échelonnée des corps doit permettre à Napoléon d'intercepter les trois routes utilisables par Bennigsen pour atteindre Königsberg par Bartenstein, Schippenbeil et Friedland. Il se tient lui-même à Eylau avec le gros de ses troupes prêt à porter son effort à l'est pour soutenir l'avant-garde de Lannes ou au nord pour appuyer celle de Murat. Comme en 1806, c'est Lannes qui va provoquer la bataille décisive et démontrer de façon magistrale les capacités de combat d'un corps d'armée. Il va en effet pleinement remplir sa mission d'avant-garde de la Grande Armée en fixant les forces de Bennigsen et en procurant à l'Empereur le temps nécessaire pour concentrer les autres corps qui interviendront de façon décisive durant l'après-midi de Friedland.

Lannes en mission d'avant-garde sur l'Alle

Dans l'après-midi du 13 juin 1807, les premières indications sur les mouvements russes parviennent à Napoléon : le général Latour-Maubourg, qui a été envoyé sur la rive droite pour poursuivre les Russes depuis Heilsberg, indique que Bennigsen se porte de Bartenstein sur Schippenbeil. Dans la soirée, c'est Lannes qui envoie un premier rapport faisant état de mouvements de cavalerie russe dans Friedland qui l'ont forcé à évacuer la ville. Ne sachant s'il s'agit d'un simple détachement ou de l'avant-garde de l'armée de Bennigsen, Napoléon décide cependant de faire appuyer Lannes par le corps de Mortier et la division Grouchy. D'Eylau, Napoléon envoie à Lannes un message à 9 heures du soir illustrant son système de gestion des corps d'armée : « Mon cousin, mon officier d'ordonnance arrive à l'instant. Il ne me donne pas assez de renseignements pour me faire connaître si c'est l'armée ennemie qui débouche par Friedland, ou seulement un parti. Dans tous les cas, la division Grouchy est en marche, et ce général, de sa personne, se rend sur-le-champ auprès de vous pour commander votre cavalerie. Le maréchal Mortier envoie aussi sa cavalerie pour appuyer la vôtre et se met en mouvement avec son corps d'armée. Selon les nouvelles que je recevrai, je ferai partir à une heure du matin, le maréchal Ney pour vous soutenir (...) ». Grâce à la puissance combative de chacun de ses corps, Napoléon peut se permettre de les disposer de façon échelonnée pour couvrir les différents axes possibles de progression de l'ennemi tout en demeurant à distance de soutien mutuel. Il souhaite en effet obtenir des informations confirmées avant de se décider à envoyer sur Friedland plutôt que sur Königsberg les corps qui sont encore auprès de sa personne (corps de Ney et de Victor, Garde et grosse cavalerie). Suite aux clarifications apportées sur les intentions adverses, il va être en mesure de profiter de cette disposition des corps pour les concentrer progressivement afin de transformer un simple accrochage en bataille générale, en privant Bennigsen de toute possibilité de se désengager.

Dans la soirée du 13 juin (*cf.* carte n° 30), l'Empereur dispose du corps de Lannes (15 000 hommes) à Friedland, à moins de 30 kilomètres d'Eylau soit une journée de marche du gros des forces françaises. Il met en marche la division de cavalerie de Grouchy (1 800 dragons) qui doit pouvoir renforcer Lannes dans le courant de la nuit tandis que le corps de Mortier (10 000 hommes) doit pouvoir l'appuyer aux premières lueurs du jour. En outre, on a vu que Napoléon a prévu la possibilité d'envoyer le corps de Ney (15 000 hommes) dans la nuit pour arriver en milieu de journée à Friedland. Enfin, le corps de Victor (21 000 hommes) peut être envoyé sur Domnau (15 kilomètres de Friedland) avant 10 heures du matin. Il peut donc concentrer en incluant la Garde (8 000 hommes) et une partie de la grosse cavalerie (8 490 cavaliers) près de 80 000 hommes dans l'après-midi du 14 juin face aux 60 000 hommes de Bennigsen. Pourtant, alors qu'il demeure en attente à Eylau, l'Empereur commet une erreur d'appréciation semblable mais inverse à celle commise lors de la campagne précédente de Saxe. En 1806, Napoléon était persuadé que le gros de l'armée prussienne était sur son flanc gauche face à Lannes, alors qu'il tentait de s'échapper par le nord avant d'être accroché par Davout près d'Auerstaedt ; en 1807, il se focalise sur Königsberg alors que les Russes sont encore sur son flanc droit près à fondre sur le corps de Lannes apparemment isolé. Mais, alors qu'en 1806, Napoléon veille à maintenir une certaine concentration des forces (il y a 25 kilomètres entre Iéna et Kosen), cette erreur initiale d'appréciation le conduit en 1807 à une quasi-dispersion de ses forces. Il a en effet envoyé près de 70 000 hommes (corps de Soult et Davout plus 10 000 cavaliers sous les ordres de Murat) soit la moitié de son armée en direction de Königsberg, soit à 50 kilomètres de Friedland. Napoléon va cependant rapidement rectifier son interprétation des intentions ennemies, démontrant une nouvelle fois sa maîtrise de l'art de la guerre. Celui-ci suppose de prendre des décisions de mouvements à partir d'intuitions résultant d'indices fragmentaires. C'est cette capacité à retenir les bons indices pour formuler les bonnes intuitions qui distingue le grand chef de guerre. Il va donc déclencher la concentration de ses troupes dans la soirée du 13 juin à la lecture des premiers rapports de reconnaissance de Lannes. Le talent tactique du futur duc de Montebello et la capacité combative de son corps feront le reste, à l'instar du corps de Davout en 1806.

Durant la nuit du 13 au 14 juin, les avant-gardes de cavalerie de Lannes ont été refoulées du village de Friedland. Désireux d'exécuter l'ordre impérial lui prescrivant d'occuper « ce poste important », Lannes se porte avec des renforts pour contre-attaquer. Il croit alors distinguer à travers la nuit de vastes mouvements de troupes qui l'incitent à se reporter sur Posthenen. La lumière du jour qui commence à poindre à cette latitude dès trois heures du matin confirme l'ampleur de la concentration ennemie. C'est toute l'armée russe qui traverse l'Alle et traverse Friedland pour se former en ordre de bataille. Bennigsen a en effet décidé de prendre au plus court vers Königsberg pour accomplir la mission de sauvetage de la monarchie prussienne dont l'a investi son souverain. Il pense pouvoir détruire au passage sans difficulté ce corps apparemment exposé. Le problème posé à Lannes semble alors insoluble. Dans sa précipitation, Lannes ne dispose que de la division, d'élite il est vrai, d'Oudinot composée de 7 000 grenadiers renforcés par les 1 800 sabres de Grouchy ainsi que par 1 200 cavaliers du 9e hussard et deux régiments de cavalerie saxonne. Bennigsen dispose quant à lui de plus de 60 000 hommes soutenus par deux cents canons. Il fait établir sur l'Alle trois ponts supplémentaires de part et d'autre du pont de Friedland pour accélérer le passage de ses troupes sur la rive gauche du fleuve.

Combat de fixation de Lannes...

L'objectif de Lannes est clair : mener un combat de retardement en attendant l'arrivée de l'Empereur qu'il a alerté en envoyant ses aides de camp avec ordre de crever leurs chevaux. Malgré un rapport de forces très défavorable, Lannes pense que la partie est jouable. Il dispose de deux atouts qui peuvent faire pencher la balance en sa faveur : des troupes aguerries et un terrain favorable au combat défensif. Il place ses troupes en avant de Posthenen (*cf.* carte n° 31) dont il fait son principal point d'appui pour entraver le déploiement des masses russes au-delà du goulot d'étranglement que forme Friedland. Il positionne les grenadiers d'Oudinot sur les collines environnant Posthenen en ancrant son aile gauche sur le petit bois au sud d'Heinrichsdorf. Il envoie deux bataillons dans le bois de Sortlack pour bloquer toute progression ennemie au sud de Posthenen. Au début de la bataille, les troupes françaises forment ainsi à l'ouest de Friedland un arc de cercle allant du sud d'Heinrichsdorf vers Posthenen avant de s'infléchir jusqu'à l'ouest du village de Sortlack. Dès trois heures du matin, Bennigsen a fait passer plus de 10 000 hommes, sous la protection de son artillerie demeurée sur la rive droite qui domine la rive gauche. Le feu des tirailleurs est bientôt couvert par la canonnade des deux artilleries en présence. Malgré la supériorité écrasante de l'artillerie de Bennigsen pendant la première partie de la journée, les pertes infligées par les canons seront principalement russes.

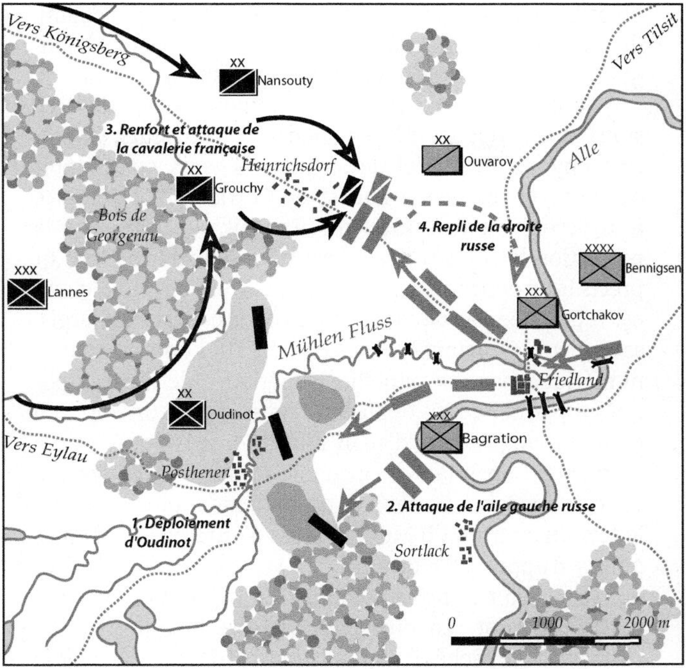

Carte n° 31 : Combat défensif de Lannes
à Friedland de 3 à 7 heures.

Le choix d'une « défense en avant » au plus près de Friedland oblige en effet Bennigsen à concentrer ses divisions en formations compactes, tandis que Lannes utilise au maximum les formations de tirailleurs et profite des accidents du terrain pour optimiser sa défense. Pour vaincre, Bennigsen doit à tout prix s'extraire du goulot d'étranglement formé par le village de Friedland et les marais entourant le Mühlen Fluss (ruisseau du Moulin) qui se jette dans l'Alle au nord de Friedland. Il pourra ainsi déployer ses troupes sur le plateau d'Heinrichsdorf et faire jouer à plein sa supériorité numérique. Il fait jeter plusieurs ponts légers sur ce ruisseau qui divise le champ de bataille en deux selon un axe est-ouest avant d'obliquer vers le sud à la hauteur de Posthenen.

À la tête de la gauche russe composée de deux divisions et de tous les détachements de chasseurs, Bagration engage l'essentiel des troupes légères pour tenter de nettoyer les bois à l'ouest de Sortlack. Il s'y heurte à la supériorité des tirailleurs français qui utilisent à la perfection le couvert des arbres pour harceler de leur tir précis les troupes russes. Chaque progression de l'ennemi est repoussée par de vigoureuses contre-attaques surgissant des bois. Lannes compense en effet son infériorité numérique par une mobilité supérieure de ses troupes qui lui permet de les déplacer d'un secteur à un autre en donnant l'impression d'avoir plus de troupes qu'il n'en a en réalité. Cependant, « l'incendie russe » se propage à la gauche française. La menace est nettement plus grave car le terrain au nord du Mühlen Fluss n'offre pas les mêmes points d'appui à l'exception du village d'Heinrichsdorf qui va devenir le principal enjeu de la bataille sur cette partie du front. En outre, la faiblesse des effectifs de Lannes l'a empêché d'inclure Heinrichsdorf dans sa ligne de front et l'a obligé à laisser un espace non défendu entre le petit bois au sud d'Heinrichsdorf, occupé par les grenadiers d'Oudinot, et la route qui passe par ce village pour relier Friedland à Königsberg. Les Russes vont y concentrer la majorité de leurs forces avec quatre divisions sous les ordres du général Gortschakov soutenues par la cavalerie d'Ouvarov. Ce dernier va bientôt engager un duel meurtrier avec la cavalerie de Grouchy pour la maîtrise du plateau d'Heinrichsdorf. Quand la cavalerie russe se porte sur Heinrichsdorf entre 6 heures et 7 heures du matin, Bennigsen a fait passer l'Alle à près de 25 000 hommes face aux 10 000 soldats de Lannes. Grouchy qui a d'abord engagé les cavaliers saxons sur la droite en soutien des tirailleurs français, se porte sur la gauche pour contrer Ouvaroff. Les Russes ont déjà posté des éléments d'infanterie et quelques pièces dans le village. Il semble que Bennigsen ait l'intention, tout en fixant la droite française par une attaque frontale entre Posthenen et Sortlack, de tourner la gauche de Lannes pour le couper d'Eylau et de Napoléon (*cf.* carte n° 32). Lannes décide d'utiliser sa cavalerie renforcée depuis peu par l'arrivée des cuirassiers de Nansouty (3 700 sabres) pour leur reprendre la position vitale d'Heinrichsdorf qui commande le contrôle de la route de Königsberg. Grouchy se lance à la tête des dragons de la brigade Milet et expulse les Russes du village d'Heinrichsdorf puis envoie les cuirassiers de Nansouty pour repousser les contre-attaques de leur cavalerie. Refluant en désordre sur son infanterie qu'elle était censée protéger, la cavalerie d'Ouvarov désorganise toute l'aile droite russe et offre un moment de répit à Lannes. Ce dernier en profite pour faire occuper Heinrichsdorf par les grenadiers de la brigade Albert.

Après cette première tentative infructueuse, Bennigsen réorganise ses unités et prépare une attaque générale en concentrant son effort contre la gauche française. L'essentiel de l'armée ennemie, soit 60 000 hommes, a maintenant traversé l'Alle et les masses d'infanterie russe se répandent sur le plateau en direction d'Heinrichsdorf précédées par plus de 12 000 cavaliers. Cependant, aux alentours de 8 heures, Lannes a reçu en renforts, la division Dupas (6 000 hommes) et la division Verdier (7 000 hommes), ce qui porte son effectif global à 26 000 hommes. Il faut à tout prix contenir la poussée russe pour donner le temps à l'Empereur d'arriver avec le gros de la Grande Armée. La division Dupas est placée entre Posthenen et Heinrichsdorf, ce qui permet à Lannes de resserrer les grenadiers d'Oudinot au sud de Posthenen face à Bagration. Les grenadiers, qui se battent depuis l'aube, commencent néanmoins

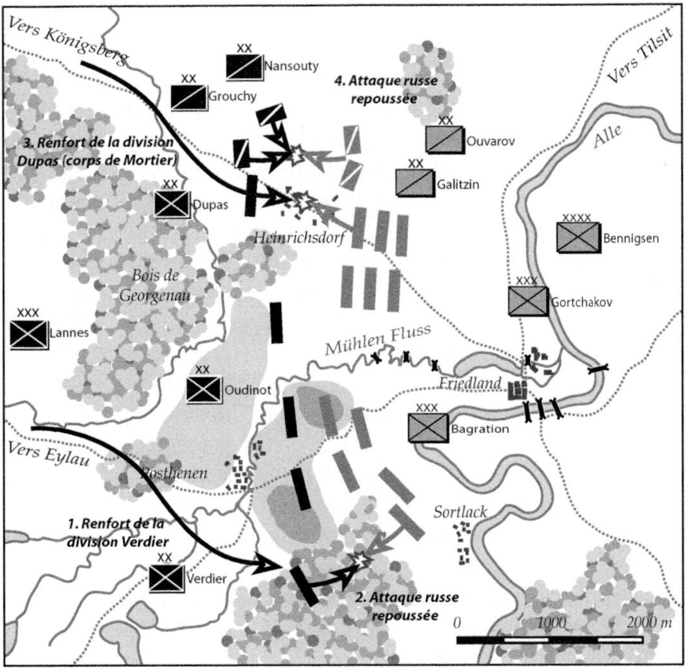

Carte n° 32 : Combat défensif de Lannes à Friedland
de 7 heures à midi.

à montrer quelques signes de fatigue quand entre en ligne la division Verdier. Lannes la répartit en plusieurs colonnes qu'il jette dans la fournaise dans de soudaines contre-attaques qui interdisent le bois de Sortlack aux hommes de Bagration. Définitivement bloqué sur sa gauche, Bennigsen espère que sa supériorité en cavalerie lui donnera l'avantage dans la plaine d'Heinrichsdorf. Il est environ 9 heures quand il porte son effort contre ce village. Il va s'y heurter à nouveau à l'habileté de Grouchy. Ce dernier compense son infériorité numérique par une habile disposition de ses 5 000 cavaliers : il déploie en première ligne les cuirassiers de Nansouty puis, plus en retrait, en embuscade derrière Heinrichsdorf, ses dragons et les carabiniers avec l'artillerie légère. Grouchy esquisse une marche en avant des cuirassiers puis fait mine de se replier. La cavalerie russe tombe tête baissée dans le piège de Grouchy en se lançant à sa poursuite. Dès qu'elle a dépassé Heinrichsdorf, les cuirassiers font volte-face et chargent les Russes qui sont pris de flanc et en queue par les dragons dissimulés derrière le village, puis pris en écharpe par l'artillerie quand ils regagnent les lignes russes. La manœuvre, répétée plusieurs fois, paralyse la progression russe et leur interdit de pénétrer dans Heinrichsdorf. Il est midi quand les deux armées épuisées tentent de retrouver leur souffle. Bennigsen semble se résoudre à attendre la nuit pour repasser l'Alle. Ses hommes ont le ventre vide depuis l'avant-veille et sont épuisés par le combat qui s'ajoute à la marche forcée de la veille vers Friedland. De plus, les munitions commencent à sérieusement diminuer. Lannes peut se contenter d'un échange de tirs d'artillerie. Il vient de réussir l'un des plus brillants exploits de l'histoire militaire napoléonienne : contenir pendant neuf heures plus de 60 000 hommes avec seulement 25 000.

… *En attendant la concentration de la Grande Armée*

Peu après midi, l'Empereur arrive sur le champ de bataille avec son état-major. Napoléon est rayonnant en ce jour anniversaire de la bataille de Marengo. Un rapide examen à la lunette de la situation le convainc de l'erreur fatale commise par Bennigsen en décidant de combattre adossé à l'Alle. Il va attendre la concentration de l'ensemble de ses troupes pour jeter les Russes dans l'Alle. Napoléon est bientôt suivi par l'arrivée des corps de Mortier, Ney, Victor et enfin de la Garde impériale qu'il positionne au fur et à mesure de leur arrivée. Il place le

6e corps de Ney (14 000 hommes) à la droite de Lannes avec la mission principale de prendre le village de Friedland et ses ponts afin de couper toute retraite aux Russes. Il intercale le corps de Victor (qui a remplacé Bernadotte blessé à la tête du 1er corps : 22 000 hommes) entre Ney et Lannes. Il renforce le corps de Mortier des jeunes fusiliers de la Garde impériale à la gauche de Lannes. Cette première ligne ainsi constituée est renforcée en seconde ligne par les divisions de dragons de Latour-Maubourg (derrière Ney) et de La Houssaye et la Garde impériale (derrière Victor). La cavalerie légère de Beaumont et de Colbert vient renforcer Grouchy sur l'aile gauche pour neutraliser les nuées de cosaques. Au total, l'Empereur dispose de 80 000 hommes (*cf.* carte n° 33). Après l'arrivée vers 4 heures de l'après-midi de la Garde impériale, l'Empereur accorde une heure de repos aux corps qui viennent de rejoindre le champ de bataille et vérifie l'approvisionnement. À cinq heures, la batterie de 20 canons de Posthenen tire une salve reprise en écho par toutes les pièces de la Grande Armée pour donner le signal de l'attaque. Le corps de Ney surgit des bois de Sortlack pour balayer l'aile gauche russe. Trois heures et demi plus tard, avec le soutien des cavaliers de Latour-Maubourg, des soldats de Dupont et des canons de Sénarmont, les troupes de Ney prennent le contrôle de Friedland coupant la retraite de l'aile gauche russe. Sur la droite russe, le général Gortschakov tente de repousser les corps de Lannes et Mortier mais est repoussé dans l'Alle où une partie de ses troupes se noie. Les Russes ont perdu plus de 20 000 hommes et 80 canons contre 8 000 hommes chez les Français. Il est plus de dix heures du soir quand Napoléon peut savourer sa victoire en contemplant les colonnes de feu qui montent du village de Friedland.

Cette victoire est, bien sûr, le fruit du génie opératique de l'Empereur tant dans la disposition des zones de cantonnement des corps que dans l'arrêt de l'offensive

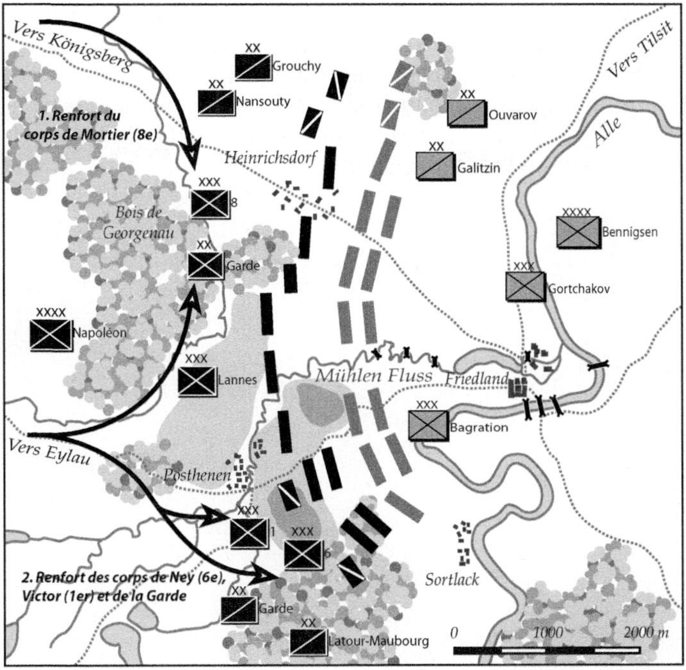

Carte n° 33 : Arrivée des corps de Napoléon à Friedland de midi à 16 heures.

de Bennigsen et la poursuite en « bataillon carré » qui a jeté une toile arachnéenne dont l'armée russe n'a pas pu s'extirper. Mais Friedland, c'est ausi la confirmation éclatante de la puissance de combat d'un corps d'armée. C'est la validation de l'organisation modulaire de la Grande Armée. En résistant pendant près de neuf heures au gros de l'armée russe, Lannes a démontré qu'un corps d'armée pouvait, en utilisant habilement les accidents du terrain ainsi que la mobilité et la coordination interarmes des troupes, tenir tête à des forces bien supérieures et les fixer pour permettre au reste de l'armée de « marcher au canon » et d'emporter la victoire après avoir renversé le rapport des forces. Dans l'opératique napoléonienne, la résistance des corps d'armée conditionne l'obtention de la supériorité numérique et permet, comme en ce 14 juin 1807, à 25 000 hommes d'en fixer 60 000 avant de les faire battre par 80 000.

Chapitre VI

Un commandement déconcentré

Sous la Révolution et l'Empire, les armées modulaires succèdent aux armées unitaires de l'Ancien Régime. L'armée ne se déplace plus et ne combat plus d'un seul bloc. Elle s'articule en modules autonomes qui doivent combiner leurs efforts dans les manœuvres et les batailles. Mais, pour assurer une telle coordination, la concentration du commandement devient inadaptée. Sous Frédéric II ou Maurice de Saxe, les commandants d'armée et leur état-major concentraient les pouvoirs de commandement. Ils édictaient l'ensemble des instructions de marche et de combat. L'avènement des armées modulaires impose au contraire une *déconcentration du commandement*. La création de corps d'armée s'accompagne donc de la création d'états-majors qui leur sont rattachés de façon à soulager la charge de travail de l'état-major général et accélérer la transmission et l'exécution des ordres. Les nouveaux commandants des unités déconcentrées, que sont les divisionnaires et maréchaux, disposent de pouvoirs de commandement propres. Il leur appartient de mettre en œuvre les ordres de l'état-major général. C'est plus particulièrement le cas des commandants de corps d'armée qui doivent exécuter les ordres centraux en édictant des instructions visant à coordonner les mouvements de leurs divisions.

Les chefs de corps demeurent cependant soumis à l'autorité centrale du commandant en chef. Dans la typologie des institutions administratives, la déconcentration est une forme d'organisation de la centralisation. Cette déconcentration administrative se traduit d'ailleurs sous Napoléon par la création du corps des préfets qui disposent de pouvoirs délégués pour atteindre les objectifs fixés par l'Empereur. À l'instar du préfet dans le département, le chef de corps est le représentant de l'Empereur au sein du corps d'armée. Au sein de la Grande Armée comme dans l'administration civile, la déconcentration de l'exécution des ordres intervient dans le cadre d'un système de commandement centralisé.

Les historiens ont largement critiqué les excès centralisateurs du commandement napoléonien en soulignant les faibles marges d'initiative accordées aux commandants de corps et la progressive sclérose intellectuelle qui en résulta. Ces critiques ne sont que partiellement fondées. Certes, le génie militaire de Napoléon et l'originalité de ses conceptions impliquent la création d'un système centralisé garantissant une exécution rapide et coordonnée de ses instructions. Pour autant, Napoléon n'hésite pas à informer ses chefs de corps de l'esprit général de sa manœuvre et essaye autant que possible de préciser la mission qui leur est assignée dans cette manœuvre. Ces chefs de corps disposent donc souvent d'un niveau d'information proche de celui de l'Empereur, ce qui leur permet de prendre des initiatives appropriées.

Nous allons tenter de clarifier cette question en présentant les organes de centralisation de la planification napoléonienne avant de détailler les procédures de déconcentration du commandement.

I. UNE PLANIFICATION CENTRALISÉE

Le centre de décision de la Grande Armée repose sur un homme et deux organes de commandement. L'homme, c'est bien sûr Napoléon qui est son propre « 3e bureau » ou bureau des opérations pour reprendre une terminologie contemporaine. Il est assisté dans son travail de planification et de conception stratégique par le grand quartier général impérial composé de trois organes : la maison militaire ou état-major particulier de l'Empereur, l'état-major général dirigé par Berthier et enfin l'intendance dirigée par Daru. Cette organisation est conçue pour répondre aux exigences de Napoléon qui est le destinataire ultime de tous les rapports et l'initiateur de tous les ordres d'opérations.

Napoléon, centre exclusif de planification

La conception des manœuvres stratégiques relève du « domaine réservé » de l'Empereur. C'est Napoléon qui fixe les objectifs de chaque campagne et mobilise les moyens nécessaires pour les atteindre. C'est également lui qui pilote la conduite des opérations en analysant les informations collectées et en ordonnant les marches des différentes unités. Napoléon est son propre bureau de planification et de conception des opérations. Il exerce seul cette fonction et, contrairement à certains de ses illustres prédécesseurs, réunit très rarement un conseil de guerre pour recueillir l'avis de ses maréchaux. Sa maison militaire et l'état-major général ne sont que des organes de préparation technique qui alimentent Napoléon en données. Ils servent ensuite de courroie de transmission des ordres. Ils ne participent pas à la décision à l'instar des états-majors modernes. Le processus de décision est donc strictement centralisé dans la personne de l'Empereur. C'est lui qui confronte les rapports de reconnaissances, étudie les cartes, combine les mouvements avant de dicter les ordres d'opérations, ainsi que l'a décrit Jomini : « L'Empereur était lui-même le vrai chef de son état-major. Muni d'un compas ouvert à une échelle de 7 à 8 lieues en ligne directe (ce qui suppose toujours 9 à 10 lieues au moins pour les sinuosités de la route), appuyé et quelquefois couché sur sa carte, où les positions de ses corps d'armée et celles présumées de l'ennemi étaient marquées par des épingles de différentes couleurs, il ordonnait ses mouvements avec une assurance dont on aurait peine à se faire une juste idée. Promenant un compas avec vivacité sur cette carte, il jugeait en un clin d'œil le nombre de marches nécessaires à chacun de ses corps pour arriver au point où il voulait l'avoir à point nommé ; puis plaçant ses épingles dans ces nouveaux emplacements et combinant la vitesse de marche qu'il faudrait assigner à chacune des colonnes avec l'époque possible de leur départ, il dictait ces instructions qui, à elles seules, seraient un titre de gloire ».

Le travail de « cabinet »

Une telle centralisation de l'élaboration des plans d'opérations pour des armées évoluant selon les campagnes entre 100 000 et 600 000 hommes suppose une capacité de travail hors du commun. Napoléon déploie en effet une activité intellectuelle et physique qui épuise la plupart de ses collaborateurs, pourtant eux-mêmes connus pour être des bourreaux de travail. La capacité de travail de Napoléon et sa faculté de fractionner ses heures de sommeil lui permettent notamment de travailler une bonne partie de la nuit, faisant ainsi preuve d'une réactivité bien supérieure à ses adversaires. Fain, son secrétaire particulier, a rapporté dans ses Mémoires cette disposition inestimable de l'Empereur : « Il dormait quand il voulait et comme il voulait. Quelque besoin qu'il eût de sommeil, trois ou quatre heures pouvaient suffire. Je le voyais se relever sans aucun effort au premier réveil de la nuit, se mettre au travail ; ensuite se recoucher et se rendormir promptement (...). Habituellement il dormait à peu près sept heures sur vingt-quatre ; mais c'était toujours en plusieurs sommes, s'interrompant à volonté la nuit comme le jour. Pendant l'évacuation de Leipzig, il a pu dormir tranquillement deux heures dans un fauteuil : l'explosion du pont vint le réveiller. » Napoléon est donc disponible quasiment 24 heures sur 24 et ne récupère que par tranches d'une à deux heures de sommeil. De nombreux témoins le décrivent ainsi reprenant des forces pendant une heure ou deux sans le moindre souci de confort, simplement assis sur une chaise ou allongé à même le sol comme s'en étonne le baron Paulin, aide de camp du général Bertrand à Wagram : « Pendant ce temps, c'est-à-dire pendant trois quarts d'heure ou une heure, je vis de mes yeux un spectacle qui me plongea dans le plus grand étonnement. L'Empereur se coucha de tout son long dans un sillon de cette plaine brûlée par le soleil, la face contre terre, appuyé sur ses deux mains, et au milieu de nous tous demeura sans mot et comme endormi jusqu'au moment où le Major Général, ayant réuni tous les rapports qu'il attendait des divers points du champ de bataille, lui apprit que les positions de Neutieder et de Wagram, défendues le plus résolument par l'ennemi, avaient été enlevées ».

C'est au milieu de la nuit, entre une et trois heures du matin que Napoléon est le plus productif. Quand il ne se déplace pas d'un point à un autre du théâtre d'opérations, c'est en effet à ce moment que l'Empereur reçoit tous les rapports des unités sur leurs mouvements et reconnaissances de la veille. Il peut alors mettre à jour avec Bacler d'Albe, chef du bureau topographique, les positions de ses corps et celles de l'ennemi pour réfléchir aux combinaisons de la journée et dicter les ordres qui vont les concrétiser. Ceux-ci seront envoyés aux premières lueurs du jour par les officiers d'état-major de façon à parvenir à leur destinataire au petit matin. Après sa nuit de travail, Napoléon a coutume de se recoucher une petite heure avant le lever du jour.

24 heures avec l'Empereur

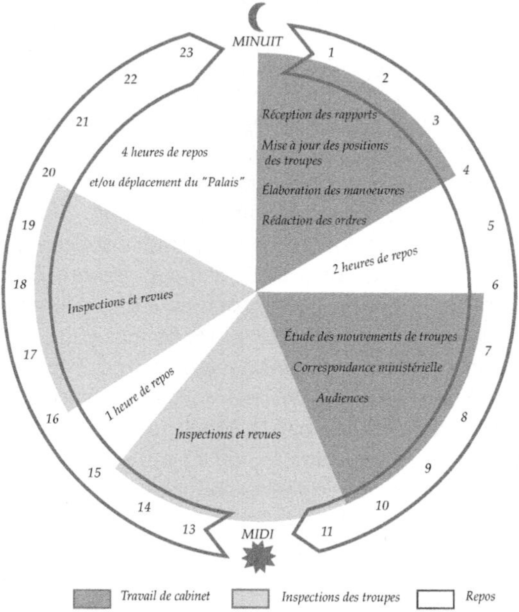

Il est généralement à nouveau opérationnel dès six heures du matin, rasé, lavé et habillé. Après avoir étudié les mouvements de troupes avec Bacler d'Albe, l'Empereur étudie la correspondance ministérielle présentée par le secrétaire d'État ou dicte ses instructions à son secrétaire particulier quand il n'accorde pas une audience. Il vérifie en milieu de matinée les lettres qu'il a dictées avant de les signer. (*cf.* schéma « 24 heures avec l'Empereur »).

Déplacements et reconnaissances

Mais l'Empereur ne se contente pas de ce travail de cabinet. Son « système de commandement » repose sur des déplacements constants visant à reconnaître le terrain, passer en revue des troupes ou plus généralement vérifier l'exécution de ses ordres. Comme il l'explique à Roederer, il passe une bonne partie de la journée à cheval, couvrant chaque jour une distance souvent deux à trois fois supérieure à la distance moyenne parcourue par ses fantassins : « Je fais de ma personne 25 lieues par jour, à cheval, en voiture, de toutes les manières. Je me couche à huit heures et suis levé à minuit ». Quand il quitte son cabinet de travail pour partir en inspection, Napoléon est accompagné de son « petit quartier général ». Ce dernier comprend le chef d'état-major, le grand écuyer, deux aides de camp, deux officiers et l'écuyer de service, un page portant la lunette impériale, le mameluk Roustan qui porte la redingote de l'Empereur, un valet, un interprète et enfin le chasseur avec le portefeuille des cartes. Ce groupe est précédé de deux officiers de service devançant douze chasseurs à cheval conduits par un officier. Il est suivi de quatre escadrons de cavalerie de la Garde.

L'appellation de « petit quartier général » désigne également le premier échelon du grand quartier général impérial qui accompagne l'Empereur dans ses déplacements au cours d'une campagne. Ce premier échelon se déplace derrière l'avant-garde de la Grande Armée et comprend outre Napoléon et Berthier, un personnel réduit à ses éléments clefs. Cette formation est utilisée quand l'armée s'approche de l'ennemi et permet à l'Empereur de se déplacer plus rapidement d'un point à un autre. Napoléon échange alors sa lourde voiture de poste (qui comprend un matelas, un nécessaire de toilette, une bibliothèque et de quoi écrire avec éclairage, les cartes du théâtre d'opérations et dans laquelle il peut donc voyager sur de longues distances) contre une calèche plus rapide. Toute la logistique et le personnel non strictement indispensables relèvent du second échelon (ou

« gros équipages ») qui rassemble tous les fourgons du quartier impérial sous la protection d'un colonel de la gendarmerie (*cf.* encadré « L'équipage de guerre et le service de l'Empereur »).

L'Empereur se met généralement en route au petit jour et couvre en quelques heures la distance parcourue par son armée pendant la journée. Il est précédé par un groupe de calèches transportant le personnel chargé, sous la direction du maréchal des logis du palais, de choisir et de préparer son logement avant son arrivée. Le « Palais » ou logement du grand quartier général impérial doit au moins se composer de trois pièces : une pièce servant de chambre à coucher, une pièce servant de cabinet de travail et une pièce servant d'antichambre où se tient l'aide de camp général de service. Cet agencement n'est cependant pas toujours respecté, l'Empereur n'hésitant pas à bivouaquer au milieu de ses troupes, quand les impératifs militaires l'exigent.

D'autant que cette formation réglementaire est souvent prise de vitesse par l'Empereur qui se retrouve alors seulement escorté d'un chasseur de la Garde ou d'un mamelouk comme en témoigne Ségur chargé de préparer l'implantation du quartier général à Burgos le 6 novembre 1808 : « J'arrivais à six heures au point du jour, et j'avais à peine placé les premiers postes, que je vis arriver, seul avec son mamelouk et Savary, l'Empereur lui-même ; il avait couru comme moi toute la nuit ; il arrivait à toute bride, couvert de boue et mourant de froid, de faim et de fatigue ». Un mois et demi plus tard, son désir de rattraper au plus vite l'armée de Moore en retraite vers La Corogne le pousse à dépasser ses propres avant-gardes et à pénétrer le 28 décembre 1808 avec son piquet et l'escadron de service dans Valderas qui a été évacué une heure auparavant par les Anglais. Ce qui fait dire à Ney qui entre une heure plus tard dans la ville : « Sire, je remercie Votre Majesté de ce qu'elle veut bien faire mon avant-garde ».

L'ÉQUIPAGE DE GUERRE ET LE SERVICE DE L'EMPEREUR

L'équipage de guerre de Napoléon comprend un service léger, un service d'expédition et les gros équipages. Le service léger regroupe les chevaux de selle ainsi que les tentes et bagages portés à dos de mulet. Le service d'expédition regroupe les voitures légères de l'Empereur et de sa suite, les tentes du camp impérial, une partie du cabinet de Napoléon et les bagages légers. Enfin, les gros équipages regroupent les gros bagages avec les réserves diverses de matériel, le tout attelé par 500 chevaux. En campagne, les gros équipages sont placés en second échelon. Un bataillon de transport à six compagnies est affecté à l'équipage de guerre : une compagnie pour la Maison de l'Empereur, une compagnie pour le major général, les quatre autres pour les troupes du quartier général. Pour se déplacer rapidement à travers l'Europe, l'Empereur a organisé un système de relais utilisant 200 chevaux du service de l'expédition et des gros équipages et lui permettant de franchir 200 km avec quatre voitures : une pour Sa Majesté, deux pour ses officiers et une pour sa chambre et son cabinet. Dans cette configuration, des officiers d'ordonnance, pages, aides de camp de Berthier ainsi que les piquets d'escorte sont placés dans chaque relais. L'escorte de l'Empereur comprend un piquet de chasseurs à cheval et un escadron complet. Le peloton de chasseurs détache toujours en avant un brigadier et quatre chasseurs chargés de faire place à l'Empereur. Dès que l'Empereur s'arrête, tous les chasseurs du peloton mettent également pied à terre et font face à l'extérieur, baïonnette au mousqueton. Si l'escadron d'escorte est différent chaque jour, la sûreté immédiate de Napoléon est toujours assurée par ses fidèles chasseurs à cheval de la Garde.

Le service de l'Empereur est assuré le jour par deux aides de camp et la moitié des officiers d'ordonnance et des pages présents. Il est assuré la nuit par un aide de camp qui couche dans le deuxième salon et la moitié des officiers d'ordonnance et des pages présents qui couchent dans le premier salon. L'aide de camp de service doit toujours avoir un portefeuille avec des cartes du théâtre d'opérations et un nécessaire pour écrire. L'écuyer de service est chargé de trouver des guides connaissant la région pour les placer sous la garde du commandant de l'escadron de service ■

Napoléon n'hésite pas non plus à reconnaître lui-même les positions adverses quitte à manquer de tomber sous les balles ennemies ou à risquer d'être capturé par une escouade de cavaliers ainsi que le relate le comte de Ségur : la veille de la bataille d'Austerlitz « voulant une dernière fois reconnaître lui-même, par les feux des bivouacs, les positions de l'ennemi, il remonta à cheval, et, suivi de peu d'entre nous, il s'aventura entre les lignes. Il les prolongeait lorsque, en dépit de plusieurs avertissements, s'étant dirigé dans l'obscurité vers Pratzen, je crois, il donna inopinément dans un poste de cosaques ! Ceux-ci s'élancèrent si brusquement sur lui, qu'ils l'eussent pris ou tué, sans le dévouement de ses chasseurs d'escorte, et s'il ne fût revenu sur nos feux à toute bride ». La veille de la bataille d'Iéna, il persiste également à vouloir observer la ligne ennemie jusqu'au point de recevoir plusieurs coups de fusil. Pour éviter de prendre des risques inconsidérés, Napoléon décide parfois de se déguiser afin d'observer plus librement. Ainsi, à la veille du passage du Niémen, le général Lejeune rappelle que « L'Empereur et le général Haxo, tous deux déguisés sous des capotes et des bonnets de soldats, profitèrent de ce moment de calme pour s'avancer et reconnaître les points où il conviendrait de jeter les ponts ».

Napoléon estime donc indispensable de vérifier sur le terrain les différents rapports qu'il étudie durant ses nuits de travail. Il est aussi parfaitement conscient de son magnétisme sur la troupe. Pour ces deux raisons, il veut voir et être vu. Il passe donc une bonne partie de la journée en inspections et revues diverses ; ce qui a le mérite de maintenir en alerte toute la hiérarchie militaire de la Grande Armée tout en entretenant le moral du soldat. Il retourne ensuite à son « cabinet de travail » pour étudier les dernières « dépêches » et envoyer les réponses éventuelles. Enfin, il termine généralement la journée par une dernière conférence avec Bacler d'Albe.

Localisation géographique et conduite des opérations

En tant que centre exclusif de planification et de conduite des opérations, Napoléon ne peut pas négliger son positionnement géographique qu'il modifie durant les différentes phases de chaque campagne. S'il peut, au début des opérations, esquisser ses manœuvres à distance pendant les marches de ses corps vers le théâtre d'opérations, les moyens de communication de l'époque l'obligent à se porter ensuite au milieu de son armée pour diriger les opérations. En 1806, suite à la mobilisation des troupes prussiennes et à leurs mouvements vers la Saxe, Napoléon organise tout d'abord à distance le rassemblement de la Grande Armée. Du 5 au 25 septembre, l'Empereur dirige de Saint-Cloud les mouvements de la Grande Armée cantonnée sur le Danube vers la Franconie pour faire face à la nouvelle menace prussienne. Il supervise les différentes marches des corps d'armée *via* Berthier qui est établi à Munich. C'est durant cette phase qu'il conçoit sa manœuvre de débordement de l'armée prussienne sur la haute Saale à travers la Frankenwald. Il a demandé dès le 5 septembre des reconnaissances sur les chemins qui mènent de Bamberg à Berlin. Parallèlement au rassemblement de ses troupes autour de Bamberg, Napoléon a, par ailleurs, déjà planifié le transfert de son quartier général : le 10 septembre, la maison militaire et la Garde se mettent en route vers le théâtre d'opérations ; le 20 septembre, Napoléon annonce à Berthier qu'il sera à Mayence le 30 et à Wurzbourg le 2 ou le 3 octobre. Le 25 septembre, il quitte Paris et arrive, après quatre jours de voyage, à Mayence dans la soirée du 28 septembre (*cf.* carte n° 34).

À la lecture des dernières reconnaissances, Napoléon décide d'accélérer la concentration de ses forces pour devancer tout mouvement offensif de l'ennemi. Il entre alors dans une période de travail intensif ne prenant que quelques heures de repos pendant les trois jours et deux nuits qu'il passe à Mayence. C'est à Mayence qu'il élabore son plan d'opérations. Il part ensuite pour Wurzbourg, où se tient le major général depuis le 28 septembre, et entre dans cette ville le 2 octobre à 9 h 00 du soir. Le lendemain, l'ensemble de la Grande armée est rassemblé dans un polygone d'une cinquantaine de kilomètres de rayon avec pour centre Bamberg (*cf.* carte n° 35). Etabli à Wurzbourg, Napoléon se tient donc à une soixantaine de kilomètres du centre de son armée et à 110 kilomètres de son avant-garde (1er corps de Bernadotte) qui se cantonne autour de Kronach. À ce moment, cette position en retrait est logique puisque les hostilités n'ont pas encore été déclenchées et que de nombreux problèmes d'approvisionnement restent à résoudre. Le 3 octobre marque la fin de la première phase de la campagne. L'armée est rassemblée en Franconie prête à bondir en Saxe. Débute alors la préparation de la marche.

Alors que les ordres de traversée du Frankenwald sont transmis aux chefs de corps, Napoléon avance

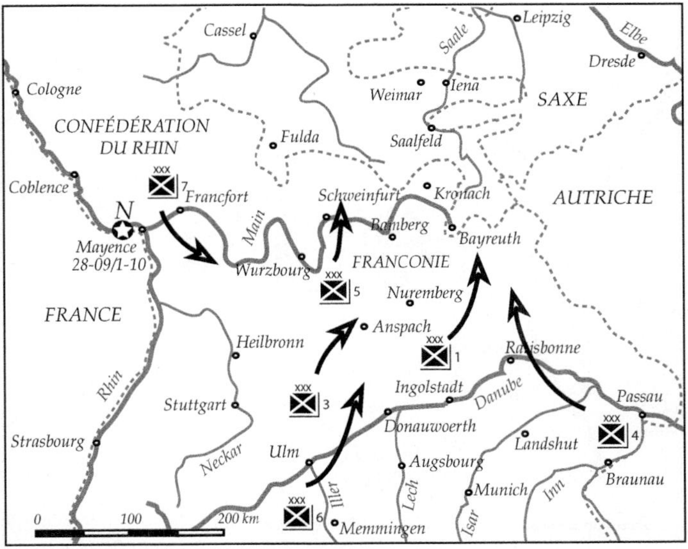

Carte n° 34 : À Mayence du 28 septembre au 1er octobre 1806, Napoléon décide de porter la guerre en Saxe.

de 60 kilomètres pour entrer à Bamberg le 6 octobre à 13 h 00 et se tenir plus près de l'avant-garde. Les troupes commencent le 8 octobre la traversée des montagnes les séparant de la Saxe. Ce même jour, Napoléon quitte Bamberg à 3 h 00 du matin et avance de 40 kilomètres pour établir son quartier général à Kronach où il entre à 9 h 00. L'Empereur a coutume de transférer son « Palais » durant la nuit afin notamment d'éviter les routes encombrées durant la journée par les colonnes de ses troupes. Il part au milieu de la nuit pour arriver dans la matinée ou en milieu de journée. En se plaçant à Bamberg, Napoléon réduit à 40 kilomètres la distance qui le sépare de l'avant-garde de Bernadotte, lui-même cantonné à Saalburg. Il est situé au milieu de ses corps d'armée avec Soult à Münchberg à 40 kilomètres à l'est à vol d'oiseau,

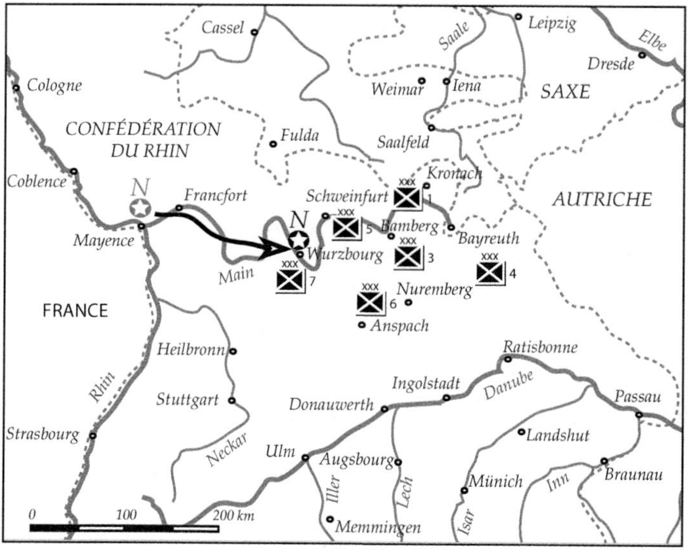

Carte n° 35 : À Wurzbourg du 2 au 6 octobre 1806, Napoléon retrouve son major général.

Lannes à Cobourg à 24 kilomètres à l'ouest à vol d'oiseau, Augereau en arrière-garde à Bamberg (*cf.* carte n° 36). Dans la nuit du 8 au 9 octobre, Napoléon se porte à Ebersdorf à 16 kilomètres de l'avant-garde. Il souhaite assister aux premiers accrochages avec les Prussiens et observe durant la journée le combat de Schleiz mené par Bernadotte avant de revenir à Ebersdorf, entre le 1er et le 3e corps de la colonne du centre. Le 10 octobre, alors que Lannes triomphe à Saalfeld, Napoléon s'établit à Schleiz (*cf.* carte n° 37).

Avec l'arrivée à marche forcée des soldats d'Augereau à Saalfeld dans la soirée du 11 octobre, c'est la fin des opérations de débouché en Saxe. Tous les corps d'armée sont sur la rive droite de la Saale dans un triangle dont les sommets sont Saalfeld (7e corps), Gera (1er corps)

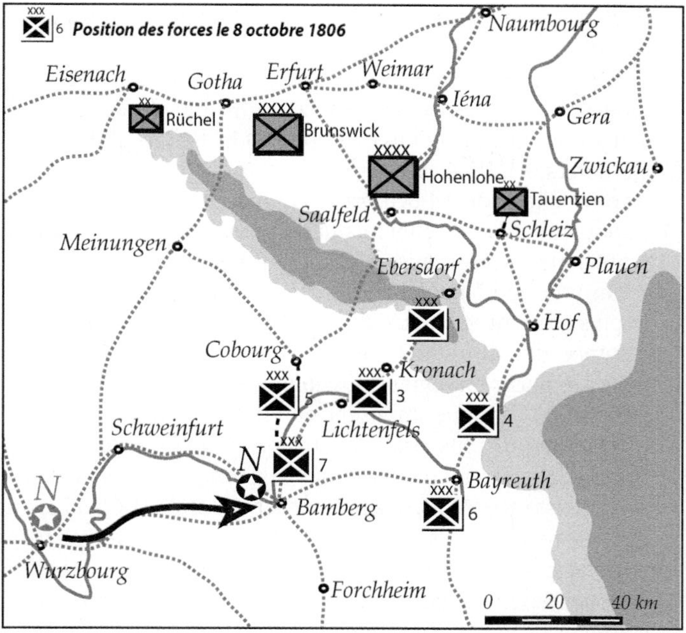

Carte n° 36 : Napoléon se porte à Bamberg
du 6 au 8 octobre 1806.

et Schleiz (6ᵉ corps). Napoléon se tient à ce moment au milieu de ce triangle à Auma juste derrière le centre de son armée constitué des 5ᵉ corps à Neustadt, 3ᵉ corps à Mittel-Pölnitz et 4ᵉ corps à Weyda (*cf.* carte n° 38). Mais, l'Empereur ne sait pas encore où se dirige l'armée prussienne. Il hésite encore entre une option de concentration des Prussiens sur la rive droite de la Saale et une option de concentration sur la rive gauche. Plusieurs messages le font tout d'abord pencher vers la première option. Il quitte Auma vers 8 h 30 pour arriver vers midi à Gera où il anticipe un mouvement de l'adversaire (*cf.* carte n° 39). C'est dans la matinée du 13 octobre qu'il reçoit le « rapport Méda » lui indiquant la retraite des Prussiens vers Magdebourg. « Le voile est déchiré », l'ennemi se replie par la rive gauche de la Saale. Napoléon se rabat immédiatement sur son aile droite pour diriger au plus près l'interception des Prussiens. Il quitte Gera vers 9 h 00 et arrive à Iéna vers 14 h 00. Après la victoire d'Iéna du 14 octobre, Napoléon dirige à distance la poursuite de ses ennemis défaits tout en pressant ses maréchaux de n'en laisser échapper aucun.

On voit que Napoléon cherche en principe à se tenir le plus souvent au centre de son armée pour être à égale distance des différents corps et recevoir de leurs nouvelles le plus rapidement possible. Les moyens de transmission de l'époque imposent en effet une conduite des opérations au plus près de la zone des combats pour traiter dans les meilleurs délais les comptes rendus de reconnaissance. Mais, si son quartier général est établi le soir entre les corps de seconde ligne et la réserve, il n'hésite pas à entreprendre des reconnaissances durant la journée en se portant aux avant-postes ou sur les colonnes des ailes. En fin de journée, Napoléon reçoit en effet les rapports des chefs de corps puis rédige ses fameux « ordres de la nuit » qui dicteront les opérations du lendemain et sont envoyés au petit matin. Dans la journée, il veille au contraire à se positionner où ses interventions peuvent être le plus décisives. Ainsi, lors de la campagne de 1806, l'Empereur assiste le 9 octobre au premier accrochage de Schleiz entre l'avant-garde de l'armée de Bernadotte et Tauentzien, avant de revenir se coucher à Ebersdorf, entre le corps de Bernadotte et celui de Davout qui constituent le centre du fameux « bataillon carré ». Deux jours plus tard, Napoléon entre dans Gera quelque temps après son occupation par les cavaliers de Lasalle. Ce village constitue la pointe avancée de la colonne de droite au soir du 11 octobre et Napoléon veut vérifier par lui-même les renseignements sur l'ennemi

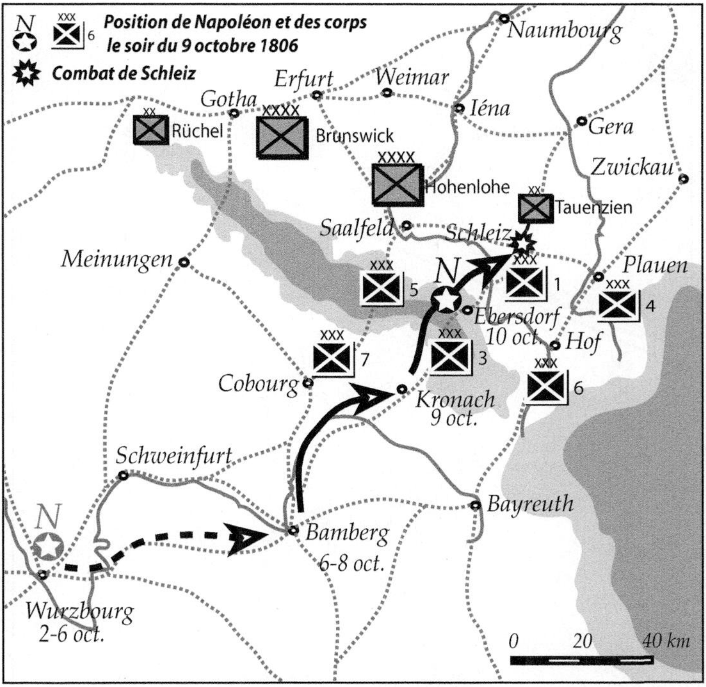

Carte n° 37 : Napoléon se positionne
au centre du « bataillon carré ».

qu'on peut y obtenir. L'Empereur revient ensuite se coucher à Auma pour demeurer en position intermédiaire entre Bernadotte sur l'aile droite à Gera et Augereau sur l'aile gauche à Saalfeld (*cf.* carte n° 38). En revanche, quand la localisation de l'ennemi se précise et que le moment de la confrontation approche, Napoléon déplace son quartier général en avant pour reconnaître personnellement le terrain avant d'arrêter l'ordre de bataille. Le 13 octobre, il se porte donc sur Iéna.

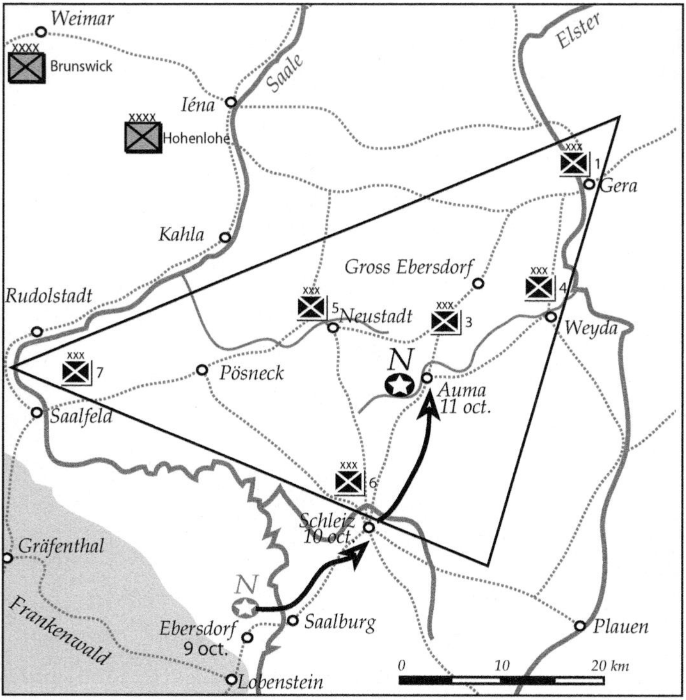

Carte n° 38 : Napoléon entre, le soir du 11 octobre 1806, dans le village d'Auma situé au centre de la Grande Armée.

Napoléon ne respecte pas toujours ce principe de conduite des opérations à partir d'un point à la fois central et proche des avant-gardes, ce qui peut affecter la sûreté de son armée. Fin octobre 1805, suite à la capitulation de Mack dans Ulm, Napoléon lance ses troupes sur Vienne. Murat dirige l'avant-garde de l'armée tandis que Napoléon demeure en arrière pour organiser un dépôt à Augsbourg et s'occuper de ses lignes de communication. Obsédé par Vienne, Murat galope vers la capitale autrichienne laissant seul le corps de Mortier poursuivre

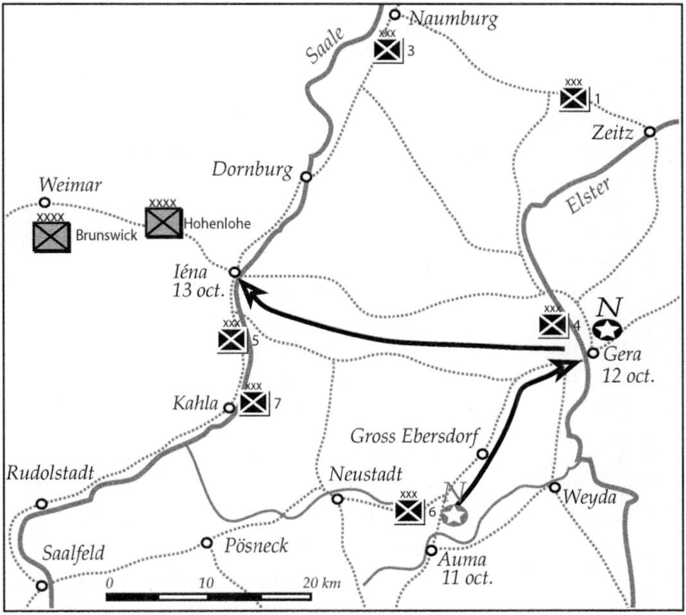

Carte n° 39 : Napoléon se porte à Gera le 12 octobre 1806.

Koutouzov qui est passé sur la rive gauche du Danube à la hauteur de Krems pour rejoindre les renforts russes qui se concentrent à Olmütz. Ce jour-là, Napoléon est encore à Linz, à plus de 100 kilomètres en arrière de ses corps d'avant-gardes. Or, le 11 novembre la division Gazan du corps de Mortier se heurte à l'armée russe à Durrenstein et n'est sauvée de l'écrasement que grâce à l'arrivée de la division Dupont et au refus de Koutouzov de revenir en arrière pour régler le sort de Mortier. Il s'en est fallu de peu que tout un corps d'armée ne soit détruit. L'Empereur qui, de par son éloignement, se sent en partie responsable de cette erreur, se montre d'autant plus exaspéré par la conduite de Murat, comme il le lui

LES TRANSMISSIONS IMPÉRIALES À LONGUE DISTANCE : LE TÉLÉGRAPHE CHAPPE

L'importance des fonctions impériales et la volonté de préserver l'effet de surprise poussent l'Empereur à organiser à distance le rassemblement de son armée en vue d'une offensive. Il retarde ainsi au maximum son arrivée sur le théâtre d'opérations pour demeurer le plus longtemps possible à Paris, centre nerveux de l'Empire. Dans l'intervalle, Napoléon doit recevoir des informations fiables pour conserver la maîtrise des mouvements militaires. Il dispose à cet effet d'un outil unique en Europe : le télégraphe Chappe, du nom de son inventeur, le physicien Claude Chappe. C'est un instrument de transmission de signaux optiques. Chaque station comporte un appareil composé de trois bras articulés : une barre ou « régulateur » dont chacune des extrémités est reliée au centre de deux autres barres plus courtes ou « indicateurs ». La position respective de ces bras est modifiée par le « stationnaire » au moyen de câbles reliés à des manettes à l'intérieur de la station. L'appareil peut ainsi prendre 98 positions différentes clairement identifiables à la longue-vue par le « stationnaire » du poste voisin qui le répercute immédiatement au poste suivant. Il faut six heures pour transmettre un message de poste en poste entre Strasbourg et Paris. Initialement, la transmission est alphabétique (chaque position correspond à une lettre), ce qui est beaucoup trop lent. D'où le passage à un système plus élaboré et plus rapide dans lequel chaque position renvoie à un chiffre qui lui même renvoie aux pages et lignes d'un code dans lequel sont compilés des mots ou des phrases du vocabulaire administratif et militaire. De cette façon, les stationnaires transmettent des signaux sans en connaître la signification. Seuls les directeurs de station en bout de ligne détiennent les codes.

La première « ligne télégraphique » relie Lille à Paris en 1794. Au début de l'Empire, deux autres lignes sont en fonctionnement : Paris-Strasbourg et Paris-Brest. Napoléon a vite saisi l'intérêt d'une telle technologie pour assurer des communications rapides au sein d'un Empire aux frontières sans cesse repoussées. Dès son arrivée au pouvoir, il accélère la construction des lignes Chappe. La ligne Paris-Lille est prolongée jusqu'à Bruxelles en 1802, puis Anvers en 1809 et Amsterdam en 1810. Une ligne Paris-Lyon-Turin est opérationnelle en 1805. Elle est prolongée jusqu'à Milan en 1809, puis Mantoue et Venise en 1810. En 1813, afin de préparer la campagne d'Allemagne, la ligne Paris-Strasbourg est prolongée en deux mois jusqu'à Mayence.

En 1809, Napoléon utilise le télégraphe Chappe de la ligne Paris-Strasbourg pour communiquer avec Berthier qui doit mettre sur le pied de guerre l'armée cantonnée en Bavière pour faire face aux manœuvres offensives des Autrichiens. Dans une instruction du 30 mars 1809, il lui recommande d'ailleurs de maintenir son quartier général à Strasbourg « parce que de là, il sera plus à même d'expédier le mouvement général de l'armée que je lui adresserai ». En théorie, il faut environ une minute pour transmettre un message d'une station à une autre. Ce qui donne pour la ligne Paris-Strasbourg (43 stations), 43 minutes auxquelles il faut ajouter 30 minutes d'encodage et de décodage, soit au total un peu plus d'une heure. À cette occasion, le télégraphe va pourtant prouver ses limites. Certaines dépêches vont mettre près de 36 heures, ce qui est moins rapide que l'estafette impériale qui parcoure les routes de poste de l'Empire : un courrier extraordinaire parcoure les 420 lieues séparant Paris de Strasbourg en 26 heures (18 km/h), jour et nuit, temps de relais compris puisqu'il est précédé d'un postillon qui le prépare (à la différence d'un courrier ordinaire qui se déplace en moyenne à 14 km/h). En outre, de très fortes pluies interrompent les communications optiques entre Napoléon et son major général du 7 au 16 avril. Or, le 10 avril, les Autrichiens franchissent l'Inn. À la nouvelle de l'offensive, Berthier quitte Strasbourg le 12 avril pour se rendre à Donauwoerth la veille du départ de Napoléon de Paris. Recevant tardivement les télégrammes de l'Empereur, Berthier envoie une série de contrordres qui désorganisent l'armée française séparée en deux groupements à Ratisbonne et Augsbourg, à 120 kilomètres l'un de l'autre. Berthier reconnaît ses limites dans une lettre du 16 avril : « J'attends Votre Majesté avec impatience ; c'est le moment de décider son plan de campagne (...) J'aurais été tiré d'un grand embarras, Sire, si votre dépêche télégraphique du 10, remise ici le 16 fût arrivée plus tôt ». Heureusement, Napoléon arrive enfin à Donauwoerth le 17 avril pour redresser la situation et mettre un terme aux conséquences de la « crise télégraphique ». Les intempéries alliées aux insuffisances du recrutement (généralement des réformés peu payés et peu disciplinés) empêcheront de réaliser le rêve de Napoléon : disposer d'un outil de communication à longue distance pour diriger de Paris des opérations stratégiques sur mer et sur terre. Le télégraphe optique sera définitivement supplanté sous Napoléon III par le télégraphe électrique ■

fait sentir dans une lettre du 9 novembre : « Vous allez comme un étourdi et vous ne pesez point les ordres que je vous fais donner (...) vous allez enfourner mon armée sur Vienne. Vous avez cependant reçu l'ordre, que vous a transmis le maréchal Berthier, de suivre les Russes l'épée dans les reins. C'est une singulière manière de les poursuivre que de s'en éloigner à marches forcées ». Cet incident confirme que la lenteur des moyens de communication de l'époque impose une conduite des opérations au plus près des zones de combats (*cf.* encadré « Les transmissions impériales à longue distance : le télégraphe Chappe »).

Les auxiliaires du commandement : la maison militaire ou l'état-major particulier de Napoléon

La maison militaire regroupe le personnel civil et militaire dépendant directement de Napoléon et chargé de lui fournir les moyens matériels et humains pour préparer, transmettre, faire exécuter et contrôler l'exécution des ordres. Elle comprend les « officiers généraux près de Sa Majesté », les aides de camps et officiers d'ordonnance, enfin le Cabinet (*cf.* organigramme « La maison militaire de l'Empereur en 1806 »).

Les officiers généraux près de Sa Majesté

Quand Napoléon est en campagne, sa « maison militaire » comprend une version réduite et mobile de la « maison civile ». Elle est dirigée par Duroc qui en tant que grand maréchal du Palais est l'un des serviteurs les plus proches de Napoléon. Aide de camp de Bonaparte pendant la campagne d'Italie, Duroc devient premier aide de camp du Consul après le 18 Brumaire, puis grand maréchal du palais en 1805. Il est aussi efficace sur un champ de bataille (il commande temporairement la division Oudinot à Austerlitz) que dans les salons d'ambassades et sera toujours un subordonné loyal jusqu'à ce qu'un boulet l'emporte en mai 1813 alors qu'il marche quelques mètres derrière l'Empereur. Il est chargé de toute l'administration de la Maison et de la sécurité personnelle de Napoléon. La mission de Duroc est de fournir à Napoléon une « structure mobile d'aide à la décision » lui permettant d'assurer en campagne, dans des conditions optimales de sécurité et de confort, ses fonctions de chef de l'État et de général en chef. Il exerce le commandement militaire du « Palais », terme qui, en campagne, désigne souvent une simple chaumière, quand ce n'est pas une cabane improvisée par la Garde de l'Empereur ou sa tente de campagne. À ce titre, il commande le détachement de la Garde affecté à l'escorte de Napoléon et tout le « personnel de livrée » chargé de la logistique du Palais (ravitaillement, éclairage, chauffage).

La maison comprend ensuite Caulaincourt qui, en tant que grand écuyer, en organise tous les déplacements, en gérant notamment tous les chevaux. Il est devenu aide de camp du Premier Consul en 1802 avant de devenir grand écuyer en 1804. À cette date, il compte dix-sept ans de service et treize campagnes. Caulaincourt chevauche aux côtés de l'Empereur, prêt à lui fournir au moindre geste la bonne carte du théâtre d'opérations. Assisté de quatre écuyers, Caulaincourt commande les pages, les courriers et tout le personnel chargé des équipages (cochers, piqueurs, palefreniers). Il veille à la disposition des relais toutes les trois lieues pour l'Empereur et son entourage et du piquet d'escorte de vingt-cinq chasseurs à cheval. Cette faible distance entre les relais qui vaut tant pour les étapes de Napoléon en calèche que pour celles à cheval s'explique par la rapidité de ses déplacements qui s'effectue la plupart du temps au galop. Napoléon n'était pas considéré comme un bon cavalier selon les critères de l'époque ; il était cependant capable de chevaucher rapidement sur de longues distances. Fain, son secrétaire particulier le souligne : « Il s'était fait infatigable, non seulement à cheval, mais aussi à pied ; il marchait quelquefois cinq à six heures de suite sans s'en apercevoir. Revenant d'Espagne au mois de janvier 1809,

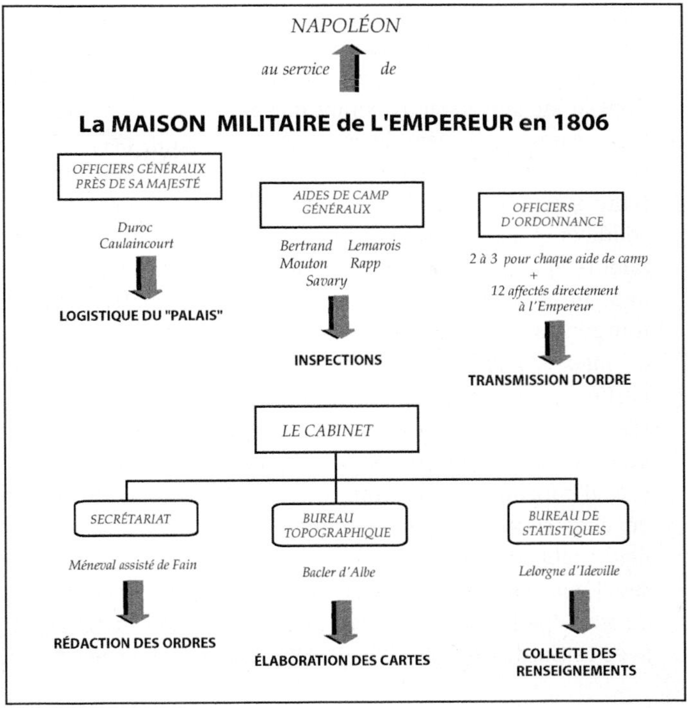

je l'ai vu faire à franc d'étrier en moins d'une matinée la course de Valladolid à Burgos [92 kilomètres] ».

Une lettre adressée à Caulaincourt par Napoléon le 10 septembre 1806 lors de la préparation de la campagne de Prusse résume bien les fonctions de Caulaincourt : « Monsieur Caulaincourt, faîtes arranger toutes mes lunettes. Faîtes partir demain soixante chevaux de mes écuries, parmi lesquels il y en aura huit de ceux que je monte. Vous me remettrez l'état de ceux de mes chevaux que vous voulez faire partir. Je désire que cela se fasse avec tout le mystère possible. Tâchez qu'on croie que c'est pour la chasse de Compiègne. Ce sera toujours, jusqu'à leur passage à Compiègne, deux jours de gagnés. Faîtes aussi partir mes mulets et mes cantines munies de tout ce qui est nécessaire, ainsi mes petits porte-manteaux dont je me suis servi avec tant d'avantage dans ma dernière campagne. Dans la journée de demain, préparez mes fourgons. Je désire qu'il y en ait un qui porte une tente avec un lit de fer (...). Je désire que la tente soit solide et que ce ne soit pas une tente d'opéra. Vous ferez joindre quelques forts tapis. Vous ferez partir demain, avec mes chevaux, mon petit cabriolet de guerre. Mes fourgons avec le reste de mes chevaux, et mes bagages de guerre, habillement, armes, etc., ainsi que toute la partie de ma maison que le grand maréchal aura préparée, seront prêts à partir dimanche [14 septembre 1806] ». Bien que la Grande Armée soit l'armée la moins encombrée d'impedimenta, le déplacement de son commandant en chef suppose le déploiement d'une logistique non négligeable de plus de 600 personnes. Aussi, pour alléger ses déplacements, l'Empereur ne se faisait-il suivre que de son « petit quartier général de guerre » qui marchait avec la Garde, les gros bagages restant sur les arrières.

Les aides de camp de Napoléon

Viennent ensuite les aides de camp généraux de Napoléon parmi lesquels on peut notamment citer Bertrand, Lauriston, Lefebvre-Desnouettes, Mouton, Savary (*cf.* encadré « Savary, aide de camp de l'Empereur »), Ségur et Rapp. L'appellation « d'aide de camp général » vient du fait qu'ils ont tous le grade de général de brigade ou de général de division. Leur nombre a été initialement fixé à sept par un arrêté du 28 ventôse an X (19 mars 1802). Ce chiffre est porté à huit avec l'arrivée de Caulaincourt en août 1802 et sera finalement plafonné à douze. Chacun de ces aides de camp dispose de ses propres aides de

SAVARY, AIDE DE CAMP DE L'EMPEREUR

Le prototype de l'aide de camp est peut-être Savary, véritable « séide » de l'Empereur. Il déploie des talents très variés au service de son maître. Aide de camp de Desaix lors de la campagne d'Égypte, il passe au service de Napoléon après la mort de son général à Marengo. Le Premier Consul lui confie immédiatement des postes de confiance. Colonel commandant la gendarmerie d'élite, il effectue à ce titre plusieurs missions de haute police et parvient notamment à désamorcer les prémices d'une nouvelle chouannerie. Il procède sur ordre de Napoléon à l'exécution du duc d'Enghien, mesure critiquée mais qui mettra fin aux multiples complots royalistes visant la personne de l'Empereur. Durant la campagne de 1805, Napoléon envoie Savary à la veille d'Austerlitz pour intoxiquer Alexandre Ier en lui faisant croire que la Grande Armée est en mauvaise posture et cherche à évacuer la Moravie. Savary participe ainsi directement à l'opération de déception qui aboutira au piège d'Austerlitz. En outre, suite à l'entrevue avec le tsar, Savary observe attentivement le dispositif austro-russe dont il rapporte les détails à l'Empereur. En 1806, Savary retrouve son uniforme d'officier de cavalerie et est chargé de missions de reconnaissance dont font état plusieurs rapports. Ainsi, le 4 octobre il pousse une reconnaissance jusqu'au village d'Henneberg où il est reconnu par des vedettes prussiennes. Après avoir examiné les positions du 5e corps à Königshofen, on le retrouve le 6 octobre sur la route de Cobourg, essuyant le tir d'une vedette prussienne entre Creidlitz et Unter Füllbach alors qu'il visite la position du 1er corps. Il ne se contente pas d'espionner et reçoit après Iéna le commandement d'une brigade de cavalerie, composée du 7e régiment de chasseurs et du 1er régiment de hussards à la tête desquels il obtient la capitulation de Hameln. Il se distingue également comme chef de corps. En janvier 1807, Napoléon lui demande en effet de remplacer Lannes malade à la tête du 5e corps. Savary fera ses preuves dans cette nouvelle fonction comme en témoignent ses faits d'armes à la bataille d'Ostrolenka où il triompha des Russes. Suite à la campagne de Pologne, il est envoyé à Saint-Petersbourg pour contrôler l'application de la convention de Tilsit. Il est l'artisan en février 1808 de « l'embuscade de Bayonne » qui conduit à l'abdication du roi Charles IV, avant d'être nommé ministre de la Police générale en remplacement de Fouché en juin 1810. On voit qu'un aide de camp de Napoléon doit être capable d'alterner missions civiles de haute police, missions diplomatiques et missions purement militaires de reconnaissance ou de commandement d'unités au feu ■

camp au nombre de trois appelés « petits aides de camp ». À l'instar des deux hauts dignitaires précédents, les aides de camp sont, en principe, des généraux capables de se voir confier des missions militaires très variées, allant de l'espionnage et la reconnaissance des mouvements ennemis à la direction d'unités au combat en passant par la vérification sur place de l'exécution des ordres impériaux (inspection des fortifications d'une place, par exemple) ou la transmission d'instructions à un chef de corps d'armée. Ils sont également astreints à des missions de protection de l'Empereur. Quand Napoléon se déplace à cheval ou en berline, un aide de camp commande les vingt-deux chasseurs à cheval chargés de son escorte. S'il met pied à terre, quatre chasseurs à cheval font de même le mousqueton au bras. L'aide de camp de service ne cède alors le pas qu'aux maréchaux. En campagne, l'aide de camp demeure le soir à l'étape près de la personne de l'Empereur, couchant tout habillé sur le tapis à la porte de ses appartements prêt à exécuter ses demandes à n'importe quelle heure de la nuit. L'aide de camp est tenu de réveiller l'Empereur pour lui remettre toutes les dépêches qui arrivent pendant la nuit.

Ce sont tous des hommes de confiance de Napoléon qui ont pour mission d'épargner son temps en recueillant les informations demandées par l'Empereur ou au contraire en expliquant au chef de corps les conditions d'application de ses décisions. Les aides de camp généraux sont un instrument de commandement essentiel au sein de la machine de guerre napoléonienne. Ils sont les yeux de l'Empereur et ils lui rapportent directement les données qu'ils ont recueillies sur le terrain sans qu'elles soient déformées par les échelons successifs de la chaîne de commandement. Ils permettent à Napoléon de répondre par des « contrôles sur place » aux questions soulevées par les rapports réguliers qu'il reçoit des chefs d'unités. Investis par l'Empereur, les aides de camp ont des pouvoirs très étendus pour inspecter les unités et les forteresses, enquêter sur les chefs d'unités ou rendre compte des mesures logistiques prises par les commissaires des guerres.

Ils apportent à l'Empereur la compétence technique de leur arme d'origine et font preuve d'une intrépidité et d'un dévouement à toute épreuve qui inspirent le respect dans toute l'armée. La plupart se distingueront au feu comme Rapp couvert de blessures et surnommé « l'intrépide » ou Mouton qui prendra d'assaut le pont de Landshut en flammes. Les aides de camp de l'Empereur jouent en effet un rôle clef dans la bataille, tant pour la transmission des ordres que pour des interventions d'urgence sur certains secteurs du front. Quand il faut frapper un coup décisif, Napoléon emploie souvent ses aides de camp : Mouton s'il s'agit d'attaques d'infanterie,

Rapp pour les charges de cavalerie ou Drouot pour manœuvrer des batteries d'artillerie. Si Napoléon les couvre d'honneur, il exige d'eux dans ces moments une bravoure à toute épreuve. Reconnaissables à leur brassard au bras gauche, ils doivent slalomer entre les unités des deux camps en présence pour faire parvenir les ordres du Maître au mépris des balles, des boulets et de la mitraille. Ils doivent par leur exemple d'intrépidité et de dévouement inspirer l'ensemble des soldats de la Grande Armée. C'est notamment le cas quand ils conduisent des troupes au feu. Dans un célèbre tableau immortalisant la victoire d'Auterlitz, le peintre Gérard fait allusion à l'un des faits d'armes de la journée en illustrant la présentation à Napoléon par le général Rapp des drapeaux pris à l'ennemi et du prince Repnine fait prisonnier. Quelques heures plus tôt, Rapp a reçu l'ordre de l'Empereur de conduire l'un des plus célèbres duels de cavalerie de l'Empire entre les Gardes impériales française et russe. Après la capture du plateau du Pratzen par les soldats de Soult, le grand duc Constantin tente de riposter en lançant la cavalerie de la Garde impériale russe. Celle-ci transperce le 4e de ligne de Vandamme dont un bataillon perd son drapeau puis traverse la division Drouet d'Erlon qui arrive derrière en colonnes et parvient enfin aux pieds des hauteurs où se tiennent Napoléon et son état-major. L'Empereur ordonne alors à son aide de camp Rapp qui commande en second les grenadiers à cheval de la Garde de contrer la menace en chargeant avec la première ligne de la cavalerie de la garde. Rapp s'élance aussitôt avec deux escadrons de chasseurs à cheval et l'escadron de mamelouks suivis des deux escadrons de grenadiers à cheval. Il est accompagné sur sa droite du maréchal Bessières qui suit avec quatre escadrons de grenadiers et de chasseurs. Les cavaliers de Rapp culbutent les dix escadrons de la cavalerie russe forcée de battre en retraite. Après une violente mêlée de plusieurs minutes, durant laquelle tombent plus de 200 cavaliers russes et où Rapp est blessé de deux coups de sabre, la cavalerie de la garde russe est définitivement rejetée du champ de bataille. Rapp couronne son exploit en capturant le prince Repnine, colonel des chevaliers-gardes. Au soir de la bataille, témoignant de sa satisfaction pour le comportement au combat de son aide de camp, l'Empereur viendra en personne s'enquérir de l'état de santé de Rapp qu'il a envoyé se soigner au château d'Austerlitz. Au-delà de l'image perpétuée par Gérard, l'action de Rapp est déterminante car elle neutralise la dernière tentative des Coalisés pour disputer le plateau du Pratzen et aboutit à couper définitivement les Austro-Russes.

Ce fait d'armes illustre la polyvalence des aides de camp de Napoléon qui permettent à l'Empereur de réagir immédiatement pour contrer les initiatives ennemies.

Les officiers d'ordonnance

Le réseau des « aides de camp généraux » est secondé par celui des « officiers d'ordonnance » qui dépendent de Caulaincourt dont ils portent la livrée bleue et argent. Bien qu'exécutant les mêmes missions, on doit statutairement distinguer deux catégories d'officiers d'ordonnance : les officiers d'ordonnance des aides de camp et les officiers d'ordonnance titulaires de l'Empereur. Chaque aide de camp dispose de deux à trois officiers d'ordonnance, auxquels il faut ajouter entre 6 et 12 officiers d'ordonnance de l'Empereur. Ils constituent souvent les véritables aides de camp de Napoléon en l'absence des aides de camp généraux souvent chargés de missions de commandement les éloignant de la personne de l'Empereur. Ces officiers d'ordonnance qui portent le grade de lieutenant ou de capitaine sont investis de missions classiques d'aides de camp telles que la transmission d'ordres, l'inspection d'unités ou la recherche de renseignements. L'ordre de Napoléon du 5 octobre 1806 pour l'officier d'ordonnance de Montesquiou résume bien la nature des missions qui peuvent leur être assignées : « Vous passerez toute la journée du 6 à Wurzbourg. Vous en partirez le 7, à 4 heures de l'après-midi. Vous irez, le 7 à midi, à la citadelle. Vous verrez le nombre de pièces en batterie et la quantité de munitions, la situation de la garnison et des magasins, enfin de quelle manière le service est monté. Vous prendrez note de tous les effets d'artillerie qui seraient arrivés le 6 ou le 7 à Wurzbourg, ainsi que de tous les convois de biscuits et farine qui seraient arrivés dans la journée du 6 et du 7 à Wurzbourg. Vous prendrez note de la 1re division du parc général de l'armée, qui sera partie ; vous la rencontrerez probablement en route. Causez avec l'officier qui la commande. Comptez le nombre de voitures, de compagnies d'artillerie et de sapeurs qui s'y trouvent. Vous vous arrangerez de manière à arriver le 8 à Bamberg en prenant note de tout ce que vous aurez vu ». On voit que les missions d'inspection sont prédominantes dans les attributions de ces officiers. Ils constituent en effet avec les aides de camp le principal instrument de contrôle de la hiérarchie. En l'espèce, il s'agit de vérifier que les ordres sur la constitution de la place de Wurzbourg en centre d'opération de la Grande Armée ont bien été exécutés.

Le Cabinet

Le cœur de la maison militaire est constitué par le Cabinet de l'Empereur, composé du bureau des secrétaires, du bureau des renseignements et du bureau topographique. Le secrétariat s'occupe de toute la correspondance de Napoléon. Il comprend des secrétaires et archivistes dirigés successivement par Bourrienne, Clarke, de Meneval puis Fain. Entre avril 1802 et novembre 1812, c'est Méneval qui aura la rude tâche de saisir au vol la dictée impériale de façon à restituer le plus fidèlement possible la pensée du maître. On sait que Napoléon dictait très vite et qu'il ne supportait pas d'être interrompu dans le fil de sa pensée. Il appartenait au secrétaire de combler ultérieurement les inévitables blancs en reconstituant *a posteriori* les tournures de phrases impériales. Méneval devient rapidement un expert à cet exercice et Napoléon le prend rarement en défaut quand il lui arrive de relire ses missives avant de les signer.

Le bureau des renseignements supervise leur collecte obtenus par les espions, et les différents services civils (ministères, ambassades, Cabinet noir). Ce type d'information politique complète les renseignements purement militaires transmis par Berthier. Il est dirigé à partir de 1806 par Lelorgne d'Ideville, ancien attaché de légation en Allemagne, en Russie, en Pologne, et en Suède, pays dont il maîtrise parfaitement les langues.

Enfin, le bureau topographique qui dresse, archive et met à la disposition de l'Empereur toutes les cartes des différents théâtres d'opérations. Il est dirigé par Bacler d'Albe qui servira l'Empereur à ce poste pendant près de dix ans. C'est avec Berthier l'un des hommes clefs du système de commandement napoléonien. Dessinateur de formation, Bacler d'Albe s'est fait remarquer par Bonaparte par la précision de ses reconnaissances, alors qu'il fait fonction d'officier géographe dessinateur dans l'armée d'Italie. Il devient le premier chef du bureau topographique de Napoléon, fonction qu'il ne quittera qu'en mars 1814, épuisé par ces dix années de campagne aux côtés de l'Empereur. À chaque étape, Bacler d'Albe prépare le travail de la nuit de Napoléon : il dresse la carte du secteur d'opérations et positionne des épingles de couleurs représentant la position des forces en présence à partir des renseignements obtenus par la Maison de l'Empereur et les services de Berthier. Bacler d'Albe est le témoin le plus proche de la gestation de la stratégie de Napoléon avec lequel il dialogue quotidiennement. Fain a immortalisé dans ses mémoires la scène où Napoléon et Bacler d'Albe, tous deux étendus sur une carte des opérations, absorbés par leurs repérages, finissent par se cogner la tête. Bacler d'Albe est assisté par deux officiers : Duvivier qui, en tant qu'ingénieur géographe, est constamment sur le terrain pour participer aux triangulations et Lameau qui, en tant qu'archiviste, est responsable du classement des plans et cartes.

Les auxiliaires du commandement : l'état-major général et les services administratifs

Parallèlement à sa maison militaire, l'Empereur dispose de l'état-major général dirigé par Berthier et des services administratifs dirigés par Petiet, puis Daru. L'état-major général regroupe les personnels civil et militaire chargés d'assister le major général dans ses missions de collecte des informations et de transmission des ordres. Sur le modèle de la maison militaire, il comprend les officiers attachés au major général, le Cabinet ou état-major particulier du major général et l'état-major proprement dit (*cf.* organigramme « L'état-major général en 1806 »).

Les officiers attachés au major général

Une vingtaine d'officiers sont rattachés au major général : deux généraux, le colonel Blein, un aide major général, six aides de camp titulaires renforcés de treize officiers, dont six officiers de liaison des différents États soumis à l'autorité impériale et maîtrisant les différentes langues de cette nouvelle Babylone qu'est devenue la Grande Armée.

Le Cabinet

« L'état-major particulier » ou « cabinet » regroupe une poignée d'hommes d'expérience, disponibles nuit et jour pour exécuter les ordres du major général. Souvent méconnus, travaillant dans l'ombre du major général, les membres du cabinet sont des rouages essentiels de la machine de guerre napoléonienne. Berthier est secondé par Monsieur Leduc, son secrétaire particulier qui commande une dizaine de secrétaires et est chargé de la correspondance. Il joue également le rôle de caissier pour le financement des besoins propres de l'état-major (chevaux, alimentation, espionnage). Le bureau le plus important du cabinet est dirigé par le capitaine Salamon considéré comme l'éminence grise de Berthier. Il est chargé des mouvements de troupes et doit être en mesure de fournir chaque jour la position de toutes les unités de la Grande Armée. Le « père Salamon » avait la responsabilité de copier et de distribuer tous les ordres de Napoléon et de Berthier. Les ordres prévoient les lieux et des dates des passages de chaque division. Ce bureau reçoit, en retour, les comptes rendus des mouvements de toutes les unités. Salamon était considéré comme une encyclopédie vivante de l'armée impériale dont il connaissait parfaitement l'organisation.

Un deuxième bureau dirigé par le colonel Blein s'occupe du renseignement militaire. Il traite tous les renseignements collectés et transmis par les états-majors des corps d'armée en provenance des patrouilles de reconnaissance, des espions, des interrogations des prisonniers et déserteurs. Il reçoit, en outre, le double des rapports des reconnaissances spéciales ordonnées par l'Empereur. Le colonel Blein dispose également d'un bureau spécial responsable de l'interrogatoire des personnes supposées détenir des informations importantes. Un bureau

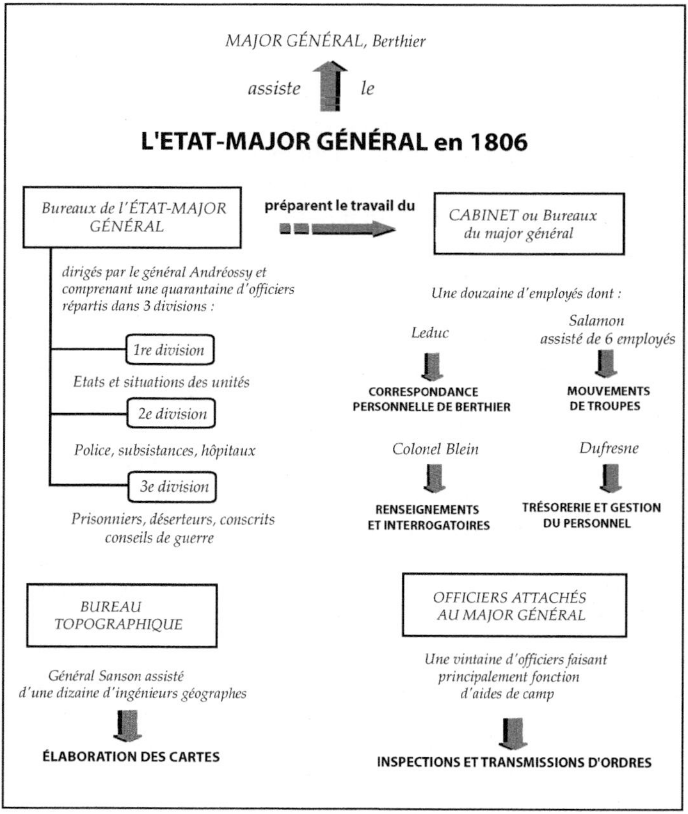

du personnel dirigé par l'inspecteur aux revues Dufresne supervise les avancements et les décorations. Il tient à jour les effectifs des différentes unités à partir des rapports quotidiens des corps d'armée complétés par les données relatives aux renforts en marche vers la Grande Armée. Berthier dispose pour la transmission des ordres de son cabinet d'une vingtaine d'aides de camp habillés de splendides uniformes à dominante écarlate, les distinguant clairement du personnel de la maison militaire en tenue bleue ou verte.

Les bureaux de l'état-major général

L'état-major général proprement dit est dirigé en 1805 par le général Andréossy puis par le général de Monthyon à partir de 1809. Il regroupe les bureaux qui traitent des questions administratives et préparent le travail du Cabinet. Il comprend initialement trois divisions, chacune dirigée par un aide major général ayant rang d'adjudant commandant assisté d'un capitaine adjoint. Le premier aide major dirige la division la plus importante relative aux mouvements de troupes, états de situation et à la transmission des ordres. La deuxième division gère les subsistances, les hôpitaux, la gendarmerie, et les logements du quartier général. La troisième division s'occupe des prisonniers, des déserteurs et de la justice militaire. Organisation flexible, l'état-major général s'adjoindra de nouvelles sections pour s'adapter aux nouveaux impératifs du commandement : une quatrième division est ainsi créée en 1806 pour la surveillance des lignes de communication de la Grande Armée (« la route de la Grande Armée ») qui, de Paris à Varsovie en passant par Mayence et Berlin, ne cesse de s'allonger. Elle sera suivie en 1807 par d'autres divisions chargées de la poste, des reconnaissances, des relations avec les commandants de forteresses.

Le service de l'état-major général est assuré par une vingtaine d'officiers d'état-major qui ont le titre d'adjudants-commandants (grade de colonel) ou d'adjoints à l'état-major (grade de capitaine) et sont complétés par les aides de camp des généraux. Ce personnel employé soit au travail de bureau soit au « service extérieur » est composé d'hommes rompus aussi bien aux tâches de réflexion tactique et logistique et aux missions

« diplomatiques » (il n'est pas toujours facile de transmettre des ordres à un maréchal persuadé de la pertinence de ses options tactiques !) qu'aux coups de sabre à la tête de troupes dont ils doivent bien souvent assumer le commandement au pied levé. Il comprend également deux officiers polonais parlant aussi bien l'allemand que le russe. Parallèlement au personnel titulaire, on trouve des officiers dits « à la suite du quartier général » et regroupant des officiers d'état-major et des généraux nouvellement promus en attente d'affectation. Environ un tiers des officiers de l'état-major général est affecté au service des différents bureaux. Les deux tiers restants sont envoyés en mission et deux officiers se tiennent auprès du major général afin de pouvoir transmettre ses ordres.

À l'instar de la maison militaire, l'état-major général dispose d'un service topographique, sous les ordres du général Sanson, comprenant une dizaine d'ingénieurs géographes responsables des reconnaissances topographiques, ainsi que de la recherche et de l'élaboration des cartes. Il possède, à cette fin, une petite imprimerie de campagne relevant du service de l'imprimerie (un responsable et huit ouvriers capables de produire une centaine d'exemplaires en quelques heures) lui permettant d'éditer des cartes sommaires à partir de cartes existantes complétées le cas échéant par les relevés topographiques. Enfin, plusieurs états-majors « satellites » gravitent autour de l'état-major général : l'état-major de l'artillerie dirigée, de 1805 à 1809, par le général Songis, puis par le général Lariboisière jusqu'en 1812, puis Eblé et Sorbier, et l'état-major du génie dirigé par le général Chasseloup-Laubat. Le premier comprend une quinzaine d'officiers et gère le grand parc de l'armée qui comprend les pièces d'artillerie de la réserve, toutes les réserves de munitions (cartouches pour l'artillerie mais aussi pour les fusils de l'infanterie) et les pontons. Le second comprend une dizaine d'officiers et gère tous les outils du corps du génie. En tant que premier inspecteur général de l'artillerie, le chef de l'état-major de l'artillerie a autorité sur tous les artilleurs et toutes les pièces d'artillerie de la Grande Armée.

L'état-major général, transmetteur d'ordres de l'Empereur

L'État-Major général est, à l'instar de la maison militaire, un simple auxiliaire technique. Au sein de l'état-major général, les différentes divisions traitent des questions administratives relevant de leurs compétences et préparent le travail du major général. Ce dernier se réserve de régler lui-même avec l'aide de son cabinet les questions importantes relatives aux opérations. Il ne participe aucunement à la conception des plans d'opérations. C'est tout d'abord un point central de traitement des données issues des différentes reconnaissances. Toutes les informations collectées pour préparer les plans d'opérations de l'Empereur sont en effet préalablement filtrées par les services de Berthier. Chaque corps d'armée est tenu d'envoyer deux heures avant la tombée de la nuit un rapport sur les événements de la journée (incluant traditionnellement les combats et marches de la journée, ainsi que la position des unités ennemies). Chaque unité doit également faire parvenir à l'état-major de l'unité supérieure un « état de situation » de ses effectifs en détaillant la route suivie, les pertes, les renforts et la position géographique de chacune de ses composantes. Les états de situation constituent un outil d'information essentiel pour Napoléon qui les étudie avec minutie et les connaît quasiment par cœur. Cela lui permet de manœuvrer très rapidement ses corps d'armée puisqu'il est capable de mémoire de situer les cantonnements de leurs divisions, la puissance de leurs effectifs et les noms de leurs officiers. Une synthèse de ces états pour chaque corps d'armée doit parvenir à Napoléon avant minuit.

Berthier lit tous les rapports lui parvenant, appose en en-tête dans le coin supérieur gauche un « sommaire » c'est-à-dire un résumé de quelques mots ou rédige un résumé plus élaboré pour les documents plus importants. Dans tous les cas, il transmet à Napoléon le document original. Les rapports des différents corps d'armée parviennent généralement dans la soirée à Berthier qui les traite et les envoie à l'Empereur. Ce dernier étudie les rapports dans la nuit de façon à permettre l'envoi d'une réponse aux premières lueurs de l'aube. L'instruction impériale passe auparavant par les services de Berthier, plus précisément par le bureau des mouvements du capitaine Salamon.

L'état-major général constitue l'organe central de transmission des instructions impériales. Il arrive souvent à l'Empereur d'envoyer directement des ordres à ses chefs de corps, mais dans ce cas, il en envoie un duplicata à l'état-major général. Au sein du bureau des mouvements, les ordres sont « développés », c'est-à-dire que les services de Berthier précisent les éléments logistiques nécessaires aux opérations proprement dites ordonnées par l'Empereur qui se concentre généralement sur les mouvements des unités de combat. Ces « ordres logistiques » recouvrent toutes les instructions relatives aux transports du ravitaillement, des munitions et aux éventuels renforts ou détachements. Les ordres sont éventuellement « subdivisés ». Autrement dit, Berthier fractionne les ordres de l'Empereur pour les adresser aux différentes unités concernées. Après avoir personnellement et minutieusement vérifié ces ordres, le major général en fait ensuite faire plusieurs copies, puis les fait envoyer par plusieurs courriers empruntant des chemins différents.

On voit que la genèse des ordres de mouvement associe étroitement tant en amont qu'en aval les services de

Berthier. Le major général est en principe l'intermédiaire obligatoire par lequel transitent les rapports à destination de l'Empereur et les ordres impériaux à destination des commandants de corps. En campagne, ce dernier et ses collaborateurs les plus indispensables (notamment Le Duc et Salamon) sont d'ailleurs physiquement situés en permanence aux côtés de Napoléon. L'état-major général est ainsi toujours localisé sous le même toit que le « Palais », quelle que soit l'exiguïté de ce dernier. Berthier est, malgré tout, placé dans une position clairement subordonnée, comme il le rappelle lui-même dans une lettre adressée à Napoléon le 17 septembre 1806 : « Votre Majesté se rappelle qu'elle m'a prescrit de ne rien faire, c'est-à-dire de ne faire mouvoir aucun des corps de Messieurs les maréchaux sans ses ordres ultérieurs (...). Je me borne à exécuter ponctuellement les ordres de Votre Majesté et à tenir tout en état pour être prêt à agir ». La vision de Berthier de sa fonction se résume ainsi à diffuser aux chefs de corps les ordres de mouvements de l'Empereur. Il n'y a aucune association de l'état-major général à la prise de décision proprement dite. Ce dernier n'intervient qu'en amont pour préparer la décision et en aval pour assurer son exécution. Il met à la disposition de Napoléon ses outils de reconnaissance (notamment des officiers du génie experts en topographie) mais ne constitue pas un véritable outil de planification au sens moderne c'est-à-dire capable de réfléchir, une fois les données collectées, aux différentes alternatives stratégiques. Cette mission ressort du « domaine réservé » de l'Empereur qui s'attribue l'exclusivité de la conception des plans d'opérations.

Les services administratifs

La troisième composante du grand état-major impérial comprend les services administratifs placés sous la haute main du très efficace Pierre Daru. L'intendance comprend cinq sections, chacune dirigée par un commissaire des guerres. La section des subsistances, chargée notamment de la construction des fours pour la confection des pains de munition. La section de santé qui supervise les hôpitaux et les ambulances. La section des équipages qui gère le service des fourrages et contrôle les compagnies privées de transport. Le service des habillements responsable de leur fabrication et de leur distribution. Le service de la trésorerie qui assure le paiement des dépenses ordonnancées par l'Empereur sur les fonds fournis par le ministre du Trésor Mollien. Enfin, le service des Postes. Ces services qui ne comprennent que des agents civils sont dirigés à partir de 1806 par Daru qui devient intendant général de la Grande Armée et succède à ce poste à Petiet. Daru est le prototype du grand commis de l'État alliant probité, compétence et acharnement au travail dans un secteur plus connu pour sa corruption endémique. La tâche de Daru est immense. Il doit assurer le ravitaillement d'une structure qui évoluera entre 100 000 et 600 000 hommes et se déplace à des vitesses incompatibles avec les techniques logistiques de l'époque, tout en couvrant des espaces à l'échelle d'un continent. Daru est responsable de l'arrière, ce qui correspond, à l'apogée des guerres de l'Empire, à une bonne moitié de l'Europe. Sur ce territoire, il doit lever des contributions et effectuer les réquisitions nécessaires, établir des arsenaux, magasins et hôpitaux, veiller à l'évacuation des blessés et des prisonniers, superviser les manufactures travaillant pour la Grande Armée. Malgré le rythme toujours plus rapide des campagnes militaires et l'épuisement des ressources à sa disposition, Daru réussira presque l'impossible au service des projets de plus en plus démesurés de son maître. Mollien disait de Daru qu'il « valait un ministère à lui tout seul ».

II. UNE EXÉCUTION DÉCONCENTRÉE

Le contenu des ordres impériaux

Les critiques : commandement charismatique et ordres parcellaires

À l'instar de Frédéric II, Napoléon conserve l'exclusivité de la conception des opérations et supervise personnellement l'ensemble de la conduite des opérations. Bien que se considérant comme « l'héritier de la Révolution », Napoléon demeure à cet égard un homme du XVIIIe siècle pour lequel la guerre est encore une « affaire privée », qui parle de ses « cousins » quand il s'adresse à ses maréchaux et dont les principales décisions stratégiques sont préparées au sein de sa « Maison militaire ». Il est, par excellence, l'incarnation du « pouvoir individualisé » qui fonde le commandement sur les qualités personnelles du chef et fonctionne sur des rapports *intuitu personae.* Ce « pouvoir charismatique », pour reprendre la formule de Max Weber, explique l'absence de réelle « institutionnalisation » du système de commandement napoléonien. La preuve en est que les états-majors de corps d'armée sont en fait des structures attachées à la personne des maréchaux commandants de corps. Quand le maréchal est muté, il emmène avec lui la plupart les officiers de l'état-major. De façon plus générale, le système de commandement de la Grande Armée est indissociable de la personne de l'Empereur et de ses capacités hors du commun. Il n'est pas transposable. Napoléon intervient dans tous les domaines et à tous les niveaux. Il fait preuve d'une capacité de travail surhumaine qui lui permet de traiter en même temps des sujets très variés et de dicter par exemple simultanément des ordres de reconnaissances à Murat, une lettre diplomatique au roi de Saxe et des instructions sur la conscription au ministre de la Guerre. Le revers de cette hyperactivité est l'absence de réelle méthodologie et de véritable division du travail. Selon les préoccupations du moment et la diversité des dossiers traités simultanément, Napoléon se contente d'ordres laconiques ou au contraire dicte des ordres très détaillés dans lesquels il n'hésite pas à demander, par exemple, à ses chefs de corps de bien vérifier les silex des fusils.

Ce système de commandement fut sévèrement critiqué par la section historique de l'État-Major de l'armée au début du XXe siècle et notamment par le général Bonnal dans son ouvrage sur *La Manœuvre d'Iéna* édité en 1904 mais aussi par Jean-Baptiste Vachée dans sa fameuse analyse du commandement napoléonien parue en 1913 sous le titre *Napoléon en campagne*. Ils accusent l'Empereur d'adresser à chaque maréchal des « ordres parcellaires » leur interdisant d'avoir une vision globale des opérations et donc de prendre sur le terrain des initiatives allant dans le sens des desseins du commandement supérieur. Ils dénoncent le « système d'ordres particuliers » qui privilégie des objectifs de marche sans instruction sur la mission attribuée à chaque corps dans la manœuvre recherchée par l'Empereur. Pour reprendre une typologie apparue à la fin du XIXe siècle dans l'armée allemande, Napoléon appliquerait un système plus proche de la *Befehlstaktik* que de l'*Auftragstaktik*. La *Befehlstaktik* est un système de « commandements d'exécution » dans lequel l'échelon supérieur émet des instructions détaillées laissant peu de marge d'interprétation pour leur exécution par les échelons inférieurs. Ce système interdit de profiter d'éventuelles opportunités n'entrant pas dans le plan prévu par le commandement. Au contraire, l'*Auftragstaktik*, est un système de « conduite par objectifs », dans lequel le commandement transmet à ses subordonnés ses intentions à l'égard de l'ennemi et les objectifs attribués aux différentes unités qui sont libres des moyens à employer pour les atteindre. C'est un système qui suppose que l'esprit général de la manœuvre élaborée par le commandement soit compris par ses principaux exécutants, ce qui leur permet de coopérer d'une manière souple et décentralisée en laissant une large part aux initiatives individuelles. Bonnal estime que les maréchaux sont laissés trop souvent dans l'ignorance des plans impériaux « jusqu'au moment de l'exécution immédiate ». En outre, le major général rédige une multiplicité d'ordres parcellaires alors qu'il devrait synthétiser la pensée impériale dans un seul ordre d'armée. Bonnal cite le cas de la traversée du Frankenwald qui exigea « seize ordres ou instructions, envoyés le 4, le 5, le 6 et le 7 ». Il précise ses critiques s'agissant des ordres relatifs à la journée du 12 octobre 1806. Selon lui, Napoléon « n'expose pas ses projets intimes et ne donne d'autre mission que d'occuper des points géographiques ».

Ces critiques doivent être replacées dans leur contexte historique. Les études de Bonnal et Vachée ont été écrites pendant la période de la préparation de la « revanche ». Il s'agit alors de tirer les leçons de la défaite de 1870 en améliorant les procédures et la formation des officiers d'état-major. L'objectif est de créer une doctrine d'emploi des forces commune aux officiers généraux, pour libérer leurs initiatives et renforcer leur coopération sur le terrain. Dans ce but, les historiens militaires comparent le système de commandement hérité de Napoléon et celui de l'armée allemande de Moltke. Une telle comparaison est naturellement défavorable au premier puisqu'elles reposent sur un anachronisme de plus de cinquante années. Or, on ne peut pas légitimement comparer un système napoléonien encore marqué par les « technologies » du XVIIIe siècle : la plume d'oie et le messager à cheval, avec le système prussien de la fin du XIXe siècle qui intègre les techniques issues de la révolution industrielle : le télégraphe et les chemins de fer. Si le passage des ordres purement verbaux aux ordres écrits est largement antérieur à Napoléon, la création d'états-majors et la division du travail entre différents bureaux sont une innovation récente dont les fonctions demeurent embryonnaires à bien des égards (*cf.* encadré « Les origines du service d'état-major »). C'est Napoléon qui va créer un réseau d'états-majors au sein de chaque corps d'armée pour leur garantir une autonomie opérationnelle grâce à cet organe de commandement déconcentré. Si son tempérament centralisateur l'empêche de donner toute sa portée à cette nouvelle structure de commandement, c'est bien ce nouveau réseau d'états-majors qui assure le succès de la nouvelle « guerre combinée ».

Il est néanmoins indéniable que le commandement napoléonien souffre d'un manque de méthodologie et de spécialisation des tâches. En témoigne le contenu des instructions de Napoléon qui évolue selon les périodes et selon les interlocuteurs. L'Empereur confie plus volontiers ses plans d'opérations en début de campagne durant les phases préliminaires de la campagne où il semble réfléchir à haute voix en dictant ses ordres. Quand les opérations s'accélèrent, Napoléon transmet des ordres laconiques fixant principalement des points géographiques à atteindre sans donner plus de détail sur l'esprit de la manœuvre. Par ailleurs, Il n'y a pas de répartition stricte des tâches entre Napoléon et le major général. Cette confusion des rôles aboutit souvent à des duplications d'ordres aux commandants de corps et parfois à des ordres contradictoires. Enfin, l'Empereur se réserve le droit d'intervenir à tous les échelons. Il lui arrive ainsi de passer par-dessus les commandants de corps pour adresser directement des instructions à des généraux de division dont l'action peut être déterminante, comme c'est le cas des ordres, envoyés aux commandants des divisions de la cavalerie de la Garde à la veille de la bataille d'Iéna, pour leur faire presser la marche.

La répartition de la conduite des opérations

Si les interventions de Napoléon et de Berthier ne sont pas toujours parfaitement coordonnées, une répartition des compétences s'est établie *de facto* entre l'Empereur et le major général. En règle générale, l'Empereur n'hésite pas à développer, dans ses ordres aux commandants de corps, ses objectifs généraux et leur indique les mouvements prévus des différents corps. De son côté, Berthier rédige à l'attention de chaque maréchal des ordres de marche détaillés pour leur corps d'armée. Il se concentre sur l'assignation d'objectifs géographiques. Ainsi, dans l'instruction du 5 octobre 1806 adressée à Soult, Napoléon émet des considérations générales et laisse au major général le soin de préciser les modalités de marche. Napoléon décrit à Soult la formation « en bataillon carré » composé de trois colonnes qu'il fait adopter à la Grande Armée pour traverser la Frankenwald. Il lui précise que le corps de Ney évolue à une demi-journée de marche derrière son corps. Il lui ordonne de se concerter avec Ney pour attaquer toute force inférieure à 30 000 hommes qui s'opposerait à sa progression. Napoléon considère cependant cette hypothèse comme douteuse en lui indiquant que les derniers renseignements situent les Prussiens du côté d'Erfurt c'est-à-dire sur l'aile opposée de la Grande Armée (Soult est à la tête de la droite et l'ennemi est détecté sur la gauche). Il lui recommande surtout de veiller à établir des communications avec la colonne du centre et à « correspondre très fréquemment ». Par cette lettre, le maréchal Soult dispose d'une vision globale du plan de Napoléon. Il va recevoir parallèlement des instructions de marche précises de la part de Berthier. Le major général envoie en effet le même jour à Soult l'ordre de marche suivant : « L'Empereur, Monsieur le Maréchal, ordonne que vous preniez vos mesures pour entrer à Baireuth le 7 (...) vous continuerez votre marche le 8, de manière à avoir votre corps d'armée, dans la nuit du 8 au 9, sur les hauteurs du Münchberg. Dans la journée du 9, vous porterez votre corps d'armée à Hof. Je vous préviens que le maréchal Ney sera à une demi-journée derrière vous ; je lui donne l'ordre d'avoir toujours sa cavalerie à une heure en avant de lui, afin qu'elle puisse se porter au secours de la vôtre, s'il y avait lieu. Cette instruction est faite comme si vous ne deviez pas trouver d'obstacle ; mais si l'ennemi était en force à Hof et que les forces du maréchal Ney réunies aux vôtres ne vous parussent pas, à l'un et à l'autre, suffisantes pour vaincre l'ennemi, vous en instruiriez sur-le-champ l'Empereur, et vous vous placerez dans une bonne et forte position (...). Le quartier général sera le 6 à Bamberg, le 8 à Lichtenfels, le 9 à Kronach (...) ».

La combinaison de ces deux ordres de Napoléon et de Berthier est représentative du type d'instructions envoyées aux commandants de corps et de la répartition implicite de la conduite des opérations entre Napoléon et Berthier. À l'intérieur du cadre général précédemment fixé par l'Empereur qui indique la composition et la direction des différentes colonnes de marche, le major général précise, pour la colonne dont le 4e corps forme l'avant-garde, la répartition des missions entre les différents corps de Soult, Ney et du général de Wrède. Le major général se contente la plupart du temps de découper l'ordre général qui lui a été dicté par l'Empereur en autant d'ordres qu'il y a de corps d'armée destinataires. La critique des « ordres parcellaires » ne tient donc qu'à l'encontre de Berthier et non de Napoléon. Elle n'est pas pour autant justifiée. Le « découpage des ordres » obéit à des impératifs pratiques évidents. À une époque

LES ORIGINES DU SERVICE D'ÉTAT-MAJOR

L'importance du rôle des services d'état-major dans le succès des armées apparaît au milieu du XVIIIe siècle avec les premières tentatives de création d'un corps d'officiers d'état-major permanent en 1766 par Bourcet (lequel fut supprimé pour des raisons budgétaires en 1776). Jusque-là, les états-majors sont des organisations temporaires mises sur pied pour la durée d'une campagne. L'idée d'une structure permanente est reprise en 1783 par le maréchal de Ségur, alors ministre de la Guerre, qui crée un corps d'état-major de l'armée, supprimé à son tour au début de la Révolution. Sous l'Ancien Régime, chaque armée dispose d'un major général de l'infanterie et d'un major général de la cavalerie chargés de seconder le commandant d'armée en réglant les mouvements des troupes à pied et à cheval. Pourtant, les fonctions de ces officiers sont encore restreintes dans la mesure où les armées sont de type « unitaire ». En simplifiant, on peut dire qu'un ordre unique est rédigé pour l'ensemble de l'armée dont les opérations se déroulent sous les yeux du commandant en chef. C'est l'articulation de l'armée en composantes autonomes qui va favoriser le développement des services d'état-major. L'importance croissante des travaux d'état-major est confirmée avec la création en 1790 des « adjudants généraux » (dénommés « adjudants commandants » à partir de 1800, car ils avaient l'habitude de se faire appeler « généraux » alors qu'ils n'en avaient pas le grade). Ils sont chargés de seconder les majors généraux ou chefs d'état-major affectés à chaque armée par le gouvernement de la République. Ils sont près de 110 à la fin de 1794 choisis parmi les officiers généraux. Ce chiffre varie peu ensuite puisqu'ils sont 118 en 1805 et 153 en 1812.

Napoléon va hériter de l'organisation révolutionnaire sans avoir le temps de créer un véritable corps d'officiers d'état-major, selon les principes posés par le général Mathieu Dumas en 1805. En principe, chaque chef d'état-major d'armée est secondé, pendant les guerres de la Révolution, par quatre adjudants généraux, chacun assisté par deux adjudants généraux adjoints. Sous l'Empire, le corps des officiers d'état-major comprend donc une centaine d'adjudants commandants avec le grade de colonel et 200 adjoints à l'état-major qui ont le grade de capitaine. Ces officiers dédiés au service d'état-major sont renforcés selon les besoins par des officiers détachés des corps de troupe et par des aides de camp et officiers d'ordonnance.

S'inspirant des principes de Bourcet, Berthier rationalise les missions des adjudants généraux, alors qu'il est chef d'état-major de l'armée des Alpes en 1795 puis de l'armée d'Italie à partir de 1796. Chaque adjudant général dirige un bureau spécialisé avec, tout d'abord, un bureau des « opérations » en charge du suivi des mouvements, des effectifs, de la collecte des rapports transmis par les différents chefs d'unité ; un bureau « logistique » en charge des munitions, des subsistances, des hôpitaux et de la police ; un bureau des « renseignements » en charge des cartes, des reconnaissances et du courrier ; enfin, un bureau « administration » en charge du fonctionnement quotidien de l'état-major. Il faut ajouter à ces quatre sections, un bureau des affaires secrètes chargé de l'espionnage et de la « haute police » dans les territoires occupés. Ces principes vont être repris et développés par l'adjudant général Paul Thiébault dans son fameux *Manuel pour les Adjudants Généraux et leurs adjoints employés dans les états-majors des divisions et des armées* paru en 1800 et dont le succès fut tel qu'il fut immédiatement traduit en allemand, anglais, espagnol et russe. Il s'agissait, pour reprendre les termes de l'auteur, de dresser un « tableau des devoirs des chefs et officiers d'état-major » pour les mettre

« en état de rédiger avec méthode et d'une manière complète les ordres les plus difficiles ». Le manuel de Thiébault venait combler l'absence de réglementation officielle du service d'état-major et encadrer les mesures improvisées prises par les adjudants commandants et leurs adjoints. La Révolution avait en effet enterré le projet de règlement sur le service d'état-major, élaboré en 1788 par le conseil supérieur de la guerre. Thiébault complétera cette première publication rapidement épuisée par la rédaction en 1810 d'un *Manuel Général du Service des États-majors* qui sera utilisé par l'armée française pendant plus de 20 ans ■

où tous les ordres sont recopiés à la main, il est plus rapide de découper les ordres en n'indiquant à chaque commandant de corps d'armée que les mouvements qui le concernent directement. Cela ne signifie pas que chaque maréchal est laissé dans l'ignorance des mouvements des autres corps ; ce qui serait absurde puisqu'il est censé devoir coordonner ses mouvements avec ceux des autres corps adjacents. Aussi, qu'il s'agisse de Napoléon ou de Berthier, la plupart des ordres qu'ils transmettent aux chefs de corps précise la position et les objectifs des autres corps d'armée. L'analyse des ordres de Napoléon et de Berthier confirme bien l'existence d'une forme de répartition des fonctions entre les deux organes centraux de commandement, mais son caractère implicite et non systématique entraîne de fréquents chevauchements des compétences qui portent en germe la faillite du système de commandement napoléonien.

Des initiatives encadrées

Maître exclusif de la planification des opérations, Napoléon délègue l'exécution des opérations à ses chefs de corps de façon à donner plus d'amplitude et d'efficacité à ses manœuvres. Ceux-ci doivent pouvoir traiter à leur niveau un certain nombre de questions avec les données et les moyens dont ils disposent, sans en référer à l'échelon central. Chaque commandant de corps possède ainsi une autonomie logistique et tactique à l'intérieur du cadre opératique et stratégique. Autrement dit, Napoléon coordonne les mouvements de chaque corps, tandis que les maréchaux précisent les dispositions de marche, les modalités de ravitaillement et les conditions d'engagement des forces. On a précédemment vu que chaque corps d'armée, à la différence des « armées monolithiques » de l'Ancien Régime, dispose de ses propres commissaires de guerre responsables des questions logistiques. Il n'y a plus, par exemple, de centralisation des réquisitions avec redistribution à tous les régiments de l'armée. L'autonomie des chefs de corps se concrétise également par la dotation d'un instrument propre de commandement. C'est l'état-major de corps d'armée placé sous la direction d'un chef d'état-major et chargé principalement de mettre en œuvre les ordres de marche de l'état-major impérial. La prééminence du commandant de corps sur les divisionnaires est affirmée par la gestion d'une réserve d'artillerie et de toute la cavalerie qu'il met, selon les besoins, à la disposition des différentes divisions d'infanterie. Quant à l'autonomie tactique, elle se traduit notamment par une délégation de pouvoirs en matière de reconnaissances en avant du front de marche et d'engagement des troupes ennemies en cas de rencontre.

Il s'agit bien sûr d'autonomie et non de complète indépendance d'action. Par définition, la déconcentration suppose que les organes déconcentrés demeurent hiérarchiquement soumis aux organes centraux de commandement. L'Empereur encadre les initiatives de ses maréchaux dans les lettres quotidiennes qu'il leur adresse. Il leur indique les secteurs qu'il souhaite voir explorer et leur précise les conditions d'engagement de l'ennemi. En fonction de la position et du rôle qui lui sont attribués dans la manœuvre (mission d'avant-garde ou d'arrière-garde, de couverture, de second échelon, de débordement, de fixation, de diversion, de poursuite), le chef de corps peut être ainsi amené à rechercher systématiquement l'engagement pour accrocher le gros des forces ennemies en attendant l'arrivée du reste de la Grande Armée (exemple de Lannes à Friedland), n'engager l'ennemi que si la balance des forces est égale (exemple de Soult avant Iéna) ou éviter tout accrochage pour couvrir les mouvements des autres corps (exemple de Ney avant l'encerclement d'Ulm). En règle générale, les ordres de Napoléon aux commandants de corps sont simples et n'entrent pas dans les détails d'exécution. Ils fixent la destination de chaque corps avec la date souhaitée d'arrivée et les principaux objectifs de la journée. L'Empereur ou son major général peuvent cependant donner aux commandants de corps des instructions pour plusieurs jours s'il estime que la topographie et/ou la position des différents corps risquent d'entraver la transmission des ordres. Mais, contrairement aux dires de Bonnal, Napoléon ne cherche pas systématiquement à préserver le secret des opérations en ne transmettant à chaque maréchal que les informations qui lui sont strictement nécessaires. Si les ordres de marche proprement dits sont généralement rédigés par Berthier, Napoléon envoie aux maréchaux des informations sur l'évolution de la situation des différents corps, de façon à leur donner une vision globale des opérations. Au-delà de ces indications purement factuelles, il ajoute souvent des commentaires sur les intentions supposées de l'ennemi et sur les différentes manœuvres qu'il se propose d'exécuter. Son but est, en effet, de bien faire comprendre à ses maréchaux quels sont ses objectifs, afin de leur permettre de réagir correctement face aux situations imprévues non couvertes par ses instructions.

Durant la marche du camp de Boulogne vers la Bavière, le 6e corps du maréchal Ney joue le rôle de force de couverture sur la droite de la Grande Armée. Il forme le pivot du coup de faux qui mène l'armée française du Rhin au Danube. Ney doit en effet assurer la protection de la manœuvre des autres corps chargés de prendre à revers les Autrichiens cantonnés derrière l'Iller. Dans ce but, Napoléon lui ordonne, à deux reprises, d'adopter une attitude défensive, en évitant tout engagement majeur avec l'ennemi (*cf.* carte n° 40). Tout d'abord dans une lettre à Berthier du 27 septembre 1805 : « Mon Cousin, envoyez sur-le-champ un courrier au maréchal Ney, qui se mettra demain, à la pointe du jour, en marche pour Stuttgart. Mon intention est qu'il s'arrange de manière à enlever le poste de cavalerie ennemie de Pforzheim ; j'espère donc qu'il m'enverra demain une soixantaine de prisonniers. (...) Mon intention est qu'il ne se porte sur Stuttgart qu'à petites journées. ; il me suffit qu'il y soit le 8. (...) Arrivées à Stuttgart, toutes ses divisions doivent être très près les unes des autres, afin que tout son corps d'armée puisse se réunir en moins de deux heures en ligne. Je ne veux point d'affaires partielles de divisions. Ainsi mon intention est qu'il prenne une bonne position à Stuttgart, parce que je ne veux engager aucune affaire de ce côté-là ». Napoléon réitère directement à Ney ses instructions dans une lettre du 29 septembre : « Je vous compte arrivé à Stuttgart. Le maréchal Lannes se porte à Ludwigsburg ; il sera prêt à voler à votre secours si vous en avez besoin. Le prince Murat se porte à Rastadt. Instruisez-le de ce qui se passe. Il n'attendra pas mes ordres pour marcher à vous, si cela est nécessaire. Éclairez les mouvements de l'ennemi ; tâchez d'enlever ses patrouilles de cavalerie. Du reste, mon intention n'est pas que vous passiez à Stuttgart, ni

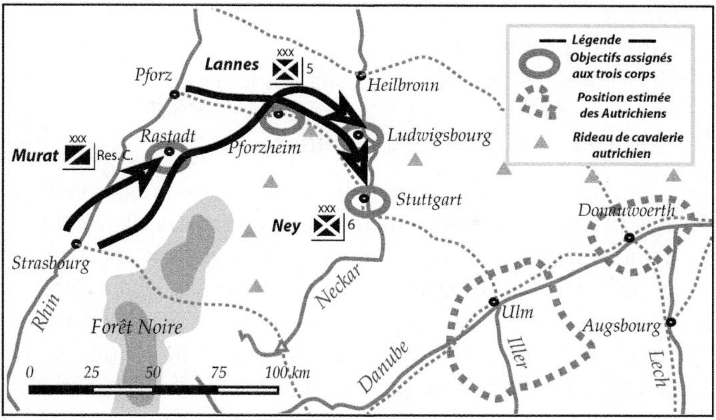

Carte n° 40 : Les missions assignées à Ney dans les lettres des 27 et 29 septembre 1805.

que vous engagiez là aucune affaire sérieuse ». De son côté, Lannes a reçu de Napoléon l'instruction suivante datée du 30 septembre : « Mon cousin, vous marcherez sur Ludwigsburg. Sur votre droite, le maréchal Ney doit se trouver avec son corps d'armée à Stuttgart. S'il avait besoin de vos secours, vous n'attendriez aucun ordre pour y voler avec votre zèle et votre bravoure accoutumés ». Les deux ordres de Napoléon envoyés à Ney définissent strictement le cadre d'intervention du maréchal avant de laisser aux chefs de corps une liberté d'initiative pour les exécuter. La mission de Ney est de prendre position autour Stuttgart, de tenter de capturer des cavaliers ennemis pour connaître les intentions des Autrichiens et d'éviter toute affaire d'envergure. Napoléon précise par ailleurs qu'en cas de problème, Ney peut s'appuyer sur les troupes de Lannes et de Murat qui interviendront sans ordre supplémentaire de l'Empereur. Il appartient, dans cette hypothèse, aux trois chefs de corps impliqués de s'entendre pour prendre les mesures qui s'imposent sans attendre les ordres de l'Empereur. Les initiatives des corps sont cependant bien encadrées et doivent prendre en compte les objectifs défensifs qui leur sont assignés.

Une perception globale des opérations

Les initiatives des commandants de corps ne peuvent être prises judicieusement que si ces derniers disposent d'une perception globale des opérations. Ils doivent donc bénéficier d'informations régulières sur les opérations en cours. C'est bien le cas dans la succession d'ordres envoyés à Lannes durant la campagne de 1806. Le commandant du 5e corps joue un rôle clef dans cette manœuvre, car il est placé à l'avant-garde de la gauche de la Grande Armée, du côté où le gros des forces prussiennes est présumé stationner. Or, tout au long de la phase préliminaire de la campagne qui va conduire à la bataille d'Iéna, l'Empereur et/ou le major général vont clairement faire sentir au maréchal Lannes la teneur et l'importance de sa mission. Berthier explique tout d'abord à Lannes, dans une lettre du 5 octobre, le dispositif de marche adopté par l'Empereur pour les corps adjacents : « (...) votre corps d'armée et celui du maréchal Augereau forment la gauche ; le corps d'armée du maréchal Bernadotte et celui du maréchal Davout forment le centre et débouchent par Lichtenfels, Kronach, pour se diriger sur la grande route de Leipzig ». Dans la lettre du 7 octobre, Napoléon indique au maréchal Lannes la position présumée de l'armée prussienne : « D'après tous les renseignements que j'ai pu me procurer, il paraît que les principales forces de l'ennemi sont sur Naumburg, Weimar, Erfurt et Gotha ». Arrivant à Cobourg, Lannes ne peut donc ignorer qu'il se situe sur le flanc exposé de la Grande Armée. C'est d'ailleurs pourquoi Napoléon lui conseille de se « placer très militairement » et de reconnaître « tous les débouchés de la route qui arrive de Saalfeld et de celle qui arrive d'Eisfeld » d'où peuvent surgir les colonnes ennemies : « Vous arriverez demain à Cobourg. Prenez une bonne position en avant de cette ville. L'ennemi peut être de deux côtés contre vous ; il peut venir par le chemin de Gotha, et par Eisfeld et Saalfeld ». Dans la perspective de sa progression vers Gräfenthal, Lannes est donc prié de fortifier Cobourg et de diriger ses bagages sur la ligne d'opération de l'armée qui passe par la colonne du centre à Kronach. Le maréchal Lannes dispose donc à ce moment de la campagne d'une vision claire de sa position au sein de la Grande Armée. Il est informé des menaces potentielles et des forces sur lesquelles il peut compter en cas d'accrochage avec l'ennemi (*cf.* carte n° 41).

Dans la lettre du 8 octobre, l'Empereur continue à informer Lannes de la progression des deux autres colonnes : « Le maréchal Bernadotte [à la tête de la colonne du centre] a passé Lobenstein. Son avant-garde se trouve aujourd'hui à midi à Ebersdorf [à mi-chemin entre Lobenstein et Saalburg]. Le maréchal Soult [à la tête de la colonne de droite] avait enlevé plusieurs postes ennemis ; il était à Münchberg aujourd'hui, il sera ce soir à Hof (…) Le maréchal Davout [en second échelon derrière Bernadotte au même niveau que Lannes], avec tout son corps d'armée, est à la porte de Steinwiesen. Il envoie des patrouilles sur Gräfenthal, sur Neustadt [le village immédiatement au nord de Cobourg] et sur Judenbach pour se lier avec vous ». Napoléon presse Lannes de marcher sur Gräfenthal tout en le priant de prendre les mesures de sûreté qui s'imposent étant donné sa position : « Comme vous formez la gauche de l'armée, je pense qu'il sera fort utile, lorsque vous ferez bivouaquer vos divisions, que vous fassiez bivouaquer chaque division en bataillon carré ». Dans la lettre du 9 octobre, Napoléon transmet à nouveau la situation des différents

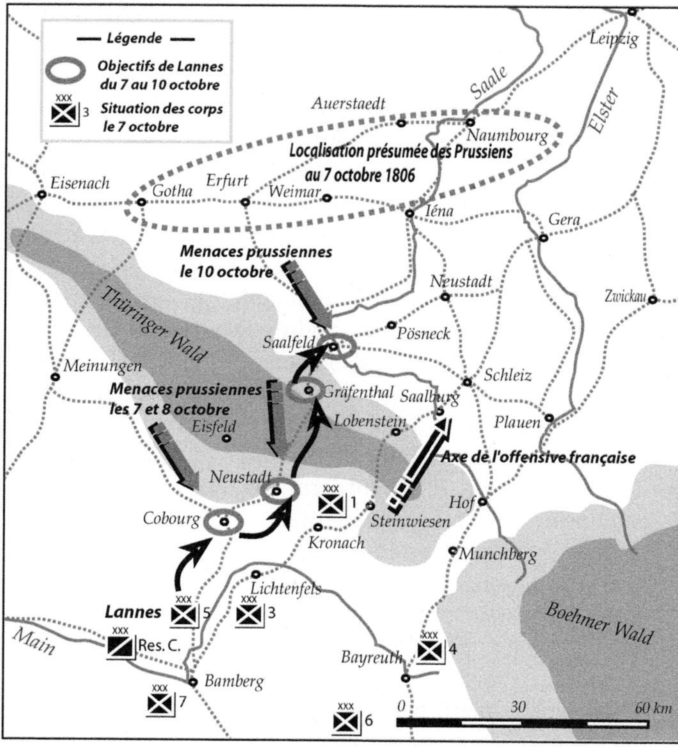

Carte n° 41 : Perception de la situation de la Grande Armée par Lannes le 7 octobre 1806.

corps en fin de journée (« Le maréchal Davout sera à Lobenstein. Le prince Murat à Schleiz. Le maréchal Bernadotte à Saalburg. Le maréchal Soult vis-à-vis Plauen. Le maréchal Ney à Hof ») et met en garde Lannes contre un possible premier accrochage avec les Prussiens à Saalfeld : « On suppose que l'ennemi veut défendre Saalfeld ; s'il y est en force supérieure, il ne faut rien engager que le maréchal Augereau ne vous ait rejoint ». Nouvel état de situation envoyé par le major général le 10 octobre à 6 heures du matin. Berthier renouvelle l'ordre d'attaquer Saalfeld, annonce la victoire de Schleiz (remportée par Bernadotte à la tête de la colonne du centre) et lui indique que la colonne du centre a déjà tourné la position de Saalfeld en envoyant des reconnaissances vers Pösneck. À 7 heures du soir, Berthier ordonne à Lannes qu'il suppose victorieux à Saalfeld, de se porter à Neustadt (à ne pas confondre avec le village situé près de Cobourg ; il s'agit cette fois de la ville située au sud d'Iéna) et lui précise qu'il continue de « former la gauche de l'armée qui va se porter sur Gera ». Lannes est donc informé de l'axe de progression de l'armée. Le 12 octobre, l'Empereur révèle à Lannes qu'il pense avoir débordé le dispositif prussien : « Vous recevrez l'ordre de mouvement de la part du major général [au même moment, Berthier envoie à Lannes un ordre détaillant la position de chaque corps et lui ordonnant de se rendre à Iéna]. Toutes les lettres interceptées font voir que l'ennemi a perdu la tête (…) Vous verrez que mon armée est réunie, que je leur barre le chemin de Dresde et de Berlin [à ce moment, c'est vrai pour Dresde mais pas pour Berlin puisque sa ligne de retraite vers Madgebourg n'est pas coupée] ». En conséquence, Napoléon considère qu'il faut profiter de la démoralisation de l'ennemi pour saisir toutes les occasions de détruire ses troupes : « L'art est aujourd'hui d'attaquer tout ce qu'on rencontre, afin de battre l'ennemi en détail et pendant qu'il se réunit ».

L'analyse des lettres envoyées au maréchal Lannes montre que ce dernier dispose d'un niveau d'information très proche de celui de Napoléon. Lannes est informé chaque jour des objectifs assignés aux autres corps ainsi que de la position présumée des troupes ennemies sur la base des informations dont dispose l'état-major général. Durant le déroulement des opérations, Napoléon indique au maréchal Lannes s'il faut adopter une attitude prudente ou résolument offensive et lui précise les conditions des différentes options possibles. Napoléon ne se contente pas d'assigner aux commandants de corps de simples objectifs géographiques sans aucune vision globale des opérations. Les instructions envoyées au maréchal Lannes montrent, au contraire, que l'Empereur compte sur ses maréchaux pour prendre les initiatives nécessaires au bon déroulement de la manœuvre en matière de reconnaissances et d'engagement de l'ennemi.

La transposition des ordres impériaux

La répercussion des ordres aux commandants de division

En tant que principal relais de transmission des ordres de l'Empereur, chaque commandant de corps d'armée se doit de les développer, avant de les transmettre à ses commandants de division, en précisant notamment les heures de départ, les itinéraires, les cantonnements de chacune des divisions du corps. Si l'on reprend l'exemple des ordres au 4e corps au début de la campagne de 1806, l'Empereur communique le 10 octobre à Soult le « bilan de la journée » et lui fait part de ses projets en « pensant à voix haute » : « Nous avons culbuté hier les 8 000 hommes qui, de Hof s'étaient retirés à Schleiz, où ils attendaient des renforts dans la nuit (...) de sorte que je suis porté à penser que vous n'avez personne devant vous, peut-être pas 10 000 hommes jusqu'à Dresde. Si vous pouvez leur écraser un corps, faites-le. Voici du reste mes projets pour aujourd'hui : je ne puis marcher, j'ai trop de choses en arrière ; je pousserai mon avant-garde à Auma (...) Je fais marcher le maréchal Ney à Tanna (...) Le maréchal Lannes n'arrivera qu'aujourd'hui à Saalfeld, à moins que l'ennemi n'y soit en force considérable. Ainsi les journées du 10 et du 11 seront perdues.

Si ma jonction est faite, je pousserai en avant jusqu'à Neustadt et Triptis ; après cela, quelque chose que fasse l'ennemi, s'il m'attaque, je serai enchanté ; s'il se laisse attaquer, je ne le manquerai pas ; s'il file par Magdeburg, vous serez avant lui à Dresde. Je désire beaucoup une bataille. (...) Vous voyez actuellement mes projets pour aujourd'hui et demain ; vous êtes maître de vous conduire comme vous l'entendrez (...) Si vous trouvez à faire quelque chose contre l'ennemi, à une marche de vous, vous pouvez le faire hardiment (...) J'imagine que vous êtes à Plauen ; il est très convenable que vous vous en empariez. Faites-moi donc connaître ce que vous avez devant vous ». Dans cette lettre, Napoléon expose ses plans à Soult en détaillant les différentes options possibles et lui accorde dans le cadre général ainsi fixé une large part d'initiative pour engager l'ennemi.

Il revient ensuite à Soult de mettre en œuvre l'instruction impériale du 10 octobre. La répercussion de l'instruction prend la forme d'un ordre très détaillé qui est adressé le même jour à l'ensemble des divisionnaires par des officiers d'état-major (*cf.* encadré « Les officiers d'état-major, instruments de liaison entre les unités ») et dans lequel Soult précise l'ordre de marche de chaque division et les précautions à prendre pour éclairer ces différents mouvements : « Demain 11 octobre au point du jour le corps d'armée se mettra en marche et se dirigera sur Weyda en passant par Syrau, Bernsgrün, Dobigau, Naitschau, à hauteur de Langenwetzendorf et Draxdorf. Les divisions marcheront dans l'ordre suivant : le général Margaron [commandant de la cavalerie du 4e corps] réunira sur Syrau le 11e et le 16e de chasseurs et l'artillerie légère, et prenant la tête du corps d'armée il se dirigera sur Weyda en suivant l'itinéraire prescrit (...). Le général Guyot partira de Reichenbach avec le 8e de hussards qu'il commande, (...) et immédiatement il portera un fort parti sur Weyda pour éclairer les mouvements

LES OFFICIERS D'ÉTAT-MAJOR, INSTRUMENTS DE LIAISON ENTRE LES UNITÉS

Afin d'assurer l'exécution des ordres et la coopération entre les unités, tous les organes de commandement, centraux et déconcentrés, utilisent des officiers d'état-major. Ils sont la garantie pour l'Empereur que son armée, bien que géographiquement dispersée, demeure militairement réunie. Napoléon exige que les missives importantes soient transmises par des aides de camp car ils peuvent apporter une valeur ajoutée au document écrit lors d'un entretien oral par le destinataire du pli. L'Empereur a ainsi coutume d'interroger les aides de camp, non seulement sur l'état des routes qu'ils ont parcourues, mais aussi pour « prendre la température » des états-majors expéditeurs et préciser les sous-entendus des comptes rendus écrits. Or, seul un aide de camp disposant d'une vision synthétique de la situation opérationnelle est en mesure d'apporter de tels éclaircissements. De plus, seuls des officiers aguerris sont capables de circuler en territoire ennemi, au milieu de zones souvent dévastées par le maraudage, parmi des populations dont ils ignorent la langue, et de déjouer les pièges de la guérilla pour transmettre le plus rapidement possible les messages au bon destinataire. Les messages d'importance secondaire sont transmis par de simples cavaliers portant le titre de « cavaliers d'ordonnance ».

Les officiers d'état-major sont notamment chargés des « liaisons verticales » entre l'état-major général et les états-majors des différents corps d'armée. Les commandants de corps sont tenus d'envoyer de leurs nouvelles au major général au moins une fois par jour. Napoléon insiste constamment sur ce point : « Donnez-moi plus fréquemment de vos nouvelles ; dans une guerre combinée comme celle-ci, on ne peut arriver à de beaux résultats que par des communications très fréquentes ; mettez cela au rang de vos premiers soins » (lettre de Napoléon à Soult du 8 octobre 1806). Cela vaut aussi pour les relations entre les différents chefs de corps comme en témoigne la lettre suivante adressée en 1807 par Augereau à Bernadotte et Ney : « Il paraît, mon cher général, que l'armée russe fait des mouvements. Le major général m'ordonne de mettre à vos ordres un de mes officiers, afin que, si l'ennemi vous attaquait, vous m'en donnassiez aussitôt avis et que je puisse être en mesure de voler à votre secours. En conséquence, j'envoie auprès de vous M. Marbot, officier attaché à mon état-major ; il restera à votre disposition. J'envoie, pour le même objet, un autre officier auprès de M. le maréchal Ney ». Enfin, la liaison entre les unités concerne aussi les échelons inférieurs. Ainsi, les généraux de division sont tenus d'envoyer chaque soir un de leurs aides de camp à l'état-major du corps d'armée pour rendre compte des événements de la journée ■

que l'ennemi fait dans cette partie. Dans son mouvement le général Guyot aura soin d'éclairer parfaitement les bords de l'Elster, et le général Margaron, après avoir dépassé Langenwetzendorf, éclairera par des partis de chasseurs tout le pays compris entre ce point et Auma. Le général Legrand fera suivre à la 3e division la même direction et fera en sorte qu'elle soit réunie à la pointe du jour pour se mettre immédiatement en marche. Le général Leval devra mettre en marche la 2e division un peu avant le jour, afin qu'elle joigne à Syrau la 3e division, et suive ensuite son mouvement. Pour cet effet il la fera passer par la ville de Plauen. Le général Saint-Hilaire [commandant de la 1re division du 4e corps] réglera son mouvement sur celui de la 2e division et la suivra immédiatement ; il fera en sorte que dans sa marche il ne reste point d'intervalle entre les deux divisions. Le parc d'artillerie [commandé par le général Lariboisière] prendra la même direction et suivra la marche de la 1re division. Le général Saint-Hilaire laissera 4 compagnies du 55e régiment pour le couvrir et le défendre au besoin. (...) Les équipages du quartier général partiront avant le jour de Plauen pour joindre la 3e division, et marcheront après elle. Le commandant en chef indiquera par un nouvel ordre les positions que les divisions devront prendre et le lieu où sera demain le quartier général. Le Maréchal commandant en chef (...) ordonne aux chefs de corps (...) de faire partir de Plauen toutes les voitures portant des effets qui ne leur sont pas absolument nécessaires (...) et ils les feront diriger sur Kronach, en passant par Hof. On pourra en même temps envoyer à Kronach les malades qui sont à la suite (...) ».

Afin de permettre à chaque divisionnaire de connaître les missions assignées aux autres, Soult édicte un ordre général destiné à l'ensemble des divisionnaires du 4e corps. Soult y précise les dispositions de marche à prendre pour exécuter les ordres de l'Empereur. Il indique la direction de marche et l'itinéraire à suivre, les heures de formation des colonnes pour chaque division. À ce moment de la campagne, un contact avec l'ennemi est de plus en plus probable et impose des « marches de guerre ». C'est pourquoi Soult ordonne que les divisions marchent sans laisser d'intervalle entre elles de façon à pouvoir se porter assistance le plus rapidement possible. Il précise les opérations de reconnaissance de la cavalerie chargée d'éclairer la progression du 4e corps et d'assurer les communications avec la colonne du centre. Il indique la position de l'artillerie du corps et affecte des unités à sa protection. Enfin, le commandant du corps traite des questions relatives aux équipages et aux blessés. C'est donc un ordre très complet qui couvre l'ensemble

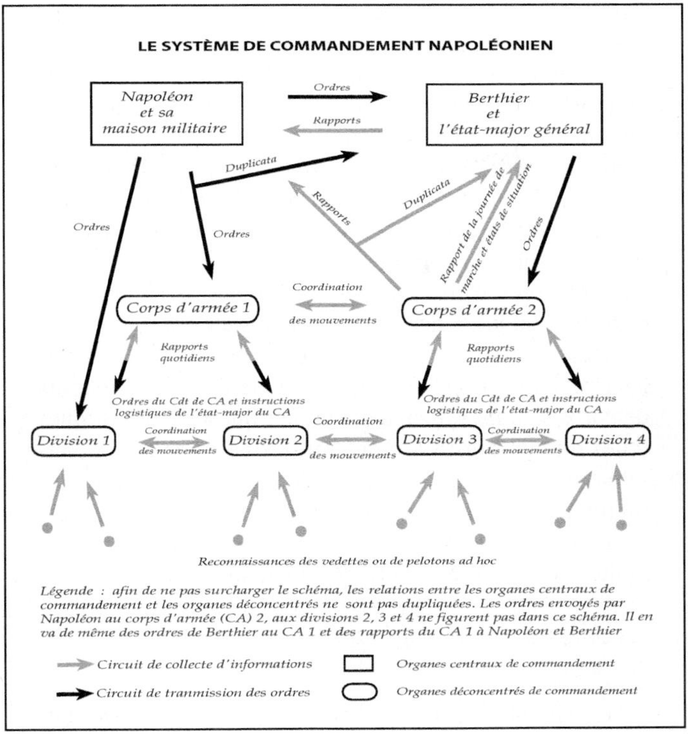

des questions militaires et logistiques. Parfois, le commandant de corps indique également sa position durant la journée de marche. Généralement, le commandant de corps marche à la tête de la première division de façon à recevoir le plus rapidement possible les renseignements récoltés par l'avant-garde. S'il change de position durant la marche, le général de la première division de marche lui retransmet les rapports reçus en son absence.

On a passé en revue les quatre catégories d'ordres qui transforment les intuitions impériales en ordres de marche (*cf.* l'organigramme « Le système de commandement napoléonien »). Au sommet, l'Empereur informe chaque jour ses maréchaux de la marche de l'ensemble des corps et des différentes options qu'il compte mettre en œuvre en fonction des renseignements obtenus sur les intentions ennemies. Le major général rédige et envoie aux maréchaux les ordres de marche proprement dits (bien souvent sous la dictée de Napoléon). À l'intérieur du cadre fixé par l'Empereur qui vise à donner à tous les commandants de corps une vision globale et similaire des enjeux de la manœuvre en cours, les maréchaux développent les ordres du major général en les traduisant pour le compte de leurs divisionnaires. Ces ordres sont complétés par les circulaires des chefs d'états-majors des commandants de corps traitant principalement des questions logistiques telles que la fabrication des rations de biscuit, la détermination des zones de réquisition, les mesures pour jeter un pont sur un cours d'eau, le transport des vivres, l'organisation de la remonte ou les mesures de réduction du nombre des voitures attachées à chaque division.

Les comptes rendus d'opérations aux organes centraux

Le « circuit de commandement » napoléonien est bouclé avec le rapport de la journée de marche envoyé par chaque maréchal au major général et à l'Empereur. Le 11 octobre 1806 à 10 heures du soir, Soult envoie de Weyda son compte rendu de la journée à Berthier : « J'ai l'honneur de rendre compte à Votre Altesse du mouvement que le corps d'armée a fait aujourd'hui. Les divisions sont parties de Plauen et se sont dirigées sur Weyda en passant par Syrau, Berns-Grün, Dobigau, Naitschau, Langenwetzendorf et Wittichendorf. (...) Ces routes sont épouvantables, mais ce sont les seules du pays qui fussent voiturables. J'ai porté un régiment de cavalerie sur la route de Gera ; un autre régiment de cavalerie est sur la route de Neustadt pour lier communication avec les troupes de la colonne du centre qui sont dans cette partie (…) Demain je réunirai tout le corps d'armée à Gera. Il me serait impossible de faire en ce jour davantage, car la marche d'aujourd'hui, quoiqu'elle ne soit pas longue, a été extrêmement fatigante pour la troupe et je dois la réunir. Les troupes saxonnes qui étaient à Weyda (2 régiments) en sont parties il y a trois jours et se sont dirigées sur Iéna ; celles qui étaient à Gera ont aussi pris en même temps cette direction. Les rapports que j'ai reçus en arrivant portent qu'il n'y a pas d'ennemis d'ici à Iéna, mais que sur ce point il devrait y avoir un fort corps de troupes. Les reconnaissances que j'ai envoyées n'ont pu encore me faire leurs rapports, mais tout porte à croire qu'entre la Saale et l'Elster il n'y a pas grand-chose (…) ». Soult communique l'itinéraire suivi en n'oubliant pas d'indiquer la qualité des routes empruntées. Il insiste sur la liaison de son corps avec la colonne du centre qui revêt une importance cruciale dans l'esprit de l'Empereur. Il indique l'état de la troupe et transmet ses projets pour la journée du lendemain. Il termine son rapport par des mentions sur les mouvements ennemis. Ce rapport complète une lettre envoyée au même moment à l'Empereur qui reprend les éléments essentiels du compte rendu à Berthier. Soult y précise notamment les zones de cantonnement de chacune de ses divisions et répond à une question sur l'état des routes. Entre temps, Soult a reçu ses instructions pour la journée du 12 octobre et prépare les ordres pour cette nouvelle journée de marche.

L'armée napoléonienne est la première armée composée de groupements dotés d'une autonomie opératique, c'est-à-dire capables de se déplacer et de combattre seuls durant la phase de manœuvre. Elle se différencie des armées frédériciennes dont les unités ne disposaient que d'une autonomie tactique pendant la bataille. On a vu que les temps de transmission des ordres (*cf.* encadré

« La vitesse de transmission des ordres ») imposent des délais d'exécution incompressibles d'au moins une demi-journée, dans la mesure où les états-majors des corps évoluent à une distance d'une quarantaine de kilomètres de l'état-major impérial. C'est pourquoi les effectifs d'un corps d'armée et son caractère interarmes doivent lui permettre de résister à une armée ennemie durant une journée. Cette autonomie opératique des corps d'armée est la solution à la lenteur des communications au sein des armées du début du XIXe siècle.

Pourtant, le corps d'armée va montrer ses limites à la fin de l'épopée impériale. Alors que les théâtres d'opérations et les effectifs engagés augmentent (*cf.* notamment durant la campagne de Russie en 1812 et la campagne d'Allemagne en 1813), le système du corps d'armée apparaît inadapté. Napoléon va constituer temporairement des groupes de corps d'armée. Mais, il n'ira jamais jusqu'au bout de cette réforme et se refusera à doter ces groupements d'organes logistiques et de commandement spécifiques. Ainsi, alors qu'il pénètre en Pologne pour affronter les Russes de Bennigsen, Napoléon crée le 14 décembre 1806 un « groupement Bernadotte » qui consiste, en fait, à subordonner au corps de Bernadotte la Garde, les corps de Ney et de Soult ainsi que le deuxième corps de réserve de cavalerie de Bessières. Le reste de l'armée est placé sous les ordres de l'Empereur. Mais, cette organisation n'empêche pas les différents corps du groupement Bernadotte de dupliquer vers le major général leurs rapports envoyés à Bernadotte. Cette rupture de l'unité de commandement donne lieu à d'inévitables interférences qui ont contribué à l'avortement de la première partie de la campagne de Pologne.

L'absence de structure d'état-major à l'échelon des groupes de corps d'armée explique, par ailleurs, les déficiences des maréchaux, qui semblent pétrifiés dès qu'ils sont laissés sans ordre par Napoléon. Ce dernier n'a pas

LA VITESSE DE TRANSMISSION DES ORDRES

La distance de marche moyenne entre les corps et l'état-major général d'une part, les temps de transmission des ordres, d'autre part, obligent Napoléon à accorder une autonomie de fait aux commandants de corps pour leur permettre de prendre des initiatives face aux situations imprévues. Dans sa lettre du 5 octobre 1806, Napoléon laisse le choix à Soult une fois ce dernier arrivé à Hof d'appuyer sur la colonne du centre vers Schleiz ou au contraire de continuer sur sa lancée pour prendre le carrefour de Plauen : « Les nouvelles que vous aurez de l'ennemi, à votre débouché de Hof [en sortant du massif de la Frankenwald] vous porteront à vous appuyer un peu plus sur mon centre ou à prendre une position plus en avant, pour pouvoir marcher sur Plauen ». Napoléon donne la possibilité à Soult d'accrocher tout corps ennemi situé à une journée de marche de son corps : « Si vous pouvez leur écraser un corps, faites-le (...) vous êtes maître de vous conduire comme vous l'entendrez ». Cette marge de manœuvre accordée par l'Empereur s'explique par le caractère modulaire de l'armée qui implique une extension du front de marche de l'armée et donc des communications plus longues entre le quartier général impérial et les différents corps. Ainsi, cette lettre envoyée à 8 heures du matin d'Ebersdorf est reçue à Plauen par Soult le même jour à 8 heures du soir. Le message a donc mis douze heures pour franchir la quarantaine de kilomètres séparant le quartier général de Napoléon de celui de Soult. Si les courriers du ministre des postes sont capables de parcourir les routes de l'Empire au rythme de quinze kilomètres par heure, une telle moyenne est impossible à tenir en temps de guerre sur des routes inconnues et vers des états-majors souvent très mal localisés. Les messagers sont en effet généralement tenus de déterminer eux-mêmes la localisation du destinataire de la missive qu'ils doivent transmettre. Le porteur de missives est dans ces conditions souvent obligé de rebrousser chemin pour se réorienter dans la bonne direction. La difficulté est encore compliquée quand une partie du trajet s'effectue de nuit. Le temps de transmission de la lettre du 8 octobre est particulièrement lent (un peu plus de 3 km/h soit moins que la vitesse d'un fantassin) puisqu'on observe généralement des vitesses de transmission de 8 à 9 km/h. ■

en effet réussi à créer parmi ses maréchaux une « doctrine commune d'emploi des forces », condition d'une réelle *Auftragstaktik*. Une telle doctrine, fondée sur un ensemble de principes directeurs régissant le maniement des corps d'armée, aurait assuré la compréhension des ordres, puisque chaque commandant de corps aurait été à même de lire entre les lignes les instructions du chef. Elle aurait permis, en outre, de pallier l'absence d'ordre en déclenchant les bons automatismes chez le commandant de corps laissé sans instruction. Certes, ces derniers partagent tous le souci de coordonner leurs efforts avec ceux des autres chefs de corps et pas un n'a besoin de se faire expliquer la signification de l'expression « marcher au canon ». Pourtant, cantonnés dans la conduite de corps d'armée (le seul exemple de délégation du commandement de l'armée par Napoléon à Berthier au début de la campagne de 1809 a failli coûter très cher aux armes françaises) et jamais associés à l'élaboration des manœuvres impériales, ils ne bénéficient pas du processus d'apprentissage indispensable pour acquérir la connaissance et le coup d'œil nécessaires à la coordination de plusieurs corps d'armée.

L'organisation du commandement napoléonien est révolutionnaire dans la mesure où elle se fonde sur une organisation déconcentrée adaptée à la nouvelle structure modulaire de la Grande Armée. Elle porte cependant en elle-même ses propres limites. Les états-majors ont été principalement conçus pour désengorger l'activité de l'état-major général. Or cette activité est strictement délimitée par Napoléon dans une lettre du 14 février 1806 : « Tenez-vous en strictement aux ordres que je vous donne ; exécutez ponctuellement vos instructions ; que tout le monde se tienne sur ses gardes et reste à son poste ; moi seul je sais ce que je dois faire ». Il s'agit bien d'un rôle d'exécution et non de conception. Les états-majors des corps d'armée n'ont aucun pouvoir de décision opératique. En cas de dysfonctionnement des circuits de transmission, les états-majors de corps deviennent alors incapables de prendre les initiatives nécessaires. Les limites de ce modèle apparaîtront dès 1812 et seront les principales causes de l'échec de la campagne de 1813.

TROISIÈME PARTIE
Une guerre de mouvement

Dans sa monumentale *Histoire de l'art de la guerre dans le cadre de l'histoire politique*, l'historien allemand Hans Delbrück oppose la stratégie napoléonienne à la stratégie frédéricienne. Selon Delbrück, Napoléon révolutionna l'art militaire en privilégiant des stratégies d'anéantissement, au détriment des stratégies géographiques ou d'usure mises en œuvre par Frédéric II et ses contemporains, tels le maréchal autrichien Daun. L'historien allemand s'est inspiré des écrits de Clausewitz pour établir cette dichotomie, classant résolument Napoléon dans la catégorie des stratèges recherchant avant tout la bataille décisive afin d'obtenir la destruction physique des forces ennemies. Autrement dit, la destruction stratégique des forces ennemies ne peut être que le résultat d'une succession de destructions tactiques. Cette optique clausewitzienne, axée sur la bataille, a été critiquée par de célèbres stratégistes tels que le général Camon, Liddel Hart ou Herbert Rosinski. Ces auteurs n'évitent pas toujours les écueils d'une représentation caricaturale d'un Clausewitz exaltant le choc direct et brutal. Ils sont néanmoins fondés à dénoncer son interprétation de la guerre napoléonienne qui accorde une place prépondérante aux effets de masse et aux grandes batailles d'anéantissement.

Clausewitz confond l'objectif stratégique napoléonien de destruction des forces principales ennemies avec les moyens opérationnels pour atteindre cet objectif. L'erreur d'interprétation de Clausewitz est compréhensible car elle a été commise par Napoléon lui-même qui a progressivement perverti ses principes fondateurs en sacrifiant la manœuvre à la puissance de destruction. L'analyse clausewitzienne correspond en fait à une version dénaturée de la guerre napoléonienne, lorsqu'à la fin de l'Empire, Napoléon privilégie le choc des masses d'infanterie et le feu de l'artillerie sur la manœuvre.

À l'origine cependant, le principe fondamental qui sous-tend toute la stratégie opérationnelle napoléonienne est la démoralisation préalable de l'adversaire. C'est l'action sur les forces morales et non pas la destruction physique qui conditionne la victoire. Selon Napoléon, « à la guerre, les trois quarts des affaires sont des affaires morales ; la balance des forces réelles n'est que pour un autre quart ». L'Empereur cherche à obtenir cette démoralisation par une manœuvre visant le « centre de gravité » considéré non pas, dans son acception clausewitzienne, comme le centre de puissance mais plutôt, tel que redéfini par Robert Leonhard dans son ouvrage *The Art of Maneuver*, comme la zone principale de vulnérabilité de l'adversaire. Pour Clausewitz, le centre de gravité des États belligérants réside généralement dans leur armée et la victoire passe par leur destruction physique. Certes, les objectifs de la guerre napoléonienne l'apparente à une guerre d'anéantissement dans la mesure où elle vise la défaite complète de l'adversaire par la destruction de son armée et non son affaiblissement par la conquête d'avantages géographiques, comme les campagnes frédériciennes. Mais dans ses moyens utilisés, c'est avant tout une guerre de mouvement qui privilégie la manœuvre sur le choc et recherche la dislocation de l'armée ennemie plus que sa destruction. Le point d'application de la stratégie opérationnelle napoléonienne n'est pas systématiquement le gros des forces ennemies mais le point faible du dispositif militaire ennemi. En outre, Napoléon ne cherche pas à attaquer directement les forces adverses mais à les contourner par des manœuvres enveloppantes pour atteindre ce point faible. Dans l'optique napoléonienne, ce centre de gravité ennemi est constitué par ses lignes de communication le reliant à sa base d'opération et/ou aux renforts alliés. C'est en se saisissant de ces lignes de communication que Napoléon obtient l'ascendant moral sur son adversaire.

Le contrôle des lignes de communication ne vise cependant pas qu'un effet moral. Il permet d'imposer la bataille et d'obtenir une décision politique rapide. Coupé de ses sources d'approvisionnement et/ou des autres fractions de l'armée, l'adversaire n'a en effet plus d'autre choix que de se regrouper pour subir le choc ou de se replier pour chercher à rétablir ses communications après avoir déchiré le filet tendu par Napoléon. Selon le scénario idéal, l'Empereur espère comme il le répète souvent « battre l'ennemi en détail » alors que ce dernier bat en retraite précipitamment et de façon désordonnée. Dans cette optique, Napoléon ne recherche pas *a priori* une confrontation du fort au fort avec le gros des forces ennemies dans un engagement majeur qui décidera du sort de la campagne. Il espère pouvoir le battre du fort au faible en surprenant un par un ses différents corps en flagrant délit de retraite dispersée et en évitant les risques inhérents à une bataille générale. Dans l'hypothèse plus défavorable où l'adversaire maintient une certaine cohésion de ses unités, Napoléon conserve tout de même l'avantage moral du choix du lieu et de l'heure de la confrontation. Dans les deux cas de figure, c'est la fin de la « guerre par consentement mutuel » pratiquée durant les guerres en dentelles. L'adversaire n'est plus en mesure d'esquiver la capture ou la bataille par des mouvements latéraux comme c'était souvent le cas lors des guerres prénapoléoniennes. L'organisation modulaire de l'armée napoléonienne lui confère en effet une capacité d'enveloppement inconnue de ses prédécesseurs, en lui assurant le contrôle de pratiquement toutes les voies de retraite possibles. L'action sur les lignes de communication produit donc également un effet matériel en donnant la possibilité à Napoléon de procéder rapidement à la destruction physique des forces ennemies.

Nous allons voir que cette guerre de mouvement se fonde sur la déception pour créer la surprise stratégique (chapitre VII) et obtenir la dislocation du dispositif ennemi par une action contre son centre de gravité (chapitre VIII).

Chapitre VII

La surprise stratégique par la déception

La guerre napoléonienne privilégie la manœuvre sur le choc. Napoléon pratique une guerre de mouvement qui vise la démoralisation de l'ennemi avant le combat. Or, le succès de la guerre de mouvement suppose d'obtenir au préalable la surprise. Napoléon cherche à déséquilibrer son adversaire en créant la « surprise stratégique ». Cela signifie qu'il surprend l'adversaire par l'axe et le point d'application de son attaque de façon à l'aborder, sans que ce dernier soit en mesure de bien le recevoir. Il perturbe les plans d'opérations du commandant ennemi et l'empêche de réorganiser son dispositif pour parer la menace imprévue, provoquant ainsi un déséquilibre irrémédiable. On a précédemment vu dans le chapitre sur « La projection des forces » que la Grande Armée surclasse ses adversaires grâce à la vivacité de ses déplacements. Or, à une époque où les instruments de reconnaissance et de communication sont peu performants, la rapidité des mouvements préserve le secret et favorise la surprise. Mais, pour obtenir la surprise stratégique, Napoléon utilise également des mesures de déception qui dissimulent le point d'application de la manœuvre ainsi que le mouvement de ses troupes. Dans le langage militaire, la « déception » qui vient du latin *deceptio* ou tromperie, est l'art de la ruse qui regroupe l'ensemble des mesures et techniques visant à leurrer l'adversaire sur les objectifs d'une manœuvre, sur la situation de l'armée et sur les intentions du commandement. Dans la guerre napoléonienne, la déception comprend des mesures de diversion et de dissimulation.

Mesures de diversion

« Attirer Mack vers le massif de la Forêt-Noire »

Lors des campagnes de 1805 et 1806, l'Empereur met en œuvre plusieurs mesures de déception diplomatiques et militaires qui vont réussir à égarer successivement les Autrichiens et les Prussiens. En 1805, l'objectif des mesures de déception est de persuader l'ennemi que les Français vont attaquer, selon leur habitude, à travers la Forêt-Noire de façon à fixer Mack en Bavière pendant que la Grande Armée déroule sa manœuvre pour l'envelopper. Pour cette offensive psychologique, l'Empereur utilise tous les organes à sa disposition. Napoléon prend tout d'abord des précautions pour éviter que les mouvements de troupes soient révélés par les journaux, comme c'est le cas dans le camp d'en face. Fouché reçoit instruction de museler la presse : « Faites défense aux gazettes des bords du Rhin de parler de l'armée, pas plus que si elle n'existait pas ; dites-leur qu'il ne leur est pas plus permis d'en parler que des mouvements des escadres ». Il faut au contraire faire diffuser la nouvelle qu'un simple détachement de 30 000 hommes est envoyé à la garde du Rhin. Il donne une instruction en ce sens au général Dejean, au général Gouvion Saint-Cyr ainsi qu'au prince Eugène (lettre du 30 août) : « La Grande Armée est en pleine marche ; elle sera toute rendue sur le Rhin au 1er vendémiaire (...) Je n'ai pas besoin de vous répéter que cela est pour vous seul. Vous devez dire que je fais marcher quelques troupes de mon armée des côtes, mais seulement 30 000 hommes. Du reste, que votre langage soit pacifique et modéré ; c'est dans ce sens qu'il faut faire expliquer les journaux de Milan ». La diplomatie est aussi priée d'endormir la vigilance des Autrichiens : dans une lettre à l'électeur de Bavière du 25 août 1805, Napoléon met son allié dans la confidence de sa future offensive avant de lui demander de participer à son offensive psychologique : « Mon intention est de commander moi-même mon armée, et je serai, dans le courant de vendémiaire [octobre], auprès de Votre Altesse. Je ne puis lui donner une plus grande marque de confiance que de lui confier ce secret, qui n'est connu d'aucun de mes ministres, et qui est encore dans ma plus arrière-pensée. (...) Dans tous les cas, je désire que Votre Altesse, pour déguiser mes mouvements, devienne plus que jamais pacifique, feigne de craindre plus que jamais l'armée autrichienne. »

Napoléon complète cette « campagne diplomatico-médiatique » par une opération de « gesticulation militaire » sur la Forêt-Noire. C'est notamment la division de dragons du général Baraguey d'Hilliers de la réserve de cavalerie soutenue par le corps de Lannes qui est chargée de cette « mission d'intoxication ». Franchissant le Rhin à Kehl le 25 septembre, les dragons de Murat doivent lancer vers les défilés de la Forêt-Noire des reconnaissances profondes censées être le prélude à une vaste offensive dans ce secteur. Dans une lettre à Murat du 21 septembre, Napoléon ordonne d'explorer les trois principales voies de pénétration du massif : « Vous enverrez vos dragons sur les routes de Fribourg, de la Kinzig, c'est-à-dire du côté d'Offenburg, et du Kniebis, c'est-à-dire d'Oberkirsch, et vous pousserez des reconnaissances aussi loin qu'il vous sera possible » (*cf.* carte n° 42). Pour maintenir en alerte la cavalerie légère autrichienne du colonel Civalart en charge de ce secteur, des raids sont lancés sur Tübingen, Reutlingen et jusqu'à Riedlingen tandis que Freudenstadt est occupé. Le génie de Napoléon apparaît immédiatement dans cette mission de

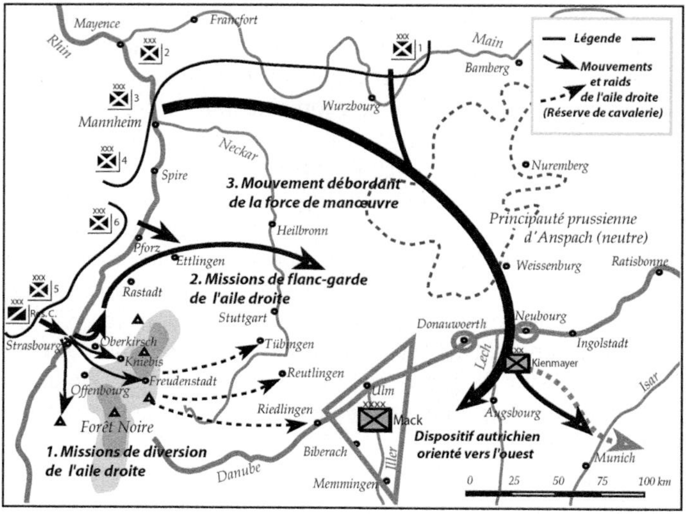

Carte n° 42 : Mesures de diversion en Forêt-Noire
et en Souabe lors de la manœuvre d'Ulm de 1805.

diversion qui ne viole pas le principe de concentration des forces. L'Empereur déploie un simple rideau de cavalerie vers le sud en évitant la dispersion des forces. Le corps d'avant-garde constitué sous les ordres de Murat doit, une fois sa mission effectuée, rejoindre le gros des forces en remontant plein nord vers Rastadt et Ettlingen. Il jouera alors, avec le corps de Ney, le rôle de flanc-garde de la Grande Armée afin de couvrir le déploiement des corps qui contournent la Forêt-Noire par le nord et leur marche oblique vers le Danube. C'est en fait une mission de sûreté qui vise à surveiller les mouvements de l'ennemi tout en l'aveuglant. L'échelonnement en profondeur de ce corps de flanc-garde de 30 000 hommes (dragons à cheval, corps de Ney puis dragons à pied) doit lui permettre de résister aux éventuelles tentatives visant à déchirer ce rideau.

Pourtant, la principale réussite de la manœuvre résulte de la complicité involontaire de l'adversaire. Le général Mack est persuadé que le danger ne peut venir que de l'ouest et non du nord. Il est conforté dans cette idée par Schulmeister, agent double au service de l'Empereur qui a réussi à obtenir la confiance du commandant autrichien. Il va notamment le persuader d'une révolution imminente en France qui obligerait la Grande Armée à repasser le Rhin, information qui va inciter Mack à s'enfermer dans Ulm. Napoléon favorise le sentiment d'impunité des Autrichiens en rejoignant le plus tard possible ses troupes en marche dès le 28 août 1805. Il ne rejoint la Grande Armée que le 26 septembre à Strasbourg, alors qu'elle franchit le Rhin. Entre temps, les Autrichiens ont envahi la Bavière le 13 septembre, occupé Munich, puis le 16 septembre Ulm qu'ils transforment en centre d'opération, avant de border les débouchés de la Forêt-Noire à la fin septembre en poussant des reconnaissances dans les vallées du Neckar et de la Kinzig. Mack a fait occuper les deux places d'Ulm et de Memmingen, parce qu'elles sont la clef de la défense de l'Iller contre toute offensive par la rive droite du Danube du type de celle de Moreau en 1800. En outre, en cas d'offensive improbable par la rive gauche contre Ulm et Ratisbonne, la place forte d'Ulm permet de traverser le Danube pour couper les lignes de communication françaises. À l'instar des Français de 1914 qui pensaient que la neutralité belge protégeait leur aile gauche, Mack est persuadé que la neutralité prussienne couvre avec la principauté d'Anspach son flanc droit, simplement défendu par le corps de Kienmayer à Donauwoerth.

Au début d'octobre, l'armée autrichienne est déployée par petits paquets de 10 000 hommes à l'intérieur d'un triangle dont les trois côtés sont bordés par le lac de Constance au sud, le Danube au nord-ouest et le Lech à l'est. Ce dispositif vise avant tout à faire face à une attaque venant de l'ouest. Mack pense toujours que Napoléon va forcer les passages de l'Iller. Il prend l'aile droite française, dont les premiers accrochages de cavalerie lui ont révélé la présence près de Stuttgart, pour l'aile gauche et pense qu'elle ne fait que contourner les massifs de la Forêt-Noire pour remonter la vallée du Neckar avant de franchir le Danube en amont d'Ulm puis de marcher sur l'Iller. Mack décide, en conséquence, le 4 octobre de resserrer ses troupes le long de l'Iller et autour d'Ulm, de Biberach à Zusmarshausen. Il ne détache face au nord que le corps de Kienmayer entre Donauwoerth et Ingolstadt. Pourtant, au même moment, il commence à envisager un passage du Danube par les Français plus loin en aval et écrit le 6 octobre à l'Empereur d'Allemagne : « Quand même l'ennemi passerait le Danube bien loin en aval, et s'avancerait jusqu'à l'Inn, nous ne chercherions nullement la rive droite. Encore moins quitterions-nous Ulm, mais nous descendrions par la rive gauche pour menacer sa communication et le placer entre nous et les Russes ». Mack a, sans le savoir, deviné le plan français et trouvé la meilleure parade, mais son indécision l'empêchera de la mettre en œuvre. L'Empereur est parvenu à détourner l'attention de Mack de l'axe effectif de l'offensive avant d'achever son encerclement.

« Attirer les Prussiens vers la Westphalie »

En 1806 comme en 1805, Napoléon cherche à dissimuler l'axe réel de son offensive en déployant des mesures de déception. Celles-ci consistent principalement en gesticulations militaires que son frère, le roi de Hollande est prié d'orchestrer sur le cours inférieur du Rhin par plusieurs lettres qui lui sont envoyées durant la deuxième quinzaine de septembre 1806. L'objectif est de créer une « armée fantôme » pour focaliser l'attention des

Prussiens : c'est l'armée de Wesel. Napoléon distingue en Allemagne deux théâtres d'opérations : Il s'attribue le théâtre principal de l'Allemagne du sud avec la Bavière, le Wurtemberg et la Hesse où est cantonnée la Grande Armée depuis le traité de Presbourg. Il confie à son frère le « front » du Rhin inférieur « de la Moselle à Coblence jusqu'à la mer » (*cf.* carte n° 43). Dès ce moment, il considère que ce théâtre d'opérations de l'Allemagne du nord est un théâtre secondaire. C'est pourquoi il faut attirer l'attention des Prussiens dans cette direction pour les détourner de l'axe effectif de l'offensive française ainsi qu'il l'indique à son frère : « Comme mon intention n'est pas d'attaquer de votre côté, je désire que vous entriez en campagne le premier pour menacer l'ennemi ». Il s'agit clairement d'une mission de diversion s'appuyant sur 10 000 hommes cantonnés à Wesel et soutenus en deuxième ligne par 8 000 Hollandais rassemblés au camp d'Utrecht. Louis est prié de compenser ces faibles effectifs par de vastes démonstrations dès les premiers jours d'octobre sur le territoire de la Confédération du Rhin et par une utilisation intensive de la cavalerie pour faire « beaucoup de bruit » avec son corps d'armée. Il doit également utiliser la presse pour intoxiquer l'ennemi sur ses effectifs réels : « Il est nécessaire que vous fassiez mettre dans vos gazettes qu'un nombre considérable de troupes arrive de tous les points de France, qu'il y aura à Wesel 80 000 hommes commandés par le roi de Hollande ». La mission stratégique de Louis est clairement définie dans une longue lettre qui lui est adressée le 30 septembre : « Pour la première époque de la guerre, vous n'êtes qu'un corps d'observation, c'est-à-dire que, tant que l'ennemi n'a pas été jeté au-delà de l'Elbe, je ne compte sur votre corps que comme sur un moyen de diversion et pour amuser l'ennemi (...). ». L'objectif de la manœuvre de déception de Wesel de 1806 vise à l'instar de celle de la Forêt-Noire en 1805 à fixer l'ennemi

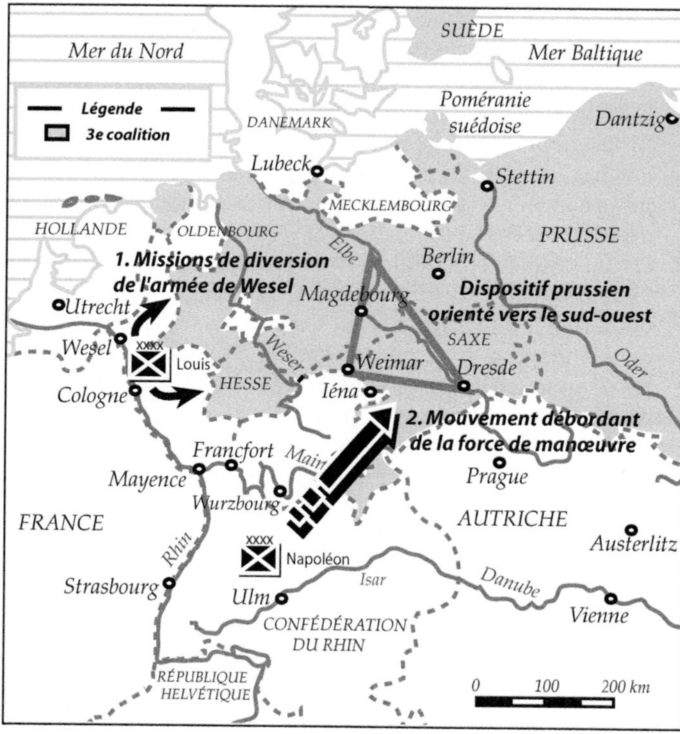

Carte n° 43 : Mesures de diversion sur le Rhin inférieur lors de la manœuvre d'Iéna de 1806.

pendant que se déroule la manœuvre d'interception des lignes de communication : « c'est une contre-attaque [l'Empereur veut dire diversion] que vous ferez pour attirer l'attention de l'ennemi pendant que je manœuvre pour le tourner ».

La contrepartie de la manœuvre de déception sur le Rhin inférieur est l'abandon tardif par la Grande Armée de ses zones de cantonnement. Napoléon dissimule le plus longtemps possible la zone de réunion réelle de son armée en n'envoyant qu'au dernier moment les instructions de concentration des corps d'armée. Il sait qu'il compensera « l'avance » consentie au début des opérations à son adversaire par une accélération initiale et un rythme soutenu qui lui permettront très rapidement de reprendre l'avantage.

On retrouve dans la plupart des manœuvres des unités affectées à ces mesures de déception. Camon parle de « corps de démonstration » pour désigner les unités détachées du gros des forces afin d'attirer l'adversaire loin du point d'application principal. Ainsi, en 1807, le corps de Bernadotte est censé battre en retraite en direction de Thorn sur la Vistule pour attirer les Russes et permettre à l'Empereur de tomber dans le dos de Bennigsen. En 1809, c'est le corps de Davout qui bat en retraite sur le Danube devant les troupes de l'archiduc Charles tandis que Napoléon l'attaque de flanc. La force intrinsèque du corps d'armée napoléonien doit lui assurer de pouvoir résister jusqu'à l'arrivée du gros des forces qui oblige l'adversaire à redéployer ses troupes. Le corps de démonstration peut, en outre, s'appuyer sur des obstacles géographiques (Vistule ou Danube dans les deux exemples) et sur des places fortes (Thorn et Ingolstadt) pour augmenter ses capacités de résistance.

Mesures de dissimulation

« Un des premiers principes de la guerre est d'exagérer ses forces »

Les mouvements de diversion s'accompagnent la plupart du temps de mesures de dissimulation. Napoléon cherche en premier lieu à dissimuler les effectifs engagés comme il le rappelle dans une lettre du 10 octobre 1809 au général Clarke, ministre de la Guerre : « Je désire que vous écriviez au roi d'Espagne pour lui faire comprendre que rien n'est plus contraire aux règles militaires que de faire connaître les forces de son armée, soit dans des ordres du jour et proclamations, soit dans les gazettes ; que lorsqu'on est induit à parler de ses forces, on doit les exagérer et les présenter comme redoutables en en doublant ou triplant le nombre (...) L'art des grands capitaines a toujours été de publier et de faire apparaître à l'ennemi leurs troupes comme très nombreuses, et à leur propre armée l'ennemi comme très inférieur (...) Constamment dans mes campagnes en Italie, où j'avais une poignée de monde, j'ai exagéré ma force (...) ».

Pour leurrer ses adversaires, Napoléon utilise notamment l'organisation même de la Grande Armée. L'armée impériale est en effet divisée en corps théoriquement de taille comparable. Lors de leur création en 1800, les corps d'armée sont supposés comprendre de 18 000 à 20 000 hommes avec deux divisions d'infanterie, deux régiments de cavalerie et 16 pièces d'artillerie. En fait, derrière une dénomination identique peuvent se dissimuler des effectifs très différents. L'évolution des effectifs attribués à chaque corps tient d'abord aux capacités manœuvrières de leur chef. L'Empereur confie les corps d'armée les plus puissants à ses maréchaux les plus capables, comme Davout et Soult. Puis, ce sont les vicissitudes des campagnes qui imposent une évolution de la taille optimale des corps. Pragmatique, l'Empereur n'hésite pas à aménager la composition de ses corps en fonction des missions qui leur sont confiées et des effectifs dont il dispose. Napoléon conjugue de cette façon souplesse d'emploi et déception. Dès la campagne de 1805, les effectifs varient d'un corps à l'autre. Le 7e corps d'Augereau comprend 13 800 hommes et 24 pièces ; le 1er corps de Bernadotte compte 16 900 hommes et 38 pièces ; mais, le 4e corps de Soult compte plus de 30 000 hommes avec 36 pièces. On retrouve des écarts similaires en 1806 et 1807, Soult et Davout dirigent les corps les plus importants (28 000 hommes dans les deux cas). En 1809, le 3e corps de Davout compte 35 000 hommes. La campagne de Russie voit une explosion des effectifs avec la constitution de corps d'armée de plus de 40 000 hommes. Si le 6e corps de Gouvion saint-Cyr est de 15 000 hommes, celui de Davout en comprend 66 000. À l'inverse, la campagne de France de 1814 s'accompagne d'une réduction dramatique des effectifs avec des corps d'armée aux effectifs squelettiques : le corps de Victor compte 14 000 hommes, celui de Marmont 12 000, celui de Ney 6 900 et celui de Mac Donald 3 000. Bien que ces effectifs soient plus proches de ceux d'une division, Napoléon maintient néanmoins la dénomination de corps pour tromper les Coalisés sur les effectifs réels à sa disposition. Napoléon rappelle ce principe dans une lettre du 19 février 1814 adressée au général Savary, ministre de la Police, alors qu'il vient de repousser (lors des victoires de Champaubert, Montmirail, Château-Thierry et Vauchamps) avec une force de manœuvre de 24 000 hommes l'armée de Silésie commandée par Blücher et comprenant 57 000 hommes : « Les journaux sont rédigés sans esprit. Est-il convenable, dans le moment actuel, d'aller dire que j'avais peu de monde, que je n'ai vaincu que parce que j'ai surpris l'ennemi, et que nous étions un contre trois ? Il faut, en vérité, que vous ayez perdu la tête à Paris pour dire de pareilles choses, lorsque moi je dis partout que j'ai 300 000 hommes, lorsque l'ennemi le croit, et qu'il faut le dire jusqu'à satiété (...) Voilà comme, à coups de plume, vous détruisez tout le bien qui résulte de la victoire ! Vous pourriez bien (...) savoir qu'il n'est pas ici question d'une vaine gloriole, et qu'un des premiers principes de la guerre est d'exagérer ses forces et non pas de les diminuer ». Quand les circonstances l'exigent, l'Empereur n'hésite pas à revenir sur ce principe pour piéger ses adversaires. L'exemple le plus connu est la bataille d'Austerlitz que Napoléon a préparé avec soin en minimisant ses effectifs pour inciter les Austro-Russes à prendre l'offensive.

« Concentrer ses forces par des marches de nuit »

Napoléon ne se contente pas de tromper l'ennemi sur le rapport des forces en présence, il cherche à masquer la concentration de ses forces sur le point d'attaque choisi par des marches de nuit qu'il systématise tout au long de sa carrière. Il ouvre ainsi la première campagne d'Italie par une audacieuse marche de nuit au nez et à la barbe des Austro-Sardes. C'est la manœuvre de Montenotte durant laquelle le général Bonaparte va séparer les Autrichiens de leurs alliés sardes dès l'ouverture des hostilités en prenant le contrôle de la position de Carcare. Initialement, ce sont pourtant les Autrichiens qui prennent l'initiative en devançant l'offensive de Bonaparte. Le 11 avril, le général autrichien Argenteau, qui a reçu l'ordre d'attaquer la droite française en se portant sur Savone (*cf.* carte n° 44), attaque la brigade Rampon sur les contreforts du Monte Legino. La résistance acharnée des 17ᵉ et 32ᵉ demi-brigades sous les ordres de Rampon (environ 2 000 hommes) bloque la progression des 7 000 hommes d'Argenteau. Confiant dans la supériorité numérique de ses forces, ce dernier ne doute pas du succès final de son offensive qu'il compte reprendre le 12 avril pour achever d'isoler la droite française. C'est compter sans Bonaparte qui va profiter de la nuit pour renverser le rapport des forces à son avantage et reprendre l'initiative. Il ordonne à la division Laharpe de renforcer la brigade Rampon. Dans le même temps, Masséna se porte par le col de Cadibone sur le flanc droit d'Argenteau en marchant sur Montenotte par Altare tandis qu'Augerau se dirige sur

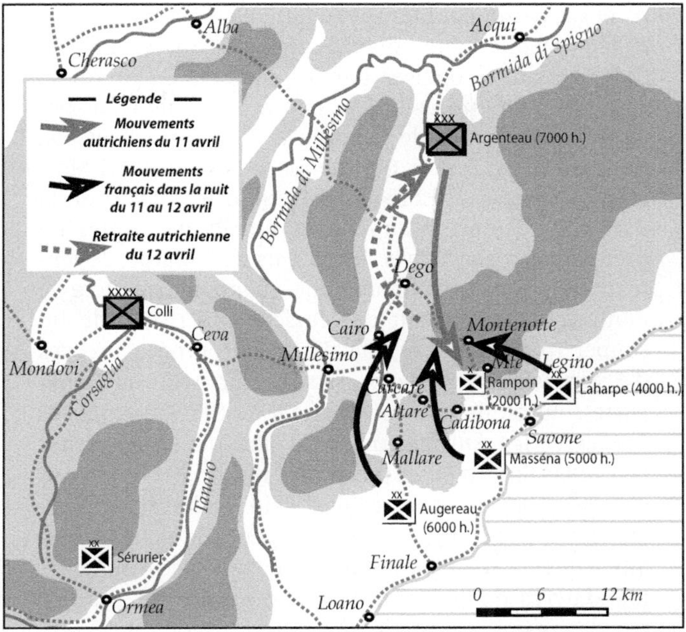

Carte n° 44 : Marches de concentration de nuit pendant la manœuvre de Carcare de 1796.

Cairo pour déborder plus largement les Autrichiens. La mise en œuvre de ce dispositif d'attaque s'effectue dans la nuit du 11 au 12 avril, comme en atteste l'ordre de Bonaparte au général Sérurier : « (...) le général Ménard [1re division Laharpe] part ce soir de Cadibona et de Quiliano, avec 4 000 hommes, pour donner sur Montenotte. Les généraux Joubert et Dommartin [2e division Masséna avec lequel marchera Bonaparte] partent de Saint-Jacques avec 5 000 hommes, pour se réunir aux troupes du général Ménard. En même temps, le général Augereau [3e division] doit se mettre en mouvement à minuit, avec 6 000 hommes, sur Mallare, et de là sur Cairo, pour tourner et attaquer l'ennemi (...) ». Ainsi, au lieu de se trouver face à moins de 2 000 hommes épuisés par les combats de la veille, Argenteau va être assailli le matin du 12 de front par les 7 000 hommes de Laharpe et Rampon et sur son flanc droit par les 11 000 hommes des divisions Masséna et Augereau. Bonaparte a utilisé le couvert de la nuit pour obtenir la supériorité numérique. Après un premier accrochage avec les soldats de Laharpe, Argenteau se replie précipitamment quand il découvre le mouvement débordant de Masséna qui risque de lui couper toute retraite. À la fin de la journée, le corps d'Argenteau est en pleine retraite sur Acqui et Bonaparte contrôle la position centrale de Carcare entre les Sardes et les Autrichiens. Il va pouvoir se retourner contre les Sardes et les forcer à se retirer du conflit. Les Coalisés vont attribuer cette défaite et les échecs suivants à la supériorité numérique générale des Français alors que celle-ci n'est que ponctuelle et résulte de manœuvres de concentration aboutissant en l'espèce par des marches de nuit à la concentration de 18 000 Français contre 7 000 Autrichiens.

Moins de quatre mois plus tard, Bonaparte utilise avec le même succès une combinaison de mesures de déception qui vont lui donner la victoire lors de la bataille de Castiglione (*cf.* carte n° 45). Suite à la manœuvre de Carcare, Bonaparte a pris pied dans la vallée du Pô, est entré victorieux dans Milan et a forcé les Autrichiens à évacuer l'Italie, à l'exception de la garnison de Mantoue. Ces derniers reconstituent rapidement leurs forces afin de libérer la ville et de reconquérir leurs possessions italiennes. Le début de la contre-offensive autrichienne prend Bonaparte à contre-pied, le force à abandonner le siège de Mantoue et à se retirer à l'ouest du Mincio pour faire face aux menaces contre ses lignes de communication. Au matin du 5 août 1796, le général

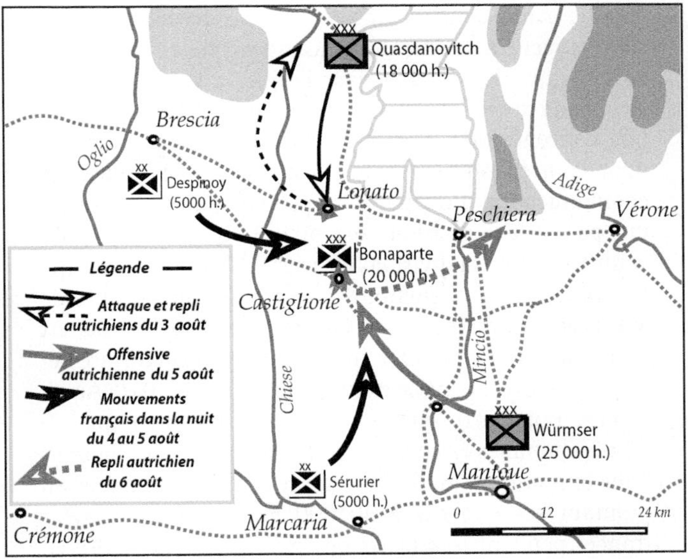

Carte n° 45 : Marches de concentration de nuit pendant la manœuvre de Castiglione de 1796.

Würmser, qui a libéré trois jours avant la citadelle de Mantoue assiégée, pense pouvoir facilement balayer les troupes françaises. Il pourra alors se réunir aux forces de Quasdanovitch qui ont reçu la mission de prendre les Français à revers en longeant la rive occidentale du lac de Garde et en coupant leurs communications avec Milan. Ce que ne sait pas Würmser, c'est que les hommes de Bonaparte ont repoussé le 3 août ceux de Quasdanovitch à Lonato. Bonaparte se doute en revanche que Würmser va chercher à tendre la main à Quasdanovitch en orientant son attaque contre la gauche française pour prendre le contrôle de la route de Lonato. Il décide de l'encourager dans cette intention en affaiblissant volontairement sa gauche qu'il fera rétrograder durant la bataille avant d'opérer une manœuvre de débordement sur la gauche autrichienne grâce au rappel de la division Sérurier qui doit tomber dans le dos de Würmser. L'ensemble de la manœuvre repose comme à Montenotte sur une concentration de troupes par des marches de nuit pour contrer l'ennemi tout en menaçant ses lignes de communication. Bonaparte rappelle le 4 août de Brescia une partie de la division Despinoy (5 000 hommes) pour venir renforcer sa division Sérurier (5 000 hommes), qui est cantonnée aux environs de Marcaria sur la route de Mantoue à Crémone, reçoit l'ordre de profiter du couvert de la nuit pour remonter sur les arrières de Würmser et le surprendre au petit matin. Face aux 25 000 Autrichiens, Bonaparte qui ne dispose initialement que de 20 000 hommes (Augereau, Masséna, Kilmaine) va ainsi dans la nuit du 4 au 5 renverser le rapport des forces en montant ses effectifs à 30 000 hommes. Après avoir franchi pendant la nuit les quelque 50 kilomètres séparant Marcaria de Castiglione, la division Sérurier déclenche son attaque au petit matin. L'issue des combats ne fait plus alors de doute. Suite à la retraite planifiée de sa gauche, Bonaparte contre-attaque en profitant du renforcement de la division Masséna par les hommes de Despinoy et lance sa masse de rupture sur la gauche autrichienne fragilisée par l'attaque de la division Sérurier. Menacé sur ses arrières alors qu'il se croyait en position de force, Würmser se résout à donner l'ordre de retraite générale.

« La machination d'Austerlitz » : un chef-d'œuvre de déception

La Grande Armée en position d'attente stratégique

La bataille d'Austerlitz présente des caractéristiques similaires à celle de Castiglione avec une aile volontairement affaiblie (cette fois ce n'est pas l'aile gauche mais l'aile droite) et l'intervention d'un corps (le 3e corps de Davout) suite à une marche de concentration de nuit. Cependant, la bataille est, cette fois, précédée d'une vaste opération de déception qui vise à minimiser les forces françaises pour inciter les Coalisés à attaquer. Suite à la reddition d'Ulm le 20 octobre 1805, Napoléon a vainement tenté d'accrocher Koutouzov. Ce dernier a réussi à s'échapper et a même failli écraser la division Gazan au combat de Dürrenstein le 11 novembre 1805. Après l'accrochage d'Hollabrünn le 16 novembre 1805 entre l'avant-garde de la Grande Armée commandée par Murat et l'arrière-garde russe de Bagration, Napoléon décide de mettre un terme à la poursuite qui ne peut plus empêcher la réunion entre les 30 000 hommes de Koutouzov et les 40 000 hommes de Buxhowden qui se concentrent à Olmütz. Napoléon ne peut en effet pas s'avancer plus loin au cœur de l'Europe et s'enfoncer au-delà de la Moravie en Pologne sans exposer dangereusement ses lignes de communication qui s'étirent jusqu'au Rhin sur plus de 700 kilomètres (*cf. supra* carte n° 1). L'Empereur pressent que le temps joue contre lui : il devine qu'un accord secret lie les Prussiens aux Coalisés et qu'ils n'attendent qu'un prétexte pour intervenir dans le conflit. Alexandre a en effet réussi à convaincre Frédéric-Guillaume III de signer le 3 novembre 1805 le traité de Postdam par lequel la Prusse s'engage à entrer en guerre dans un délai d'un mois si la France refuse ses conditions de « médiation ». Une telle entrée en guerre, qui conduirait à l'invasion de la Bohème sur les arrières de la Grande Armée, par une armée prussienne forte de 150 000 hommes, aurait des conséquences graves pour ne pas dire catastrophiques sur la situation de Napoléon. En outre, chaque jour qui passe augmente les probabilités de renforcement des armées austro-russes. En se repliant plus à l'est comme le suggèrent alors le prince Czartoryski et le général Koutouzov, elles peuvent rejoindre les archiducs Charles et Jean qui se replient de Hongrie à la tête de 80 000 hommes ; ce qui équivaudrait à doubler les effectifs disponibles. Encore faut-il ajouter à ces menaces la nouvelle connue le 17 novembre de la destruction de la marine française à Trafalgar intervenue le 21 octobre.

Pour faire face à toute éventualité, l'Empereur réorganise la disposition de ses corps autour de Vienne transformée en source d'approvisionnement de la Grande Armée et de Brünn qui devient son centre d'opération face à la menace principale constituée par l'armée austro-russe. Ses troupes apparemment dispersées sont en fait cantonnées en position centrale pour pouvoir intervenir contre les différentes armées coalisées (*cf. supra* carte n° 2) : Bernadotte est envoyé à Iglau à 90 kilomètres à l'ouest de Brünn pour contrer la menace de l'archiduc Ferdinand sur le flanc gauche de la Grande Armée ; face à l'archiduc Charles qui peut marcher sur Vienne et le flanc droit des Français, se tient près de Graz le corps de Marmont. Autour de Vienne sont cantonnées les unités du corps de Davout qui peuvent, selon les hypothèses, être envoyées au sud ou au nord. À Brünn et à proximité immédiate, Napoléon dispose de la Garde, de la cavalerie de Murat et des corps de Lannes et de Soult. L'Empereur a ainsi tissé autour de Vienne une toile de corps d'armée reliés entre eux par une ou deux journées de marche. Cette position d'attente stratégique autorise une concentration rapide de la Grande Armée, en cas de concrétisation des menaces coalisées. Une telle disposition défensive de la Grande Armée interdit à Napoléon d'imposer la bataille à ses adversaires. Une position trop offensive ne permettrait pas non plus d'obtenir une solution militaire rapide. Elle risquerait, au contraire, de faire battre en retraite les Coalisés et, à terme, de favoriser la concentration du gros des troupes russes avec celles des archiducs.

La solution consiste alors à inciter les Coalisés à reprendre l'offensive sur un front de façon à concentrer ses forces dans ce secteur et à y obtenir une victoire décisive. C'est l'objectif de la « machination d'Austerlitz » que Napoléon va élaborer durant la deuxième quinzaine du mois de novembre. Arrivé le 20 novembre à Brünn à 65 kilomètres au sud-ouest d'Olmütz, il y établit son quartier général et monte une mise en scène qui va se dérouler en plusieurs actes. Napoléon ordonne tout d'abord à ses écrans de cavalerie de faire preuve de timidité et de refuser le combat face aux cavaliers austro-russes. Il tend un appât en établissant le 21 novembre un avant-poste exposé de cavalerie sans soutien d'infanterie ou d'artillerie autour du village de Wischau, situé à mi-chemin entre Brünn et Olmütz. Les brigades de hussards de Trelliard et de chasseurs de Milhaud, qui sont stationnées à Wischau, ont reçu l'ordre de ne pas s'aventurer à plus de deux lieues (8 kilomètres) du village. Elles sont seulement soutenues par les dragons de la division Walther établis avec le quartier général de Murat à Rausnitz qui est situé sur la route d'Olmütz à Brünn à 5 kilomètres au nord du village d'Austerlitz et à 15 kilomètres à l'est de Brünn (*cf.* carte n° 46). Les chasseurs à cheval de Margaron font la liaison entre les dragons de Walther et les divisions d'infanterie Legrand, Saint-Hilaire et Vandamme du 4e corps qui cantonne autour d'Austerlitz. Le 5e corps de Lannes est établi plus en retrait entre Brünn et Bellowitz. La Garde est casernée à Brünn. Les Coalisés dont les avant-gardes sont poussées jusqu'à une dizaine de kilomètres de Wischau ne résistent pas longtemps à la tentation d'obtenir un avantage à bon compte et lancent le 25 novembre une première attaque qui culbute les avant-postes français avant le retour en force des dragons de Murat. Ce dernier avait d'ailleurs reçu de Napoléon la consigne expresse de ne pas poursuivre l'ennemi. Le succès tout relatif de cette

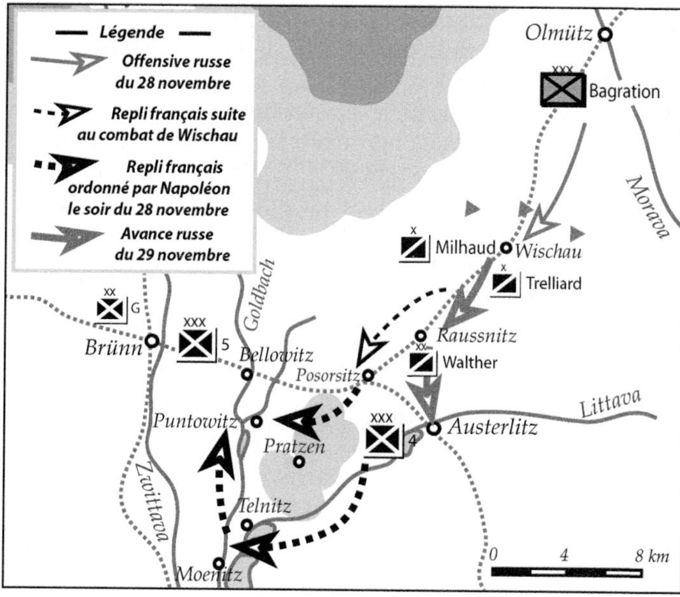

Carte n° 46 : Escarmouche de Wischau et repli français les 28 et 29 novembre 1805.

escarmouche achève d'échauffer l'entourage d'Alexandre qui le pousse à rejeter les propositions de retraite de Koutouzov. Lors du conseil de guerre du 22 novembre, ce dernier avait réussi à obtenir, avec le soutien de François II, un répit pour ses troupes harassées par la récente course-poursuite avec la Grande Armée. Elles devaient être cantonnées au nord-est d'Olmütz pour être réorganisées et reprises en main. Mais, dès le lendemain, le tsar Alexandre cède aux sirènes de l'offensive et écarte Koutouzov au profit de ses jeunes favoris menés par Dolgorouki et du moins jeune (51 ans) mais « brillant » Weyrother qui semble convaincu de la victoire. Rejetant les plans d'opérations prévoyant un renforcement préalable (soit par une marche en direction de la Hongrie pour rejoindre l'archiduc Charles soit par un mouvement vers la Bohême et l'archiduc Ferdinand) des armées coalisées avant toute nouvelle confrontation avec Napoléon, Alexandre décide de se porter directement sur la Grande Armée qu'il croit affaiblie et dispersée. L'escarmouche du 25 novembre à Wischau ne fait que renforcer la position des partisans de l'offensive.

Mission de Savary, replis de Murat et de Soult

Pour les conforter dans leurs intentions offensives, Napoléon dépêche le 25 novembre à Alexandre son aide de camp, le général Savary, sous le prétexte de lui remettre une lettre de compliments dans laquelle il exprime notamment « son ambition d'obtenir son amitié... ». C'est la phase diplomatique du « piège morave ». Napoléon veut apparaître sur la défensive. Spécialiste du renseignement (c'est le supérieur direct de l'agent secret Schulmeister, nommé commissaire général de la police de Vienne), Savary doit profiter de cette entrevue pour recueillir des informations sur l'état et les mouvements des Coalisés. À quatre kilomètres de Wischau, Savary traverse les lignes russes pour être conduit sous escorte à Olmütz. Il est introduit auprès d'Alexandre le 26 novembre à huit heures du matin alors que les colonnes russes semblent se mettre en mouvement vers le sud-ouest. Le tsar prend connaissance de la lettre de Napoléon, écoute les propos de son envoyé avec politesse et lui remet une lettre de réponse dilatoire. À son retour dans les lignes françaises, Savary rend compte à l'Empereur de sa mission et de la coterie de jeunes officiers outrecuidants qui entourent le tsar et le poussent à « cueillir les lauriers de la gloire militaire en terrassant le dragon révolutionnaire ». Napoléon réalise que son piège est sur le point de fonctionner et renvoie immédiatement Savary auprès d'Alexandre pour lui proposer une entrevue. À défaut de sonder les intentions du tsar, Napoléon se donnera ainsi le temps de rappeler le 3e corps de Davout. Si Napoléon souhaite une bataille rapide, il veut cependant éviter qu'elle n'intervienne trop tôt alors que ses corps sont encore dispersés. Il lui faut gagner au moins 48 heures sinon il devra mener un combat en retraite vers les renforts. Entre-temps, les colonnes austro-russes se sont en effet mises en marche vers les lignes françaises. Le premier accrochage intervient à nouveau à Wischau. C'est au prince Bagration, qui a brillamment manœuvré à Hollabrünn à la tête de l'arrière-garde russe, que revient l'honneur de commander l'avant-garde chargée d'ouvrir la voie à l'armée coalisée. Ses troupes sont formées en trois colonnes : une colonne sur la route, les deux autres de chaque côté pour envelopper la position de Wischau. Les hussards de Treilhard, bientôt soutenus par les dragons de Walther, contiennent quelque temps l'ennemi, mais ils doivent se replier sous la menace d'un débordement par le sud d'une trentaine d'escadrons russes. Le prince Dolgorouki, principal partisan de la reprise de l'offensive, participe à l'action qui se déroule sous les yeux du tsar et aboutit à la capture d'une centaine de prisonniers français. Au soir du 28 novembre, les Russes occupent Wischau et Murat, initialement cantonné entre Wischau et Raussnitz, se retire sur Posorsitz où il établit son quartier général.

La demande d'entrevue de Napoléon intervient donc à point nommé pour inciter définitivement les Coalisés à reprendre l'offensive. En fait, la situation est bien meilleure que Napoléon ne l'imagine, puisque les Coalisés ont déjà décidé d'effectuer une marche de flanc pour couper les Français de Vienne. Pour ce faire, Alexandre a ordonné de faire passer à gauche la masse de manœuvre initialement placée à droite durant la marche d'Olmütz à Wischau. C'est la retraite précipitée des Français lors de l'attaque de Wischau combinée avec la première démarche de Savary qui décident le tsar à rejeter le plan d'enveloppement de la gauche française au profit d'une action sur le flanc droit de la Grande Armée, plan qui va causer la perte des Coalisés. Donnant l'impression d'avoir essuyé une défaite, Napoléon accentue son opération de retraite simulée en ordonnant un repli général des troupes à l'ouest du Goldbach. Sous le couvert de ce mouvement rétrograde, Napoléon prépare en fait la concentration de ses forces. Après une longue tournée d'inspection entre Raussnitz et Holubitz (sud de Posorsitz), l'Empereur s'arrête dans la soirée du 28 novembre au relais de poste de Posorsitz où il rédige ses ordres : Soult doit évacuer le village d'Austerlitz et se replier à l'ouest de la Goldbach par la vallée de la Littawa. Le 5e corps de Lannes doit rester sur la route d'Olmütz à l'ouest de Bellowitz. Avec la Garde et la réserve de cavalerie de Murat, Napoléon peut alors compter sur 58 000 hommes face aux 75 000 austro-russes. S'ils attaquent le 29, Napoléon devra livrer un combat de retardement pour attendre l'arrivée des corps de Bernadotte et Davout. Ceux-ci reçoivent instruction de rejoindre Brünn à marches forcées. Ce renfort de 15 000 hommes doit créer la surprise en neutralisant la supériorité numérique que les Coalisés pensent détenir.

C'est dans ce contexte que le 29 novembre Savary transmet la demande de négociation. Illustration de l'avancée des troupes austro-russes, Savary traverse cette fois les lignes russes à la hauteur de Raussnitz, village situé à 9 kilomètres au sud-ouest de Wischau. Alexandre refuse de se rendre lui-même à l'invitation de Napoléon mais accepte de se faire représenter par le prince Dolgorouki. Pour le tsar, il est clair que Napoléon souhaite négocier car il redoute la bataille. Dans la soirée du 29, Dolgorouki rencontre Napoléon entre les avant-postes des deux armées. Cette entrevue fameuse décrite par Savary constitue un moment clef du piège d'Austerlitz :

par sa mise et son attitude, l'Empereur des Français cherche à conforter l'illusoire sentiment de supériorité des Russes. Achevant sa tournée d'inspection, il apparaît aux yeux de son interlocuteur avec « une petite figure fort sale et mal habillé ». Malgré le ton arrogant de Dolgorouki qui exaspère les officiers de Napoléon situés à quelques pas de là, ce dernier conserve son calme et sonde l'envoyé du tsar. Les exigences des Coalisés sont à la mesure de leur aveuglement sur le rapport des forces en présence : ils sont prêts à accepter la paix, si la France évacue la rive gauche du Rhin, la Belgique et l'Italie ; ils acceptent à la rigueur de laisser la Grande Armée se replier sans encombre derrière le Danube à condition d'évacuer rapidement Vienne et toute l'Autriche. Devant ces propos insultants, Napoléon met fin à l'entretien et laisse éclater sa rage, jusque-là contenue, en fouettant le sol de sa cravache. Dolgorouki est retourné auprès du tsar en lui rapportant que Napoléon « tremblait de peur » et que « l'avant-garde alliée suffirait à le battre ». L'objectif de Napoléon est atteint : il sait maintenant que les Austro-Russes recherchent la bataille et il va parfaire sa mise en scène pour les accueillir.

Marches forcées de concentration de Davout et Bernadotte

Durant la journée du 29 novembre, Napoléon a resserré son dispositif sur sa gauche en exposant volontairement son aile droite : le corps de Soult a traversé le Goldbach à la hauteur de Moenitz avant de remonter au nord pour se positionner à la droite du corps de Lannes ; Murat a abandonné Posorsitz, aussitôt occupé par la cavalerie de Bagration. La tête de la colonne Kienmayer entre dans Austerlitz observée par les cavaliers de Margaron (corps de Soult) qui couvrent le repli du corps de Soult. Dans la soirée, les empereurs Alexandre et François II s'installent au château d'Austerlitz. Le 30 novembre, tandis que le 17e léger (celui là même qui défendait le monte Legino en 1796, *cf. supra*) fortifie le Santon pour dissuader toute attaque en force contre la gauche française, le 1er corps de Bernadotte approche du nord-ouest de Brünn après avoir marché 70 kilomètres depuis Iglau. La division Friant du corps de Davout est partie de Vienne à 9 heures du soir et a déjà franchi les 70 kilomètres qui la séparaient de Nikolsburg. Elle doit repartir dans la nuit pour couvrir les 40 kilomètres restants et arriver le 1er décembre au sud de Brünn (*cf.* carte n° 47). La division Gudin cantonnée à Presbourg (une journée de marche supplémentaire pour parvenir à Brünn) doit selon l'expression de Davout « chausser ses bottes de sept lieues » pour arriver à temps (elle ne pourra pourtant pas marcher assez vite pour participer à la bataille). De leur côté, les colonnes austro-russes continuent d'avancer lentement vers Austerlitz selon une direction nord-est/sud-ouest.

L'Empereur est rassuré : la bataille sera pour le 1er ou le 2 décembre, une fois qu'il aura concentré son armée. Le 1er décembre, alors que les Coalisés occupent progressivement le plateau du Pratzen, Napoléon réitère ses ordres visant à dissimuler la concentration de ses forces : les corps de Bernadotte et de Davout doivent demeurer hors de la vue de l'ennemi, le premier à l'ouest de Brünn, le second à Raygern. Ces deux corps ont respectivement franchi 86 kilomètres en 36 heures et 128 kilomètres en deux jours. Grâce à ces marches forcées la veille de la bataille, Napoléon a renversé le rapport des forces sans éveiller l'attention de ses adversaires. Au soir du 1er décembre, la Grande Armée présente une ligne de bataille oblique, la gauche en avant et la droite refusée. Elle semble adopter une position défensive, dont la vulnérabilité ne peut qu'inciter les Coalisés à accentuer leur mouvement contre le sud du dispositif. De fait, durant

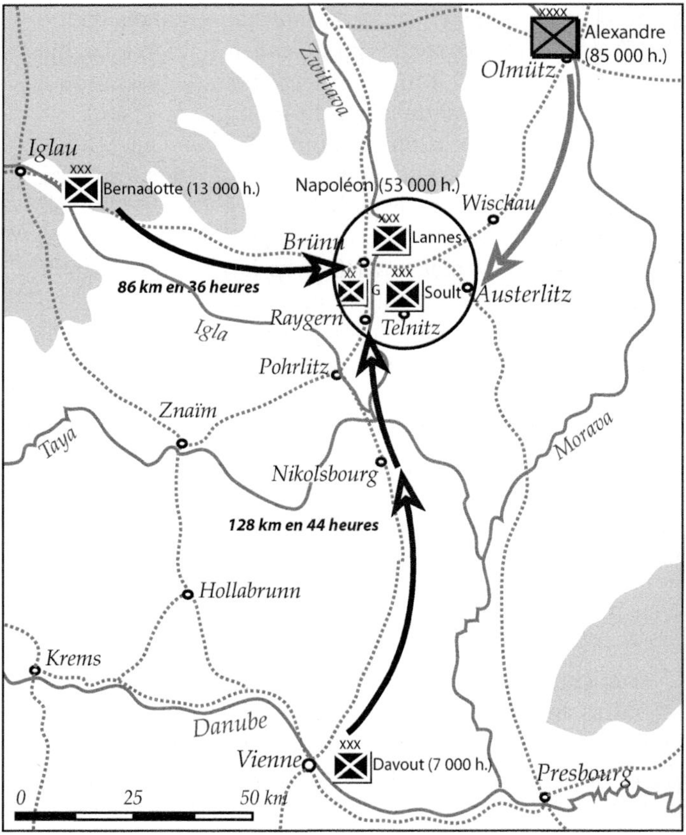

Carte n° 47 : Marches de concentration de la Grande Armée les 29 et 30 novembre 1805.

toute la journée du 1er, les Austro-Russes défilent sous les yeux de Napoléon pour occuper le Pratzen selon des dispositions qui préfigurent une offensive contre la droite française. Napoléon triomphe et peut s'exclamer devant Ségur : « C'est un mouvement honteux ! ils donnent dans le piège ! Ils se livrent ! Avant demain au soir cette armée sera à moi ! »

La « machination d'Austerlitz » couronne la campagne de 1805 qui a vu l'écrasement des Coalisés grâce à une brillante série de mesures de déception (encerclement d'Ulm, prise des ponts de Vienne, bataille d'Austerlitz). Elle illustre la guerre napoléonienne de mouvement des premières campagnes qui privilégient la manœuvre sur le choc en systématisant la déception pour obtenir la surprise. Elle constitue l'apogée de l'art napoléonien de la ruse en conjuguant plusieurs mesures diplomatiques et militaires qui visent un objectif unique : apparaître affaibli pour attirer les Coalisés à une date convenue sur un champ de bataille choisi et minutieusement étudié. En quelques jours, Napoléon réussit à modifier la perception de la situation militaire par les dirigeants coalisés. Alors que l'intérêt objectif des Austro-Russes est d'attendre au moins l'arrivée des renforts de Bennigsen, sans parler de l'entrée en lice à court terme de l'armée prussienne, ils vont, au contraire, se convaincre qu'il faut le plus rapidement possible attaquer l'armée française. Pour les Coalisés, les troupes de Napoléon sont dispersées, affaiblies, démoralisées et leur chef battra en retraite à la première rencontre importante. Le meilleur gage de réussite de ces mesures de déception est apporté par Weyrother, chef d'état-major des Coalisés, qui affirme avec assurance à Langeron le 1er décembre au soir que Napoléon dispose de 40 000 hommes alors qu'il en aligne en réalité 30 000 de plus. Les démarches de Savary et de Napoléon auprès du tsar, l'évacuation précipitée de Wischau puis l'abandon d'Austerlitz par Soult et le repli général des cavaliers de Murat, enfin la disposition oblique à l'ouest du Golbach, toutes ces mesures vont créer et conforter un sentiment de fausse assurance chez les Coalisés. Cette présomption va les inciter à précipiter leur contre-offensive et à entamer une marche de flanc le long d'un ennemi non fixé, commettant ainsi une des plus graves fautes tactiques de l'art militaire. La victoire d'Austerlitz va logiquement conclure ce chef-d'œuvre de la déception militaire.

BONNAL ET CAMON, DEUX INTERPRÈTES DE LA GUERRE NAPOLÉONIENNE[1]

Durant la régénération de l'armée française suite à la défaite de 1870, les généraux Bonnal et Camon ont tenté, selon des méthodologies différentes, de dégager les leçons des campagnes napoléoniennes.

Le général Bonnal est chargé de 1892 à 1896 du cours d'histoire militaire et de tactique générale à l'École supérieure de guerre créée en 1880 pour former les officiers qui doivent préparer la revanche contre l'empire d'Allemagne. À ce titre, il exerce une influence considérable sur l'élaboration de la nouvelle doctrine opérationnelle de manœuvre de corps d'armée et d'armées. Bonnal s'inspire des méthodes prussiennes d'enseignement de l'art militaire à partir de l'étude de cas concrets tirés de l'histoire militaire. À travers l'étude détaillée des campagnes napoléoniennes les plus représentatives (manœuvres d'Ulm, d'Iéna, de Landshut et de Vilna), Bonnal se propose de tirer les secrets de la guerre napoléonienne considérés comme des principes intangibles.

Camon vise le même objectif et se fonde également sur l'étude de l'histoire des campagnes napoléoniennes mais élabore une théorie plus systématique de la guerre napoléonienne. Il démontre ainsi que Napoléon appliquait deux systèmes de manœuvre (la manœuvre sur les arrières et la manœuvre en position centrale) en fonction des rapports de forces. Il développe ses théories à l'école d'application de l'artillerie et du génie, où il est nommé professeur du cours d'art militaire en 1900. Camon se propose d'élaborer la théorie de la guerre napoléonienne à partir de l'étude de la correspondance militaire de l'Empereur. Il ne s'agit donc pas d'une étude critique minutieuse des campagnes napoléoniennes, mais d'une analyse de la gestation impériale de chaque campagne. Il en conclut que Napoléon élaborait ses manœuvres en fonction d'un plan idéal qu'il cherchait à appliquer dès que les circonstances le permettaient.

Camon s'oppose à Clausewitz qui faisait de Napoléon un génial improvisateur. Raymond Aron considère que Camon commet une « erreur de sens contraire » en systématisant excessivement sa théorie de la guerre napoléonienne. On peut effectivement penser que l'Empereur ne se laissait pas enfermer dans une quelconque doctrine opérationnelle. La typologie dégagée par Camon n'en demeure pas moins un outil pédagogique de premier ordre pour comprendre la guerre napoléonienne ■

1 *Cf. également les références bibliographiques dans la « bibliographie critique ».*

Chapitre VIII

La dislocation par l'action contre le centre de gravité

Afin d'obtenir une décision militaire et politique rapide, Napoléon cherche, dans chacune de ses campagnes, à confisquer l'initiative pour défaire les forces ennemies dans les jours ou les semaines suivant le déclenchement de son offensive. Après avoir déséquilibré son adversaire en obtenant la surprise stratégique, Napoléon cherche à provoquer la dislocation de son dispositif militaire, c'est-à-dire la défaite de l'armée ennemie, si possible sans destruction physique. Pour atteindre cet objectif, il manœuvre son adversaire en agissant contre son centre de gravité considéré comme la zone de vulnérabilité principale du dispositif militaire ennemi. S'agissant des armées coalisées, il est généralement constitué par leurs lignes de communication. Alors que les armées françaises se sont en partie affranchies des contraintes logistiques notamment pour leur ravitaillement, tel n'est pas le cas des armées coalisées, tout au moins durant les premières campagnes napoléoniennes. Napoléon sait que ses adversaires sont obsédés par la sécurité de leurs communications et utilise ce levier pour les manœuvrer. Il met alors en œuvre sa fameuse « manœuvre sur les arrières » théorisée par le général Camon (*cf.* encadré « Bonnal et Camon, deux interprètes de la guerre napoléonienne ») dans sa typologie des manœuvres napoléoniennes. Quand il ne dispose pas des effectifs suffisants pour envelopper son adversaire et intercepter ses lignes de communication, Napoléon provoque ou profite de l'éparpillement de ses cantonnements pour se jeter au milieu de son dispositif et tenter de le battre en détail. C'est la « manœuvre en position centrale » qui vise généralement le point de jonction des armées coalisées. Napoléon profite alors du caractère multinational des armées qui lui sont opposées et de leur souci de préserver leurs liaisons mutuelles. Dans les deux hypothèses, les communications vers les bases d'opération ou les liaisons entre les armées coalisées constituent les points faibles sur lesquelles Napoléon agit pour provoquer de la part de ses adversaires des mouvements qui les mettront à sa merci.

Bien souvent, Napoléon joue sur l'identité ou sur l'opposition des lignes de communication et des liaisons avec les autres armées. Lors de la campagne de Belgique de 1815, l'Empereur sait que Wellington est tiraillé entre son obsession de protéger ses lignes de communication vers les ports de la Manche (à l'ouest) et son souci de respecter ses engagements de soutien des forces de Blücher (à l'est). Il décide donc d'agir au point de jonction des armées britannique et prussienne, tout en en montant une diversion contre les ports de la Manche à partir de Lille et Dunkerque. Le résultat de cette manœuvre conduit Wellington à accentuer, dans un premier temps, l'éparpillement de ses troupes en privilégiant la couverture de ses lignes de communication au détriment de ses liaisons avec Blücher. En 1805 et en 1806, Napoléon déclenche des manœuvres sur les arrières qui lui assurent en même temps la possession de la position centrale par rapport aux renforts russes. C'est ainsi qu'en 1805, la Grande Armée enveloppe l'armée du général Mack en coupant ses lignes de communication vers Vienne, tout en interceptant ses liaisons avec l'armée de Koutouzov qui remonte le Danube. Parallèlement à sa manœuvre sur les arrières qui aboutit au franchissement du Danube et à l'encerclement d'Ulm, Napoléon se prépare à exécuter une manœuvre en position centrale pour contrer avec son aile gauche (Bernadotte, le corps bavarois et Davout) l'arrivée de renforts austro-russes et leur interdire la zone entre l'Isar et le Lech. Napoléon renouvelle l'opération en 1806 : il enveloppe l'armée prussienne en menaçant ses lignes de communication vers Berlin, tout en interceptant les liaisons avec les Russes qui se rassemblent en Pologne. Il y a, ici encore, combinaison d'une manœuvre sur les arrières et d'une manœuvre en position centrale qui se résume à une offensive contre le centre de gravité de la coalition ennemie.

L'action contre la zone de vulnérabilité principale de l'adversaire vise à déséquilibrer son dispositif pour permettre au mieux de l'encercler, sinon de le battre en détail, au pire de lui imposer la bataille. Cette action crée tout d'abord un « déséquilibre moral » en menaçant un élément vital ou jugé comme tel du dispositif ennemi. Bien que la menace sur le centre de gravité ne soit qu'hypothétique et n'ait pas encore produit d'impact matériel sur l'adversaire, ce dernier est contraint de réagir, sous l'influence de sa doctrine de combat qui lui impose d'assurer la sécurité de ses lignes de communication ou des liaisons avec les autres unités alliées. Pour parer la menace, l'adversaire cherche alors à battre en retraite de façon à rétablir ses lignes de communication et/ou ses liaisons avec les autres armées alliées. Ces mesures précipitées se traduisent ensuite généralement par un déséquilibre matériel, autrement dit par une dispersion de ses unités dans la mesure où partant de points différents, elles s'exposent à se retrouver isolées sans pouvoir être soutenues. C'est le cas en 1806 quand les différents corps prussiens de Hohenlohe, Rüchel et Brunswick, plus préoccupés de se replier sur Magdebourg que d'assurer leur soutien mutuel, se heurtent en ordre dispersé aux corps d'armée de Napoléon. Il en va de même en 1815 quand Blücher décide, malgré l'attaque surprise de Napoléon, de maintenir son plan initial de concentration aux environs de Sombreffe, sur la route de Namur à Bruxelles. Or, l'offensive de Napoléon vise à percuter directement cette zone de concentration. De fait, Blücher sera incapable d'y rassembler tous ses corps et n'échappera à la destruction que grâce aux erreurs de Ney. Si l'ennemi considère qu'il est déjà impossible de rétablir la situation initiale et qu'il est aléatoire d'essayer de passer en force « sur le ventre » des forces napoléoniennes, il peut au contraire choisir de se regrouper pour accepter la bataille. L'issue de l'affrontement est alors largement hypothéquée par l'avantage moral obtenu par Napoléon qui non seulement a imposé la bataille, mais a aussi choisi le moment et le terrain. Chaque fois que l'Empereur impose la bataille, il est presque certain de la gagner, comme à Iéna ou Friedland. Dès lors que l'adversaire recherche également la bataille et prépare le terrain, l'issue est plus disputée comme à Eylau, Essling, Wagram ou La Moskova. C'est en effet l'avantage moral obtenu durant la manœuvre qui prépare la défaite matérielle de l'adversaire.

Nous allons préciser, dans les exemples suivants, les différentes modalités d'action de Napoléon contre le centre de gravité de l'ennemi.

I. ACTION SUR LE CENTRE DE GRAVITÉ DANS LA MANŒUVRE SUR LES ARRIÈRES

Les trois premières campagnes impériales de 1805, 1806 et 1807 apparaissent comme les « années de gloire » de la Grande Armée. Napoléon est alors au sommet de son art : il inaugure magistralement la guerre combinée de corps d'armée, face à des adversaires encore dominés par la doctrine des armées régimentaires pré-napoléoniennes ; il dispose d'effectifs supérieurs ou au moins équivalents aux armées coalisées avec plus d'un tiers de vétérans des guerres révolutionnaires et consulaires ; il déploie dans chacune de ces campagnes une manœuvre sur les arrières qui constitue la version la plus efficace de l'action contre le centre de gravité. La manœuvre sur les arrières vise en effet l'encerclement de l'armée ennemie et se traduit souvent par une bataille à front renversé dont les effets matériels et moraux sont d'autant plus décisifs. Lors des campagnes d'Autriche, de Saxe et de Pologne, Napoléon va chercher à déborder ses adversaires pour les déséquilibrer sans espoir de rétablissement et les forcer à négocier. Il n'y parviendra parfaitement qu'en 1805 à Ulm. En 1806, il obligera les Prussiens à battre en retraite en ordre dispersé et sera en position de les vaincre à Iéna et Auerstaedt. En 1807, les conditions climatiques polonaises feront avorter la manœuvre napoléonienne et conduiront à la sanglante bataille d'Eylau.

La manœuvre d'Ulm

L'archétype de la manœuvre sur les arrières est sans conteste la manœuvre d'Ulm de 1805. Moins spectaculaire que la victoire d'Austerlitz qui clôture la campagne un peu plus d'un mois après, la capitulation de Mack à Ulm est pourtant le résultat d'une des plus brillantes manœuvres impériales. Durant la première campagne d'Italie, le général Bonaparte a déjà appliqué avec brio ce type de manœuvre lors des journées précédant les batailles de Lodi et d'Arcole. Mais, jusqu'à présent aucune manœuvre de l'histoire militaire moderne n'a entraîné la capitulation d'une armée de 25 000 hommes avec la capture de 40 drapeaux et de 60 canons. Cette défaite humiliante de l'armée autrichienne, obtenue quasiment sans

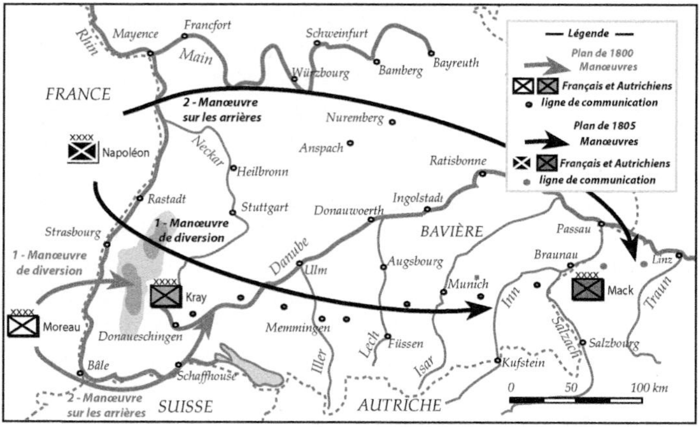

Carte n° 48 : Comparaison des plans initiaux des campagnes d'Allemagne de 1800 et de 1805.

un coup de fusil vaudra à son commandant en chef, le général Mack, la condamnation à huit ans de forteresse par un tribunal de guerre. Lorsque Napoléon renonce à envahir l'Angleterre et décide de se retourner contre l'Autriche, il sait qu'il va porter son effort sur l'Allemagne qu'il considère comme le théâtre d'opérations principal.

Dès la campagne de 1800, Napoléon estimait que la vallée du Danube constituait la meilleure voie de pénétration vers le cœur de l'Autriche (*cf.* carte n° 48). C'est la mauvaise volonté de Moreau qui a obligé le Premier Consul à diriger son armée de réserve vers les plaines d'Italie. Le plan d'opérations élaboré en 1799 pour l'armée du Rhin prévoyait une manœuvre sur les arrières pour couper les Autrichiens de leurs dépôts. Afin de contourner les 120 000 Autrichiens de Kray qui surveillaient les débouchés de la Forêt-Noire, par lesquels ils anticipaient une offensive française, le Premier Consul prévoyait une manœuvre à partir de la Suisse. Tout en organisant des opérations de diversion sur la

Forêt-Noire pour conforter l'adversaire dans son idée d'une offensive imminente dans ce secteur, l'armée du Rhin devait remonter la rive gauche du fleuve puis le traverser brusquement en vingt-quatre heures un peu en aval du lac de Constance à Schaffhouse pour déboucher sur les arrières autrichiennes. Le général Kray dont le gros était établi aux environs de Donaueschingen aurait alors été contraint de battre en retraite. Malheureusement, Moreau préféra procéder à des attaques frontales par Strasbourg, Neuf-Brisach et Bâle.

En 1805, Napoléon est bien décidé à prendre au piège les Autrichiens en concevant une nouvelle manœuvre sur les arrières, inversée par rapport à celle planifiée en 1799. La situation militaire est en effet différente puisque la Grande Armée est cantonnée sur les côtes de La Manche, en Hollande et dans le Hanovre. Au lieu d'agir sur les communications autrichiennes par une offensive sud-ouest/nord-est, l'Empereur élabore une offensive nord-ouest/sud-est. Ce plan présente en outre l'avantage de contourner les rivières Iller et Lech qui servent de barrières naturelles contre toute attaque sur la rive droite du Danube.

Intercepter les lignes de communication vers Munich...

Napoléon organise, préalablement au déclenchement de sa manœuvre de débordement, une vaste opération de gesticulation diplomatico-militaire qui vise à détourner l'attention du commandement autrichien et à préserver la surprise stratégique. Ces mesures préalables de déception préparent le déséquilibre que l'action contre le centre de gravité doit consacrer. Depuis le début des opérations déclenchées en août et jusqu'à la fin septembre, Napoléon poursuit un plan préconçu fondé sur l'hypothèse que les Autrichiens vont s'établir en position défensive derrière l'Inn en attendant l'arrivée de leurs alliés russes. Il espère réitérer une manœuvre sur les arrières du type de celle de Lodi. En 1796, les Autrichiens établis derrière le Pô avaient failli être tournés suite à une audacieuse marche de flanc de l'armée de Bonaparte le long de la rive droite de ce fleuve. En 1805, Napoléon espère attirer le plus à l'ouest possible les Autrichiens, mais il n'est pas certain qu'ils vont tomber dans le piège. Il pense plutôt qu'ils vont s'établir défensivement sur l'Inn en attendant l'arrivée de l'armée de Koutouzov. Dans cette perspective, il espère opérer une marche de débordement le long de la rive gauche du Danube combinée avec une attaque frontale de diversion sur l'Inn. Il détermine en conséquence, dans un ordre du 17 septembre, les dispositions de marche de la Grande Armée. Celle-ci est divisée en trois groupements de deux corps chacun : une aile gauche composée des 1er et 2e corps (Bernadotte et Marmont) qui, dans ce schéma, jouera le rôle de force de débordement et doit se diriger vers Ratisbonne ; un centre constitué des 3e et 4e corps (Davout et Soult) qui se porte sur Donauwoerth tandis que l'aile droite, formée des 5e et 6e corps (Lannes et Ney), doit se diriger sur Ulm. La Grande Armée doit avancer en échelon, l'aile gauche en avant sur un front de plus de 130 kilomètres (*cf. supra* carte n° 18).

À cette date, les ordres de marche présentent une orientation nord-ouest/sud-est avec une aile droite qui va directement de Strasbourg à Ulm par Freudenstadt et Tübingen. Or, Napoléon prend progressivement conscience que le scénario idéal d'encerclement des Autrichiens en Bavière peut être réalisé, en raison de la position avancée de Mack. Dès le 20 septembre, il recoupe des informations qui lui font penser que les Autrichiens ont occupé la forteresse d'Ulm. Dès lors, conformément à son objectif général de manœuvre sur les arrières, il réoriente la marche de son aile droite pour contourner cette ville, tout en resserrant le front de marche qui passe à 80 kilomètres, puisque l'ennemi paraît plus près qu'initialement prévu. Napoléon esquisse ainsi une manœuvre d'enveloppement des troupes autrichiennes en prévoyant une marche plein sud à l'approche du Danube (*cf. supra* carte n° 19).

Lorsque la position avancée des troupes autrichiennes est confirmée, Napoléon écrit à Talleyrand le 27 septembre : « Les Autrichiens sont sur les débouchés de la Forêt-Noire. Dieu veuille qu'ils y restent » et, dans le même temps, il reporte plus à l'ouest la trajectoire de son aile marchante (corps de Bernadotte et de Marmont avec les Bavarois) qui devra aboutir sur Ingolstadt au lieu de Ratisbonne. C'est donc bien durant les dix derniers jours de septembre qu'il entrevoit la possibilité de jeter un filet sur toute l'armée de Mack. C'est en effet seulement à cette date que Napoléon se fait confirmer que les Autrichiens demeurent exposés sur l'Iller et qu'il est possible de les capturer ou de leur imposer une bataille à front renversé sur cette rivière, ainsi qu'il l'expose à Bernadotte dans une lettre du 27 septembre : « (...) Si j'ai le bonheur que l'armée autrichienne s'endorme encore trois ou quatre jours sur l'Iller et dans la Forêt-Noire, je l'aurai tournée, et j'espère qu'il ne s'en échappera que des débris ». C'est le succès des mesures initiales de déception qui ont dissimulé la direction de marche des corps d'armée et facilité la surprise stratégique sur l'axe réel de l'offensive. L'objectif n'est donc plus de déborder l'adversaire sur l'Inn mais d'arriver avant lui sur le Lech, pour lui couper à ce niveau toute retraite et donc toute jonction avec les Russes (*cf.* carte n° 49). L'utilisation de la barrière naturelle que constitue le Lech vise à faciliter l'interception des lignes de communication de l'adversaire et à canaliser ses mouvements vers des points dont les issues (en l'espèce les ponts sur le Lech) seront bloquées. Napoléon tentera de systématiser l'utilisation de telles barrières géographiques dans le cadre de ses manœuvres sur les arrières.

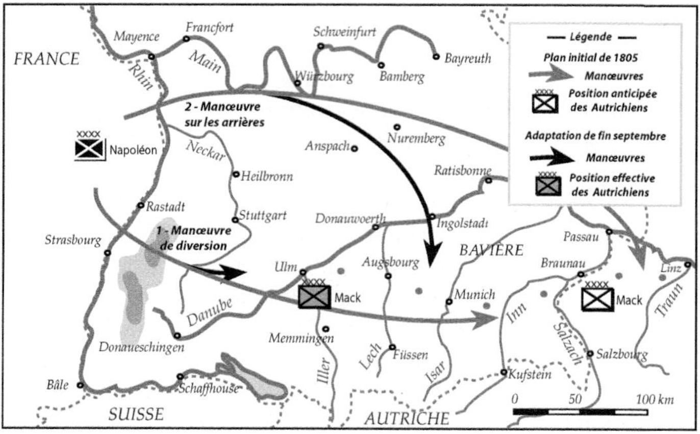

Carte n° 49 : Comparaison du plan initial de 1805 et de son adaptation à partir de fin septembre.

Il organise en conséquence le franchissement du Danube en présupposant que les Autrichiens sont concentrés sur l'Iller autour de Memmimgen. Seul le 6e corps de Ney est laissé en couverture sur la rive gauche tandis que les 2e, 3e, 4e et 5e corps doivent s'emparer de la ligne de le Lech et bloquer toute retraite adverse. L'Empereur dégarnit la rive gauche car il n'imagine pas une échappée autrichienne vers la Saxe ou la Bohême. Il est en effet persuadé que son action sur la ligne naturelle de retraite de l'ennemi ne peut qu'attirer à lui ce dernier. Dans cette optique l'objectif des Autrichiens va être, selon Napoléon, de tenter de percer le rideau français tiré sur le Lech afin de rétablir à la fois leur ligne de communication vers Vienne et la protection de la capitale. Le 7 octobre, les premiers corps français (Murat, Lannes et Soult) traversent le Danube à Munster et Donauwoerth avec pour objectif Augsbourg qui, avec Landsberg, contrôlent les voies de repli de l'Iller vers l'Inn

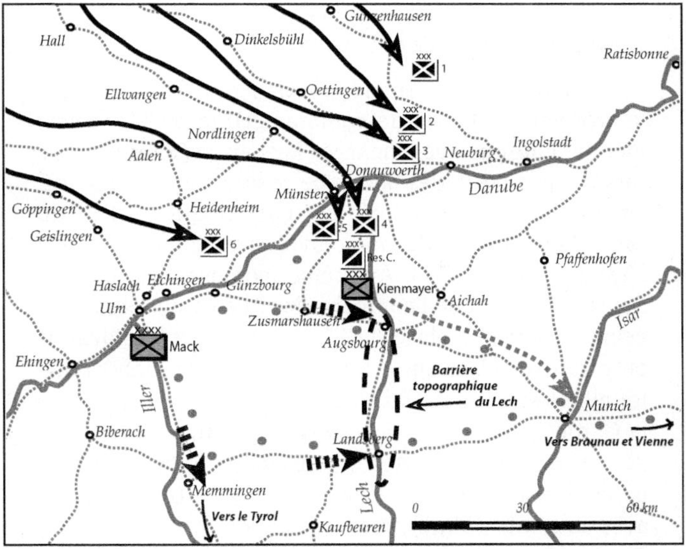

Carte n° 50 : Position des corps français
le soir du 7 octobre 1805.

(*cf.* carte n° 50). Deux jours auparavant, Mack croyait encore que les informations faisant état de colonnes françaises au nord d'Ulm ne concernaient que l'aile gauche française tandis que le gros des forces ennemies avançait directement de la Forêt-Noire sur l'Iller. Dès ce moment, l'objectif de Napoléon est de rassembler le plus rapidement son armée et notamment son aile gauche sur la rive droite du Danube puisque les Autrichiens vont « essayer de nous passer sur le corps ». Il pousse Murat et Lannes le plus à l'ouest possible pour ralentir la retraite autrichienne et permettre au reste de l'armée de se réunir pour la bataille. Ils seront soutenus par le corps de Ney qui doit prendre le pont de Günzburg et se tenir à cheval sur le Danube.

... établir une zone de manœuvre stratégique...

La manœuvre d'Ulm ne consiste pas uniquement à intercepter les lignes de communication de Mack vers Vienne. Elle vise également les liaisons avec les renforts russes. La capture des points de passage sur le Lech est, en conséquence, complétée par l'organisation à l'est du Lech d'une « zone de manœuvre stratégique » jusqu'à l'Isar (*cf.* carte n° 51). Au même moment, des rumeurs font en effet état de l'approche des Russes sur l'Inn, obligeant Napoléon à placer le 1er, le 3e corps et les Bavarois en écran sur l'Isar entre Munich et Dachau, tandis que lui-même se tient au milieu de la toile à Augsbourg avec la Garde et le 2e corps. Par cette disposition, l'Empereur démontre sa maîtrise de l'organisation modulaire : l'apparente dispersion de l'armée doit permettre de retenir avec une aile (Murat, Ney et Lannes face à Mack ou Davout, Bernadotte, et les Bavarois face à Koutouzov) une des armées coalisées, pendant que l'autre aile, soutenue par les corps bordant le Lech (Marmont, Soult et la Garde), détruira l'autre armée coalisée. Chaque aile est placée à deux jours de marche (une quarantaine de kilomètres) de la « réserve centrale » qui dispose ainsi d'une « zone de manœuvre stratégique » pour rejoindre le deuxième jour l'aile qui aurait été refoulée le premier jour par l'offensive ennemie. Ces distances doivent laisser le temps aux corps de couverture ou « corps périphériques » de se replier en bon ordre en résistant pendant une journée à la poussée adverse. Le même jour, les corps de la « réserve centrale » seront alertés et recevront l'ordre de se réunir avant de venir renforcer le lendemain les corps de couverture.

Il est clair que cette zone de 80 kilomètres est un minimum incompressible, car dans l'hypothèse d'une offensive conjointe des Coalisés sur les deux flancs et d'une

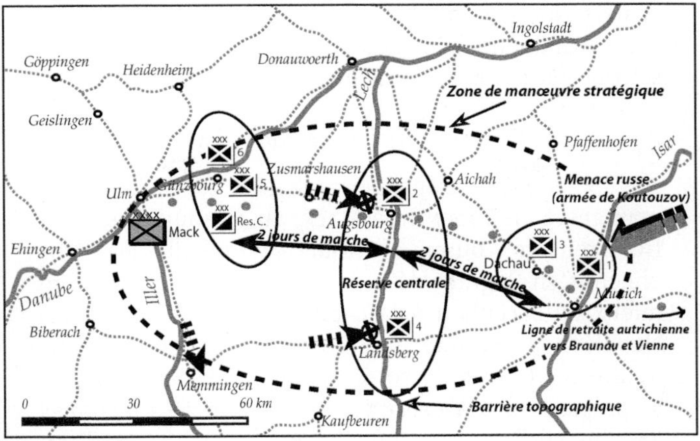

Carte n° 51 : Position des corps français le 11 octobre 1805.

progression concomitante des deux offensives de vingt kilomètres le premier jour, Napoléon devra livrer bataille sur une aile en n'ayant plus qu'une zone de manœuvre de vingt kilomètres à la fin du deuxième jour (offensive d'une des deux armées coalisées pendant deux jours, soit 40 kilomètres et bataille d'arrêt au début du deuxième jour contre l'autre armée coalisée qui a progressé de 20 kilomètres le premier jour). Une zone de manœuvre plus étroite permettrait aux Coalisés de se rejoindre et d'encercler Napoléon. La disposition des corps d'armée telle qu'elle résulte des instructions adressées aux différents maréchaux entre le 9 et le 11 octobre est donc le fruit d'une analyse « au compas » des différents scénarios possibles d'offensives coalisées. La manœuvre sur les arrières contre les communications de l'armée autrichienne se combine ainsi avec une manœuvre en position centrale visant à empêcher la jonction des armées autrichienne et russe. En fait, à partir du 12 octobre Napoléon réalise que les Russes sont plus éloignés qu'il ne pensait et ne seront pas menaçants avant une semaine. Il peut alors abandonner la manœuvre en position centrale pour se concentrer sur l'encerclement des Autrichiens.

… encercler l'armée autrichienne dans Ulm

Napoléon se prépare à récolter le fruit de sa manœuvre en imposant à Mack, au pire une bataille à front renversé, ou en détruisant « en détail » les corps ennemis en flagrant délit de repli précipité, ou encore mieux en l'acculant à la capitulation sans combattre. Napoléon pense que les Autrichiens ont décidé d'attendre les Russes en se retranchant derrière l'Iller et se prépare donc à exécuter un des exercices tactiques les plus périlleux : le franchissement d'un cours d'eau de vive force. Dans ce but, il envoie le corps de Soult sur Memmingen pour déborder la droite autrichienne par le sud, tandis que le corps de Marmont les attaquera de front (*cf.* carte n° 52). À ce moment, Napoléon commet une grave erreur qui aurait pu compromettre toute la campagne, si les Autrichiens avaient su en profiter. Il a en effet implicitement autorisé Ney a faire passer l'essentiel de ses troupes sur la rive droite du Danube pour venir soutenir Lannes dans la perspective d'une bataille sur l'Iller au sud de la forteresse d'Ulm. Il laisse ainsi ouverts les débouchés d'Ulm vers la rive gauche et la Bohême. Seule la division Dupont, renforcée par les dragons à pied de Baraguey-d'Hilliers, est en mesure de s'opposer à une offensive au nord du Danube. C'est la seule erreur de la campagne qui sera corrigée par le sacrifice des hommes de Dupont. Au prix de plus de 30 % de pertes (2 400 hommes sur 7 400), ils repoussent un corps autrichien cinq fois plus nombreux le 11 octobre à Haslach. C'est seulement dans la soirée du 12 octobre que l'Empereur apprend de Murat la nouvelle de l'exploit de Dupont.

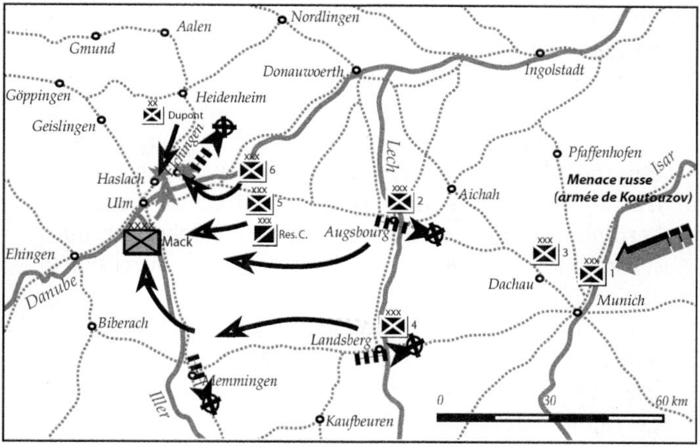

Carte n° 52 : Mouvements des corps français
entre le 11 et le 13 octobre 1805.

Le même jour, Napoléon apprend par ailleurs la présence de 40 000 hommes dans Ulm sur les 72 000 Autrichiens de l'armée de Mack (que Napoléon estime de son côté à 100 000 hommes). Il se rend alors compte que son adversaire est situé plus au nord qu'il ne pensait et que la bataille décisive va se jouer sous les murs d'Ulm. Afin d'empêcher une retraite autrichienne par la rive gauche du Danube, il ordonne le 13 octobre au corps de Ney de repasser le lendemain au nord du fleuve en s'emparant du pont d'Elchingen. Le 6e corps va héroïquement forcer le passage et obliger les Autrichiens à se replier sur Ulm. Dès le 14 octobre, Napoléon ordonne l'investissement complet de la place d'Ulm. Le 15 octobre, le destin de l'armée de Mack est scellé. Il capitulera cinq jours plus tard, en livrant 25 000 hommes et 18 généraux. Paralysé par l'indécision, Mack a, pendant la manœuvre d'encerclement, tout d'abord regroupé ses troupes entre Ulm et Günzburg. Il pense un moment s'échapper par

Günzburg, mais ses troupes en sont rejetées par Ney. Il décide ensuite de marcher sur Nordlingen par Heidenheim. Les attaques de Dupont à Haslach puis de Ney à Elchingen et les contrordres de Mack, intoxiqué par Schulmeister, vont achever de réduire ce plan à néant. Plus de 20 000 hommes (corps de Werneck, réserve d'artillerie, brigade Mecsery et escadrons de l'archiduc Ferdinand) parviendront cependant à s'échapper mais seront rapidement rattrapés par Murat et forcés à la capitulation.

Le bilan des pertes autrichiennes dans cette première partie de la campagne s'élève à 50 000 hommes. Du côté français, les pertes sont inférieures à 5 000 hommes. Ce rapport de 1 à 10 illustre l'ampleur de la victoire. Malgré le défaut de verrouillage initial des débouchés sur la rive gauche du Danube, la manœuvre d'Ulm est devenue un classique de la stratégie opérationnelle. S'il a bénéficié de l'inaction de Mack, Napoléon a surtout su intoxiquer son adversaire et créer la surprise stratégique pour s'emparer de ses lignes de communication, avant de le contraindre à la capitulation.

Napoléon a vaincu l'armée autrichienne par le seul mouvement de ses troupes. Archétype de la guerre de mouvement qui vise la défaite de l'ennemi avant le combat, la manœuvre d'Ulm contredit la théorie clausewitzienne de la bataille du fort au fort comme moyen exclusif de la victoire. À l'exception des deux combats d'Haslach et d'Elchingen qui sont dus à une erreur impériale de localisation de l'ennemi, Napoléon a volontairement cherché à éviter tout accrochage avant l'interception des lignes de communication. Son objectif est de capturer la ligne naturelle de retraite de l'adversaire pour le démoraliser et le conduire à la reddition sans combat. C'est le schéma idéal que Napoléon parvient à appliquer en 1805 et qu'il va tenter de renouveler au cours des campagnes ultérieures.

La manœuvre d'Iéna

La problématique stratégique que Napoléon doit résoudre en cet automne 1806 présente des similitudes incontestables avec la première phase de la campagne de 1805. Il est confronté à une armée prussienne dont les intentions offensives sont avérées et qui devrait être soutenue sous peu par l'armée russe de Galicie. Napoléon doit donc profiter du déclenchement prématuré des hostilités par Frédéric-Guillaume III, et couper son armée de celle du tsar Alexandre. Il va, comme en 1805, élaborer une manœuvre sur les arrières qui visera l'interception des lignes de communication prussiennes : tout d'abord vers la Silésie et l'armée russe puis si possible vers le centre politique de Berlin. Napoléon considère en effet que l'état-major prussien obéit, à l'instar du commandement autrichien, aux principes surannés de la primauté accordée à la défense des lignes de communication. La ligne de communication reliant l'armée prussienne à sa base d'opérations de Berlin constitue son centre de gravité ou zone principale de vulnérabilité. Napoléon va donc fonder sa stratégie sur la capture de cette ligne naturelle de retraite.

Interception des communications prussiennes sur l'Elbe

Comme en 1805, Napoléon prépare la campagne de 1806 par une opération de diversion articulée autour de l'armée de Wesel placée sous le commandement de son frère Louis. Cette opération doit attirer les Prussiens vers l'ouest de façon à faciliter l'interception de leurs lignes de communication. Il définit ensuite la zone d'interception des lignes de communication prussiennes pour déterminer l'axe de l'offensive (*cf.* cartes n° 53). Or, les

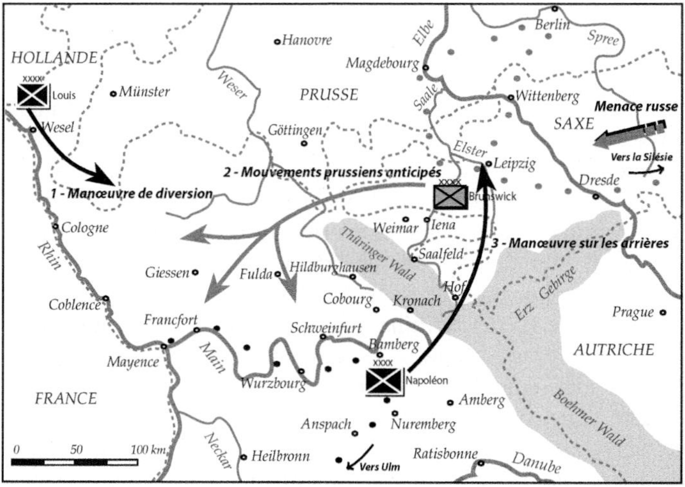

Carte n° 53 : Plan de manœuvre sur les arrières prussiennes.

premiers renseignements réunis sur l'ennemi font état à la mi-septembre de mouvements en direction de Magdebourg et de Dresde qui devraient le mener vers les confins occidentaux de la Saxe à la fin du mois. Étant donné les zones de cantonnement de la Grande Armée en Bavière, l'Empereur conçoit une manœuvre de débordement de la gauche prussienne prenant la forme d'une invasion de la Saxe. Cette manœuvre de « fixation-débordement » par la gauche prussienne doit permettre à l'Empereur d'intercepter les communications prussiennes tout en se plaçant en position centrale entre les Prussiens et les Russes en marche sur la Silésie. Cette option suppose une concentration autour de Bamberg, au plus près de la frontière autrichienne que la Grande Armée va longer pour créer la surprise stratégique en Saxe en débouchant à travers le massif de la Frankenwald. Le 29 septembre, Napoléon reçoit de nouvelles informations sur la position des armées prussiennes en date du 23 septembre : les 75 000 hommes de Brunswick sont au sud de Leipzig (le roi de Prusse et le duc de Brunswick seront localisés précisément à Naumbourg le 23 septembre), tandis que les 62 000 hommes de Hohenlohe quittent Dresde et les 50 000 hommes de Rüchel sont encore dans le Hanovre. Enfin, un rapport du 30 septembre du prince Murat informe l'Empereur que Hohenlohe se dirige vers Erfurt pour y rejoindre l'armée du duc de Brunswick. (*cf. supra* carte n° 14).

À partir de ce moment, Napoléon sait qu'il va pouvoir prendre les Prussiens de vitesse et créer la surprise stratégique : il va pouvoir déborder l'aile gauche de l'armée prussienne, avant que celle-ci ne soit en mesure de menacer ses zones de cantonnement en débouchant par Fulda et la Thüringerwald vers Wurzbourg. Napoléon a identifié trois lignes de communication prussiennes à intercepter (*cf.* carte n° 54) : la route d'Erfurt à Dresde par Iéna et Gera qui assure la liaison entre l'armée prussienne et l'armée russe ; la route d'Erfurt à Naumbourg qui assure non seulement la liaison avec les Russes par Leipzig et Dresde mais aussi avec Berlin par Halle ; la route d'Erfurt à Magdebourg et Berlin par Sommerda. Cette dernière route paraît difficile à intercepter dans un premier temps. En revanche, Napoléon espère bien se saisir rapidement des carrefours clefs de Iéna et Naumbourg qui commandent sur la Saale les lignes naturelles de retraite prussiennes vers l'est. Cette rivière doit jouer le même rôle de « barrière stratégique » que celui du Lech en 1805, en facilitant l'interception des communications ennemies. Par ailleurs, comme en 1805, Napoléon veut s'assurer une zone de manœuvre stratégique en détachant vers l'est le 4ᵉ corps de Soult et le 6ᵉ corps de Ney (en 1805, ce rôle était attribué aux corps de Bernadotte et de Davout) qui se suivent sur la route de droite. Ils sont appuyés sur leur gauche par les corps

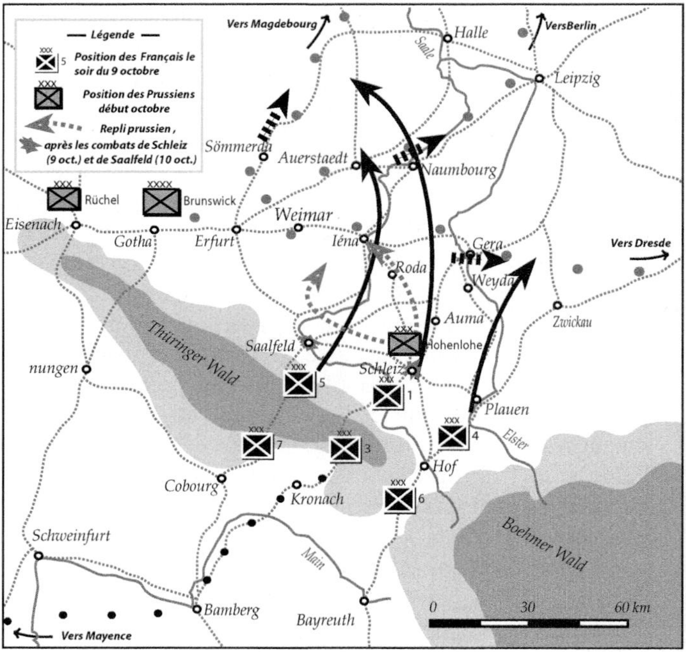

Carte n° 54 : Plan d'interception des communications prussiennes.

de Bernadotte et de Davout. Enfin, sur la gauche du dispositif de marche, les corps de Lannes et d'Augereau (en 1805, c'étaient Lannes et Ney avec la réserve de cavalerie) assurent le rôle de flanc-garde.

En arrivant sur la haute Saale entre Saalfeld et Hof, la Grande Armée progresse en « bataillon carré » (*cf. supra* carte n° 24) sur un front de 50 kilomètres et sur une profondeur d'environ 50 kilomètres. Elle peut, ainsi, aussi bien agir à l'est contre une éventuelle offensive russe, qu'au nord ou à l'ouest selon la localisation des Prussiens. Les premières informations incitent Napoléon à pousser ses troupes vers le nord en direction de Leipzig.

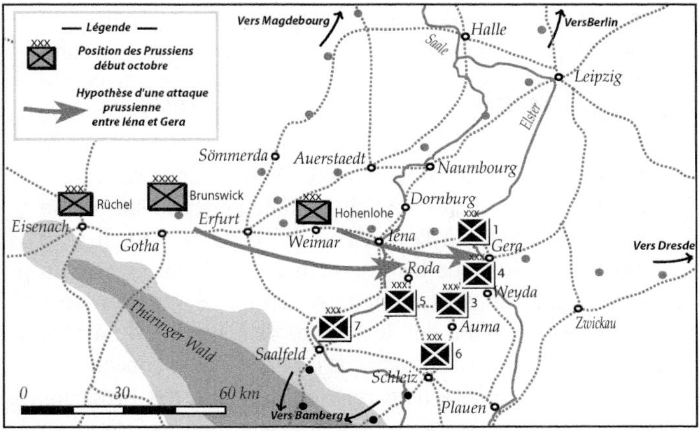

Carte n° 55 : Position des corps français le soir du 11 octobre 1806.

Mais, le 11 octobre, Napoléon reçoit confirmation de la présence de l'armée du duc de Brunswick à l'ouest près d'Erfurt. Au même moment, les rapports des reconnaissances de cavalerie indiquent que les avant-postes sont au contact de leurs vis-à-vis prussiens sur une ligne qui va de Saalfeld à Gera. Devant la colonne de droite c'est le grand vide. Napoléon décide alors de porter le gros de ses troupes sur Gera en resserrant son déploiement de marche sur deux axes de marche : le corps de Soult doit se porter de l'axe de marche de droite sur Gera par Weyda et le corps de Ney doit également immédiatement passer sur l'axe de marche du centre par Schleiz et Auma. Napoléon amorce en fait la conversion de son dispositif vers l'ouest, tout en se saisissant avec Gera de la première voie de retraite vers Dresde. Cette ville contrôle sur l'Elster, l'une des trois voies possibles de retraite de l'armée prussienne. Elle joue à cet égard le même rôle clef qu'Augsbourg qui assurait sur le Lech en 1805 la liaison entre l'armée de Mack et les renforts russes de Koutouzov. Napoléon pense également possible que l'armée prussienne cherche à rétablir ses communications en passant aux environs de Gera « sur le ventre de l'armée française ». Sans déclencher encore la phase de concentration des corps d'armée (qui aura lieu le 13 octobre), Napoléon commence à regrouper ses forces pour faire face à cette possible bataille générale sur la rive droite de la Saale à l'est d'Iéna (*cf.* carte n° 55). Il veut également éviter que les Prussiens ne fortifient ce point à l'abri duquel ils pourraient faire défiler le gros de leurs forces vers l'Elbe. En fait, le 12 octobre à 1 heure du matin, Napoléon apprend de Murat que les Prussiens se concentrent à Erfurt. L'hypothèse d'un repli en désordre des Prussiens vers Dresde par Gera devant être écartée, Napoléon en déduit qu'ils ne vont pas tarder à battre en retraite à l'abri de la Saale vers Magdebourg pour se retrancher derrière l'Elbe. Il faut donc couper toutes les routes vers l'Elbe.

Vers la bataille à front renversé

Napoléon peut abandonner la structure du « bataillon carré » au profit d'un dispositif de marche plus adapté pour intercepter les lignes de retraite prussiennes. En effet, la priorité n'est plus de réunir ses forces pour faire face à une réaction offensive ennemie, mais plutôt de les déployer pour embrasser tout le théâtre d'opérations, en contrôler les principales voies de communication et ainsi empêcher le repli de l'adversaire. Outre que cette dilatation du dispositif napoléonien dissimule l'axe de son offensive et favorise les actions de débordement, elle prépare la marche convergente des corps contre l'adversaire avant et pendant la bataille. Si les intentions de l'armée prussienne ne sont pas encore totalement clairement déterminées, les premières reconnaissances ont permis à l'Empereur d'éliminer un certain nombre d'hypothèses et d'exclure son flanc droit du champ des menaces potentielles.

« TOURNER SANS ÊTRE TOURNÉ » : LE CHANGEMENT DE LIGNE D'OPÉRATION

La guerre de mouvement napoléonienne repose notamment sur la capacité de la Grande Armée à protéger ses propres communications tout en menaçant celles des Coalisés. On a vu qu'à la différence des armées coalisées, l'armée napoléonienne dépendait peu de ses lignes de communication pour le ravitaillement. Tel n'est pas le cas pour les munitions dont la Grande Armée fait grande consommation. La protection des communications françaises vise donc avant tout à disposer de dotations de munitions suffisantes pour pouvoir affronter l'adversaire lors d'une bataille d'une ou deux journées. Napoléon constitue à cet effet des centres d'opération au sein de places fortes capables de résister quelques jours aux attaques ennemies.

Au début de la campagne, ces approvisionnements en munitions sont disposés dans les dépôts situés le long de la ligne de communication de la Grande Armée ou « Route de la Grande Armée » qui relie l'armée aux sources d'approvisionnement généralement situées sur le Rhin. Dès lors que l'Empereur déclenche sa manœuvre contre les communications ennemies, la Grande Armée doit se concentrer sur les arrières ennemis dans une situation de « front renversé ». Ses lignes de communication sont à ce moment aussi vulnérables que celles de son adversaire. Pour parer ce danger, Napoléon protège ses approvisionnements en organisant un nouveau centre d'opération sur ses arrières immédiats. De la sorte, il ne dépend plus de sa ligne de communication vers la France, mais uniquement de sa nouvelle ligne d'opération qui le relie à une place forte de la région et qui est couverte par la nouvelle disposition de l'armée. Il peut y mettre à l'abri ses dotations en munitions, son hôpital de campagne ainsi que les réquisitions nécessaires au ravitaillement de l'armée pendant les quelques jours de la manœuvre sur les arrières.

Ainsi en 1806, durant la première phase de la campagne, alors que la Grande Armée se porte en Saxe à travers la Frankenwald, les approvisionnements en munitions viennent du sud et suivent la ligne de communication vers Kronach et Bamberg (*cf.* cartes n° 54 et 55). Durant cette phase, les communications sont couvertes par l'armée qui se dirige vers le nord dans la direction générale de Naumbourg. Mais, le 13 octobre, quand Napoléon déclenche son redéploiement vers l'ouest pour prendre à revers les Prussiens, il doit changer sa ligne d'opération et décide, pour ce faire, de constituer un centre d'opération situé au sud-est de son dispositif à Auma (*cf.* carte n° 56). Ce changement de ligne d'opération enlève tout intérêt pour les Prussiens à une action contre la ligne de communication méridionale, puisque la Grande Armée peut désormais se ravitailler à partir de son centre d'opération. Si Napoléon est confiant dans l'issue de sa manœuvre, c'est qu'il ne doute pas de l'avantage moral obtenu par l'action contre les lignes de communication adverses, tandis que ses propres communications sont protégées par un changement de ligne d'opération. Napoléon réussit ainsi le tour de force de « tourner son adversaire sans être lui-même tourné ».

En 1815, les Coalisés vont prendre l'Empereur à son propre jeu. Après le succès initial de sa manœuvre en position centrale (*cf.* ci-après la fin de ce chapitre sur la « manœuvre de Charleroi ») et la victoire de Ligny, Napoléon pense s'être définitivement débarrassé des Prussiens et avoir les mains libres pour battre les Anglais. En effet, la ligne naturelle de retraite de l'armée prussienne anticipée par Napoléon est la ligne de communication établie par cette armée vers l'est *via* Namur et Liège. Or, cette ligne est divergente par rapport à la ligne naturelle de retraite britannique vers le nord *via* Bruxelles et Anvers. La défaite des Prussiens devrait donc les inciter à se replier vers leurs sources d'approvisionnement et les éloigner par là même de leurs alliés britanniques. Cette hypothèse va être démentie par Blücher qui décide de se replier non vers le sud mais vers le nord. À cette occasion, il opère un changement de ligne d'opération en abandonnant ses communications orientales et en établissant ses communications vers le nord par Wavre, Louvain et Maastricht. Il peut ainsi se replier vers l'armée de Wellington et sera en mesure de venir le soutenir à Waterloo ■

L'Empereur n'a plus qu'à envisager deux hypothèses principales : l'hypothèse la plus vraisemblable d'une retraite précipitée vers l'Elbe et celle où les Prussiens préfèrent se pelotonner sur Erfurt, comme le fit Mack à Ulm. Napoléon organise son dispositif pour faire face à ces deux éventualités. Si les Prussiens décident de se replier, il convient de les attaquer au plus vite tout en bloquant leurs voies de retraite. Il ordonne en conséquence au gros des forces françaises (4e, 5e, 6e et 7e corps) de franchir la Saale à Lobeda (sud d'Iéna) et à Dornburg pour accrocher l'armée prussienne. Dans le même temps, il envoie les 1er et 3e corps, soutenus par l'avant-garde de cavalerie, en direction de Leipzig et Halle avec pour objectif d'intercepter toute tentative des Prussiens de se replier vers l'Elbe par Naumbourg. Ils devront les bloquer en tête, pendant que le gros des forces les percutera de flanc ou sur leurs arrières.

Si les Prussiens préfèrent demeurer en masse près d'Erfurt, les 1er et 3e corps devront bien sûr se rabattre vers l'ouest pour participer au choc décisif. Dans les deux cas, l'ordre de déploiement des corps doit permettre d'intercepter les voies de retraite ennemies, puis de préparer le mouvement convergent des forces avant le choc décisif. Napoléon espère cependant, encore à cette date, que l'effet démoralisant de l'invasion surprise de la Saxe peut lui éviter une bataille générale au profit d'affaires partielles qui conduiront à la reddition ennemie, ainsi qu'il le confie à Murat dans une lettre du 12 octobre : « Attaquez hardiment ce qui est en marche. Ce sont des colonnes qui cherchent à se rendre à un point de réunion, et la rapidité de mes mouvements les empêche de recevoir à temps un contre-ordre. Deux ou trois avantages de cette espèce écraseront l'armée prussienne sans qu'il soit besoin d'affaire générale ». Le soir du 12 octobre, Soult est à Gera, Davout est entré dans Naumbourg après une marche de 45 kilomètres, tandis que Lannes s'est porté sur Iéna. Napoléon a resserré les mailles du filet qu'il a jeté sur l'armée ennemie : il contrôle avec Gera la route de Dresde et avec Naumbourg les routes de Leipzig et de Halle. (*cf.* carte n° 56).

Dans la matinée du 13 octobre, Napoléon reçoit des rapports concordants qui vérifient la première hypothèse de la retraite d'Erfurt vers Magdebourg. « Enfin, le voile est déchiré » s'exclame l'Empereur dans une lettre au prince Murat. Il importe dès lors de venir soutenir rapidement le corps de Lannes pour éviter qu'il ne soit écrasé par une contre-attaque couvrant le repli général des Prussiens. La marche convergente des corps français peut en effet être prématurément contrée par l'adversaire. Il surprendrait alors une partie des corps avant la réunion complète des forces. Aussi, Napoléon lance-t-il immédiatement une série d'ordres déclenchant la phase de concentration de la Grande Armée sur Iéna par une vaste conversion sur la gauche : les corps de Soult, Ney et la Garde reçoivent l'ordre de marcher sur Iéna, tandis que Davout est invité à contourner la gauche prussienne en cas de combat à Iéna. En fait, l'armée du duc de Brunswick bat en retraite vers Leipzig, protégée par l'armée de Hohenlohe en flanc-garde à Iéna. Durant

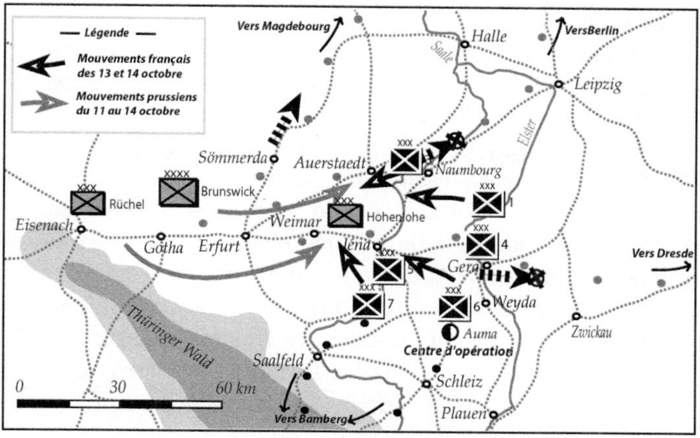

Carte n° 56 : Position des corps français le 12 octobre 1806.

la journée du 14 octobre, ces deux armées vont être respectivement accrochées et battues à Auerstaedt par le corps de Davout et à Iéna par le gros de la Grande Armée.

En 1806 comme en 1805, Napoléon cherche à se porter sur les lignes de retraite ennemies. Il cherche pour cela à déborder les obstacles naturels (Iller et Lech en 1805, Weser et Saale en 1806), puis à se saisir d'une « barrière géographique » pour intercepter les communications ennemies (Lech en 1805, Saale en 1806). Les résultats seront plus coûteux pour l'armée française (7 000 pertes à Auerstaedt et 6 000 à Iéna) puisque l'armée prussienne a préféré le combat à la capitulation, mais les résultats seront encore plus spectaculaires, puisque les forces ennemies seront entièrement mises hors de combat lors de ces deux batailles et de la poursuite subséquente. L'action sur les lignes de communication a bien provoqué les effets moral et matériel escomptés : elle a démoralisé l'adversaire et l'a obligé à se replier précipitamment en se heurtant de façon non préparée aux forces françaises. Le résultat est une double bataille à front renversé imposée à une armée prussienne en situation d'infériorité morale. Clausewitz subordonnait le caractère décisif de la bataille à l'importance des effectifs engagés : « seules les grandes batailles donnent de grands résultats. C'est quand les combats se groupent en une grande bataille que les résultats sont les plus marqués ». Napoléon cherche, au contraire, à battre en détail son adversaire et à imposer un contexte moral qui détermine largement, au-delà des effectifs engagés, l'issue et la portée de la bataille. La double victoire d'Iéna-Auerstaedt illustre ces principes : Napoléon a surpris un adversaire en flagrant délit de retraite et cette surprise déterminait l'issue des combats.

Les manœuvres de l'hiver 1806-1807 : Golymin-Pultusk et Eylau

La manœuvre d'Iéna se termine par la destruction de la quasi totalité de l'armée prussienne, suite à la course à la Baltique. Pourtant, le roi de Prusse refuse de négocier et se replie à Königsberg. Il espère obtenir l'appui du tsar Alexandre dont les soldats bordent la Vistule. Afin d'enlever tout espoir aux Prussiens, Napoléon doit pour consolider sa victoire, neutraliser l'armée russe de Bennigsen qui s'avance sur Varsovie ou, tout au moins, la repousser loin de la Silésie et de la Pologne prussienne. L'Empereur se retrouve dans une position similaire à celle qu'il a connue au tout début de sa carrière militaire, lors de la première campagne d'Italie. Après une première manœuvre réussie contre l'armée sarde couronnée par l'armistice de Cherasco du 28 avril 1796, le général Bonaparte devait vaincre les Autrichiens ou les repousser de Lombardie pour obliger les Sardes à signer la paix le

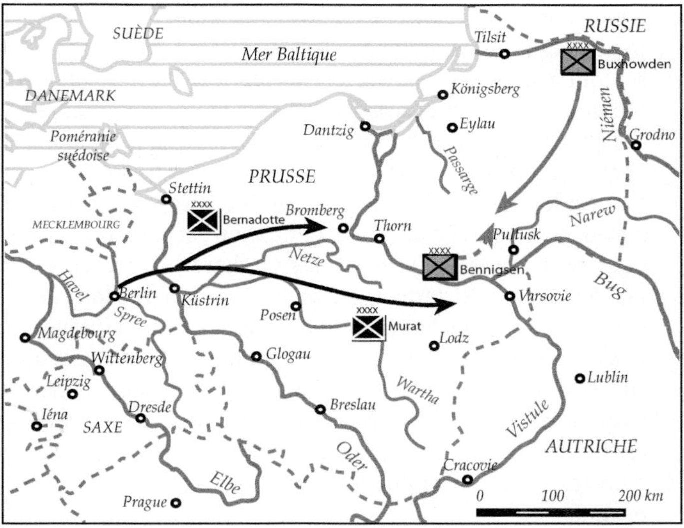

Carte n° 57 : Marche de la Grande Armée
sur Varsovie fin novembre 1806.

plus rapidement possible et disloquer ainsi la coalition anti-française. Dix ans plus tard, en ce mois de novembre 1806, Napoléon va tenter de renouveler une manœuvre sur les arrières inspirée de la manœuvre de Lodi mais dans laquelle la Vistule se substitue au Pô.

Voulant éviter de perdre le bénéfice de sa victoire sur la Prusse et interdire aux Russes de s'organiser en Pologne, Napoléon lance immédiatement son armée vers la Vistule : 80 000 hommes (dont 7 500 cavaliers) sous les ordres de Murat (réserve de cavalerie, corps d'Augereau, Davout et Lannes) marchent sur Varsovie, dans laquelle ils entrent sous les acclamations de ses habitants le 28 novembre 1806 (*cf.* carte n° 57). Ils sont soutenus sur leur gauche par les autres corps de la Grande Armée (réserve de cavalerie de Bessières, corps de Bernadotte,

Ney et Soult) qui doivent tenter d'envelopper les Russes par le nord en les séparant des Prussiens. Mais, Bennigsen qui a senti le danger se replie sur la rive droite de la Vistule au nord est de Varsovie. Napoléon pense prendre ses quartiers d'hiver dans la capitale polonaise pour réorganiser ses troupes affamées et épuisées. Les Russes vont en décider autrement. Le 15 décembre, l'armée de Bennigsen est renforcée par celle de Buxhowden et toutes les deux sont placées sous les ordres du maréchal Kamenski âgé de 75 ans. Ce dernier doit sa nomination au glorieux souvenir du maréchal Souvarov sous les ordres duquel il s'est distingué. Informé des premiers mouvements russes et de la menace qu'ils font peser sur son centre d'opération de Varsovie, Napoléon, qui est arrivé dans la capitale le 18 décembre, renonce à prendre ses quartiers d'hiver et décide, comme à son habitude, de prendre les devants.

La manœuvre de Golymin-Pultusk

Avec le contrôle de Varsovie et du carrefour hydrographique de Modlin situé une trentaine de kilomètres plus au nord, Napoléon bénéficie d'une position particulièrement avantageuse (*cf.* carte n° 58). Entre les deux bastions de Dantzig et Varsovie, la Vistule forme une courtine qui dessine un vaste arc de cercle de près de 250 kilomètres de diamètre. Si les Russes marchent vers le « fond de cette nasse » en vue de couper les communications françaises vers Berlin, Napoléon peut se jeter sur leurs arrières à partir de Varsovie. D'autant qu'il peut à partir de Modlin choisir son secteur d'intervention entre Vistule et Ukra ou entre Ukra et Narew. Napoléon conçoit une manœuvre classique sur les arrières : tandis qu'une force secondaire (Bernadotte, Ney et Bessières) effectuera une approche frontale à partir de Thorn pour franchir l'Ukra à Biezun et attirer les Russes

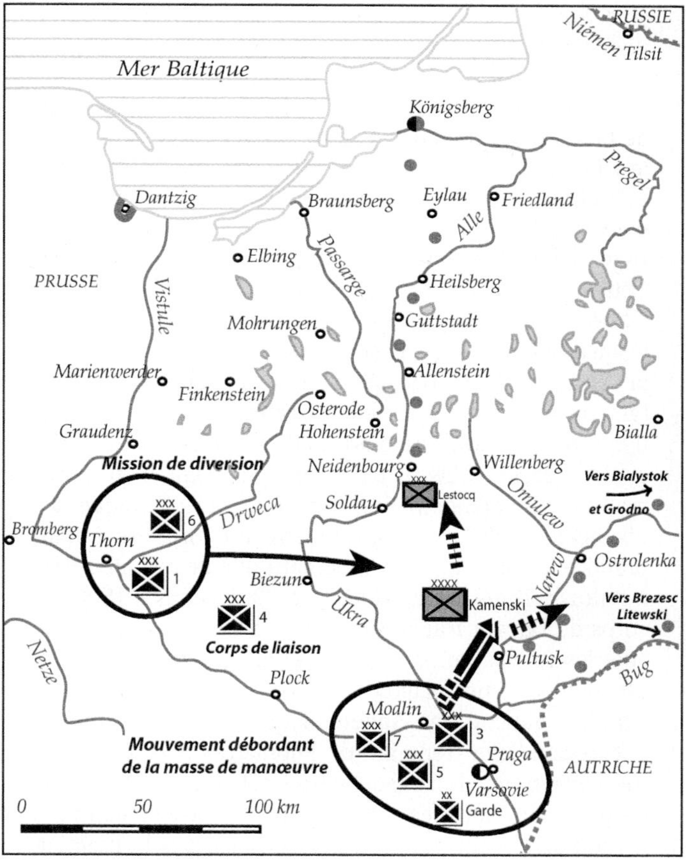

Carte n° 58 : Plan de la manœuvre de Pultusk.

vers l'ouest, Napoléon avec la force principale (Murat, la Garde, Lannes et Augereau) se portera sur Pultusk, pour couper la ligne de retraite russe vers l'est. Si les Russes décident de battre en retraite vers le nord pour retrouver les Prussiens (qui descendent de Königsberg vers Soldau par Neidenburg) ils seront alors pris de flanc par la force secondaire (reliée à la force principale par le corps de Soult).

À la veille de l'offensive française, les quatre divisions de Bennigsen sont situées entre l'Ukra et la Narew, dans le triangle formé par les villes de Czarnowo, Lopaczym et Pultusk (*cf.* carte n° 59). Elles sont dispersées et peuvent difficilement être soutenues par les quatre divisions de Buxhowden cantonnées à Popowo, Makow et Ostrolenka. Quant aux Prussiens, ils ont tiré un mince rideau entre la Baltique et le cours supérieur de l'Ukra jusqu'à Soldau. Pour consolider ses quartiers d'hiver sur la Vistule, Napoléon décide d'attaquer les Russes en portant son effort sur Pultusk qui assure la liaison entre les lignes de communication issues de Grodno par la Narew et de Brezesc Litewski par le Bug. Il s'agit bien d'une manœuvre napoléonienne classique, avec attaque de diversion sur l'Ukra et franchissement de la Narew pour prendre le contrôle de la ligne naturelle de retraite russe à Pultusk. Dans la nuit du 22 au 23 décembre 1806, le corps de Davout franchit la Narew à Czarnowo et bouscule les Russes qui se replient précipitamment. Davout est suivi par Murat, Lannes et la Garde. Ils sont soutenus sur leur gauche par Augereau qui passe la Vistule à Zackroczin, une trentaine de kilomètres plus à l'ouest. Au même moment, la gauche française (force secondaire de diversion) sous les ordres de Bernadotte se heurte à Biezun aux avant-postes ennemis. Mais, dès le premier jour de la campagne, les éléments se liguent pour enrayer la machine de guerre française : la pluie et le dégel transforment en effet le pays en océan de boue. La cavalerie légère ne peut plus lancer de longues chevauchées pour exercer correctement ses missions de reconnaissance et l'armée se retrouve privée de l'essentiel de son parc d'artillerie. Napoléon est alors incapable de déterminer l'axe de retraite des Russes. Des messages reçus de Bernadotte

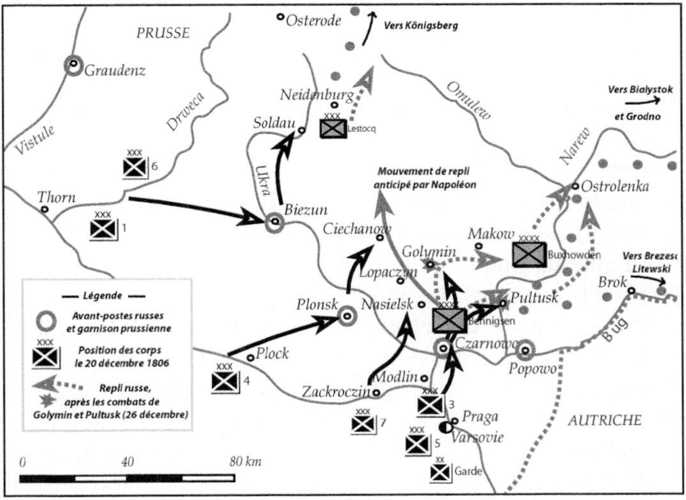

Carte n° 59 : Avortement de la manœuvre
de Golymin-Pultusk.

l'informent que ceux-ci se replient en direction de Neidenburg par Golymin pour y retrouver les Prussiens. L'Empereur ordonne en conséquence à Davout, Murat et Augereau de marcher sur Golymin tandis que le seul corps de Lannes se porte sur Pultusk pour fermer une des voies de repli russes (à l'instar du mouvement de Davout sur Naumbourg en octobre 1806). Bernadotte, Ney et Bessières doivent prendre de flanc les colonnes russes en se dirigeant sur Ciechanow. Les deux pinces de l'armée française devraient donc se refermer sur l'armée de Kamenski entre Ciechanow et Golymin.

En fait, l'anticipation par Napoléon du mouvement de repli russe s'avère inexacte : le gros des forces de Bennigsen ne bat pas en retraite vers le nord mais vers l'est pour se regrouper à Pultusk. Seule la division russe de Czarnowo se replie vers Golymin afin de recueillir les différents détachements russes en position défensive sur l'Ukra. Ainsi, le 26 décembre au matin, tandis que le gros des forces françaises tombe à Golymin sur des éléments de la division Doctorov de Buxhowden venue à la rencontre des détachements de la division Galitzin (au total moins de 10 000 hommes), Lannes se retrouve avec moins de 20 000 hommes face à près de 40 000 Russes de l'armée de Bennigsen. Bien que malade, Lannes se bat comme un lion et oblige, au prix de pertes importantes (3 500 hommes), les Russes à évacuer Pultusk. De son côté Davout a également rejeté les Russes. Malgré ce double succès, Napoléon ne peut dissimuler l'échec de la manœuvre. Il n'est pas parvenu à surprendre Kamenski, pour intercepter la ligne de retraite des Russes qui se replient vers Ostrolenka le long des deux rives de la Narew. Les principaux éléments clefs de la manœuvre napoléonienne ont fait défaut : l'impossibilité de déterminer la ligne de retraite choisie par l'ennemi a empêché son interception. L'état des routes a paralysé les mouvements de la Grande Armée dont le principal atout est la vitesse de déplacement. Dans ces conditions, il a été impossible de surprendre l'ennemi pour le déborder, ce qui s'est traduit par deux chocs frontaux (et non à front renversé comme à Iéna et Auerstaedt) inutiles. L'armée russe a disparu à l'abri des forêts et des lacs polonais. En repoussant les Russes du centre de la Pologne, Napoléon a tout au moins consolidé ses positions sur la Vistule et peut espérer y prendre ses quartiers d'hiver qu'il organise le 29 décembre.

La manœuvre d'Eylau

L'Empereur se trompe à nouveau. La belle résistance des Russes à Pultusk et Golymin incite le tsar Alexandre à profiter de l'hiver pour tenter de surprendre les Français dans leurs cantonnements. Il nomme Bennigsen généralissime des forces russes avec pour mission de marcher sur la basse Vistule pour tendre la main aux Prussiens, débloquer le siège de Dantzig et couper la ligne de retraite des Français vers Berlin. Bennigsen espère déborder par le nord le gros des forces françaises cantonné autour de Varsovie, de façon à surprendre les deux corps isolés de Ney et Bernadotte chargés de couvrir la basse Vistule. Il prépare son offensive en regroupant ses forces derrière l'Alle à Heilsberg, Guttstadt et Allenstein (*cf.* carte n° 60). Le 18 janvier, Bennigsen lance son offensive : après avoir bousculé des détachements du corps de Ney qui maraudaient le long de l'Alle et donnent immédiatement l'alarme, les troupes russes tombent sur les cantonnements du 1er corps. Averti par Ney, Bernadotte a juste le temps de concentrer ses forces à Mohrungen où il résiste pendant la journée du 25 janvier à l'offensive russe. Il doit cependant se replier sur Osterode en raison de son infériorité numérique.

La situation française sur la basse Vistule paraît compromise et on voit mal comment éviter la levée du siège de Dantzig. En fait, l'annonce le 26 février de l'attaque russe ne déstabilise pas Napoléon qui a espéré un tel mouvement. Il entre dans son scénario d'attente stratégique sur Varsovie, précédant une manœuvre sur les arrières destinée à « jeter les Russes dans la Baltique » pour les forcer à capituler. Napoléon va tenter à nouveau de déployer une manœuvre d'interception des communications de l'ennemi, pour paralyser son offensive et lui imposer une bataille à front renversé. Il ordonne donc à Bernadotte de continuer à battre en retraite en direction de Thorn pour attirer les Russes vers l'ouest. Parallèlement à ce mouvement de diversion, Napoléon organise (par une série d'ordres émis entre le 27 et le 29 janvier 1807) la manœuvre d'interception des communications adverses selon un schéma similaire au fameux « bataillon carré » d'octobre 1806 (*cf.* carte n° 61).

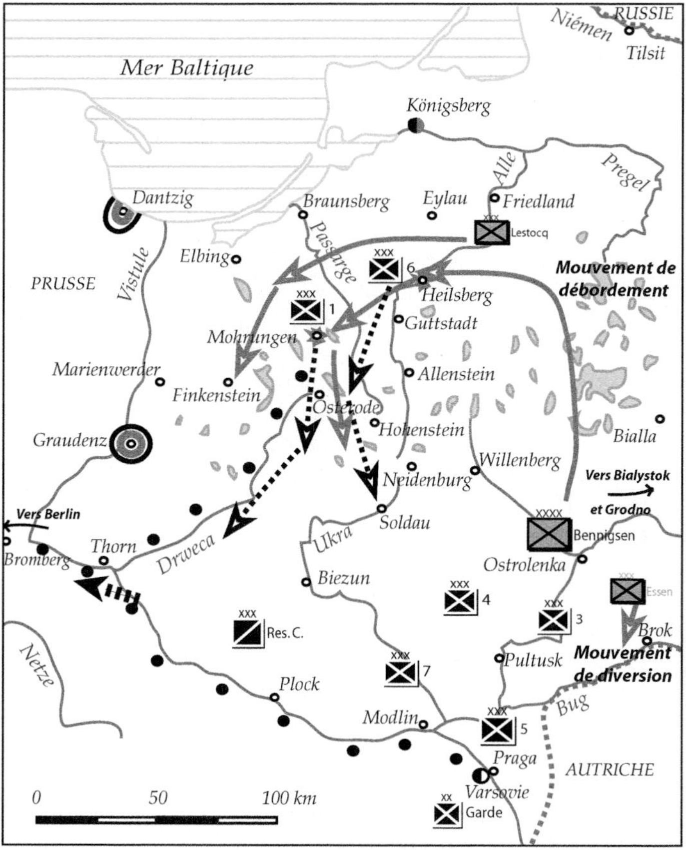

Carte n° 60 : Offensive russe contre Ney et Bernadotte (18 au 31 janvier 1807).

Il adopte un dispositif sur trois colonnes, avec la réserve de cavalerie en exploration devant la colonne du centre qui comprend également la Garde. Le corps de Davout (18 000 hommes) formera la droite du dispositif

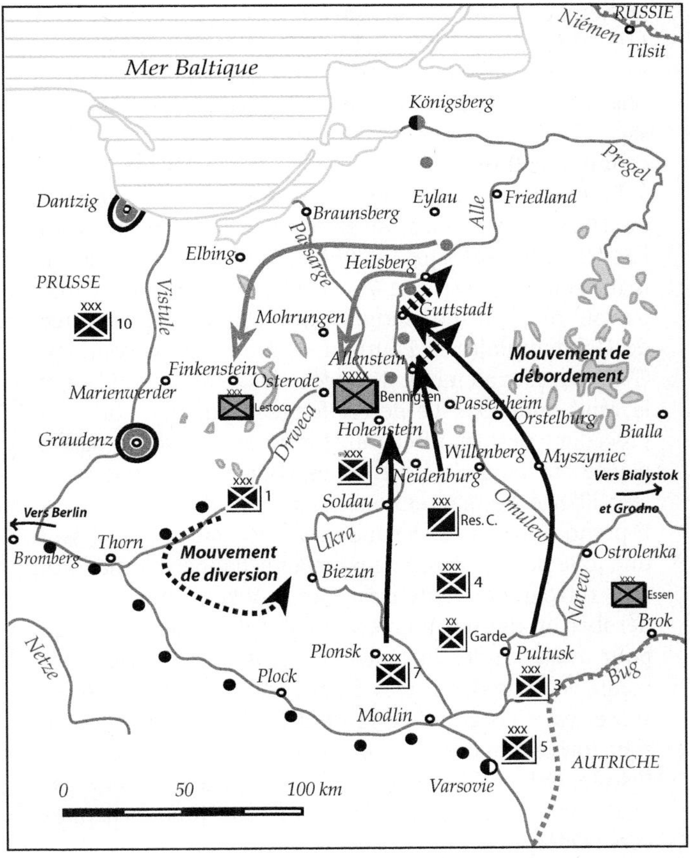

Carte n° 61 : Plan de la contre-offensive française.

en marchant par Pultusk, Myszyniec et Ortelsbourg. Au centre, Murat (10 000 hommes), Soult (20 000 hommes), et la Garde (6 000 hommes) suivront la route passant par Willemberg et Passenheim, tandis qu'Augereau (10 000 hommes) suivra par Plonsk, Neidenbourg et

Hohenstein. Enfin à gauche, le corps de Ney (10 000 hommes) reprendra l'offensive à partir d'Osterode. À tous ces corps, Napoléon fixe comme premier objectif Allenstein qui constitue le premier point de passage des communications russes sur l'Alle et doit être capturée le 3 ou 4 février.

Pour réussir sa manœuvre, l'Empereur doit, comme en 1806, fermer successivement une série de portes à l'armée adverse. Aux 90 000 hommes de Bennigsen, il ne peut opposer que 75 000 hommes qui sont loin d'avoir récupéré des fatigues de la manœuvre avortée de Golymin-Pultusk. Pourtant, l'Empereur est confiant. C'est paradoxalement, l'arrivée des grands froids qui le rend optimiste. Le désert fangeux polonais du mois précédent s'est en effet transformé en une vaste plaine glacée sur laquelle les troupes vont pouvoir retrouver leur liberté de manœuvre sans risquer de s'embourber. Il prend donc toutes les mesures nécessaires pour tisser une toile dont le Russe ne pourra s'échapper. Bernadotte doit rétrograder lentement sur la Vistule avant de se dérober au dernier moment à l'abri d'une arrière-garde pour venir tendre la main au corps de Ney. De cette façon, le gros des forces françaises bloquera les faces sud et est d'un grand carré dont les faces nord et ouest sont formées successivement par la Baltique et la basse Vistule. Celle-ci sera gardée de Dantzig à Graudenz par le 10e corps de Lefebvre afin d'empêcher toute échappée vers l'Oder.

Restent à fermer les faces est et nord, pour que les Russes soient piégés. Mais, la condition première du succès, c'est l'effet de surprise qui repose sur le secret des opérations et suppose que les Russes soient ignorants du piège dans lequel ils s'engagent. Napoléon rédige dans ce sens des consignes strictes adressées à Murat le 28 janvier 1807 : « Il faut qu'aucun mouvement ne se manifeste ; qu'on fuie devant les cosaques, qu'on ne fasse rien qui donne de l'inquiétude à l'ennemi ; qu'on ne laisse faire aucun prisonnier, afin de n'être pas prévenu par le bavardage de quelque soldat (...) Il faut que tous les mouvements se fassent avec le moins de bruit possible ». Napoléon veut profiter de la manœuvre de déception menée par Bernadotte pour s'emparer des lignes de retraite russes sur l'Alle. L'Empereur doit cependant bien minuter son offensive pour fermer les bonnes portes au bon moment. Allenstein est son premier objectif. Mais, si les Russes sont plus au nord, il devra pousser une partie de son armée plus en avant pour fermer également le point de passage sur l'Alle de Güttstadt, tout en veillant à ne pas être trop faible sur Allenstein. En bloquant ces deux points, Napoléon parviendrait à empêcher toute retraite vers l'est (comme il le fit face aux Prussiens en octobre 1806, en s'emparant successivement de Gera et de Naumbourg pour interdire toute retraite vers Dresde) et il ne lui resterait plus qu'à fermer la dernière issue possible vers le nord et Königsberg (en envoyant un corps à l'ouest de Güttstadt) pour achever l'encerclement des Russes.

Un grain de sable va cependant enrayer la mécanique de l'encerclement. Le 1er février, alors que les trois colonnes françaises convergent sur Allenstein (Murat et Soult à Passenheim, Davout près d'Ortelsbourg, Augereau et Ney à Hohenstein), Napoléon envoie une dépêche à Bernadotte pour lui préciser son rôle d'appât. Or, ce courrier a été capturé par les cosaques, ce qui a permis à Bennigsen de lire à livre ouvert dans le plan impérial près de deux jours avant d'être alerté par les mouvements effectifs des Français. Il a immédiatement fait marche arrière et concentre ses forces à l'ouest d'Allenstein à Jonkowo. C'est là que Napoléon, qui espérait tomber sur les arrières de Bennigsen, trouve l'armée russe nullement surprise et disposée en ordre de bataille, l'aile gauche appuyée à l'Alle. Il pense cependant livrer à Jonkowo une bataille décisive en débordant la gauche russe à Bergfried (nord-est de Jonkowo). En fait, malgré la prise de Bergfried, l'engagement tardif des combats et la nuit précoce d'hiver empêchent l'exploitation de ce succès initial. Les Russes profitent de la nuit pour s'échapper en direction de Königsberg (*cf.* carte n° 62). Harcelés par les colonnes françaises, les Russes reculent de 85 kilomètres en trois jours puis décident de faire face à Eylau, bonne position défensive située à une journée de marche de la cité teutonique. Le 8 février, les deux armées s'affrontent en un sanglant combat où tombent plus de 30 000 soldats au milieu des rafales de neige. Cette bataille peu décisive se termine par la retraite de l'armée russe dont une partie se replie derrière la Pregel et une autre s'enferme dans Königsberg. Napoléon lance ses escadrons sous les murs de la ville mais il sait que son armée est trop épuisée pour mener en hiver un siège en règle d'une ville approvisionnée par la marine britannique. Il décide donc d'attendre le printemps à l'abri de la Passarge.

C'est un nouvel échec pour Napoléon. Certes, les objectifs offensifs de Bennigsen ont été étouffés dans l'œuf, mais ce dernier est parvenu à éviter l'encerclement et à sauver une partie de son armée. À Eylau, Bennigsen accepte de livrer bataille sans y être contraint par Napoléon. C'est toute la différence avec la double bataille d'Iéna et d'Auerstaedt. Les Russes ne sont pas surpris par les mouvements français et leur moral intact explique les combats acharnés qu'ils mènent durant toute cette campagne d'hiver. L'échec de la manœuvre de déception empêche l'interception des communications russes. L'échec de la manœuvre sur les arrières entraîne logiquement la « bataille avortée » d'Eylau.

Bavière 1805, Saxe 1806, Pologne 1807. Trois campagnes durant lesquelles, Napoléon a exécuté une manœuvre sur les arrières. Les conditions géographiques

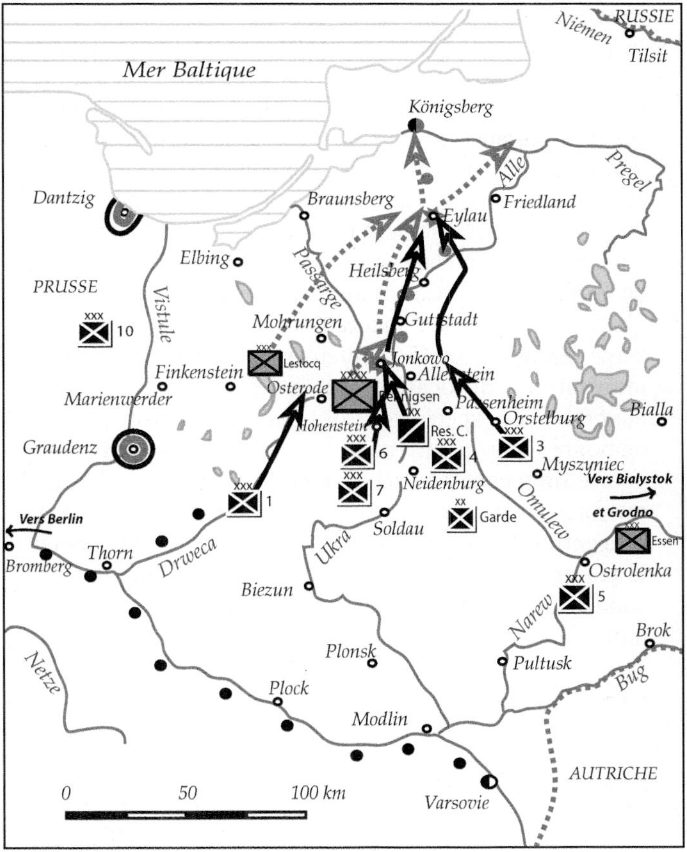

Carte n° 62 : Avortement de la manœuvre d'Allenstein.

et militaires n'ont pas permis d'assurer systématiquement la destruction des forces adverses : en octobre 1805, l'exécution de la manœuvre est proche de l'idéal théorique et conduit à la capitulation de l'armée de Mack totalement encerclée. En octobre 1806, l'encerclement n'est pas complet mais l'ennemi est surpris et déséquilibré. Il livre combat à front renversé dans une situation d'infériorité morale qui entraîne sa dislocation. Durant l'hiver 1806-1807, Napoléon ne parvient pas à surprendre son adversaire pour le déborder et ne peut que livrer des combats frontaux sans portée décisive. Dans ces trois exemples, l'Empereur a néanmoins démontré qu'il maîtrise parfaitement l'art de la « guerre combinée » qui suppose une coordination précise des mouvements de corps d'armée. Ces mouvements s'articulent en trois phases successives : manœuvre de déception par un corps secondaire ou fictif, interception des lignes de communication, dislocation ou destruction des forces adverses. La succession de ces différentes phases démontre que la guerre napoléonienne n'est pas une guerre de recherche exclusive de l'affrontement du fort au fort. C'est une guerre de mouvement qui vise à concentrer l'effort contre le point faible de l'ennemi pour le placer en infériorité psychologique et lui imposer un combat du fort au faible. La bataille n'est que la résultante de la manœuvre et ne produit un effet décisif que si la manœuvre préparatoire a réussi à imposer l'affrontement à l'adversaire.

II. ACTION SUR LE CENTRE DE GRAVITÉ DANS LA MANŒUVRE EN POSITION CENTRALE

Napoléon n'a pas toujours la possibilité d'agir sur les communications ennemies. C'est notamment le cas quand il est en situation d'infériorité numérique. S'il cherche toujours à agir sur le centre de gravité du dispositif adverse, il vise, cette fois, les liaisons entre ses différentes composantes. Il cherche, pour ce faire, à profiter de la dispersion des unités ennemies. L'action contre le point de jonction des forces ennemies, ou manœuvre en position centrale, selon la typologie du général Camon, est la plus difficile à mettre en œuvre. Napoléon doit en effet compenser son infériorité numérique globale par une manœuvre qui lui assure la supériorité sur le point attaqué. L'opération est encore plus délicate quand elle vise à défendre un point géographique (Mantoue en 1796, Paris en 1814). Elle est alors précédée d'une phase d'attente qui laisse temporairement l'initiative à l'adversaire. Cette phase doit être dans l'idéal la plus courte possible, pour éviter que l'offensive ennemie ne prenne de l'ampleur. L'objectif est de percer à jour le plus rapidement possible les intentions ennemies de façon à profiter des faiblesses de ses plans et à le prendre de vitesse pour retourner la situation et reprendre l'initiative. Souvent utilisée dans un contexte défensif, elle est souvent moins décisive que la manœuvre sur les arrières. Quand elle ne se combine pas avec une manœuvre sur les arrières, elle laisse en effet la possibilité à l'adversaire de se replier sur ses bases d'opération pour se rétablir. C'est au début et à la fin de sa carrière militaire que Napoléon doit faire face à des armées ennemies supérieures en nombre. Durant sa première campagne d'Italie de 1796, puis lors des campagnes de France de 1814 et de Belgique de 1815, Napoléon va déployer des manœuvres en position centrale avec les succès et l'échec final que l'on connaît.

Actions défensives en position centrale, Castiglione et Champaubert

La manœuvre de Castiglione

Napoléon privilégie la manœuvre en position centrale quand il est tenu à la défensive. Elle constitue alors une des manœuvres les plus difficiles à mettre en œuvre, dans la mesure où elle laisse dans un premier temps l'initiative de l'offensive à l'adversaire. La difficulté consiste à anticiper le point de réunion des différentes colonnes ennemies pour les battre successivement avant qu'elles n'opèrent leur jonction. Bonaparte va expérimenter pour la première fois ce type de manœuvre en juillet 1796, dans les jours précédant la bataille de Castiglione. Malgré leurs récentes défaites (Montenotte et Lodi), les Autrichiens sont en effet décidés à reprendre pied en Italie où la forteresse de Mantoue résiste toujours au siège des Français. Pour venir au secours de Mantoue, les Autrichiens disposent de trois voies d'accès vers la plaine lombarde (*cf.* carte n° 63) : la voie de pénétration la plus occidentale suit la route de la vallée de la Chiese et présente l'avantage de déboucher à Brescia sur la ligne de communication française vers Milan. À l'est, la route de la vallée de la Brenta, qui aboutit dans les plaines de Vénétie, implique le contrôle rapide d'un passage sur l'Adige avant d'espérer libérer Mantoue. La voie d'accès centrale longe la vallée de l'Adige et constitue la route la plus directe vers Mantoue, mais aussi la plus attendue. Bonaparte a disposé ses troupes au sein d'un triangle défensif dont les trois sommets sont respectivement : La Corona au nord, Legnago à l'est et Salo à l'ouest. Le centre du triangle est tenu par Masséna qui contrôle la vallée de l'Adige entre La Corona et Vérone avec les effectifs les plus importants. Il est soutenu à l'est par Despinoy qui interdit le passage de l'Adige entre Vérone et Ronco et par Augereau qui occupe Legnago. À l'ouest, Sauret contrôle Salo et la rive ouest du lac de Garde. En deuxième ligne, Bonaparte dispose de la cavalerie et de la réserve d'artillerie de Kilmaine établi à Valeggio, tandis que Sérurier assiège Mantoue. En disposant ses forces, Bonaparte a commis une faute de jeunesse : il présuppose en effet que les Autrichiens vont utiliser les deux voies d'accès les plus orientales et a dégarni en conséquence son flanc

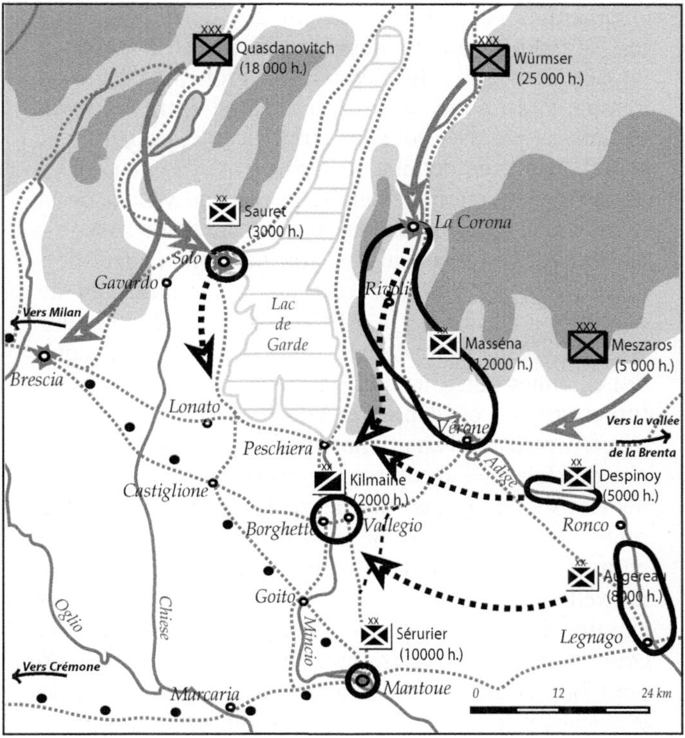

Carte n° 63 : Offensive autrichienne de juillet 1796.

occidental. La position de ses forces au sein du périmètre défensif, clef de la manœuvre en position centrale, va cependant lui permettre de réparer son erreur initiale. Il n'y a en effet qu'une soixantaine de kilomètres entre Salo et Vérone et 40 kilomètres entre Vérone et Legnago. Autrement dit, le gros des troupes françaises est disposé de façon à pouvoir se concentrer en une journée de marche face à chacune des voies d'accès de la plaine lombarde.

Quand Bonaparte apprend le 29 juillet 1796 que les Autrichiens ont repoussé les forces de Masséna à La Corona et sont signalés face à Vérone, il décide de s'emparer du point de jonction estimé entre les deux colonnes ennemies pour les empêcher de se regrouper et les « battre en détail ». Il choisit d'axer sa manœuvre autour de Vérone pour défaire la colonne venant de la Brenta tout en retardant la colonne descendant la vallée de l'Adige, avant de se retourner contre cette dernière. Il espère pouvoir créer une zone suffisante de manœuvre autour de la ville de Vérone pour obtenir successivement la supériorité des forces contre chacune des colonnes autrichiennes. Plusieurs facteurs vont perturber ce plan et démontrer la difficulté de ce type de manœuvre. Tout d'abord, Bonaparte a surestimé la capacité de résistance des forces de Masséna chargées de la défense de La Corona. Ces dernières sont incapables de reprendre le village et ne parviennent pas non plus à enrayer la descente des Autrichiens. Plus grave est la nouvelle d'une troisième offensive contre Salo et de la capture de Brescia, rompant par là même la ligne de communication septentrionale qui passe par cette cité pour lier Milan, Pavie et Totorne. Cette fois, c'est tout le dispositif militaire de Bonaparte qui est déséquilibré avec cette attaque contre ses lignes de communication. Mais, à la différence de ses adversaires placés dans une telle situation, il va rapidement prendre des contre-mesures adaptées et profiter des moindres erreurs des Autrichiens pour retrouver son équilibre. En premier lieu, Bonaparte actualise ses renseignements sur les trois offensives ennemies et bouleverse son plan initial en déplaçant l'axe de sa manœuvre. Il réalise en effet que les deux principales colonnes autrichiennes sont formées par les 25 000 hommes de Würmser qui suit la vallée de l'Adige et par les 18 000 hommes de Quasdanovitch qui viennent de couper les communications avec Milan.

La colonne de Meszaros à l'est de Vérone ne constitue qu'une force de diversion de 5 000 hommes. Dans ces conditions, le centre de gravité de l'offensive ennemie n'est plus à la hauteur de Vérone mais plus à l'ouest entre Peschiera et Lonato. En contrôlant cette zone, il devient possible d'empêcher la jonction des deux principales colonnes autrichiennes. Cette réorganisation de la manœuvre implique cependant de lever le siège de Mantoue, ce que Bonaparte accepte sans hésiter, afin de réaliser la concentration de ses forces et de favoriser la dispersion des forces autrichiennes.

Contrairement à Bonaparte, les Autrichiens sont encore dominés par une stratégie géographique dans laquelle les « points clefs » sont aussi importants sinon plus que les forces adverses. Aussi, au lieu de chercher à détruire les forces françaises qui se retirent à l'ouest du Mincio pour opérer leur concentration (évacuation terminée le 31 juillet), Würmser se porte sur Mantoue qu'il libère le 1er août. Bonaparte a profité du répit ainsi accordé par la principale colonne autrichienne pour réaliser la première phase de sa manœuvre en repoussant les forces de Quasdanovitch. Bonaparte s'est tout d'abord constitué un espace de manœuvre en laissant un détachement à Peschiera et en détruisant le pont de Borghetto pour bloquer l'avance des Autrichiens à l'ouest du Mincio. Dans le même temps, il regroupe ses forces : la moitié des hommes de Sérurier affectés au siège de Mantoue est envoyée pour occuper le pont de Marcaria et protéger les communications vers Crémone. L'autre moitié vient rejoindre les divisions Masséna, Despinoy et Augereau chargées de contrer Quasdanovitch. Bonaparte riposte immédiatement en envoyant tout d'abord Sauret sur Salo de façon à menacer le flanc gauche de Quasdanovitch, tandis qu'il l'attaque en tête à Lonato. La prise de ces deux villes le 31 juillet arrête la progression autrichienne dans ce secteur. Le 1er août, Quasdanovitch est

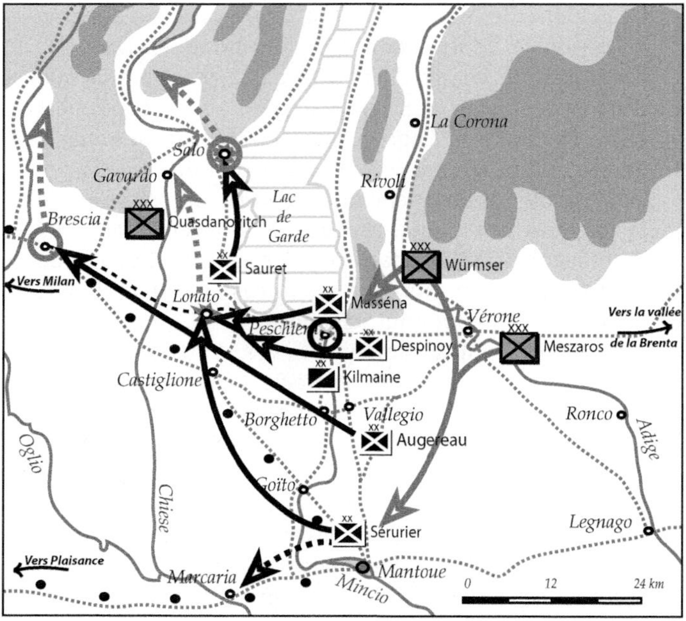

Carte n° 64 : Riposte française contre Quasdanovitch.

repoussé sur Gavardo et la cité de Brescia est reprise par Augereau. Face à Würmser, Bonaparte a seulement laissé la brigade Valette en couverture. Le 2 août, il rappelle la division Augereau pour renforcer la brigade Valette et lui laisser le temps d'en finir définitivement avec Quasdanovitch avant de se retourner contre Würmser. Profitant d'un retour mal coordonné de Quasdanovitch sur Lonato, Bonaparte lui détruit une division et l'oblige à battre définitivement en retraite vers le Tyrol (*cf.* carte n° 64).

Après avoir repoussé la pince autrichienne occidentale, Il peut régler le sort de Würmser tout en conservant à chaque fois la supériorité des forces. Il a en effet

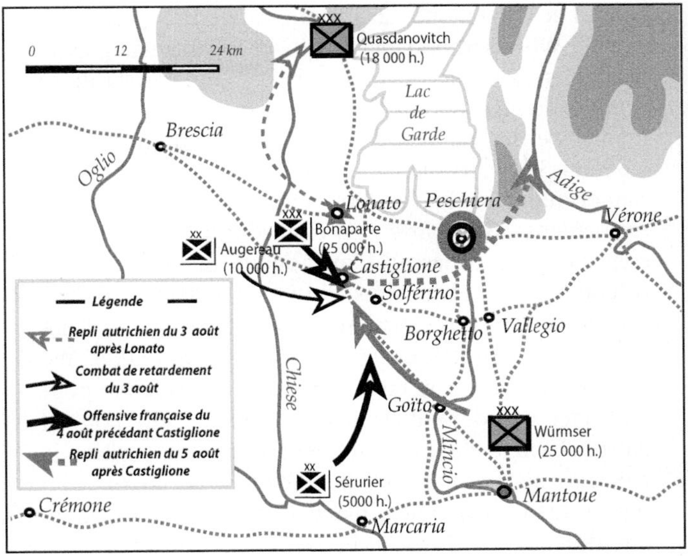

Carte n° 65 : Riposte française contre Würmser.

défait son premier adversaire avec 25 000 hommes tandis que les 10 000 hommes d'Augereau retenaient la principale force ennemie en repoussant son avant-garde vers Solférino. Il peut maintenant concentrer près de 30 000 hommes contre les 25 000 hommes de Würmser. L'aboutissement de la manœuvre intervient le 5 août avec la bataille de Castiglione qui voit la défaite de la pince autrichienne orientale et sa retraite vers le Tyrol. Bonaparte a appliqué avec virtuosité une manœuvre en position centrale : il a su se créer un espace suffisant de manœuvre entre les colonnes ennemies de façon à pouvoir concentrer ses forces respectivement contre la colonne la plus menaçante tout en empêchant les deux mâchoires autrichiennes de se refermer. Il s'en est fallu d'un cheveu puisque 10 kilomètres seulement séparent

Lonato de Castiglione. En s'interposant entre Quasdanovitch et Würmser, Bonaparte agit sur le centre de gravité autrichien, puisque ces deux généraux ont prévu de se réunir. Bonaparte impose ainsi à ses adversaires le moment et le lieu de la confrontation, tout en veillant à détenir la supériorité des forces. Malgré son infériorité numérique globale (40 000 Français contre 47 000 Autrichiens), Bonaparte a en effet profité de sa position centrale pour concentrer aux points décisifs plus de troupes que ses adversaires, ainsi qu'il le démontre dans son rapport au Directoire du 6 août 1796 : « (…) L'ennemi, en descendant du Tyrol par Brescia et l'Adige, me mettait au milieu ; si mon armée était trop faible pour faire face aux deux divisions de l'ennemi, elle pouvait battre chacune d'elles séparément, et par ma position je me trouvais entre elles ; il m'était donc possible en rétrogradant rapidement, d'envelopper la division ennemie descendue à Brescia, la prendre prisonnière ou la battre complètement, et de là revenir sur le Mincio attaquer Würmser et l'obliger à repasser dans le Tyrol (…) ». (*cf.* carte n° 65)

La manœuvre de Champaubert

Durant la campagne de 1814, Napoléon se retrouve dans une situation similaire à celle qu'il a rencontrée lors de la seconde partie de la première campagne d'Italie, alors qu'il assiégeait Mantoue et contrait les tentatives autrichiennes pour libérer la ville (juin 1796-février 1797). Il doit en effet défendre Paris au même titre qu'il cherchait en 1796 à protéger Mantoue contre les incursions ennemies. Pour ce faire, il va, comme lors des manœuvres de Castiglione, Arcole et Rivoli, jouer de sa position centrale entre les armées de Silésie et de Bohême pour tenter de les défaire successivement. Mais, il va cette fois systématiser ce qu'il a inauguré lors de la manœuvre d'Arcole et qui consiste à combiner successivement une manœuvre en position centrale et une manœuvre sur les arrières (alors qu'en 1805 et 1806, Napoléon déclenche des manœuvres sur les arrières qui lui donnent le contrôle de la position centrale entre les unités adverses). Il démontre ainsi que la distinction entre les deux manœuvres, théorisée par le général Camon, est avant tout pédagogique et qu'elles forment en fait les deux faces d'une même action visant le centre de gravité du dispositif ennemi. La manœuvre la plus réussie est à cet égard celle que Napoléon déploie contre Blücher lors des batailles de Champaubert, Montmirail, Château-Thierry, Vauchamps et Etoges remportées en l'espace de cinq jours (du 10 au 14 février 1814). Elle intervient pourtant dans un contexte dramatique pour les aigles françaises : lors de la première phase de la campagne, Napoléon n'a pas été en mesure d'empêcher la réunion des armées de Bohême et de Silésie. Il se heurte, le 1er février 1814, aux forces réunies de Blücher et d'une partie de celles de Schwarzenberg, lors de la bataille de la Rothière. Ce sont plus de 100 000 hommes qui attaquent les 40 000 hommes de Napoléon. Les Français résistent aux attaques coalisées jusqu'à la tombée de la nuit. Au petit matin, Napoléon s'incline devant la loi du nombre : il se replie sur la rive gauche de l'Aube, puis se porte sur Troyes, où il entre le 3 février. (*cf.* carte n° 66)

Ce début de campagne peu encourageant constitue en réalité une chance pour Napoléon. Les Coalisés vendent en effet un peu vite la peau de « l'ogre » et se sentent suffisamment confiants pour commettre l'erreur de diviser à nouveau leurs troupes et adopter des routes de marche différentes : Blücher marchera sur Paris par la vallée de la Marne, tandis que Schwarzenberg suivra la vallée de la Seine, soit un écart de 80 kilomètres seulement couvert par le corps de Wittgenstein. De son côté, Napoléon espère que sa retraite incitera Blücher à

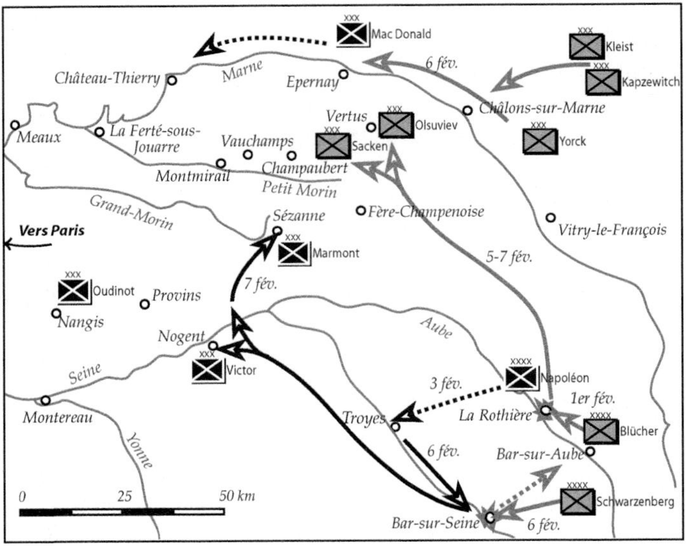

Carte n° 66 : Séparation des armées coalisées après leur victoire de la Rothière.

s'engager entre l'Aube et la Marne en exposant ainsi son flanc gauche aux attaques françaises. Le 5 février Napoléon apprend que Blücher ne suit pas l'Aube en direction de Nogent, mais marche plus au nord. Napoléon ne peut opposer à ce moment aux Coalisés que 74 000 hommes dont 9 000 hommes (Mac Donald) face aux 60 000 de l'armée de Silésie, 15 000 (Victor) face aux 150 000 de l'armée de Bohême. Lui-même ne dispose sous son commandement direct que de 30 000 hommes (corps de Marmont, Ney et Mortier) avec une réserve (Oudinot) à Nangis et Provins de 20 000 hommes. Alors que les Coalisés annoncent à Caulaincourt, représentant de l'Empereur aux négociations de Châtillon, qu'il n'est plus question de négocier sur la base des frontières naturelles mais sur celles de 1789, Napoléon se doit de reprendre l'initiative pour mettre un terme aux revers qui démoralisent Paris et l'armée. La première phase de la manœuvre contre Blücher consiste à « gagner des marches » sur l'armée de Bohème, de façon à pouvoir concentrer les efforts contre l'armée de Silésie. Napoléon lance le 6 février Mortier contre Schwarzenberg pour exécuter une démonstration en direction de Bar-sur-Seine. Cette opération réussit pleinement : le commandant de l'armée de Bohème, craignant un retour en force des Français, se replie vers Bar-sur-Aube et permet à l'Empereur de rompre le contact pour se porter sur Nogent. L'objectif de Napoléon est de laisser Mortier à Nogent pour contenir au sud Schwarzenberg, puis de tomber au nord sur les arrières des corps de Blücher en marche vers Meaux.

Dès le 7 février, Marmont est envoyé en avant-garde avec 20 000 hommes sur Sézanne. En fonction de ses rapports sur les mouvements du commandant prussien, l'Empereur déterminera sa direction de marche, de façon à prendre Blücher à contre-pied. Les dernières nouvelles de Mac Donald, qui descend la vallée de la Marne, poursuivi par le corps de Yorck, et traverse Épernay le 6 février, lui indiquent qu'il n'a pas pu occuper la route de Montmirail et se replie pour couvrir Château-Thierry et La Ferté-sous-Jouarre. Le plan de Blücher apparaît maintenant clairement aux yeux de Napoléon : utiliser le corps de Yorck pour poursuivre Mac Donald l'épée dans les reins et le couper de Paris en le débordant sur sa droite et en le devançant à Meaux par les routes plus directes de Vertus, Champaubert, Montmirail ou de Fère-Champenoise, Sézanne et Coulommiers. Or, le 9 février, Napoléon est informé par Marmont arrivé à Champaubert que le corps de Sacken se trouve à Montmirail avec 15 000 hommes. Il tient sa proie !

Après avoir localisé le point d'application de son attaque, Napoléon organise sa manœuvre : il confie la défense de la Seine au corps de Victor chargé de protéger Nogent, tandis qu'Oudinot doit couvrir Bray, Montereau et Moret. Victor doit bloquer l'ennemi sur la rive gauche de la Seine et tout faire pour conserver Nogent qui servira de tremplin contre l'armée de Bohème, une fois que l'Empereur aura défait l'armée de Silésie. Nogent constitue également une menace sur le flanc de Schwarzenberg si ce dernier décide de marcher sur Paris en franchissant l'Yonne. Napoléon lance ensuite ses ordres pour assaillir Blücher : Marmont, Ney et la Garde (16 000 hommes et 8 000 cavaliers) doivent se porter de Sézanne sur Champaubert. Mortier et Grouchy (6 000 hommes), viendront les renforcer, tandis que Mac Donald doit fermer le piège en bloquant les ponts de Château-Thierry et de la Ferté-sous-Jouarre. Au total, l'Empereur dispose de seulement 20 000 fantassins et 10 000 cavaliers, renforcés il est vrai par une puissante artillerie de 120 canons. Le général prussien ne se doute aucunement de la menace qui pèse sur lui et écrit alors à sa femme : « Dans huit jours, nous serons certainement sous les murs de la capitale et Napoléon perdra sa couronne ». Or, l'écart s'est creusé entre les deux armées coalisées : craignant d'être débordé sur sa gauche par les troupes d'Espagne qui se rassembleraient à Orléans, Schwarzenberg resserre son dispositif sur sa gauche et rappelle à lui le corps de Wittgenstein. Ce dernier initialement chargé d'assurer la liaison entre les deux armées est ramené d'Arcis à Troyes. 80 kilomètres, ou deux jours de marches, séparent les armées de Bohème et de Silésie. En outre, les troupes de l'armée de Silésie sont étirées entre Châlons-sur-Marne et la Ferté-sous-Jouarre sur près de 70 kilomètres : le corps de Sacken (15 000 hommes) est à Montmirail avec son avant-garde à la Ferté, Olsuviev (5 000 hommes) est à Champaubert, Kleist (10 000 hommes) et Kapzewitch (10 000 hommes) à Vertus. Enfin, Yorck (15 000 hommes) tente de déborder par le nord les 10 000 hommes de Mac Donald en traversant la Marne à Dormans (*cf.* carte n° 67).

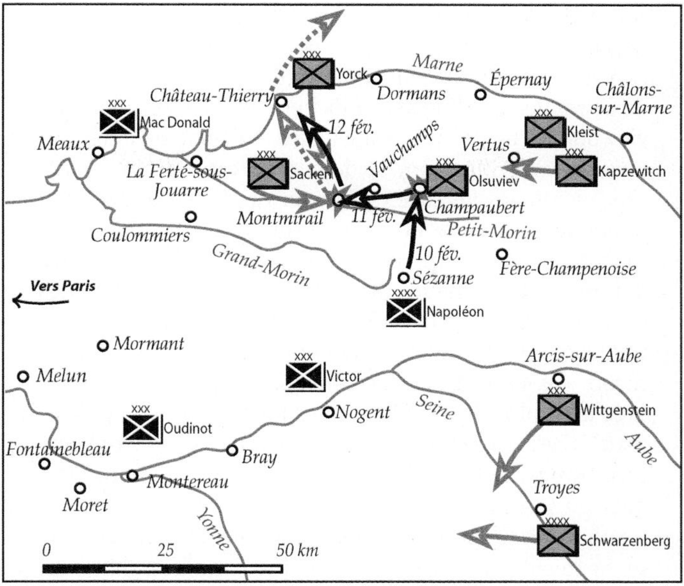

Carte n° 67 : Victoires françaises de Champaubert et de Montmirail.

Arrivé à Sézanne dans la soirée du 9 février, Napoléon décide de profiter de la dispersion des corps de Blücher et de frapper au cœur de son dispositif en prenant Champaubert faiblement protégé par Olsuviev. Il combine ainsi une manœuvre en position centrale contre les éléments de l'armée de Silésie avec la manœuvre en position centrale organisée contre les Coalisés sur l'ensemble du théâtre d'opérations. Le 10 février, l'Empereur se met en marche à la tête de sa petite cohorte de 30 000 hommes pour tenter de mettre un terme à la progression irrésistible des Coalisés. L'avant-garde de Marmont se lance sur le plateau de Champaubert avec pour objectif de couper en deux l'armée de Silésie, en prenant le contrôle de la route de Montmirail. Les 5 000 hommes d'Olsuviev, dépourvus de cavalerie, ne peuvent pas grand-chose contre les 30 000 soldats de Napoléon. Pourtant, au lieu de se replier vers Kleist et Blücher établis à Vertus, Olsuviev adopte une solution suicidaire et décide de faire face aux corps de Marmont et de Ney. Il est vrai qu'il a été précédemment menacé de la cour martiale du fait de sa passivité à Brienne et à La Rothière. La bataille commence à neuf heures du matin et se termine à quatre heures de l'après-midi aboutissant, pour reprendre les termes de Blücher lui-même, à une déroute complète : Olsuviev est capturé avec son état-major (que Napoléon reçoit « le sourire aux lèvres »), sa division est désintégrée avec plus de 3 000 hommes tués, blessés ou prisonniers. C'est un succès total. Napoléon a su, encore une fois, trouver la faille dans le dispositif ennemi pour attaquer du fort au faible. Il lui reste maintenant à exploiter au plus vite ce premier succès pour empêcher Blücher de se ressaisir. L'interrogation des prisonniers indique en effet que Napoléon a surgi au beau milieu des troupes de Blücher : ce dernier est encore à l'est d'Etoges (à mi-chemin entre Vertus et Champaubert), Sacken à l'ouest vers Montmirail et Yorck au nord sur la Marne. Tandis qu'il établit Marmont avec la division Lagrange et la cavalerie de Doumerc (5 000 hommes) en position défensive à Etoges pour bloquer l'avance de Blücher, l'Empereur se porte dans la nuit sur Montmirail pour régler le sort du corps de Sacken. Une option inverse contre Blücher est plus aléatoire puisque le Prussien peut s'échapper vers l'est, alors que Sacken peut être beaucoup plus facilement encerclé ; ce qui devrait d'ailleurs inciter Blücher à tenter de sauver son lieutenant et le faire tomber à son tour dans les filets de Napoléon.

Ce dernier arrive dans la matinée du 11 février à Montmirail et se retrouve avec 24 000 hommes face à Sacken qui revient précipitamment vers Blücher. Napoléon déploie ses troupes face à l'ouest pour bloquer la retraite de Sacken tout en contrôlant les routes qui conduisent au nord vers Château-Thierry et au sud vers la Ferté-sous-Jouarre. Placé en infériorité morale par cette rencontre à « front renversé », Sacken est battu, malgré le renfort de Yorck arrivé en fin d'après-midi. Dans l'affaire, les coalisés perdent plus de 4 000 hommes et doivent battre en retraite vers Château-Thierry. Deuxième victoire en deux jours. Mais, Napoléon ne se repose pas sur ce succès. Il a en effet lancé la poursuite le 12 février en envoyant sa cavalerie sur la route de Château-Thierry. Après Olsuviev et Sacken, Napoléon espère maintenant neutraliser le corps d'Yorck avant qu'il ne passe au nord de la Marne. Il laisse derrière lui les divisions de la Garde Friant et Curial pour soutenir Marmont contre Blücher et se dirige avec Ney et Mortier vers Château-Thierry. Profitant de la passivité de Mac Donald qui est resté à Meaux malgré les ordres impériaux, Sacken et Yorck parviennent à franchir la Marne après avoir encore perdu 3 000 hommes. Après avoir fait rétablir les ponts dans l'après-midi du 13 février, Napoléon envoie Mortier et une partie de la cavalerie à la poursuite des Coalisés. Il décide de repartir vers le sud pour en terminer avec Blücher.

Ce dernier commet en effet l'erreur, malgré les défaites consécutives qui viennent de s'abattre sur trois de ses corps, de reprendre sa marche le 13 février contre Marmont pour tomber sur les arrières de Napoléon. Avec moins de 5 000 hommes, Marmont ne peut résister aux corps de Kleist et de Kapzewitch qui totalisent plus de 20 000 hommes. Il décide donc de se replier successivement sur Champaubert et Vauchamps, d'où il informe l'Empereur dans la soirée du 13 février de la contre-offensive de Blücher. Napoléon ordonne immédiatement la concentration de ses forces à Montmirail, puis quitte Château-Thierry au petit matin (*cf.* carte n° 68). En milieu de matinée, Marmont soutenu

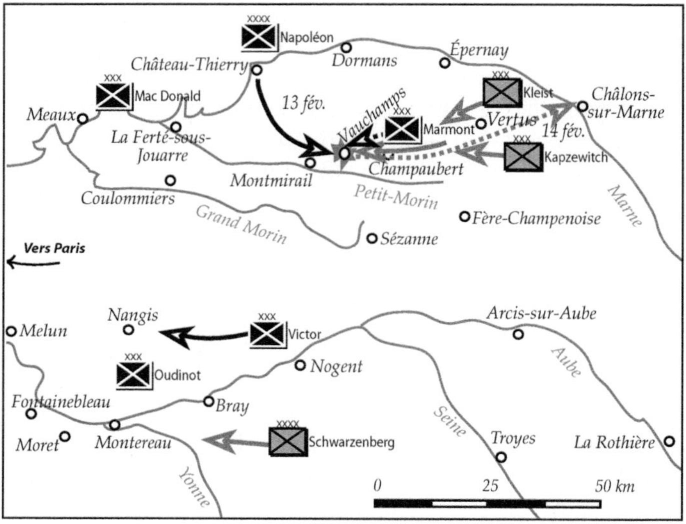

Carte n° 68 : Victoire française de Vauchamps.

par les différentes unités de la Garde sous le commandement de Ney attaque l'avant-garde de Ziethen qui débouche de Vauchamps. Menacé d'être débordé, Ziethen se replie sur les troupes de Kleist et de Kapzewitch qui sont également mises en déroute et poursuivies jusqu'à Etoges où Marmont lance une ultime attaque de nuit obligeant les Russes et les Prussiens à refluer dans le plus complet désordre vers Châlons. Blücher, qui a perdu dans cette rencontre plus de 7 000 hommes, restera prostré pendant plus d'une semaine laissant le commandement effectif de son armée à Gneisenau, son chef d'état-major.

Au total, l'armée de Silésie a perdu plus de 20 000 hommes sur 55 000 et l'essentiel de son train d'artillerie. Les rescapés ont été rejetés à plus de 150 kilomètres de la capitale. Seule la progression de l'armée de Bohème, qui détourne Napoléon vers le sud, les sauve d'une destruction plus complète. La manœuvre de Champaubert est une des plus belles manœuvres de Napoléon. Elle a été réalisée dans un contexte très défavorable à un contre deux, avec des troupes initialement démoralisées, suite aux premiers revers sur les frontières et à la défaite de la Rothière. Pourtant, avec une poignée de soldats, Napoléon va démontrer l'efficacité d'une action sur les liaisons entre les unités ennemies. Déjà établi en position centrale entre les armées de Bohème et de Silésie, l'Empereur choisit d'attaquer Champaubert qui constitue le point faible de l'armée de Silésie en marche sur Paris. Il pensait initialement combiner une action en position centrale entre les deux armées avec une action sur les arrières contre les forces de Blücher. Il parvient finalement à déployer également contre ce dernier une manœuvre en position centrale. La manœuvre de Champaubert va se dérouler magistralement et constitue l'équivalent pour la manœuvre en position centrale de la manœuvre d'Ulm pour la manœuvre sur les arrières. Elle atteint en effet l'idéal théorique en attirant sur l'armée attaquante et concentrée les différentes unités ennemies dispersées qui cherchent sans coordination à rétablir leurs liaisons. Le contrôle du centre de gravité constitué par la portion de route Champaubert-Montmirail a entraîné un déséquilibre du dispositif ennemi en exerçant une attraction irrésistible sur les corps coalisés. Elle a obligé les unités de l'armée de Silésie à tenter de passer « sur le ventre » de l'armée française et à subir ses coups en infériorité numérique et morale. L'Empereur a ainsi mis hors de combat l'armée de son adversaire le plus acharné par une série de combats dans lesquels il est parvenu à concentrer des forces équivalentes malgré une flagrante infériorité numérique globale sur le théâtre d'opérations.

Action offensive sur la position centrale, Carcare et Charleroi

Le but de l'attaque : le point de jonction des forces adverses

Les deux manœuvres précédentes interviennent dans un contexte défensif. Durant la deuxième phase de la première campagne d'Italie, Napoléon est en position d'attente stratégique pour couvrir le siège de Mantoue. En 1814, il place ses troupes de façon à couvrir la capitale. Dans les deux cas, il est tenu d'attendre les initiatives de ses adversaires pour profiter de leurs faux mouvements et les prendre en défaut. Mais, il arrive également que les Coalisés adoptent des positions défensives vicieuses qui prêtent le flanc à une action offensive en position centrale. Napoléon obtient alors la surprise stratégique en attaquant le centre du dispositif ennemi contre lequel il concentre des forces supérieures à ses adversaires. Napoléon ouvre et clôture sa carrière militaire en utilisant une telle manœuvre. La manœuvre de Carcare est un bon exemple de la nouvelle guerre de mouvement qu'inaugure Bonaparte en cette année 1796. Son principal ressort est psychologique : en agissant sur le point de jonction des armées coalisées, Napoléon cherche à isoler les Sardes politiquement plus fragiles que les Autrichiens, de façon à les forcer à négocier la paix et à sortir de la coalition. Ce qu'il obtiendra dès le 3 juin 1796. Ce succès politique sera obtenu sans destruction physique préalable de l'armée autrichienne. Le simple repli de Beaulieu enlèvera aux Sardes tout espoir de continuer victorieusement la lutte et les conduira à accepter de négocier avec Bonaparte. En 1815, Napoléon choisit d'attaquer la Belgique car il pense également pouvoir remporter un succès politique rapide, sans être

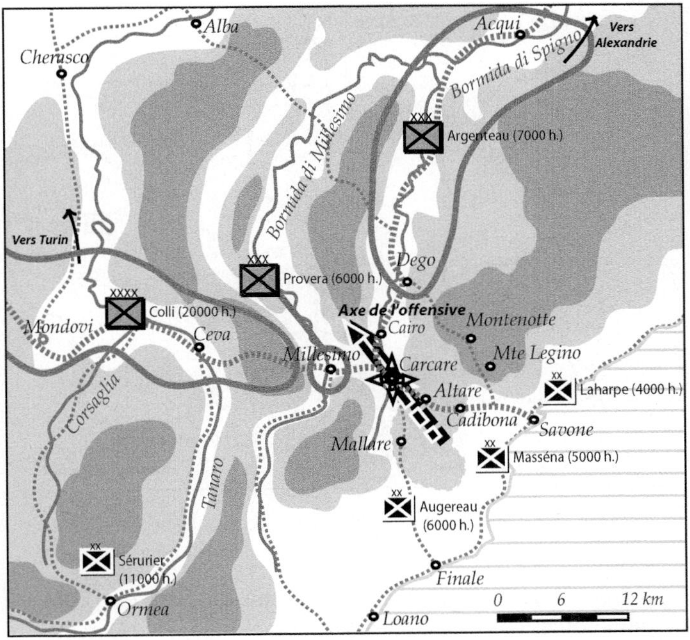

Carte n° 69 : Manœuvre sur la position centrale de Carcare.

obligé de détruire toutes les armées coalisées. En outre, il vise principalement l'armée britannique dont la défaite pourrait avoir le plus de répercussions diplomatiques ainsi qu'il le rappellera à Sainte-Hélène : « La défaite de l'armée anglaise entraînerait la chute du ministère anglais, qui serait remplacé par des amis de la paix, de la liberté et de l'indépendance des nations ; cette seule circonstance terminerait la guerre ».

Dans les deux cas, il organise son offensive de façon à mettre prioritairement hors de combat la force coalisée la plus dangereuse : l'armée autrichienne en 1796, l'armée prussienne en 1815. Dans ce but, il doit

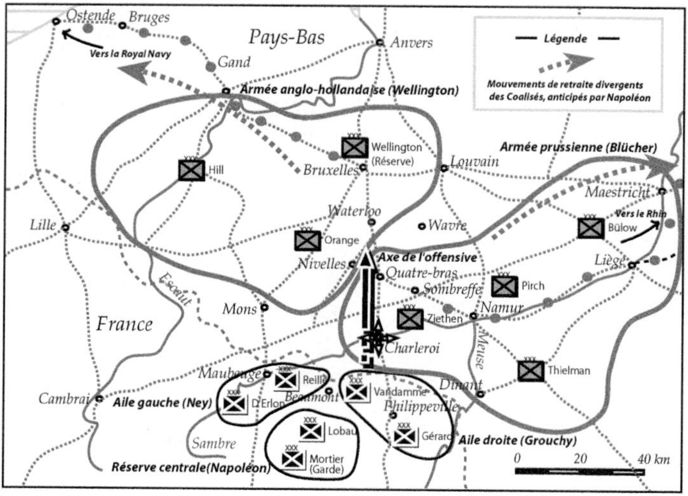

Carte n° 70 : Manœuvre sur la position centrale de Charleroi.

préalablement s'emparer du point de jonction entre les deux forces coalisées. En 1796, c'est le village de Carcare qui donne le contrôle des routes reliant Turin à Savone par Mondovi d'une part et Alexandrie à Savone d'autre part. Le contrôle de la transversale Savone-Carcare revient à séparer les armées sardes et autrichiennes respectivement cantonnées entre Coni (ouest de Mondovi) et Millesimo d'une part et aux environs d'Acqui d'autre part (*cf.* carte n° 69). En 1815, c'est également la voie transversale Nivelles-Namur reliant les deux armées coalisées britannique et prussienne que Napoléon va s'attacher à intercepter (*cf.* carte n° 70). En prenant le contrôle de la portion de cette voie entre les Quatre-Bras et Sombreffe, il peut séparer les deux forces dont les corps les plus rapprochés sont cantonnés à Nivelles (Ier corps Orange) et Namur (IIe corps Pirch). Cependant, alors que Bonaparte peut en 1796 facilement s'emparer du village de Carcare, dont les accès sont laissés sans défense, Napoléon doit en 1815 s'emparer tout d'abord de Charleroi et bousculer le corps prussien de Zieten qui assure la couverture du dispositif coalisé.

Le dispositif d'attaque : deux ailes et une réserve

À l'instar des manœuvres en position centrale intervenant dans un contexte défensif, les actions offensives en position centrale supposent une articulation des forces de façon à retenir une partie des troupes ennemies pendant que l'on assaille l'autre partie. Ainsi, en 1796, après avoir concentré l'essentiel de ses forces contre les Autrichiens lors du choc initial de Montenotte du 12 avril, Bonaparte détache Masséna pour poursuivre les troupes d'Argenteau, tandis qu'il redéploie les hommes d'Augereau et de Sérurier contre les Sardes (*cf.* carte n° 71). En outre, Bonaparte combine ici encore sa manœuvre en position centrale avec une action sur les arrières de l'ennemi : il ordonne à la division Laharpe de se porter sur Dego pour relever Masséna et contrer tout retour offensif autrichien. Masséna pourra alors avancer sur San Benedetto, afin de menacer les arrières des deux armées coalisées. C'est en définitive contre les Sardes que Bonaparte va faire intervenir Masséna, pour renforcer Augereau dont le premier assaut contre le camp retranché de Ceva a été repoussé le 16 avril 1796. Ce dispositif assure la flexibilité d'emploi des différents corps, tout en préservant la réunion des forces. Chaque division de l'armée d'Italie est à distance de soutien mutuel et leur positionnement laisse ouvertes toutes les hypothèses de marches pour faire face aux différentes menaces possibles. Il préfigure le « bataillon carré » de la campagne de 1806. En 1815, Napoléon adopte un dispositif très proche avec une réserve sous ses ordres directs (comprenant la Garde, la réserve de cavalerie et le corps de Lobau) et

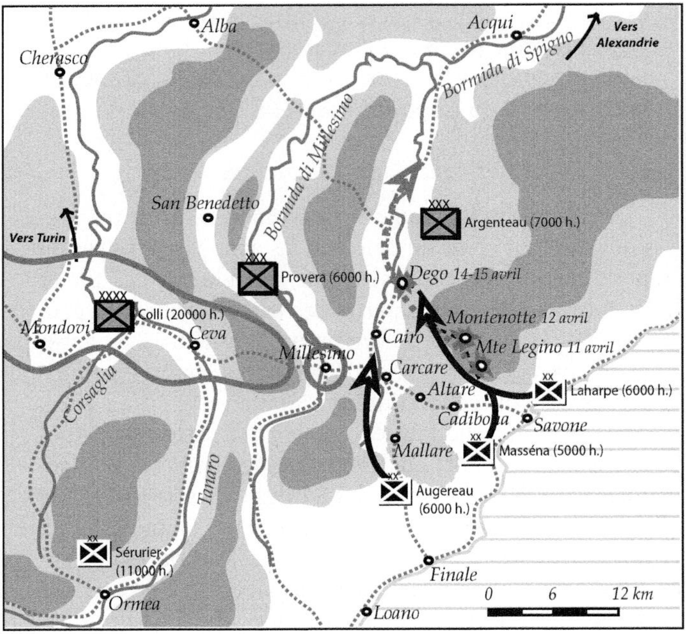

Carte n° 71 : Manœuvre de Carcare, opérations contre les Autrichiens.

deux ailes respectivement placées sous les ordres de Ney et de Grouchy, comme il le rappelle au prince de La Moskova dans une lettre du 16 juin 1815 : « (...) J'ai adopté comme principe général, pendant cette campagne, de diviser mon armée en deux ailes et une réserve. Votre aile sera composée des quatre divisions du 1er corps, des quatre divisions du 2e corps, de deux divisions de cavalerie légère et de deux divisions du corps du comte de Valmy [cavalerie lourde]. Cela ne doit pas être loin de 45 000 à 50 000 hommes. Le maréchal Grouchy aura à peu près la même force et commandera l'aile droite. La Garde formera la réserve, et je me porterai sur l'une ou l'autre aile, selon les circonstances (...) ». Quelques lignes plus loin, Napoléon précise que cette répartition en trois groupements de taille comparable peut être modifiée en fonction des mouvements ennemis « (...) Selon les circonstances, j'affaiblirai l'une ou l'autre aile, en augmentant ma réserve (...) ». La date de cette lettre n'est pas insignifiante. Elle est écrite alors que les troupes de Napoléon viennent de capturer Charleroi et marchent vers le nord en direction de Quatre-Bras et de Sombreffe pour achever la séparation des armées britanniques et prussiennes. Après une phase de concentration initiale de l'armée impériale au sud de Charleroi et l'obtention de la surprise stratégique, Napoléon passe à la phase de la manœuvre proprement dite en répartissant ses divisions en trois groupements de force équivalente. Ce dispositif doit faciliter la recherche et la destruction des troupes ennemies. Il doit aboutir à la concentration d'au moins deux des trois groupements contre la première armée coalisée qui tombera dans la toile ainsi déployée.

La défaite successive des corps ennemis

Dès 1796, cette organisation avait permis à Bonaparte de concentrer ses forces successivement contre chacune des armées coalisées. Après avoir obligé les Autrichiens à battre en retraite (en concentrant 13 000 hommes contre 7 000 à la bataille de Montenotte), il regroupe ses 25 000 hommes contre les 13 000 Sardes de Colli établis entre Ceva et Mondovi. Ce dernier a en effet commis la faute de ne pas suivre le repli autrichien sur Dego et de battre en retraite de façon à couvrir Turin. Or, comme le rappellera Napoléon à Sainte-Hélène : « (...) C'était une erreur de supposer que, pour couvrir Turin, il fallait se trouver à cheval sur la route de cette ville : les armées [autrichienne et sarde] réunies à Dego eussent couvert Milan, parce qu'elles eussent été à cheval sur la grande route du Monferrat ; elles eussent couvert Turin, parce qu'elles eussent été sur le flanc de la chaussée de cette ville (...) ». La concentration initiale des forces de Bonaparte est cependant insuffisante, puisque l'attaque lancée par Sérurier contre la Bicocia est tenue en échec le 18 avril. Il décide alors d'abandonner sa ligne d'opération sur Savone et de la reporter sur Orméa. Il peut ainsi rappeler vers San Benedetto la division de La Harpe qui était initialement chargée de protéger la ligne d'opération française vers Savone et vient relever Masséna. Bonaparte peut dès lors concentrer Masséna, Augereau et Sérurier contre Colli (*cf.* carte n° 72).

Risquant l'encerclement suite à la manœuvre sur les arrières de la division Masséna, Colli est forcé de battre en retraite avant d'être rattrapé à Mondovi qu'il évacue précipitamment le 21 avril. Il laisse 1 800 hommes sur le terrain et ouvre les plaines du Piémont aux armées françaises. En deux semaines, Bonaparte a contourné les Alpes, repoussé les armées autrichienne et sarde, pris pied dans la vallée du Pô et contraint à négocier le roi de Sardaigne. De tels succès obtenus en si peu de temps résultent d'un nouveau style de guerre fondé sur une étroite combinaison des mouvements des différentes composantes de l'armée d'Italie. Les divisions sont dirigées contre le centre de gravité ennemi, avec le souci omniprésent de respecter la réunion des forces qui garantit la sûreté de l'ensemble de l'armée. Ainsi, malgré une légère infériorité de forces (47 000 Français contre 50 000 Austro-Sardes) sur le théâtre d'opérations pendant la phase d'ouverture de la première campagne d'Italie, Bonaparte parvient à concentrer à Montenotte et Mondovi deux fois plus de troupes que ses adversaires.

En 1815, Napoléon tente également de compenser sa large infériorité numérique sur le théâtre d'opérations

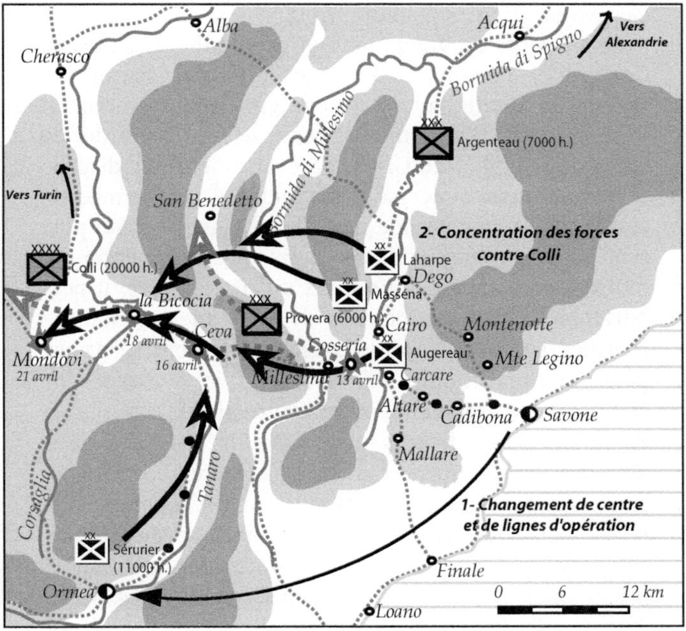

Carte n° 72 : Manœuvre de Carcare, opérations contre les Sardes.

belge (124 000 Français contre 220 000 Anglo-Prussiens) par un positionnement supérieur de ses corps d'armée. Après avoir bousculé les Prussiens à Charleroi, Napoléon pense poursuivre son effort pour les repousser au-delà de Gembloux de façon à les séparer des Britanniques et à forcer ces derniers à battre en retraite avant d'entrer dans Bruxelles. Au soir du 15 juin, Napoléon a disposé ses corps de façon à préserver toutes les possibilités (*cf.* carte n° 73) : à gauche au sud de Frasnes sur la route de Bruxelles, le groupement Ney (45 000 hommes) avec les corps de Reille et d'Erlon et la cavalerie de Lefebvre-Desnouettes. À droite, au sud de Fleurus sur la route de

Gembloux, le groupement Grouchy (38 000 hommes) avec les corps de Vandamme et de Gérard, la cavalerie de Pajol et d'Exelmans. Enfin, en retrait à Charleroi et au sud de la ville entre les deux groupements précités, la réserve (36 000 hommes) composée de la Garde, du corps de Lobau et du Grand parc d'artillerie. Le dispositif en « triangle renversé » ainsi adopté par l'armée du Nord confère une grande flexibilité à Napoléon qui peut renforcer à sa guise l'une des deux ailes en fonction des mouvements ennemis. En deux ou trois heures, il peut porter sa réserve à la hauteur de son « aile marchante » (considérée comme l'aile chargée de l'offensive principale par opposition à « l'aile secondaire » chargée du combat de retardement contre l'autre armée coalisée) et en doubler les effectifs pour assaillir celle des deux armées coalisées qui acceptera la première le combat. Le choix s'impose vite à l'Empereur car les premiers rapports reçus de Grouchy dans la matinée du 16 juin confirment la concentration plus rapide des troupes prussiennes par rapport aux troupes britanniques. Napoléon décide donc d'appuyer avec sa réserve l'aile droite commandée par Grouchy pour régler le sort des Prussiens. Il répartit en conséquence son armée en deux groupements de taille inégale : à gauche, face aux Britanniques qu'il suffit de neutraliser, Napoléon constitue une aile secondaire (« groupement Ney » de 45 000 hommes) avec pour mission de prendre le carrefour des Quatre-Bras, tout en envoyant des détachements à Genappe d'une part pour préparer la marche sur Bruxelles et à Marbais d'autre part pour assurer la liaison avec l'aile principale. Cette dernière est composée du « groupement Grouchy » renforcée de la division Girard, des cuirassiers de Milhaud et de la Garde soient 64 000 hommes. Ce chiffre peut monter à 74 000 avec l'arrivée du corps de Lobau que l'Empereur laisse volontairement à l'embranchement des deux routes de

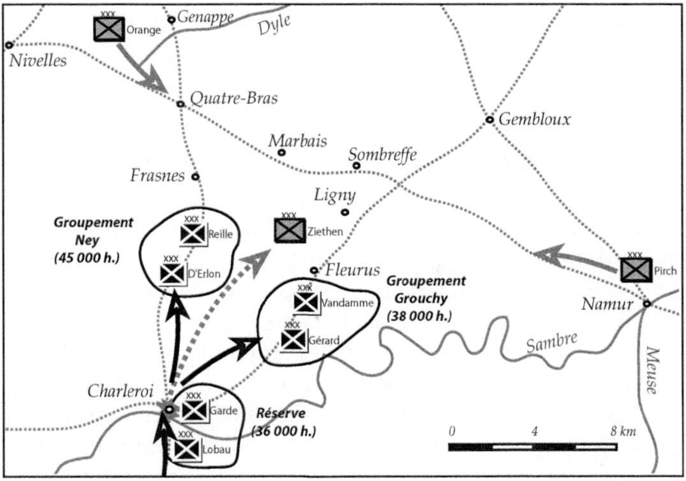

Carte n° 73 : Manœuvre de Charleroi, dispositif au soir du 15 juin 1815.

Gembloux et de Bruxelles pour pouvoir indifféremment se porter, en fonction des besoins, dans l'une des deux directions.

En arrivant à Fleurus en fin de matinée du 16 juin, Napoléon peut vérifier que Blücher concentre ses forces pour livrer bataille. Conformément au plan convenu avec Wellington, Blücher a décidé de se porter vers l'ouest à la rencontre des forces britanniques sachant que ce mouvement le livre également aux coups de Napoléon. Le mouvement prussien démontre l'efficacité de l'action sur le point de jonction des différentes composantes d'une armée : afin de préserver ses liaisons avec Wellington, Blücher est contraint d'effectuer un mouvement contraire à la sûreté de son armée en opérant une concentration improvisée de ses corps à proximité de l'armée impériale, risquant ainsi l'anéantissement de ses troupes. Au petit matin du 16 juin, l'état-major prussien ne peut cacher son inquiétude devant la progression des troupes françaises : seul le 1er corps de Zieten est présent à Sombreffe ; le 2e corps de Pirch devrait arriver à midi et le 3e de Thielmann un peu plus tard. Quant au 4e corps de Bülow, il ne pourra pas participer ce jour-là à la bataille. Sur les 120 000 hommes de son armée, Blücher ne peut donc en opposer que 86 000 aux 74 000 de Napoléon. Ce dernier est donc parvenu à la veille de la première confrontation d'envergure avec les Coalisés à neutraliser leur supériorité numérique. Il a laissé 45 000 hommes au maréchal Ney pour contenir les Britanniques qu'il juge encore trop dispersés pour être réellement menaçants. De fait, Wellington ne peut engager aux Quatre-Bras que 35 000 hommes sur les 90 000 dont il dispose (10 000 sont en garnison à Gand, Anvers, Ostende, Ypres). Il paye la concentration tardive et insuffisante de ses troupes sur l'axe Bruxelles-Charleroi. Ainsi, plus de la moitié de ses hommes sont en mouvement à l'ouest de cette route, lorsqu'il se heurte le 16 juin au maréchal Ney au carrefour de Quatre-Bras. Sous-estimant la puissance des Britanniques aux Quatre-Bras, Napoléon pense d'ailleurs réitérer la manœuvre conçue en 1796 contre Colli à Mondovi : utiliser une unité de l'aile secondaire (Masséna en 1796, d'Erlon en 1815) pour conforter l'attaque de l'aile principale (Augereau et Sérurier en 1796, « groupement Grouchy », Garde et Lobau en 1815) par une marche sur les arrières de l'armée adverse (flanc gauche de Colli en 1796, flanc droit de Blücher en 1815). En fait, le renforcement rapide des Britanniques (de 8 000 hommes en début d'après-midi à 35 000 en fin de journée) et les contrordres envoyés à d'Erlon empêcheront ce dernier de remplir sa mission, tout en privant Ney de la moitié de ses forces pour repousser les assauts britanniques (*cf.* carte n° 74). À la fin de la journée, Napoléon peut néanmoins être satisfait. Certes, Ney aurait pu profiter

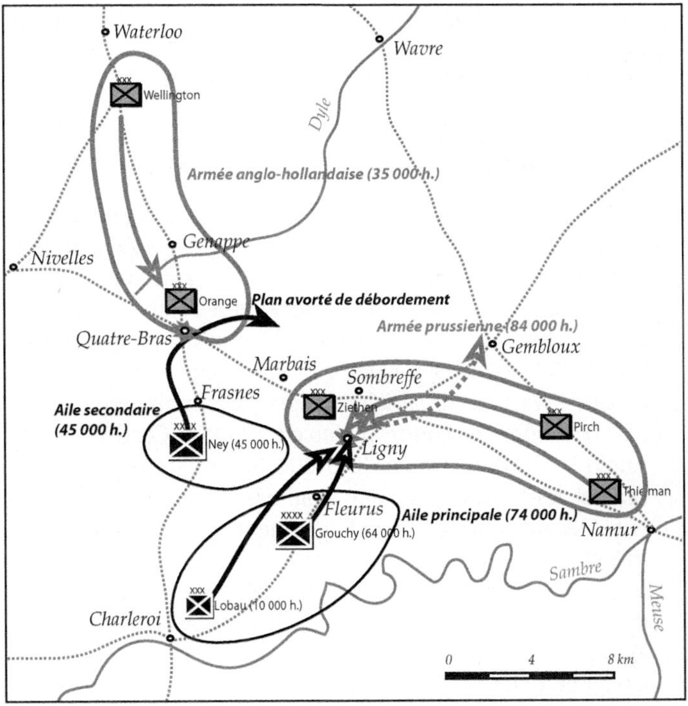

Carte n° 74 : Manœuvre de Charleroi, concentration contre les Prussiens, le 16 juin 1815.

de la faiblesse des Britanniques en début de matinée pour contrôler dès ce moment la position de Quatre-Bras et participer à la manœuvre d'enveloppement de l'armée prussienne. En outre, les errements du corps d'Erlon entre les deux ailes françaises ont permis à Blücher d'échapper à la destruction. Pour autant, les Britanniques ont été contenus par l'aile secondaire de Ney et n'ont pas cherché à rétablir leurs liaisons avec les Prussiens tandis que ces derniers, battus à Ligny par l'aile principale sous les ordres de Napoléon, se replient en désordre. Une poursuite vigoureuse peut les empêcher de jouer un rôle déterminant pendant le reste de la campagne.

Napoléon viole le principe de concentration des forces

Il ne reste donc plus qu'à régler le sort des Britanniques. Dans ce but, Napoléon réorganise son armée en confiant la poursuite des Prussiens à Grouchy qui devient l'aile secondaire et en basculant la réserve vers l'aile gauche de Ney qui formera l'aile principale. Ney ayant perdu environ 4 000 hommes à Quatre-Bras et Napoléon 11 000 à Ligny, L'armée impériale compte désormais moins de 110 000 hommes contre moins de 190 000 Coalisés (les Anglo-Hollandais ont perdu 5 000 hommes aux Quatre-Bras et les Prussiens 16 000 hommes à Ligny). Si l'écart entre les deux armées s'est légèrement réduit, la supériorité globale des Anglo-Prussiens est toujours aussi manifeste. Mais sur le terrain, cette supériorité est devenue théorique depuis la défaite des Prussiens à Ligny. Napoléon peut en effet raisonnablement penser qu'ils sont hors jeu pour deux ou trois jours. Il charge les cavaliers de Pajol et d'Exelmans d'éclairer la poursuite des Prussiens. Ils doivent être soutenus par les 3e et 4e corps, ainsi que par la division Girard (issue du 2e corps), soit au total 32 000 hommes. En transférant les 31 000 hommes de la Garde, de Milhaud et de Lobau vers l'aile gauche de Ney, Napoléon dispose de 72 000 hommes pour combattre les 68 000 Britanniques (chiffre obtenu en déduisant des 100 000 hommes disponibles initialement 10 000 hommes placés en garnison, 5 000 hommes perdus aux Quatre-Bras et 17 000 hommes détachés à Hal et Tubize pour surveiller la ligne de retraite vers les ports de La Manche) (*cf.* carte n° 75). L'issue de la campagne ne fait dans ces conditions pas de doute dans l'esprit de l'Empereur.

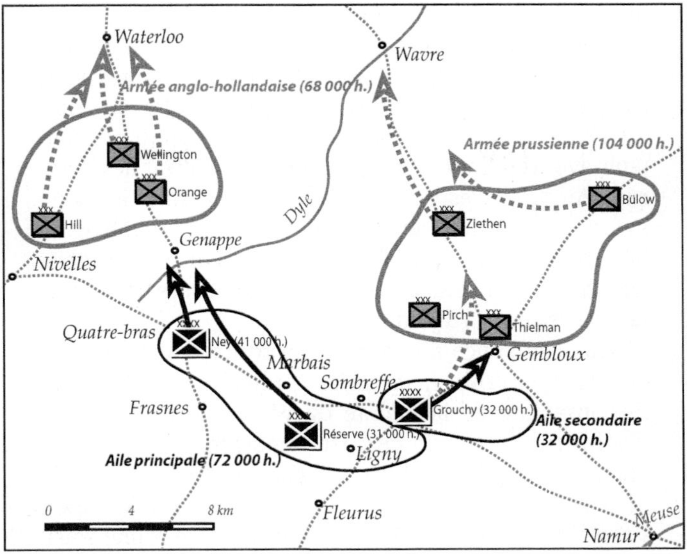

Carte n° 75 : Manœuvre de Charleroi, concentration contre les Anglo-Hollandais, le 17 juin 1815.

Plusieurs facteurs vont pourtant perturber cette logique apparemment infaillible. Le ciel tout d'abord va choisir le camp des Coalisés en deversant dans l'après-midi du 17 juin des trombes d'eau qui inondent la plaine belge ; ce qui va fortement ralentir la poursuite et empêcher Napoléon d'engager Wellington comme il l'espérait initialement. C'est ensuite Grouchy qui se laisse distancer par Blücher dont il perd la trace (*cf.* encadré « La dislocation dans la poursuite stratégique »). Après avoir couvert moins de 10 kilomètres durant la journée, les troupes de Grouchy s'établissent à Gembloux. À 10 heures du soir, Grouchy écrit à l'Empereur que ses reconnaissances font état de colonnes prussiennes en direction de Wavre (vers le nord-ouest) et de Perwez (vers le nord-est). Il n'est donc toujours pas certain de la direction prise par le gros des forces de Blücher. Ce dernier a, en revanche, profité de la journée pour réorganiser ses troupes et les concentrer autour de Wavre. Dans la nuit du 17 au 18, il informe Wellington qu'il viendra le soutenir avec son armée en attaquant le flanc droit des Français. Ainsi, en l'espace d'une journée, la situation s'est inversée : les deux armées coalisées ont rétabli leurs liaisons, alors que l'armée française est divisée en deux ailes qui seront incapables de se soutenir lors de la journée décisive du 18 juin.

Sous l'influence notamment du récit de la campagne par Adolphe Thiers, l'histoire a rejeté sur Grouchy la responsabilité de la défaite de Waterloo. Une analyse des instructions envoyées par Napoléon démontre que l'Empereur est le seul responsable de l'échec final de la campagne de 1815. Le renversement de la situation stratégique observé le 17 juin tient en effet à une sous-estimation par Napoléon de la vitesse de récupération de l'armée prussienne ou plutôt de Blücher. Bien que fortement contusionné à Ligny (où il a été renversé par son cheval tué sous lui lors d'une ultime charge), le commandant prussien n'a pas perdu de sa légendaire pugnacité, malgré ses soixante-douze ans, et n'a jamais songé à se replier vers le Rhin. Il veut rejoindre la forêt de Soignes pour attaquer à nouveau les Français, avec ou sans le soutien de Wellington. Son énergie et son optimisme ne tardent pas à se communiquer à tous les corps d'armée. Considérant un peu vite que Blücher ne constitue plus une menace sérieuse, Napoléon n'a pas assez précisément exigé de Grouchy qu'il veille à maintenir ses liaisons avec le gros des forces impériales pour empêcher tout retour en force des Prussiens. Dans l'ordre écrit à Ligny le 17 juin à trois heures de l'après-midi, Napoléon se contente de demander à Grouchy de se rendre à Gembloux et « d'éclairer dans la direction de Namur

LA DISLOCATION DANS LA POURSUITE STRATÉGIQUE

Selon Napoléon, les combats ne sont « qu'une partie de plus vastes combinaisons ». La manœuvre peut comprendre des combats partiels et des batailles de plus grande importance, mais ces rencontres suffisent rarement à donner un caractère décisif à la campagne. Elles ne doivent donc pas être considérées comme un objectif est encore mois un aboutissement de la manœuvre. La manœuvre napoléonienne vise la dislocation des forces ennemies. Cette dislocation peut être obtenue dès l'ouverture de la campagne grâce à la surprise stratégique qui déséquilibre l'adversaire. Elle est généralement partielle, temporaire et aboutit dans le meilleur des cas à des combats victorieux dont la portée dépend de l'issue de la poursuite consécutive. Les avantages obtenus dans le combat doivent être en effet capitalisés pour accentuer la démoralisation de l'adversaire et parvenir à une dislocation définitive de son dispositif militaire. L'efficacité de la poursuite dépend elle-même de sa promptitude à suivre la bataille et de la détermination précise des voies de repli de l'adversaire.

On parle de poursuite stratégique (mais on devrait plus justement parler de poursuite opératique) dans la mesure où elle est menée à l'échelle de tout le théâtre d'opérations et vise l'ensemble des forces ennemies sur ce théâtre. L'exemple le plus célèbre est celui de la poursuite déclenchée après la double victoire d'Iéna et d'Auerstadt le 14 octobre 1806 qui aboutit en trois semaines à la capture de toute l'armée prussienne. Si 40 000 hommes ont été mis hors de combat lors des deux batailles d'Iéna et d'Auerstadt, ce sont plus de 90 000 hommes qui sont capturés « par petits paquets » lors de la poursuite de l'Elbe aux rives de la Baltique. *A contrario*, les déficiences de la cavalerie seront largement responsables de l'échec de la campagne de 1813 en empêchant Napoléon d'exploiter ses victoires de Bautzen et de Lützen. L'exemple de Ligny le 16 juin 1815 est également particulièrement significatif : au soir de la victoire contre les forces prussiennes, Napoléon n'organise pas la poursuite et attend la matinée du lendemain pour la déclencher. De plus, la cavalerie de Grouchy ne parviendra que tardivement à repérer la direction de repli de Blücher. Tous ces facteurs entraîneront un retard irrémédiable et permettront aux troupes prussiennes de se reconstituer pour venir donner le coup de grâce à l'armée française à Waterloo.

Ce sont donc l'enchaînement rapide des différentes phases – ouverture, combat, exploitation – et l'absence de temps d'arrêt entre chacune de ces phases qui assurent la dislocation des forces adverses et déterminent le succès d'une manœuvre ■

et de Maastricht » [direction opposée à celle réellement suivie par l'armée prussienne] en précisant il est vrai : « Il est important de pénétrer ce que veulent faire Blücher et Wellington, et s'ils se proposent de réunir leurs armées pour couvrir Bruxelles et Liège, en tentant le sort d'une bataille ». Il conclut avec la consigne suivante : « Dans tous les cas, tenez constamment vos deux corps d'infanterie réunis dans une lieue de terrain, ayant plusieurs débouchés de retraite. Placez des détachements de cavalerie intermédiaires pour communiquer avec le quartier général ». Rien sur la nécessaire couverture du flanc droit de l'aile principale.

Or, l'hypothèse d'une poursuite des Prussiens en retraite vers l'est viole le principe de concentration des forces en plaçant Grouchy dans l'impossibilité de venir soutenir Napoléon contre Wellington. L'ordre envoyé par Soult dans la matinée du 18 juin prouve d'ailleurs que l'Empereur ne songe nullement à rappeler à lui Grouchy pour manœuvrer sur le flanc des Britanniques : « (...) L'Empereur me charge de vous prévenir qu'en ce moment Sa Majesté va faire attaquer l'armée anglaise qui a pris position à Waterloo, près de la forêt de Soignes. Ainsi Sa Majesté désire que vous dirigiez vos mouvements sur Wavre, afin de vous rapprocher de nous, vous mettre en rapport d'opérations et lier les communications, poussant devant vous les corps de l'armée prussienne, qui ont pris cette direction et qui auraient pu s'arrêter à Wavre, où vous devez arriver le plus tôt possible (...) ». Cet ordre démontre que Napoléon n'a pas intégré dans ses hypothèses de travail, une intervention des Prussiens contre son flanc droit et ne juge donc pas nécessaire de faire intervenir Grouchy pour contrer une telle intervention. Ce dernier doit seulement se porter sur Wavre et veiller à établir ses communications avec l'aile principale. Napoléon demeure persuadé que Wellington ne songe qu'à battre en retraite pour éventuellement se regrouper avec Blücher à la hauteur de Bruxelles. Or, il ne peut se permettre de poursuivre trop au nord les Coalisés sachant que Rapp ne peut opposer que 20 000 hommes face aux 200 000 Autrichiens de Schwarzenberg qui se massent sur le Rhin. La seule crainte de Napoléon est que Wellington refuse le combat. Il n'imagine pas une seconde que le déploiement de la ligne de bataille britannique au sud de la forêt de Soignes découle d'un plan concerté avec les Prussiens (*cf.* carte n° 76).

Durant la manœuvre de Carcare de 1796, Bonaparte veille au contraire à toujours protéger son flanc droit avec la division Masséna déployée à Dego pour empêcher tout retour en force des Autrichiens. Il sait en effet que ces derniers n'ont été que temporairement repoussés et qu'ils peuvent contre-attaquer à tout moment. C'est pourquoi, le 16 avril 1796, il participe personnellement à la

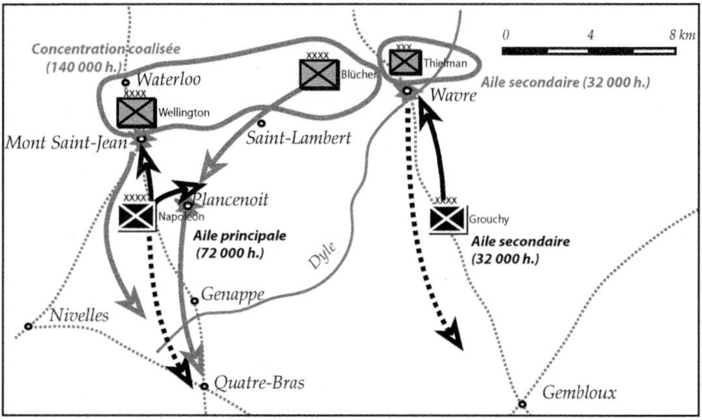

Carte n° 76 : concentration des forces coalisées
contre l'aile principale française, le 18 juin 1815.

reprise de Dego retombé la veille entre les mains de Beaulieu. Il achève de verrouiller son flanc droit en changeant sa ligne de communication (qui passe désormais par la vallée du Tanaro et non plus par Savone) ; ce qui lui permet de concentrer ses forces contre les Sardes en renforçant la division Masséna avec les troupes de Laharpe qui marchent sur San Benedetto pour menacer les arrières de Colli. Ainsi, la disposition des divisions françaises permet en 1796 de séparer les deux armées coalisées tout en menaçant les arrières de l'armée sarde qui fait l'objet à ce moment de l'attaque principale. En 1815, l'Empereur applique un schéma similaire lors de la première phase de la manœuvre qui voit Ney contenir Wellington aux Quatre-Bras tandis que Napoléon défait Blücher à Ligny. Mais, il va ensuite se désintéresser trop vite de son aile droite (*cf.* l'absence d'ordre à Grouchy entre le 17 juin à 11 heures et le 18 juin à 10 heures) et ne songe pas véritablement à lui demander de coordonner ses mouvements avec ceux de l'aile principale contre

Wellington. Ses ordres sont vagues et parlent seulement de « lier les communications » mais non de se rabattre sur les Britanniques (à l'instar de ce qu'il avait, vainement d'ailleurs, demandé à Ney lors de la bataille de Ligny. Or, cette fois c'est Blücher qui va surprendre Napoléon en refusant de se replier sur sa ligne de communication, comme ce fut le cas des Autrichiens en 1796, et en effectuant un changement de ligne d'opération durant sa retraite du 17 juin. Alors que les communications prussiennes se dirigeaient vers l'est par Namur et Liège (contrairement aux communications britanniques qui relient Wellington aux ports de La Manche vers l'ouest) avant la défaite de Ligny, Blücher décide de faire passer sa nouvelle ligne d'opération plus au nord par Louvain, Tirlemont, Maastricht, Aix-la-Chapelle et Cologne. L'objectif est de pouvoir battre en retraite vers Bruxelles et donc parallèlement à l'armée britannique, de façon à la renforcer à la première occasion pour combattre Napoléon. L'Empereur va ainsi être victime d'un tour qu'il aura joué de nombreuses fois à ses adversaires depuis la manœuvre de Carcare. Il va se retrouver face à des Coalisés concentrés alors que ses propres troupes sont divisées. La nette supériorité des forces des Anglo-Prussiens (68 000 Britanniques et 72 000 Prussiens contre 72 000 Français) va logiquement conduire à la défaite de Waterloo.

Conclusion

Le primat de la stratégie opérationnelle

Lors de sa prise de pouvoir, Napoléon se proclame comme « l'héritier de la Révolution ». Si cette affirmation est discutable sur le plan politique, elle est indéniable sur le plan militaire. La révolution militaire napoléonienne est directement issue des bouleversements sociopolitiques de la Révolution de 1789. La guerre de masses déclenchée par les révolutionnaires modifie radicalement les règles du jeu militaires. Elle met un terme à la période des « guerres réglées » opposant les grandes puissances européennes depuis la fin de la guerre de Trente Ans. Le traité de Westphalie de 1648 avait inauguré une ère de « guerre limitée » qui résultait en partie des nouvelles théories sur l'équilibre des puissances européennes. Cette limitation des guerres, tant dans leurs objectifs que dans leur forme, provenait également des effectifs limités des principales armées en présence. Les États européens ne disposaient pas encore des capacités administratives capables de mobiliser tout leur potentiel économique et démographique. Ils cherchaient, en outre, à éviter de trop fortes perturbations financières. Ils se heurtaient enfin à l'hostilité des mentalités à l'égard du service militaire.

Les soldats de l'An II vont balayer ces considérations et contribuer à « l'invention de la guerre totale » décrite dans une récente étude de Jean-Yves Guiomar. L'opposition entre ces deux formes de guerre a été précédemment formalisée par Clausewitz qui distinguait les guerres visant à détruire l'ennemi pour lui dicter les conditions de paix et les guerres visant simplement à obtenir des gains territoriaux pour s'en servir de monnaie d'échange dans les négociations de paix. Or, la dualité de ces objectifs politiques influence les objectifs militaires, c'est-à-dire les stratégies mises en œuvre. On a voulu cependant en déduire, à l'instar de Delbrück et de Clausewitz, une opposition trop schématique entre les stratégies d'Ancien Régime, incarnées par Frédéric II, et celles menées par Napoléon. Le premier se serait spécialisé dans une guerre d'usure fondée sur des manœuvres d'évitement, tandis que le second aurait été obsédé par la recherche de la bataille décisive. Il est vrai qu'avant 1789, la manœuvre est préférée au combat et les généraux comme Turenne ont excellé dans l'art de forcer l'ennemi à battre en retraite sans avoir à livrer bataille. On ne peut pas, pour autant, les opposer à un Napoléon qui rechercherait systématiquement la bataille décisive.

Napoléon privilégie également la manœuvre, mais celle-ci intervient dans un contexte différent. Il pratique en effet une guerre totale dans le sillage des gouvernements révolutionnaires : grâce à la loi Jourdan sur la conscription, ses effectifs sont illimités tandis que ses buts de guerre sont imprécis. Ces facteurs favorisent une extension continuelle des théâtres d'opérations et des guerres incessantes. Dès lors, la stratégie qu'il met en œuvre ne peut pas être comparée à celle de Turenne ou de Frédéric II. Il ne s'agit plus de manœuvrer pour obtenir de simples gains territoriaux mais d'imposer sa volonté à l'ennemi en obtenant la dislocation de son armée. Ces manœuvres doivent permettre d'obtenir une victoire sans combattre, comme lors de la manœuvre d'Ulm. Le plus souvent, elles conduisent cependant à des batailles imposées à l'adversaire. La manœuvre n'est plus une alternative au combat, c'est une condition préalable pour imposer un combat en situation de supériorité numérique et morale. Dans tous les cas, c'est bien le succès de la manœuvre qui détermine l'issue de la campagne.

Paradoxalement, depuis Napoléon et Clausewitz, la tradition militaire occidentale accorde une place prépondérante à la bataille au détriment de la manœuvre. On retient avant tout des campagnes napoléoniennes les glorieux combats d'Austerlitz, Iéna ou Friedland, en passant sous silence les géniales manœuvres dont elles ne sont que la résultante. Cela revient à privilégier l'échelon tactique au détriment de l'échelon opératif et à considérer que c'est la succession des batailles décisives qui conduit à la victoire. Or, on a vu que la révolution militaire napoléonienne repose, en premier lieu, sur le développement des armées modulaires qui exigent une coordination étroite des mouvements de leurs composantes. Napoléon est le premier à maîtriser ce nouveau compartiment de l'art de la guerre qui porte sur la planification et l'exécution des mouvements des grandes unités. Les penseurs militaires du siècle des Lumières, et notamment Bourcet et Guibert, avaient insisté sur ce nouvel impératif de la combinaison des opérations. Carnot et les généraux de la République ont, ensuite, tenté de coordonner les mouvements des armées révolutionnaires.

C'est finalement Napoléon qui opère la synthèse de ces théories et de ces premières expériences pour donner ses premières lettres de noblesse à l'échelon de la stratégie opérationnelle. Il perfectionne la guerre de masses héritée de la République, en posant les fondements d'une nouvelle guerre combinée qui consiste, ainsi que l'avait résumé Carnot, à « marcher séparés et combattre réunis ». Il met cette guerre combinée au service d'une guerre continentale et d'une guerre de mouvement qui lui permettent de submerger le théâtre principal d'opérations, d'agir sur les communications de ses adversaires pour leur imposer le combat dans des conditions qui lui garantissent la victoire. Dès lors, on peut affirmer, à l'instar de Jomini, que les batailles livrées par Napoléon furent « gagnées stratégiquement, avant même d'être livrées, et la tactique n'y eut que peu de part ».

Glossaire d'opératique napoléonienne

Le présent glossaire regroupe aussi bien des expressions couramment employées par l'Empereur pour décrire ses manœuvres que des termes forgés ultérieurement par les interprètes de la pensée militaire napoléonienne. Les termes en caractères **gras** *renvoient aux autres définitions de ce glossaire.*

ARMÉE MODULAIRE : Armée articulée en plusieurs composantes se déplaçant et combattant de façon autonome, aussi bien dans les **manœuvres** que dans les combats. Les armées modulaires, qui apparaissent à la fin du XVIIIe siècle avec les divisions puis les corps d'armée, se distinguent des armées régimentaires pré-napoléoniennes. Celles-ci étaient, certes, également articulées en composantes (les régiments) mais qui n'étaient autonomes que dans les combats. Durant les manœuvres, ces composantes formaient un seul bloc qui se déplaçait sur une à trois routes parallèles. L'avènement des armées modulaires favorisa le développement de la grande tactique ou **opératique** considérée comme le nouveau compartiment de l'art de la guerre dédié à la combinaison de leurs composantes.

ATTENTE STRATÉGIQUE : Phase d'une **manœuvre** durant laquelle le commandant d'armée arrête momentanément ses forces aux fins notamment de collecter des données sur les mouvements et intentions ennemis, avant de déclencher sa manœuvre et de passer, par exemple, d'une position défensive à une position offensive. Elle suppose un positionnement optimal préservant la liberté d'action, c'est-à-dire laissant ouvertes toutes les options possibles pour contrer l'adversaire. Elle implique, ensuite, une promptitude de réaction pour reprendre l'initiative. Comme la plupart des autres expressions de ce glossaire reprenant à des auteurs du XIXe ou du début du XXe siècle, le qualificatif de « stratégique », il faut lui substituer le terme **opératique**, puisqu'elle vise la combinaisons de mouvements de grandes unités sur un **théâtre d'opérations**.

BARRIÈRE STRATÉGIQUE : Obstacle géographique (montagne ou rivière le plus souvent : la rivière Lech en 1805, la rivière Saale en 1806) dont Napoléon cherche à se saisir pour couper les **lignes de communication** ennemies. Le contrôle de cette barrière naturelle facilite l'interception des lignes de communication de l'adversaire en l'obligeant à canaliser ses mouvements vers des points de passage obligés (les ponts sur une rivière ou les défilés d'un massif montagneux) qui seront bloqués.

BATAILLE À FRONT RENVERSÉ : Bataille durant laquelle chaque armée combat en portant son effort en direction de ses propres sources d'approvisionnement. Elle est généralement imposée par Napoléon à ses adversaires qui sont plus dépendants de leurs **lignes de communication** et résulte d'une **manœuvre sur les arrières**. Napoléon parvient à s'affranchir de cette contrainte logistique en changeant sa **ligne d'opération** avant d'entamer sa manœuvre. Il parvient ainsi à **tourner** l'adversaire **sans être** lui-même **tourné**. Cette technique donne à Napoléon un avantage moral indéniable qui lui permet de se battre du fort au faible, même si les forces en présence s'équilibrent numériquement.

BATAILLON CARRÉ : Dispositif de marche des corps d'armée se déplaçant à distance de soutien mutuel. L'expression a été employée pour la première fois par Napoléon dans une lettre envoyée le 5 octobre 1806 au maréchal Soult pour lui décrire le mouvement des troupes prescrit pour la traversée de la Frankenwald. En l'espèce, la Grande Armée a adopté un dispositif resserré, à l'intérieur d'un carré de 50 km de côté, lui permettant de modifier rapidement son front de marche en fonction des menaces ennemies. On oppose traditionnellement ce dispositif à celui de la **marche manœuvre**.

BATTRE EN DÉTAIL : C'est l'objectif de **la manœuvre** napoléonienne qui vise non pas la destruction du fort au fort mais la **dislocation** de l'armée ennemie. La manœuvre contre le **centre de gravité** de l'adversaire doit déséquilibrer son dispositif et le forcer à se replier précipitamment en offrant l'opportunité à Napoléon de le surprendre en flagrant délit de dispersion et de le battre en détail. Il peut ainsi vaincre son adversaire en bénéficiant systématiquement de l'avantage numérique (du fort au faible) et en évitant les aléas d'une bataille d'envergure.

CENTRE DE GRAVITÉ : C'est la zone de vulnérabilité principale ou point faible de l'adversaire dont la capture ou la simple menace de capture peut entraîner le déséquilibre de tout son dispositif. Dans l'**opératique** napoléonienne, ce centre de gravité est constitué par les **lignes de communication** adverses ou les liaisons entre les armées coalisées. Napoléon cherche généralement à s'en emparer dès l'ouverture de sa **manœuvre** pour démoraliser l'adversaire et l'obliger à se replier précipitamment. Il peut ensuite le combattre dans une position avantageuse.

CENTRE D'OPÉRATION : Place forte située sur le **théâtre d'opérations** où aboutit la **route de l'armée** qui abrite des dépôts que l'Empereur qualifie de points d'appui ou de centre d'opération. Elle est située à proximité immédiate de l'armée, doit être défendue par suffisamment d'artillerie et organisée pour abriter des magasins de cartouches d'infanterie et d'artillerie, un hôpital et des magasins de vivres avec des fours. La création d'un centre d'opération permet à Napoléon de s'affranchir temporairement de ses **lignes de communication** en ne dépendant plus que de sa **ligne d'opération**. Il peut dès lors surprendre son adversaire en choisissant un axe d'attaque indépendant de ses lignes de communication initiales.

CHANGEMENT DE LIGNE D'OPÉRATION : *cf.* Tourner sans être tourné.

CONCENTRATION DE L'ARMÉE : La veille du jour du choc décisif avec l'adversaire, Napoléon cherche à obtenir la supériorité numérique en concentrant l'ensemble de ses corps d'armée sur le champ de bataille. Contrairement à la **réunion des forces**, la concentration de l'armée correspond à un rassemblement physique des forces sur un périmètre restreint, de façon à permettre leur engagement coordonné dans un combat.

CONCENTRATION DES FORCES : Napoléon cherche systématiquement à combattre ses adversaires après avoir obtenu la supériorité numérique sur le point qu'il attaque. Dans ce but, il évite au maximum d'effectuer des détachements de force risquant d'affaiblir ses **corps de manœuvre**. Il veille ainsi à toujours respecter le principe de concentration des forces qui consiste à rassembler le maximum de forces sur le **théâtre d'opérations** principal puis, au sein de ce théâtre, à respecter la **réunion de l'armée** pour être en mesure de procéder sans délai à la **concentration de l'armée**.

En ce sens, la concentration des forces résulte de **l'économie des forces.**

CORPS DE COUVERTURE ET DE MANŒUVRE : *cf.* Forces de couverture et de manœuvre.

DÉCEPTION : Du latin *deceptio* ou tromperie, c'est l'art de la ruse qui regroupe l'ensemble des mesures et techniques visant à leurrer l'adversaire sur les objectifs d'une **manœuvre**, sur la situation de l'armée et les intentions du commandement. Dans la guerre napoléonienne, la déception comprend des mesures de diversion et de dissimulation qui sont le préalable indispensable pour obtenir la **surprise stratégique** sur l'axe et le point d'application de l'offensive.

DÉCONCENTRATION DU COMMANDEMENT : L'avènement d'**armées modulaires** impose la mise en œuvre d'un nouveau système de commandement. D'un commandement concentré où les décisions opératiques sont prises et exécutées par le seul commandant en chef, on passe à un commandement déconcentré où ces décisions sont toujours prises par le seul commandant en chef, mais exécutées par les commandants de corps. Ces derniers disposent d'une autonomie pour apprécier les modalités de mise en œuvre, à l'échelon de leurs divisions, des décisions prises par l'état-major impérial, mais doivent respecter le cadre général de la **manœuvre.**

DÉPLOIEMENT DE L'ARMÉE : Phase de la **manœuvre** napoléonienne durant laquelle, après avoir localisé l'ennemi, Napoléon passe d'un ordre de marche resserré et dominé par l'impératif de **sûreté**, à une extension de son front de marche de façon à intercepter sur le **théâtre d'opérations** les **lignes naturelles de retraite** de l'adversaire.

DISLOCATION : La **manœuvre** vise la dislocation des forces adverses pour les **battre en détail.** La dislocation consiste à provoquer le déséquilibre moral et matériel (par éparpillement physique ou simple rupture de la chaîne de commandement) des forces de l'adversaire, suite à un choc ou un mouvement ou une combinaison des deux (mouvement de **surprise stratégique** suivi d'un combat ou combat suivi d'une **poursuite stratégique**).

ÉCONOMIE DES FORCES : Principe d'optimisation de l'utilisation des forces consistant à n'affecter que les effectifs strictement nécessaires aux missions et théâtres secondaires de façon à être en mesure de s'assurer la supériorité des forces pour le **théâtre d'opérations** principal. L'économie des forces est la condition préalable à une **concentration des forces** efficace. Napoléon qui respectera ce principe lors de ses campagnes victorieuses sera finalement battu pour n'avoir pas su éviter une dispersion de ses forces sur le territoire de son empire (*cf.* notamment en 1813 avec le maintien de forces non négligeables dans les places fortes prussiennes ; *cf.* également en 1814 avec d'importantes forces affectées sur les fronts espagnol et italien).

FORCES DE COUVERTURE ET DE MANŒUVRE : Les forces de couverture sont celles chargées d'une mission de protection des forces de manœuvre qui sont chargées d'atteindre les objectifs de la **manœuvre** (débordement, attaque d'un point, mouvement de repli). En début de campagne, quand les intentions ennemies ne sont pas encore clairement établies, Napoléon peut ainsi assigner à une partie de ses forces un rôle de couverture pour assurer la **sûreté** de gros de ses forces. Mais, la flexibilité de l'opératique napoléonienne et la polyvalence des corps d'armée autorisent le passage rapide d'un rôle à un autre. C'est notamment le cas dans le **bataillon carré** dans lequel les corps jouent successivement le rôle de force de couverture et de manœuvre.

LIBERTÉ D'ACTION : Principe d'optimisation du déploiement des forces visant à préserver au maximum leurs capacités d'intervention quels que soient les mouvements ennemis. Le **bataillon carré** est un parfait exemple de dispositif de marche assurant la liberté d'action du commandant en chef, puisque ce dernier peut à volonté se porter aux quatre points cardinaux, en adoptant aussi bien une posture offensive que défensive. La **sûreté** est la condition préalable de la liberté d'action.

LIGNES DE COMMUNICATION : Voies de communication terrestres ou fluviales reliant une armée à ses sources d'approvisionnement. Elles constituent l'une des zones de vulnérabilité principale des armées coalisées dont la doctrine est dominée par la préservation des dépôts situés le long de ces lignes. Les lignes de communication de la Grande Armée sont souvent appelées **route de l'armée** par Napoléon.

LIGNE D'OPÉRATION : Alors que la **ligne de communication** qui relie le **centre d'opération** aux sources d'approvisionnement françaises peut s'étirer sur plusieurs centaines de kilomètres, la ligne d'opération qui relie ce centre à l'armée n'excède pas quelques dizaines de kilomètres. C'est le changement de ligne d'opération, qui correspond souvent au remplacement de la ligne de communication par une ligne d'opération, qui autorise la **manœuvre sur les arrières**.

LIGNE NATURELLE DE RETRAITE : Ligne reliant l'armée adverse à ses principales sources d'approvisionnement et que Napoléon cherche à intercepter, dans le cadre de sa **manœuvre sur les arrières**, pour démoraliser l'ennemi et le forcer à retraiter. Cette retraite intervient de façon précipitée et en ordre dispersé et permet à Napoléon de « battre en détail » les forces ennemies. Cette ligne correspond en pratique souvent à la principale **ligne de communication** de l'adversaire le reliant à sa capitale.

MANŒUVRE NAPOLÉONIENNE : Combinaison planifiée de mouvements de corps d'armée visant le déséquilibre moral et matériel du dispositif militaire ennemi par l'action contre son **centre de gravité**. La manœuvre se décompose généralement en plusieurs phases : une phase de **réunion de l'armée**, suivie d'une phase de **déploiement**, puis de **concentration de l'armée**. Elle aboutit idéalement à une bataille opposant le gros des forces impériales à une partie des forces ennemies, l'objectif de Napoléon étant d'imposer le jour et le lieu de la confrontation en position de supériorité numérique et morale. Elle peut prendre la forme d'une **manœuvre sur les arrières** ou d'une **manœuvre en position centrale** ou d'une combinaison de ces deux manœuvres.

MANŒUVRE EN POSITION CENTRALE : **Manœuvre** visant la capture des liaisons entre les composantes de l'armée ennemie aux fins de les battre successivement après avoir obtenu la supériorité numérique contre chacune d'elles. Elle consiste à immobiliser la première composante avec un corps secondaire tandis que le corps principal (numériquement le plus important) tente de détruire la seconde composante avant de se retourner contre la première.

MANŒUVRE SUR LES ARRIÈRES : **Manœuvre** visant la capture des **lignes de communication** ennemies. Elle repose généralement sur la combinaison d'une opération de diversion menée par un corps secondaire tandis que le corps principal (numériquement le plus important) effectue un mouvement de débordement aux fins de prendre le contrôle d'une **barrière stratégique** située sur les arrières de l'adversaire. Cette prise de contrôle permet de canaliser les mouvements de repli de l'ennemi et facilite la capture de son armée en lui imposant une **bataille à front renversé** (comme à

Iéna en 1806) ou en la forçant à capituler sans combat (comme à Ulm en 1805).

MARCHE-MANŒUVRE : Dispositif de marche fondé sur une localisation présumée *a priori* des forces ennemies et dans lequel les corps d'armée sont disposés selon un déploiement anticipant l'ordre de bataille. Cette définition est inspirée de celle de Guibert qui l'applique aux « marches faites à portée de l'ennemi, et par conséquent, dans l'objet de prendre, s'il est besoin un ordre de bataille ». Le risque est que la localisation effective de l'ennemi ne corresponde pas à celle présumée et que cela déséquilibre l'ordre de bataille prématurément adopté. L'exemple le plus représentatif est la marche du Rhin au Danube en 1805.

OPÉRATIQUE : Compartiment de l'art militaire qui traite de la combinaison des mouvements des grandes unités en vue d'un objectif militaire sur un **théâtre d'opérations.** On parle aussi, selon les époques, de stratégie opérationnelle ou de grande tactique. Dans la terminologie de Camon, l'opératique napoléonienne prend la forme de **manœuvres en position centrale ou sur les arrières.**

PLAN À PLUSIEURS BRANCHES : Méthode napoléonienne de planification des opérations inspirée de la « science des calculs et combinaisons » prônée par Bourcet dans ses *Principes de la guerre de montagne*. Elle consiste à intégrer dans la disposition des forces les différentes hypothèses de mouvements des forces ennemie, de façon à en déduire un dispositif optimal permettant de préserver sa liberté d'action en n'écartant aucune éventualité.

POURSUITE STRATÉGIQUE : C'est la poursuite déclenchée par Napoléon au soir de la bataille remportée contre l'ennemi ou même directement après la **surprise stratégique.** Elle vise à conforter la **dislocation** des forces adverses obtenue lors des phases précédentes de la manœuvre. Elle couvre l'ensemble du **théâtre d'opérations** et devrait à ce titre être plutôt qualifiée de poursuite **opératique**.

RÉUNION DE L'ARMÉE OU RÉUNION DES FORCES : Napoléon considère que son armée est réunie quand ses corps d'armée sont disposés de telle sorte que chacun soit, en cas d'attaque ennemie, en mesure d'être soutenu par les autres corps. Dans un dispositif de marche optimal, cela signifie que chaque corps évolue constamment à moins d'une journée de marche de l'ensemble des autres corps. On considère en effet qu'un corps d'armée est en mesure de résister pendant une journée entière à des forces deux à trois fois supérieures en nombre. La phase de réunion de l'armée intervient généralement en ouverture de la **manœuvre** quand la position et les intentions ennemies n'ont pas encore été repérées.

ROUTE DE L'ARMÉE : C'est la **ligne de communication** qui relie la Grande Armée à ses sources d'approvisionnement, généralement situées sur le Rhin (Strasbourg en 1805 ou Mayence en 1806), d'où elle tire ses approvisionnements en munitions et les renforts des bataillons de dépôts. Plus précisément, cette ligne relie le premier point d'appui de l'armée ou **centre d'opération** à ses sources d'approvisionnement et concerne avant tout l'acheminement des renforts et des munitions. Elle est divisée en arrondissements constitués de cinq ou six « étapes » qui jalonnent le parcours environ tous les 30 kilomètres et placés sous la responsabilité de commissaires de guerre en charge de l'approvisionnement et de l'équipement des troupes vers le **théâtre d'opérations**.

STRATÉGIE : Selon Clausewitz, la stratégie peut être définie comme l'emploi des combats en vue de la décision finale. Elle met en relation les résultats militaires et l'objectif politique qui est d'imposer des conditions de paix à l'adversaire. L'étude de la stratégie napoléonienne revient à analyser l'ensemble des moyens militaires, économiques et diplomatiques mobilisés dans la lutte continentale engagée par Napoléon pour assurer son hégémonie européenne. Elle se différencie de l'étude de l'**opératique** ou stratégie opérationnelle qui se concentre sur les **manœuvres** déployées sur un **théâtre d'opérations** et qui met en relation des moyens et des objectifs purement militaires.

SÛRETÉ : Ensemble de procédés visant à assurer la protection d'une partie ou de l'ensemble des composantes de l'armée. La sûreté de l'armée peut être obtenue grâce à un positionnement optimal des différentes composantes permettant à chacune de contribuer à la protection de l'ensemble. C'est le célèbre dispositif du **bataillon carré** (campagne de 1806) qui assure la **réunion de l'armée**. Elle peut également reposer sur le détachement d'une partie des forces dédiée à une mission de protection du gros des forces (campagne de 1805 et début de la campagne de 1809). On retrouve alors une configuration fondée sur la distinction entre **forces de couverture et forces de manœuvre**.

SURPRISE STRATÉGIQUE : C'est généralement durant l'ouverture de la **manœuvre**, que Napoléon cherche à obtenir la surprise stratégique. Elle consiste à surprendre l'adversaire sur l'axe et le point d'application de l'attaque de façon à prendre à contre-pied son dispositif militaire et à le forcer à se replier en désordre pour tenter de retrouver son équilibre. Les phases suivantes de la manœuvre doivent l'empêcher de se rétablir afin de conforter la **dislocation** de ses forces. On parle de surprise stratégique (mais on devrait plutôt parler de surprise opératique) car elle produit un effet sur l'ensemble des forces adverses du théâtre d'opérations et non pas seulement sur un point localisé de ce théâtre.

THÉÂTRE D'OPÉRATIONS : Périmètre géographique souvent délimité par des obstacles topographiques à l'intérieur duquel une armée est déployée de façon indépendante. Cela signifie notamment que les différentes composantes de cette armée sont placées sous l'autorité d'un seul commandant d'armée et sont reliées aux sources d'approvisionnement situées sur la frontière française *via* une **ligne** dédiée **de communication**. Napoléon découpe les zones potentielles d'interventions (par exemple en 1805 face à l'Autriche) en théâtres d'opérations principal (Allemagne du Sud) et secondaire (Italie du Nord). Le théâtre principal est celui sur lequel Napoléon se porte à la tête du gros de ses forces.

TOURNER SANS ÊTRE TOURNÉ : C'est le mécanisme autorisant la **manœuvre sur les arrières** qui repose sur un changement de **ligne d'opération**. Il consiste à constituer un **centre d'opération** regroupant notamment les approvisionnements en munitions. Ce centre d'opération doit permettre à l'armée de s'affranchir de ses **lignes de communication** durant la manœuvre où elle se retrouve en situation de combattre à front renversé. Il permet de varier considérablement l'axe des attaques au cours de la manœuvre.

ZONE DE MANŒUVRE STRATÉGIQUE : Périmètre garantissant aux composantes de l'armée un espace suffisant pour lui permettre de se déplacer de façon à recevoir l'adversaire en position avantageuse. Il est généralement utilisé dans le cadre d'une **manœuvre en position centrale**. Napoléon dispose généralement des **forces de couverture** à la périphérie de la zone qui peuvent être renforcées par une réserve centrale. La disposition respective de chacun des corps périphériques doit leur permettre de pouvoir battre en retraite en laissant le temps à l'autre corps de vaincre l'adversaire avec le soutien de la réserve centrale. La faiblesse des infrastructures routières de l'Europe napoléonienne (malgré les très nets progrès depuis les campagnes frédériciennes) impose des calculs précis pour garantir un espace suffisant de manœuvre. En cas de zone de manœuvre trop restreinte, la manœuvre en position centrale risque en effet de se transformer en encerclement.

Bibliographie critique

La présente bibliographie ne prétend pas à l'exhaustivité et ne liste pas toutes les sources utilisées. Elle vise à permettre au lecteur de se repérer dans le flot d'ouvrages existant sur la guerre napoléonienne. Seuls les ouvrages en langues française et anglaise sont cités. Dans la mesure du possible, les éditions les plus récentes ont été indiquées.

INSTRUMENTS DE TRAVAIL

NAPOLÉON, *Correspondance militaire extraite de la correspondance générale*, Paris, Plon, 1876, à tout seigneur, tout honneur, ces 10 volumes rassemblant les instructions impériales constituent un instrument de travail indispensable pour décortiquer la pensée de l'Empereur.

CHANDLER (David G.), *Dictionary of the Napoleonic Wars*, London, Greenhill Books, 1993 (première édition en 1979), écrit par le plus grand spécialiste britannique de l'histoire militaire napoléonienne.

ELTING (John R.) et ESPOSITO (Vincent J.), *A Military History and Atlas of the napoleonic Wars*, London, Greenhill Books, 1999 (première édition en 1964), l'atlas le plus détaillé sur les guerres napoléoniennes.

ELTING (John R.), *Swords around a Throne, Napoleon's Grande Armée*, New York, The Free Press, 1988, ouvrage complémentaire de l'atlas du même auteur qui offre une analyse thématique précise de l'organisation et du fonctionnement des armées impériales.

PIGEARD (Alain), *Dictionnaire de la Grande Armée*, Paris, Tallandier, 2002, le dictionnaire de référence en langue française sur les armées impériales écrit par une encyclopédie vivante de la guerre napoléonienne qui a produit de multiples ouvrages et articles sur le sujet.

SMITH (Digby), *The Greenhill Napoleonic Wars data book*, London, Greenhill Books, 1998, comme son nom l'indique, un ouvrage qui recense les effectifs et les pertes (avec identification des unités) des armées présentes lors de tous les combats des guerres de la Révolution et de l'Empire (1792-1815). Un travail prodigieux même s'il faut parfois interpréter avec précaution les données fournies. Pour les passionnés uniquement.

TULARD (Jean, sous la direction de), *Dictionnaire Napoléon*, Paris, Fayard, 1987, un monument dédié à l'Empire.

AVANT-PROPOS

Sur le concept de révolution militaire

BÉRENGER (Jean, sous la direction de), *La Révolution militaire en Europe (XVe-XVIIIe siècle)*, Paris, Economica, 1998, regroupe une série de contributions d'historiens français lors d'un colloque organisé à l'école de Saint-Cyr en 1997 et témoigne des réticences de certains d'entre eux à l'égard de l'idée trop systématique de révolution militaire.

PARKER (Geoffrey), *La Révolution militaire, la guerre et l'essor de l'Occident 1500-1800*, Paris, Gallimard, 1993, a vulgarisé en France les thèses anglo-saxonnes sur la révolution militaire des temps modernes.

ROGERS (Clifford J., sous la direction de), *The Military Revolution Debate, Readings on the military Transformation of early modern Europe*, Oxford, Westview Press, 1995, montre que les avis anglo-saxons sont également partagés avec notamment un article de Jeremy Black qui critique l'accent mis par Parker sur la révolution militaire des années 1560-1660 au détriment des révolutions postérieures des années 1660-1720 et 1792-1815.

Sur les études napoléoniennes pendant la préparation de la revanche

COLIN (Jean), *Les Transformations de la guerre*, Paris, Economica, 1989 (première édition en 1911), est une des meilleures synthèses sur la guerre napoléonienne tant sur le plan de la tactique que de l'opératique.

FOCH (Ferdinand), *Des principes de la guerre*, Paris, Imprimerie nationale, 1996 (première édition en 1903), reprend le cours d'histoire militaire, de stratégie et de tactique générale dispensé par Foch (qui succède au fameux général Bonnal, *cf. infra*) à l'École supérieure de guerre. Ouvrage présentant les concepts à partir d'études de cas très détaillées mais adoptant une lecture clausewitzienne de la guerre napoléonienne en privilégiant le choc au détriment de la manœuvre.

Sur les typologies des compartiments de la guerre

ARON (Raymond), *Penser la guerre, Clausewitz, volume I : L'âge européen*, Paris, Gallimard, 1976, constitue la meilleure introduction en langue française à la pensée de l'auteur de Vom Kriege.

COUTAU-BÉGARIE (Hervé), *Traité de stratégie*, Paris, Economica, 1999, une somme de 1 000 pages couvrant de façon très didactique toutes les problématiques de l'art de la guerre avec notamment un chapitre II sur les classifications de ses différents niveaux.

DESPORTES (Vincent), *Comprendre la guerre*, Paris, Economica, 2000, une très bonne vulgarisation de la pensée de Clausewitz et des principaux concepts stratégiques.

MONTBRIAL (Thierry de) et KLEIN (Jean, sous la direction de), *Dictionnaire de stratégie*, Paris, P.U.F., 2000, enfin un dictionnaire en langue française qui possède de nombreuses entrées sur les principaux concepts de stratégie (déception, concentration, sûreté, ligne d'opération...).

ROSINSKI (Herbert), « Frontières conceptuelles entre stratégie, opérations et tactique dans l'art de la guerre », article inédit paru en 1997 dans la *Revue Stratégique* n° 68 qui tente de clarifier le débat sur l'articulation des niveaux de l'art de la guerre et critique notamment la vision clauswitzienne de la guerre napoléonienne axée sur la bataille au détriment du domaine opérationnel.

CHAPITRE I

Sur la comparaison avec les guerres révolutionnaires

GRIFFITH (Paddy), *The Art of War of revolutionary France 1789-1802*, London, Greenhill Books, 1998, explique les succès militaires de la France révolutionnaire à travers une stimulante analyse thématique (organisation politique, commandement, théâtres d'opérations, tactiques...) de la période.

LACHOUQUE (Henry), *Aux armes, citoyens ! Les soldats de la Révolution*, Paris, Perrin, 1969, l'épopée des soldats de l'An II formidablement rendue sous la plume talentueuse d'Henry Lachouque, le dernier grand spécialiste français de l'histoire militaire napoléonienne.

REINHARD (Marcel), *Le Grand Carnot*, Paris, Hachette, 1950, constitue la meilleure biographie sur l'organisateur de la guerre de masses.

Sur le quotidien des soldats de la grande armée

BERTRAND (Vincent), *Mémoires, Grande Armée 1805-1815*, Paris, Librairie des Deux Empires, 1998 (première édition en 1909), une mine d'anecdotes sur la vie quotidienne d'un fantassin de l'armée impériale.

COIGNET (Jean-Roch), *Cahiers*, Paris, Arléa, 2001 (première édition en 1851), les célèbres mémoires du capitaine Coignet qu'on ne présente plus !

DAMAMME (Jean-Claude), *Les Soldats de la Grande Armée*, Paris, Perrin, 1998, passionnante description du quotidien des grognards de l'Empereur.

CHAPITRE II

Sur les marches des armées napoléoniennes

DESBŒUFS (Marc), *Les Étapes d'un soldat de l'Empire,* Paris, Librairie des Deux Empires, 2000 (première édition en 1901), mémoires très instructifs sur les marches et maraudes.

ESCALLE (C.-P.), *Des marches dans les armées de Napoléon*, Paris, Teissèdre, 2003 (première édition en 1912), une analyse précise des procédés de marches à travers l'étude des règlements et des principales manœuvres napoléoniennes.

MORVAN (Jean), *Le Soldat impérial,* Paris, Teissèdre, 1999 (première édition en 1904), malgré les préventions clairement anti-napoléoniennes de l'auteur, cet ouvrage demeure un monument sur la vie quotidienne des grognards de la Grande Armée.

PERCY (Pierre-François), *Journal des campagnes,* Paris, Tallandier, 2002 (première édition en 1904), les mémoires du chirurgien en chef de la Grande Armée comprennent de nombreuses descriptions précises de la formidable pagaille qui régnait sur les arrières de la Grande Armée et de l'état souvent lamentable des soldats.

Sur la comparaison avec les guerres frédériciennes

DUFFY (Christopher), *The Military Experience in the Age of Reason,* London, Wordsworth Editions, 1998 (première édition en 1987), bonne synthèse pour comprendre l'organisation et les mentalités des armées d'Ancien Régime.

DUFFY (Christopher), *The Army of Frederick the Great,* Chicago, The Emperor's Press, seconde édition 1996, le livre le plus complet sur l'armée de Frédéric II.

Sur les motivations du soldat et le style de commandement napoléonien

ARDANT DU PICQ (Charles), *Études sur le combat, combat antique et combat moderne,* Paris, éditions Champ libre, 1978 (première édition en 1903), l'ouvrage français de référence sur les motivations morales des combattants.

HANSON (Victor Davis), *Le Modèle occidental de la guerre*, Paris, Les belles lettres, 1990, décortique les mécanismes de la phalange hoplitique de la Grèce classique avec notamment une analyse des motivations de l'hoplite inspiré par la valeur de l'exemple de ses chefs.

IRIBARNE (Philippe d'), *La Logique de l'honneur, Gestion des entreprises et traditions nationales,* Paris, Seuil, 1989, ouvrage de sociologie comparée mettant bien en valeur les traditions culturelles françaises fondées sur le culte de l'honneur.

JOURDAN (Annie), *Napoléon, héros, imperator, mécène*, Paris, Aubier, 1998, un essai original sur les ressorts du charisme napoléonien qui analyse la passion de l'Empereur pour les héros de l'antiquité et sa quête de la légitimité politique.

MARSHALL (colonel), *Men against Fire, the Problem of Battle command in future War,* Gloucester, Editions Peter Smith, 1978 (première édition en 1947), avec Du Picq, c'est une des études fondatrices de l'analyse des motivations morales du combattant.

PETITEAU (Natalie), *Lendemains d'Empire, les soldats de Napoléon dans la France du XIXe siècle,* Paris, La Boutique de l'Histoire, 2003, intéressante analyse des mentalités et du devenir des grognards. L'essentiel de l'ouvrage porte sur la période post napoléonienne mais un chapitre introductif résume la vie quotidienne durant les armées napoléoniennes.

CHAPITRE III

Sur les penseurs du siècle des Lumières

GUIBERT (Jacques-Antoine Hippolyte de), *Essai général de tactique*, rééditée dans une compilation de ses œuvres intitulée *Stratégiques,* Paris, L'Herne, 1977 (première édition en 1770), l'œuvre la plus célèbre de l'artisan (avec Bourcet et du Teil) du renouveau de la pensée militaire française durant le siècle des Lumières.

LLOYD (Henry), *Histoire des guerres d'Allemagne*, Paris, Economica, 2001 (première édition en 1766), a connu un immense succès dans les années qui ont suivi la guerre de Sept Ans. L'auteur y affiche son obsession pour les contraintes logistiques.

Sur la logistique pendant les campagnes de 1805, 1806 et 1807

BERGEROT (Bernard), *Daru, intendant général de la Grande Armée,* Paris, Tallandier, 1991, biographie la plus récente sur le sujet.

BLAZE (Elzéar), *La Vie militaire sous le Premier Empire*, Paris, Garnier Frères, 1901 (première édition en 1837), captivants Mémoires qui présentent l'originalité de regrouper par thèmes (les marches, le bivouac et les maraudeurs, un jour de bataille, les chirurgiens, les duellistes...) les souvenirs de son auteur.

BONNAL (H.), *L'Esprit de la guerre moderne, De Rosbach à Ulm,* Paris, Librairie militaire Chapelot, 1903, une des incontournables « études de cas » de Bonnal, le plus grand spécialiste français avec Camon et Colin de la guerre napoléonienne. Le chapitre sur la manœuvre d'Ulm comporte de nombreux renseignements sur la logistique de la campagne de 1805.

LECHARTIER (G.), *Les Services de l'arrière à la Grande Armée en 1806-1807,* Paris, 1910, un des rares ouvrages français centré sur l'étude de la logistique napoléonienne. Une mine de renseignements.

NANTEUIL (H. de la Barre de), *Daru ou l'administration militaire sous la Révolution et l'Empire*, Paris, Peyronnet, 1966, la biographie du logisticien de l'Empereur avec des informations introuvables sur les aspects logistiques.

VAN CREVELD (Martin), *Supplying War, Logistics from Wallenstein to Patton,* New York, Cambridge University Press, 1995 (première édition en 1977), une étude magistrale sur l'évolution de la logistique et son impact sur les opérations militaires, d'autant plus précieuse qu'il y a très peu d'ouvrages de vulgarisation sur cette composante essentielle de l'art de la guerre.

Sur les infrastructures de communications

LIVET (Georges), *Histoire des routes et des transports en Europe, des chemins de saint Jacques à l'âge d'or des diligences,* Presses Universitaires de Strasbourg, 2003, très intéressante mise en perspective européenne sur l'évolution des transports.

PROST (Philippe), *Les Forteresses de l'Empire*, Paris, Éditions du Moniteur, 1991, un ouvrage superbement illustré principalement axé sur les fortifications impériales qui comporte également de précieux développements sur l'organisation territoriale de l'Empire et son système routier.

CHAPITRE IV

Sur le renseignement militaire

BRACK (F. de), *Avant-postes de cavalerie légère*, Paris, Aux trois hussards, 1995, le manuel du parfait cavalier léger qui constitue la bible de tous mes collègues reconstitueurs de cavalerie napoléonienne. De nombreux chapitre traitant des questions de renseignement.

DOUAY (Abel) et HERTAULD (Gérard), *Schulmeister, dans les coulisses de la Grande Armée*, Paris, Fondation Napoléon, 2002.

LENTZ (Thierry), *Savary*, Metz, éditions Serpenoise, 1993. Deux captivantes biographies sur le fameux couple Savary-Schulmeister qui ont fait du renseignement militaire français l'un des meilleurs d'Europe.

GRABOWSKI (Jozef), *Mémoires militaires 1812-1813-1814*, Paris, La Vouivre, 1997, retrace les campagnes d'un officier polonais de cavalerie dont la maîtrise des langues en font un agent précieux de renseignement.

Sur l'émergence de la guerre combinée

COLIN (Jean), *L'Éducation militaire de Napoléon*, Paris, Teissèdre, 2001 (première édition en 1901), avec *Les transformations de la guerre* du même auteur (*cf. supra* avant-propos), c'est l'un des ouvrages que toute personne cherchant à comprendre les principes de la guerre napoléonienne se doit impérativement de lire. On s'attachera à l'introduction qui analyse l'évolution de la guerre au XVIIIe siècle (plus de 100 pages formant un tiers de l'ouvrage) et notamment à son chapitre IV sur la grande tactique.

Sur les différentes options envisagées par Napoléon en 1806

BONNAL (H.), *La Manœuvre d'Iéna*, Paris, Chapelot, 1904, l'analyse la plus fouillée sur la campagne de Prusse avec de nombreuses cartes détaillant les opérations. À rééditer.

FOUCART (P.), *Campagne de Prusse (1806)*, Paris, Berger-Levrault, 1887, est une compilation commentée de tous les ordres envoyés aussi bien par Napoléon et Berthier que par les différents chefs de corps (commandants de corps d'armée et de divisions).

LACHOUQUE (Henry), *Iéna*, Paris, éditions Guy Victor, 1961, moins technique que Bonnal mais quel plaisir que de lire les livres du Commandant qui allient la qualité des analyses et la passion de la narration.

LOMBARÈS (Michel de), « Iéna », Paris, *Revue historique de l'armée*, n° 2 de juin 1948, un article de 20 pages (qui fait l'objet d'un complément critique de la rédaction dans le numéro 2 de 1949) particulièrement éclairant sur la manœuvre d'Iéna et les motivations impériales.

Sur les différentes options envisagées par Napoléon en 1809

BONNAL (H.), *La Manœuvre de Landshut*, Paris, Chapelot, 1905, la suite de l'inégalable série des études de cas intitulée « L'esprit de la guerre moderne ».

MOLIÈRES (Michel), *La Campagne de 1809, les opérations du 20 au 23 avril*, Paris, éditions LCV, 2003, une analyse plus récente mais plus descriptive.

CHAPITRE IV

Sur la pensée de Jomini

JOMINI (Antoine Henri), *Précis de l'art de la guerre*, Paris, Ivréa, 1994 (première édition en 1837), l'un des ouvrages les plus synthétiques sur la doctrine jominienne parmi les multiples écrits de l'ancien chef d'état-major suisse du maréchal Ney.

LANGENDORF (Jean-Jacques), *Faire la guerre : Antoine-Henri Jomini, Volume II : le penseur politique, l'historien militaire, le stratégiste*, Genève, Georg, 2004, un titre ambitieux qui renvoie à l'ouvrage cité plus haut de Raymond Aron et qui parvient effectivement à bien résumer la doctrine de Jomini et ce qui la séparait de la théorie de Clausewitz.

Sur le rôle de la cavalerie dans les manœuvres napoléoniennes

AUBIER (Achille), *La Cavalerie napoléonienne peut-elle encore servir de modèle ?* (première édition en 1902), Paris, Librairie des Deux Empires, 2001, un opuscule qui comprend d'instructifs passages sur le rôle d'avant-garde de la cavalerie.

DESPORTES (Vincent), *Cavalerie de décision*, Paris, ADDIM, 1998, un ouvrage principalement centré sur le nouveau rôle opérationnel du char Leclerc mais avec une première partie sur les principes d'utilisation de la « cavalerie à cheval ».

JAQUIER (Léon de), *La Cavalerie française de 1800 à 1815*, Paris, Librairie des Deux Empires (première édition en 1884), 1998, ouvrage détaillant le rôle de la cavalerie dans le nouveau système de guerre napoléonien qui exige une cavalerie « nombreuse et entreprenante » pour faire face aux exigences de l'extension des théâtres d'opérations et de la guerre combinée.

PICARD (L.), *La Cavalerie dans les guerres de la Révolution et de l'Empire*, Saumur, Librairie militaire S. Milon, 1895, c'est l'ouvrage de référence sur l'histoire de l'organisation et des opérations de la cavalerie napoléonienne. Il a été réédité par les éditions Teissèdre.

CHAPITRE V

Sur la manœuvre de Friedland

GRENIER (Pierre), *Études sur 1807, manœuvres d'Eylau et de Friedland*, Paris, Librairie des deux Empires, 1999 (première édition en 1901), analyse claire et précise avec de nombreux schémas de la campagne de Pologne.

CHAPITRE VI

Sur le commandement napoléonien

FAIN (Agathon-Jean-François), *Mémoires*, Paris, Arléa, 2001 (première édition en 1908), un ouvrage exceptionnel en ce qu'il constitue tout d'abord un témoignage de première main du secrétaire particulier de Napoléon et ensuite parce qu'il détaille l'organisation et les méthodes de travail de l'Empereur aussi bien en campagne que dans son cabinet de travail.

LEJEUNE (Louis-François), *Mémoires* (première édition en 1896), 1792-1813, Paris, éditions du Grenadier, 2001, ces Mémoires très vivants nous font partager le quotidien d'un aide de camp de Berthier avec des descriptions des travaux de Berthier et de l'organisation de son étatmajor.

PHILIPP (de), *Le Service d'état-major pendant les guerres du premier Empire*, Paris, Teissèdre, 2002, analyse de façon très fouillée l'organisation et les missions des états-majors de la Grande Armée avec des données précieuses sur les effectifs et des études vivantes sur les officiers d'état-major.

VACHÉE (Jean-Baptiste), *Napoléon en campagne*, Paris, Bernard Giovanangeli Éditeur, 2003 (première édition en 1913), un ouvrage de 200 pages divisé en 10 chapitres percutants qui présentent de façon concise le système de commandement napoléonien, avec notamment une analyse détaillée de l'organisation et des missions du quartier général impérial, ainsi qu'une étude des relations entre Napoléon et Berthier. C'est l'ouvrage à lire pour comprendre le commandement napoléonien, ses ressorts et ses limites.

VAN CREVELD (Martin), *Command in War*, Harvard University Press, 1985, par l'auteur du fameux *Supplying War* (*cf. supra*) qui s'attaque cette fois à l'art du commandement avec un chapitre III dédié à Napoléon. Ce chapitre est largement inspiré de l'ouvrage de Vachée dont il reprend l'étude de cas de la campagne de 1806 mais cela n'enlève rien à la grande qualité de ce qui est certainement le meilleur ouvrage de vulgarisation sur l'histoire des méthodes de commandement.

Sur les déplacements de Napoléon

GARROS (Louis), *Quel roman que ma vie, itinéraire de Napoléon Bonaparte 1769-1821*, Paris, Les éditions de l'Encyclopédie française, 1947, un livre irremplaçable qui donne jour par jour la position géographique exacte de Napoléon ; très utile pour étudier son positionnement au cours de ses différentes campagnes.

CHAPITRES VII ET VIII

Sur la comparaison des stratégies frédéricienne et napoléonienne

DELBRÜCK (Hans), *History of the Art of War, Volume IV : the Dawn of modern Warfare*, Lincoln, Bison Books, 1990 (première édition en langue allemande en 1920), la première histoire moderne de l'art de la guerre et de ses rapports avec les structures politiques. Un monument malheureusement jamais traduit en langue française. On lira avec intérêt les livres III et IV respectivement sur les armées permanentes et les armées nationales qui couvrent la période du XVIIe au début du XIXe siècle.

Sur la critique de l'analyse clausewitzienne de la stratégie napoléonienne

CAMON (Hubert), *La Guerre napoléonienne, les systèmes d'opérations théorie et technique*, Paris, Economica, 1997 (première édition en 1923), un des plus grands exégètes de la stratégie napoléonienne auquel le présent ouvrage doit beaucoup. Son livre sur la guerre napoléonienne constitue la synthèse de ses recherches fondées sur une analyse approfondie de la correspondance impériale. On lira également avec grand profit son *Précis des campagnes* publié pour la première fois en 1903 qui présente de façon très éclairante les différentes campagnes napoléoniennes en appliquant systématiquement la fameuse grille de lecture du général Camon sur les manœuvres en position centrale et sur les arrières. Ce dernier ouvrage a été récemment réédité par les éditions Teissèdre.

LIDDELL HART (Basil), *Stratégie*, Paris, Perrin, 1998 (première édition en 1954), l'ouvrage de référence du fondateur de « l'approche indirecte » qui affirme la prééminence des facteurs moraux sur les facteurs physiques et s'inspire largement des thèses que Camon a formulées pour la stratégie opérationnelle napoléonienne.

LEONHARD (Herbert), *The Art of Maneuver, Maneuver-warfare Theory and Airland Battle*, Novato, Presidio Press, 1994, une analyse de la guerre de mouvement mécanisée moderne, néanmoins très intéressante pour l'amateur de stratégie napoléonienne dans la mesure où elle vise à réhabiliter la manœuvre trop souvent méprisée au profit du choc décisif. Les chapitres I et II, respectivement sur la définition de la guerre de mouvement et sur l'histoire de la théorie de la manœuvre sont particulièrement instructifs.

NAVEH (Shimon), *In Pursuit of military Excellence, the Evolution of operational Theory*, London, Frank Cass, 1997, un ouvrage passionnant dédié à l'histoire de la statégie opérationnelle avec des développements sur la genèse de l'opératique durant les guerres napoléoniennes.

Sur la campagne de 1805

ALOMBERT (P.-C.) et COLIN (J.), *La Campagne de 1805 en Allemagne*, Paris, Teissèdre, 2002 (première édition entre 1902 et 1908), rendons hommage aux éditions Teissèdre et à la Fondation Napoléon qui ont permis la réédition en 7 volumes d'une des plus belles productions de la Section Historique de l'État-Major de l'Armée qui rassemble tous les ordres de cette fabuleuse campagne avec des introductions éclairantes de Colin.

Pour plus d'information sur les autres publications de la Section historique, il faut lire l'article de Jacques Garnier « La Section Historique de l'État-Major de l'Armée » : publications faites sous sa direction paru dans la *Revue du Souvenir napoléonien* n° 433 de février-mars 2001.

BOWDEN (Scott), *Napoléon and Austerlitz*, Chicago, The Emperor's Press, 1997, une analyse anglo-saxonne détaillée de la manœuvre de 1805 illustrée par de nombreuses cartes et accompagnée des ordres de bataille des armées en présence lors des différentes phases de la campagne.

LACHOUQUE (Henry), *Napoléon à Austerlitz*, Paris, éditions Guy Victor, 1961, le chef-d'œuvre de l'un des plus grands vulgarisateurs français de la stratégie napoléonienne. Le titre est trompeur puisque l'ouvrage porte sur toute la campagne de 1805 et pas seulement sur son apothéose. L'analyse est claire et fouillée et le style vous emporte au pas de charge.

Sur la première campagne d'Italie (1796-1797)

BÉRAUD (Stéphane), *Bonaparte en Italie, naissance d'un stratège*, Paris, Bernard Giovanangeli Éditeur, 1996, ma première production dont le but était de fournir au lecteur des grilles de lecture de la stratégie opérationnelle napoléonienne avec de nombreuses cartes en couleurs décrivant les opérations.

TRANIÉ (Jean) et CARMIGNIANI (Juan Carlos), *Napoléon Bonaparte : la première campagne d'Italie*, Paris, Pygmalion, 1990, beau livre de la célèbre collection sur les campagnes napoléoniennes « les grands faits de l'histoire » comprenant une quinzaine de volumes édités entre la fin des années soixante-dix et le début des années quatre-vingt-dix. Le principe est d'illustrer un texte s'appuyant souvent sur les recherches du Commandant Lachouque par de superbes planches d'uniformes et des reproductions de tableaux de tous les musées d'Europe. Ces superbes ouvrages ont largement favorisé ma passion pour l'épopée impériale.

Sur les campagnes de 1814 et 1815

LACHOUQUE (Henry), *Napoléon en 1814*, Paris, Éditions Haussmann, 1959, un ouvrage complet et agréable à lire comme toutes les productions de cet auteur.

LACHOUQUE (Henry), *Waterloo, la fin d'un monde*, Paris, Lavauzelle, 1985, l'un des meilleurs livres du commandant Lachouque qui parvient à nous faire croire jusqu'aux dernières pages que l'Empereur va l'emporter ! Un ouvrage de référence pour découvrir la campagne de 1815 avec en outre de superbes cartes.

TRANIÉ (Jean) et CARMIGNIANI (Juan Carlos), *Napoléon : 1814, la campagne de France*, Paris, Pygmalion, 1989, beau livre dont l'abondante iconographie illustre une description précise des opérations (les cartes ne sont malheureusement pas à la hauteur du récit).

CONCLUSION

Sur la genèse de la guerre totale

GUIOMAR (Jean-Yves), *L'Invention de la guerre totale*, Paris, Éditions du Félin, 2004, un essai original qui cherche à définir les origines et les caractéristiques de la guerre totale en mettant l'accent sur les responsabilités des révolutionnaires français dans le déclenchement de la conflagration qui va embraser l'Europe pendant plus de vingt ans.

Table des cartes

CHAPITRE IV

CHAPITRE V

CHAPITRE VI

CHAPITRE VII

CHAPITRE VIII

Table des encadrés

Table

collection tempus
Perrin

DÉJÀ PARU

768. *Aumônier de la France libre* – René de Naurois.
769. *Régner et gouverner* – Thierry Sarmant et Mathieu Stoll.
770. *Napoléon* – Élie Faure.
771. *Speer* – Martin Kitchen.
772. *Histoires extraordinaires* – Alain Decaux.
773. *Juliette Récamier* – Catherine Decours.
774. *La traque du* Bismarck – François-Emmanuel Brézet.
775. *Les Présidents et la guerre* – Pierre Servent.
776. *Au palais Farnèse. Souvenirs d'une ambassade à Rome* – André François-Poncet.
777. *La guerre civile russe* – Alexandre Jevakhoff.
778. *Journal 1932-1943* – Ivan Maïski.
779. *L'Empire du Bien* – Philippe Muray.
780. *Baudelaire* – Marie-Christine Natta.
781. *Nouvelle histoire de la Révolution française* – Jean-Clément Martin.
782. *Le soldat oublié* – Guy Sajer.
783. *Une ligne dans le sable* – James Barr.
784. *Le pape qui a vaincu le communisme* – Bernard Lecomte.
785. *Joseph Bonaparte* – Thierry Lentz.
786. *1989, l'année qui a changé le monde* – Pierre Grosser.
787. *Les derniers feux de la monarchie* – Charles-Éloi Vial.
788. *Les secrets de Vichy* – Bénédicte Vergez-Chaignon.
789. *Les lieux de l'Histoire de France* (dir. Michel Winock et Olivier Wieviorka).
790. *Churchill, le dictionnaire* – Antoine Capet.
791. *Des héros ordinaires* – Maurin Picard.
792. *Les grands vaincus de l'histoire* – Jean-Christophe Buisson et Emmanuel Hecht.
793. *Philippe Séguin* – Arnaud Teyssier.
794. *Joséphine* – Pierre Branda.
795. *Le goût des rois* – Jean-François Solnon.
796. *Les services secrets du général de Gaulle* – Sébastien Albertelli.

797. *Du Guesclin* – Thierry Lassabatère.
798. *Histoire mondiale de la guerre économique* – Ali Laïdi.
799. *Les secrets du Kremlin* – Bernard Lecomte.
800. *Joukov* – Jean Lopez et Lasha Otkhmezuri.
801. *Les grands discours de guerre* – Charles de Gaulle.
802. *Souvenirs d'un soldat* – Heinz Guderian.
803. *Dictionnaire du renseignement* (dir. Hugues Moutouh et Jérôme Poirot).
804. *Salan* – Pierre Pellissier.
805. *La vie quotidienne au Moyen Age* – Jean Verdon.
806. *Les hommes d'Hitler* – Jean-Paul Bled.
807. *Les Borgia* – Jean-Yves Boriaud.
808. *Fascisme français* (dir. Serge Berstein et Michel Winock).
809. *La grande défaite, 1870-1871* – Alain Gouttman.
810. *La 4 septembre 1870* – Pierre Cornut-Gentille.
811. *La guerre de Sécession* – John Keegan.
812. *First Ladies* – Nicole Bacharan, Dominique Simonnet.
813. *De Gaulle* – Éric Roussel.
814. *La vie des châteaux* – Éric Mension-Rigau.
815. *Civilisations* – Niall Ferguson.
816. *Napoléon et de Gaulle* – Patrice Gueniffey.
817. *Exorcismes spirituels*, tome I – Philippe Muray.
818. *Exorcismes spirituels*, tome II – Philippe Muray.
819. *Mémoires d'Orient* – Bernard Bajolet.
820. *Journal intime* – Nicolas II.
821. *Les grands capitaines* – Arnaud Blin.
822. *Les maîtres de l'espionnage* – Rémi Kauffer.
823. *De Gaulle. Les grandes questions* – François Malye.
824. *La saga des Bonaparte* – Pierre Branda.
825. *La première croisade* – Peter Frankopan.
826. *Histoire des ouvriers en France au XXe siècle* – Xavier Vigna.
827. *L'Évangile de la force* – Robert d'Harcourt.
828. *Merci d'être en retard* – Thomas L. Friedman.
829. *La révolution militaire napoléonienne*, tome I, *Les manœuvres* – Stéphane Béraud.

Pour en savoir plus
sur les Éditions Perrin
vous pouvez consulter notre site Internet

www.editions-perrin.fr

lisez!

et nous suivre sur les réseaux sociaux

Editions Perrin

@EditionsPerrin

@editionsperrin

MIXTE
Papier issu de
sources responsables
FSC® C003309

L'éditeur de cet ouvrage s'engage dans une démarche
de certification FSC® qui contribue à la préservation
des forêts pour les générations futures.

Pour en savoir plus :
www.editis.com/engagement-rse/

Achevé d'imprimer en Italie
par Grafica Veneta S.p.A.
en avril 2021